Deveres e deleites

A palavra *passeur* diz respeito a um campo semântico que engloba "aquele que ultrapassa fronteiras"; "barqueiro", até "atravessador", "coiote". Optamos por manter o termo original, mais neutro que as possíveis traduções alternativas. (N. T.)

Tzvetan Todorov

Deveres e deleites

Uma vida de *passeur*

Entrevistas com Catherine Portevin

Tradução
Nícia Adan Bonatti

Sumário

Preâmbulo
Viver segundo a nuança

Ouvi o nome de Tzvetan Todorov pela primeira vez quando tinha 18 anos, num anfiteatro de madeira escura na Sorbonne. O *Dicionário enciclopédico das ciências da linguagem*, que nosso velho professor com sotaque borgonhês, enrolando os "r", chamava de "o Todorov e Ducrot", era uma referência obrigatória para os estudantes de linguística. Evidentemente, imaginávamos que Todorov tivesse uma idade tão respeitável quanto o professor, ou mesmo que já tivesse morrido. Eu teria preferido ler, de Todorov, sua *Introdução à literatura fantástica*, na época em que, na companhia de alguns aficionados de cinema, dissertávamos no café sobre o sentido do *travelling* de *Taxi Driver*, ou sobre a moral dos procedimentos cinematográficos de Orson Welles. Celebrávamos, à nossa maneira, o fim da dicotomia entre forma e fundo e mergulhávamos, sem verdadeiramente sabê-lo, na semiologia, como se ela sempre tivesse existido.

No mesmo momento, encontrei o nome de Todorov associado à obra *Relatos astecas da conquista*, um livro que certa noite minha vizinha de andar, fascinada pelos astecas, resumiu para mim. Não me parecia haver nenhuma relação entre "*o* Todorov" e este, entre um velho linguista e um historiador original (era assim que a vizinha falava dele). Talvez seja seu filho, eu disse a mim mesma.

Alguns anos mais tarde, ouvi a voz de Tzvetan Todorov num programa da France Culture. Ele falava da vida moral nos campos de concentração (que é o tema de seu livro *Diante do extremo*). A voz era agradável, com um leve sotaque, e parecia jovem; então deve ser seu neto, pensei, e ele deve ser filósofo.

Depois, ao preparar um artigo sobre o racismo, devorei *Nós e os outros*, uma travessia do pensamento francês, de Montaigne a Lévi-Strauss, sobre a diversidade humana, acreditando ler o irmão do neto filósofo.

Em seguida, "a ficha caiu": desde suas obras sobre Benjamin Constant, sobre Rousseau, e até *O jardim imperfeito*, que explorava o pensamento humanista, eu seguia de longe a obra de Todorov.

Certo dia de 1999, eu o encontrei para uma entrevista, e então rendi-me à evidência de que a pequena família que imaginara cabia em um único e afável homem!

É evidente que minha descoberta da obra de Tzvetan Todorov foi menos ingênua do que esta que hoje em dia acho engraçado apresentar, mas aquela impressão é verdadeira e permanece comigo: a impressão de que esse homem diante de mim tinha desfrutado de várias vidas numa só. Ele se descrevia como "um homem despaisado";[1] eu o senti primeiramente como exótico, surpreendente, à sua maneira, suave.

---

1 Em francês, *dépaysé* e *dépaysant*. O primeiro termo significa deslocado, desnorteado, desenraizado, perdido, devido à mudança de

No fundo, essa impressão ainda confusa foi o motor destas entrevistas. No momento em que formatei o projeto, dei a essa impressão o nome de "diversidade". Uma diversidade à qual estava pessoalmente confrontada pela minha própria profissão: ler, como é minha tarefa em *Télérama*,[2] ensaios de ciências humanas provenientes de todos os horizontes, é viajar por meio de luzes de saberes e de opiniões, e tentar, tanto quanto possível, encadeá-los uns com os outros, e com seus leitores. Ficamos sempre sensíveis àquilo que se parece conosco (guardadas todas as proporções): para mim, o enciclopedismo de Tzvetan Todorov, seu cuidado de "*passeur*",[3] eram a garantia de um diálogo possível. Buscar a identidade nessa diversidade era um exercício ao qual, para outros autores (Jakobson, Rousseau, Bakhtin, Constant...), ele estava habituado. Eu não tinha dúvidas de que ele saberia aplicar isso a si mesmo e representar o regador regado,[4] como havia começado a fazer em *O homem despaisado* [*L'Homme dépaysé*], publicado em 1996.

Contudo, se sua obra merecesse ter luzes lançadas sobre si, ser discutida e examinada, era muito mais pelo caminho que ela tomou que por seu próprio conteúdo. Tzvetan Todorov

---

hábitos ou do meio em que se vive. Paradoxalmente, pode ser um sentimento desejado, como o do turista à procura de um lugar diferente. O segundo significa expatriado, desenraizado, exilado, mas na sua acepção positiva significa algo ou alguém que se transporta (agradavelmente) para outro lugar. Vem sendo traduzido por "despaisado", que adotaremos aqui. (N. T.)

2 Revista cultural francesa, de publicação semanal, pertencente ao grupo *Le Monde*. (N. T.)

3 Ver nota na p.2. (N. T.)

4 Em francês, *L'Arroseur arrosé*, título de um filme dos irmãos Lumière, que entrou para a linguagem comum para significar o autor de algo que pode ser aplicado a si mesmo. (N. T.)

não é um autor obscuro, que necessitaria de uma exegese zelosa, pois escreve com clareza e não desdenha sequer de lançar mão das "banalidades" da pedagogia. Em contrapartida, o caminho permitia não somente penetrar nos mistérios daquilo que orientou a vida intelectual desse indivíduo meticuloso, mas, além disso, compreender a articulação de um pensamento com o mundo e com a história de seu tempo.

Eu poderia passar todo meu tempo ouvindo Tzvetan Todorov falar de si como de uma "memória do século", e apesar disso... O homem foi precoce, e a história desses sessenta últimos anos, fecunda. Nascido nos Bálcãs em 1939, no ano do Pacto Germano-Soviético, cresceu numa Bulgária comunista, o que o fez carregar consigo vários mundos ao chegar na França em 1963: uma cultura eslava e oriental, poliglota e universal, munida desse espírito de erudição com o qual muitas vezes se fez o apanágio dos "países do Leste", e que é, ao mesmo tempo, próximo da identidade europeia do século XVIII e uma das consequências paradoxais do totalitarismo. Em seguida, e principalmente, uma experiência: aquela da vida em surdina, da liberdade de pensamento reprimida, da fala política desviada, da opressão em nome da felicidade da humanidade.

Todas essas coisas tornam singular sua posição no meio intelectual francês. Ele estará realmente dentro – na trilha de Roland Barthes e na companhia de Gérard Genette, estará no coração dos movimentos estruturalistas, na época tão influentes; e sempre fora – pois não segue nem Lévi-Strauss, nem Lacan, nem Althusser, e menos ainda Sartre. Ele participará da aventura da Universidade de Vincennes depois de 1968, ainda que examinando sem ilusões os desvarios políticos de seus amigos.

Se ele se sente em casa no pensamento francês do século XVIII, é sempre na qualidade de "homem despaisado" que o relê e nos devolve, revivificado. Mais francês que muitos de nossos intelectuais, devido à herança que assume, é no fundo o mais europeu e, o que pouco se sabe, está entre os autores mais traduzidos no mundo.

Personagem discreto, raramente intervém para comentar a atualidade do momento, mas, pelo seu itinerário e seus temas prediletos, encontra-se no cruzamento de muitas de nossas interrogações contemporâneas. Ele sabe descrever a confusão e as derivações de nossas democracias modernas, prefere o encontro das culturas ao choque de civilizações, o valor do indivíduo à felicidade da humanidade, em suma, defende um humanismo crítico, livre do fanatismo bem-pensante dos caridosos.

Ele é cortês e aberto, apesar de certo tipo de prudência, de determinado senso de segredo, que o tornam mais difícil de identificar do que parece. Mas podemos ter uma certeza: há em Tzvetan Todorov uma busca de correção e de lucidez (ele diria, de forma mais completa, "de verdade") e, mesmo correndo o risco de parecer insossa, ela me parece mais urgente em nossos dias que o espetacular e cortante maniqueísmo. "Apesar da época refratária às nuanças", declarava Roland Barthes ao fim de sua vida, "gostaria de viver segundo a nuança; e há uma amante das nuanças, que é a literatura".[5] Tzvetan Todorov não renegaria essa ambição.

Enfim – digo "enfim", mas talvez seja o mais notável nele –, Todorov é um dos raríssimos intelectuais a fazerem valer a vir-

---

5 Barthes, "Le Désir du neutre", primeira aula no Collège de France (1977), *La Règle du jeu*.

tude da sensibilidade. Sensibilidade às obras de arte (literárias ou pictóricas), sensibilidade aos seres, sensibilidade à natureza, essa sensibilidade que faz amar a vida concreta, ordinária, profana, em continuidade com aquela do espírito. Nisso, considero seu *Éloge du quotidien* [Elogio do cotidiano], em que explora a pintura holandesa do século XVII, e seu *Éloge de l'individu* [Elogio do indivíduo], que é uma viagem pela arte flamenga do século XVI, secretamente, seus livros mais reveladores. Digamos *mais* como se fossem dois aclives no teto da casa Todorov, que reúne em si suas diferentes vidas, seus múltiplos interesses, o búlgaro e o francês, o semiólogo e o humanista, o apaixonado pela literatura e o historiador, o erudito e o moralista, e lhe dá sua coerência. Pois, se o teto não funda a casa nem a mantém em pé, é ele mesmo que a aperfeiçoa e a faz ser, justamente, uma casa.

Agora, entremos...[6]

Catherine Portevin

---

6 Estas entrevistas ocorreram entre março e outubro de 2001. Escolhemos não reatualizar o texto (salvo aperfeiçoamentos em notas de rodapé), apostando no fato de que o leitor encontrará por si mesmo, em vários temas abordados, material para alimentar sua reflexão sobre os acontecimentos que sobrevieram. (Nota da edição francesa.)

I
Um camponês do Danúbio

A extremidade da Europa – Um país totalitário – Meu pai – Uma educação sob o comunismo – 1956, ano de articulação – Buscar seu caminho na zona cinza – Amigos, livros, viagens – Deixar a Bulgária – A Bulgária, um capítulo fechado?

A extremidade da Europa

Catherine Portevin – *Quem era você*[1] *ao chegar a Paris em 1963? Você fala de si, ou do jovem que era então, como de um "camponês do Danúbio". A expressão evoca ao mesmo tempo a cultura da* Mitteleuropa *e dos Bálcãs, da qual participa sua Bulgária natal, e um forte sentimento de inferioridade. De onde vinha esse sentimento para esse jovem letrado, oriundo de uma família cultivada de Sófia, isto é, nem camponês, nem filho de camponês?*

---

1 Embora seja usado o tratamento formal em francês, *vous*, optei por traduzir por *você*, para não poluir o texto com "o senhor" inúmeras vezes. (N. T.)

Tzvetan Todorov – O camponês do Danúbio é o persa em Paris, o beócio, aquele que chega de longe... Não me considerava um ignorante completo, mas quando se vem de um pequeno país, sempre se conserva uma certa ingenuidade no olhar. No meu caso, isso era duplicado por um outro elemento: eu vinha de um pequeno país provincial *e* de um país comunista.

Em primeiro lugar, vejamos o pequeno país provincial: os búlgaros têm, acredito, uma imagem muito negativa de si mesmos, que em parte é explicada por seu passado. Eles, em particular, sofreram um golpe mais duro, pois foram vencidos pelos turcos quando estes chegaram da Ásia Menor. A inclusão brutal da Bulgária no Império Otomano levou a quinhentos anos de submissão, que danificaram seriamente o orgulho da população. O caráter nacional – isto é, a imagem convencional que é feita – é a faculdade de adaptação e o "materialismo". Os búlgaros sabem se virar para preservar, primeiramente, seus interesses pessoais. Tudo isso não é exatamente glorioso. A geografia também não joga a nosso favor: a Bulgária é um pequeno país que se encontra em uma das extremidades da Europa. Sempre dizíamos "ir para a Europa"... o que evocava, para nós, a viagem para a civilização!

E onde começava a Europa?

A Europa começava em Viena. Era lá que tudo funcionava, onde os aparelhos eletrodomésticos e os carros podiam funcionar durante muitos anos, enquanto aqueles que comprávamos em nosso país quebravam ao cabo de seis meses. Os europeus não só possuíam lâminas de barbear que cortavam, calçados que não se desmanchavam, como também verdadeiros escritores, eruditos, pintores... Tudo o que vinha do Ocidente desfrutava de um prestígio extraordinário e amplamente não merecido. Das camisas aos romances, tínhamos certeza de que neles tudo era fantástico. Eu não tinha dúvidas de que a Coca-Cola era uma bebida digna dos deuses, e que era o novo nome da ambrosia. Fiquei muito decepcionado quando bebi minha primeira Coca-Cola na Polônia – país bastante liberal, comparado à Bulgária –, quando estive lá em 1961. Para nós, então, tudo acontecia ao contrário: camisas de corte atravessado, calças também... enfim, era tudo um tanto quanto precário. Desse ponto de vista, os búlgaros sofrem de um complexo de inferioridade que pode, é claro, torná-los bem agressivos quando confrontados com quem é de fora.

Essa história turca se encarna nas narrativas, nas epopeias?

Evidentemente! Absorvemos, junto com o leite materno, a história e a lenda da crueldade turca, dos búlgaros como vítimas impotentes, mantidos em escravidão, "sob o jugo"... São termos codificados em búlgaro: quando dizemos "escravidão", em nossa terra, isso não designa os negros na América, mas sim os búlgaros sob os turcos. Ora, os historiadores mostraram que o "jugo" em questão era suave: por exemplo, não se observa nenhum movimento de islamização forçada da população búlgara. Os turcos, depois de terem conquistado o território, essencialmente se contentaram em recolher impostos.

Sob o jugo *é o título de um romance de Ivan Vazov,*[2] *que obviamente você leu...*

---

2 Vazov, *Sous le Joug*.

É claro, é o romance nacional! Aliás, é um excelente romance, talvez um pouco empolado, mas que contém também a verdadeira eloquência e as grandes aventuras, e que se situa em algum lugar entre Dumas e Hugo. *Sob o jugo* conta a preparação de uma insurreição búlgara que, aliás, fracassa... Eis aqui de novo o fracasso, que também está presente no folclore búlgaro: fomos vítimas! Reconhecemos assim um esquema de representação coletiva que continua a grassar abundantemente em torno de nós: temos uma satisfação secreta em nos descrever no papel de antiga vítima.

Aí está, portanto, o sentido de meu "camponês do Danúbio": tínhamos um forte sentimento de nosso provincianismo.

Mesmo o habitante de Sófia, a capital?

Sim, por menos que sirva para erguer o nariz das ocupações cotidianas. Evidentemente, o habitante de Sófia se considerava, em relação aos outros búlgaros, mais sutil e mais glorioso. Entretanto, estava consciente de habitar um canto perdido da Europa, de falar uma língua que pouca gente compreendia... Uma das consequências dessa situação, para mim, é que meus pais se apressaram em me fazer estudar línguas estrangeiras, prioritariamente "europeias". Tomei lições particulares, em primeiro lugar de inglês, em seguida de alemão e, por fim, às vésperas de minha partida, de francês.

O mundo exterior, inclusive aquele dos países fora da Europa, era forçosamente melhor que o nosso. Em certa época, quando a Argélia era "socialista", isto é, aliada dos países comunistas, os médicos búlgaros podiam ir trabalhar lá, e foi uma verdadeira corrida. Os estrangeiros que se instalavam na Bulgária eram então pouco numerosos, e vinham mais de países do Terceiro Mundo, em especial da Síria. Eu me pergunto, atualmente, se ao irem para Sófia, eles tinham a impressão de "ir para a Europa". Ocorre que mesmo esses não europeus provocavam nossa inveja, sobretudo porque esses jovens estudantes, exclusivamente do sexo masculino, pareciam ter muitos meios – e flanavam nos raros bares chiques da cidade. Para o cúmulo da humilhação, as mais belas das nossas garotas só tinham olhos para esses sírios de passagem, certamente animadas pela esperança de deixar Sófia um dia (uma noite!). Nossa animosidade para com esses rivais privilegiados podia facilmente tomar ares racistas.

Todo esse complexo de inferioridade, com a supervalorização do que vinha do Ocidente, adicionado à miséria ambiente, fazia a Bulgária parecer um país do Terceiro Mundo – mas eu não sabia disso na época. Hoje em dia, quando vou ao meu país, esse pertencimento comunitário influencia minha visão dos países "em desenvolvimento": reencontro o ambiente de minha infância, o caos oriental... Isso me é muito familiar, mas não me enternece particularmente.

Um país totalitário

Nascido em 1939, você cresceu, desde a primeira infância e o início de sua escolaridade, sob o regime comunista. Como tomou consciência de que vivia num mundo inteiramente ideológico? Houve algum momento de revelação ou se tratou de uma abertura progressiva?

A Bulgária entrou na órbita da União Soviética em setembro de 1944, momento em que as divisões do Exército Vermelho atravessaram o país. Quando compreendi as consequências para mim? É difícil designar uma data exata: são realidades de que tomamos consciência de modo imperceptível. Contudo, forçosamente, o controle do mundo ideológico começou cedo. Minha vida de estudante coincide com o início do regime comunista, pois entrei na escola em 1945, quando tinha 6 anos. Não tenho lembrança de doutrinamento ideológico nos quatro anos que correspondem à escola primária, provavelmente porque minha memória não guardou traços disso. Foram os piores anos da Bulgária comunista, tempos de intensa luta ideológica e de repressão no país. As lembranças que tenho me chegam indiretamente, pelo viés de minha família. Meu pai, sobretudo, se viu envolvido, no decorrer desse período, em peripécias muito dramáticas.

Quais?

Preciso relembrar rapidamente a sucessão de acontecimentos. Os comunistas não tomaram imediatamente todo o poder. Em 1944, o que chamávamos de "Front da Pátria" se tornou o governo, na onda da ocupação do país pelo Exército Vermelho. O Front da Pátria era constituído por todas as "forças antifascistas", dentre as quais as comunistas. Contudo, os comunistas tinham dois ministérios-chave: o da Justiça e o do Interior. Auxiliados pela presença do Exército soviético, eles na verdade controlavam o país.

Num primeiro momento, no fim de 1944 e início de 1945, eles organizaram a repressão contra os "elementos fascistas". Uma repressão muito brutal, dado que, entre outros, executaram pura e simplesmente todos os membros de todos os governos do tempo da guerra, sem se perguntar se eram ou não pessoalmente culpados de alguma coisa: eles o eram na condição de membros de um governo culpado. Também se matou sem julgamento, em condições de depuração selvagem – como ocorre frequentemente na sequência da derrubada de regimes –, milhares de pessoas simplesmente "em evidência", que nada mais eram que o clérigo (padre ortodoxo), o professor, o jornalista. O único erro deles era deter uma parcela de poder, ainda que fosse em forma de prestígio.

Em seguida, em 1947, veio uma nova onda repressiva, no decorrer da qual os comunistas tomaram abertamente a totalidade do poder e liquidaram toda a oposição legal, isto é, seus antigos aliados do Front da Pátria do tempo da guerra – mas também do tempo da depuração precedente. Foi assim, sobretudo, que Nikola Petkov foi julgado e depois executado por enforcamento...

Nikola Petkov também era um dos responsáveis pelo Front da Pátria que, durante a guerra, participaram do salvamento de judeus búlgaros, como você contou em A fragilidade do bem...

Fiquei sabendo disso bem mais recentemente, ao trabalhar com documentos da época para preparar esse livro. De fato, Petkov, ainda que sendo clandestinamente um dos dirigentes do Front da Pátria, assinou petições públicas contra as medidas antissemitas. Não foi ele quem salvou os judeus, mas teve a coragem de tomar posição publicamente, contestando as decisões governamentais. Era um ato de oposição em relação à linha oficial. No fundo, quando em 1946 protestava contra as restrições das liberdades públicas, ele reiterava seu gesto de 1943. Só que, em 1946, ele vivia num verdadeiro regime totalitário. A Bulgária, durante a guerra, não era um regime nazista nem propriamente falando fascista; era um regime autoritário, conservador, dominado pelo rei Boris III – um regime um pouco semelhante aos da Espanha e de Portugal, sob Franco e Salazar –, mas onde ainda era possível expressar publicamente opiniões dissidentes, sem ser jogado na prisão ou morto por isso. Isso sobressai claramente dos documentos sobre o salvamento dos judeus búlgaros.

Você se lembra do processo de Petkov em 1947 e de sua repercussão?

Minhas lembranças da época (eu tinha 8 anos) se dissiparam, mas ocorre que há pouco tempo, isto é, cinquenta anos depois dos fatos, comentei para o programa sobre arte de Marc Ferro, "Histórias paralelas", uma sequência das atualidades cinematográficas búlgaras que mostram esse processo. Então, tenho bem presente no espírito esse episódio. O caso de Petkov também me toca porque Romain Gary deixou algumas páginas sobre ele em *La Nuit sera calme* [A noite será calma]. De fato, Gary era secretário na embaixada da França em Sófia naquele momento e conhecia bem Petkov. A visão desse homem enforcado, desse homem que era um verdadeiro democrata e com quem almoçara havia alguns meses, vacinou-o para sempre contra qualquer veleidade de acreditar que o comunismo era o futuro radioso dos povos.

Você sabe o que seu pai pensava sobre o enforcamento de Petkov? E se lembra de discussões em sua casa sobre esse acontecimento?

Eu era jovem demais para compreender as conversas dos adultos, e além disso penso que meus pais, na época, não teriam falado em minha presença, com medo de que seus dizeres fossem em seguida relatados, sendo que eles poderiam sofrer as consequências. O modelo de Pavlik Morozov estava presente no espírito das crianças: as escolas se chamavam Pavlik-Morozov, as classes tomavam o nome de Pavlik Morozov, e nos contavam sua história para nos dar o exemplo. Pavlik Morozov foi um jovem herói da União Soviética cujo mérito principal foi ter denunciado seus pais na época da coletivização. Seus pais escondem parte dos grãos e ele pensa que isso é muito ruim, pois é preciso trabalhar para a pátria socialista. Então, ele os denuncia e em seguida é assassinado, punido por seus malvados pais, ou por outros membros da família. Esta era a lição a ser retida: era preciso renegar sua própria família para apoiar o Estado e o Partido. Ora, devo dizer que eu era um fervoroso "pioneiro" até a idade de 12 anos, doze e meio – os pioneiros eram o equivalente dos escoteiros, mas também, muito claramente, uma organização ideológica, e essa ideologia se estendia à vida inteira. Nem por isso sei se seria capaz de imitar meu pequeno Pavlik Morozov caso conhecesse uma terrível traição cometida por meus pais.

Meu pai, o único da família a participar da vida pública, havia se tornado membro do Partido Comunista e, até 1947, não deve ter tido muitas dúvidas quanto à justeza da propaganda oficial.

Nas notícias búlgaras de 1947 que revi recentemente, a execução de Nikola Petkov era apresentada como a vitória de todo o país contra um inimigo a soldo do imperialismo anglo-americano. Falava-se dos milhares de telegramas que a população havia enviado, exigindo uma punição exemplar para esse traidor da pátria: os operários de certa usina assinavam uma petição, os camponeses de determinada cooperativa assinavam outra... Tenho certeza de que nenhuma dessas assinaturas tinha o menor caráter espontâneo; era uma ação organizada e enquadrada pelo Partido. Além disso, para as pessoas que não querem se questionar – e é esse o caso, a todo momento, da maioria da população –, o que o Estado diz é a verdade. Pelo menos é verdade quando se trata de casos um pouco longínquos, que não tocam no seu cotidiano.

Meu pai

Em 1947, então, seu pai não se questiona muito. Mas e depois?

Rapidamente veio a terceira onda de repressão. O movimento foi célere, comparado com a Rússia, mas começamos com um grande atraso em relação a eles e isso seria preciso recuperar. Em 1948-1949, houve o equivalente aos processos de Moscou: 1948-1949, nos países do Leste, foi o mesmo que 1937 na União Soviética. Foi nessa terceira onda que meu pai se viu implicado.

Como?

Retorno um pouco. Ele havia estudado letras, especializando-se em filologia em Sófia, e em seguida foi para a Alemanha durante três anos, entre 1924 e 1927, para aprofundar seus conhecimentos, mas – contou-me muito tempo depois – em vez de estudar, fez muita política nos círculos animados pela emigração comunista búlgara.

Em Diante do extremo, *você imaginou que naquele momento ele teria podido encontrar Margarete Buber-Neumann, a alemã que teve o triste privilégio de conhecer os campos de Stálin antes que este a mandasse, assim como bom número de comunistas alemães, para as mãos de Hitler, que a prendeu durante cinco anos em Ravensbrück! Margarete Buber-Neumann, depois de sua libertação, combateu valentemente todos os totalitarismos, escreveu sobre Milena, a amiga de Kafka... Você fez um retrato cheio de admiração por ela em* Memória do mal.

Ela tinha exatamente a mesma idade de meus pais, militava em Berlim nos mesmos círculos que meu pai; aliás, em suas lembranças, ela conta como escondeu Dimitrov,[3] então chefe clandestino dos comunistas búlgaros. Mas ela já era muito mais engajada. Meu pai ingenuamente se deixava manipular numa organização "de esquerda" que, na realidade, estava enquadrada pelo PC.

Anos depois, organizei um encontro entre ele e Manès Sperber, pai de um de meus melhores amigos da época, o antropólogo Dan Sperber. Manès, nascido no antigo Império Austro-Húngaro, havia sido funcionário do Komintern no final da década de 1920. Eles se encontraram então em Paris, imediatamente falaram em alemão entre si e, claro, acharam amigos em comum. Contudo, bem depressa, algumas linhas

3 Buber-Neumann, *Déportée en Sibérie*; *Déportée à Ravensbrück*; *Milena*. O episódio concernindo a Dimitrov está em *Die erloschene Flamme* e em *Von Potsdam nach Moskau*.

de fratura apareceram na conversa. Uma hora depois, Dan e eu não estávamos mais seguros de que tivesse sido uma boa ideia fazê-los se encontrar, dado que as querelas de 1927 ressurgiam entre eles. Ambos haviam se tornado ardentes anticomunistas, mas nessa escalada anticomunista eles não estavam de acordo. Vi esse fato com frequência entre antigos comunistas: eles brigam porque um acha que o outro não abandonou suficientemente suas antigas convicções. Eles sempre guardam um pouco de rancor.

Enfim, apesar dos pesares, na Alemanha e, depois, por seu trabalho na Bulgária, meu pai se tornou um verdadeiro especialista das bibliotecas e escreveu alguns livros sobre esse assunto. Era um homem extremamente erudito, apaixonado pelos livros, admirador de Tchekhov, de quem havia devorado os oito volumes de correspondência. Também era editor, no sentido anglo-saxão, de escritores búlgaros clássicos, especialista em estabelecimento do texto. Nossa casa era lotada de livros em todos os cômodos, de todos os gêneros, em várias línguas. Eu brincava no meio dos livros – já maiorzinho, eu ganhava uns trocados vendendo alguns deles secretamente para os sebos... Depois da tomada de poder pelo novo regime, meu pai se tornou diretor da Biblioteca Nacional, um posto muito importante e ideal para ele, dado que era competente e ao mesmo tempo um homem de esquerda.

Ele tinha realmente sido nomeado por sua competência?

Na época, sim, mas, depois de certo tempo, a competência já não bastava: era preciso, antes de tudo, ter as qualidades de um bom funcionário do Partido. Já estava bem claro na famosa fórmula de Lênin: "O comunismo são os sovietes mais a eletricidade". Lênin apresenta sua fórmula como uma soma, mas isso não é tão simples: e se os dois entrassem em contradição? O bom engenheiro seria poupado porque se tem necessidade da eletricidade, ou iria ser despedido porque é um mau soviético? Com meu pai, isso começava a causar dificuldades – não de forma gritante – em torno dessa questão. Ele dizia: "Para trabalhar numa biblioteca, para estabelecer uma documentação, preciso de pessoas qualificadas, que falam línguas estrangeiras, que fizeram estudos superiores ou viveram no exterior". O que, na Bulgária de 1946, significava: os que tinham sido favorecidos pelo antigo regime, evidentemente nem camponeses, nem operários... Essa "questão dos administradores" era uma questão-chave e, nesse quesito, meu pai não andava exatamente "na linha"! Seus superiores esperaram uma ocasião propícia para afastá-lo.

Foi a história do país que forneceu a ocasião: a vítima expiatória da terceira onda repressiva, o equivalente de Slanski na Tchecoslováquia, ou de Rajk na Hungria, na Bulgária chamava-se Traïtcho Kostov. Traïtcho Kostov era o terceiro homem do Estado. O primeiro era Dimitrov, que morreu naquela época. O rumor popular dizia que ele havia sido envenenado sob ordem de Stálin; o mesmo rumor havia circulado sobre o rei Boris, que teria sido envenenado sob ordem de Hitler (os esquemas das lendas têm uma vida difícil). O segundo se chamava Kolarov, um kominterniano, emigrado regressado de Moscou. Kostov era o terceiro, e havia permanecido no país para ser o chefe da resistência comunista búlgara durante a guerra. Se verificarmos os escritos e as ações de Kostov, veremos que ele não era em nada melhor que os outros: um comunista dogmático. Mas ele tinha o "defeito" de ser um homem de convicções. Ora, no sistema totalitário, em dado momento, qualquer convicção, mesmo que feita da água mais pura, se torna uma nódoa.

Isso porque a convicção é uma expressão individual?

Sim, porque ela permite estabelecer sua autonomia, e isso é potencialmente subversivo: o indivíduo deve depender inteiramente do poder superior, que é o do Partido, ou até mesmo diretamente de seu chefe. É preciso então despedaçar qualquer veleidade de agir por si mesmo. Ora, Kostov era um indivíduo que obedecia à sua razão e à sua vontade. Nem por isso era um liberal – foi provavelmente ele que organizou a execução de Petkov e outros... Por outro lado, erro fatal para ele, parece que teria se oposto à política de submissão total para com a União Soviética; para ele, só valia o ideal comunista! Foi ele então o escolhido como vítima do processo que ocorre em seguida. Num primeiro momento, Kostov não foi preso. Em junho de 1948, foi apenas destituído de seu posto de primeiro secretário do Partido e vice-primeiro-ministro, e realocado num posto secundário... o de diretor da Biblioteca Nacional, do qual meu pai havia sido convidado a se retirar! Em junho de 1948, então, meu pai perdeu seu trabalho e se viu à frente de um simples centro de documentação, o que era muito menos prestigioso. Durante algum tempo, ele esteve em contato com Kostov, porque era preciso iniciá-lo em seu trabalho. Kostov, que evidentemente nunca havia trabalhado um só dia de sua vida numa biblioteca, tentou durante algumas semanas, como um bom quadro do Partido, iniciar-se em sua nova especialidade.

No outono, ele precisou abandonar o posto, pois foi preso, condenado e, no início de 1949, executado. A respeito desse processo, podemos ler um texto tocante de Dominique Desanti,[4] que era correspondente do *Humanité* em Sófia. Ela ficou impressionada pelo fato de que, no momento da última sessão, quando todos os acusados foram trazidos de volta à sala, Kostov levantou-se e gritou: "Tudo o que me fizeram assinar é mentira, arrancada pela tortura, e insisto em dizê-lo diante dos representantes da imprensa internacional. Jamais cometi nenhum dos crimes de que me acusam. Tudo isso é pura fabricação". Isso produziu uma forte impressão e creio que ali foi semeado o primeiro grão de dúvida na alma de Dominique Desanti. E ele não levou muito tempo para eclodir!

Provavelmente foi devido a esse processo, de Bagryanov e dos outros antigos ministros em 1945, de Petkov em 1947, de Kostov em 1949, que me tornei alérgico aos processos políticos...

A todos?

Quase. Porque creio que a deriva é sempre possível.

Então meu pai se viu, ainda que por contiguidade, implicado nessa nova onda de expurgo. Mas ele estava implicado também de outra maneira, mais direta: o número dois desse processo

4 Desanti, *Les Staliniens*.

era um de seus melhores amigos, Ivan Stéfanov, ministro das Finanças, comunista engajado e, assim como meu pai, especialista reconhecido em seu campo; ele havia estudado na Alemanha, ou na França, ou na Suíça – na Europa! É, parece-me, uma virada na pequena história do poder comunista na Bulgária: ele se livrava dos antigos homens de esquerda que, tendo conhecido a "Europa" e cursado estudos superiores, haviam adquirido uma verdadeira competência em sua profissão. Eles não convinham mais, porque o poder teria doravante necessidade de indivíduos dóceis, que deviam tudo ao Partido e não a seus próprios esforços. Eles tinham uma autonomia grande demais e acreditavam poder julgar por si mesmos, então era preciso afastá-los. Todo o círculo de amigos de Stéfanov se sentiu fragilizado por sua queda. Sua família era bem próxima da nossa, e sua filha era uma das nossas melhores amigas, minha e do meu irmão.

Stéfanov foi então um acusado importante no processo de 1949, e condenado à prisão perpétua. Ele saiu da prisão em 1956. Nós o revimos então e ele nos contou o que havia acontecido, o que corresponde mais ou menos ao que Artur London relatou em *L'Aveu* [A confissão]. Stéfanov não sofrera tortura física. Foi-lhe explicado que sua confissão era necessária para provar a culpa de Kostov e, por razões superiores, não se podia revelar as verdadeiras provas dela. Então, ele havia recitado sua lição sem pestanejar... Em troca, foi-lhe prometido que teria uma condenação puramente formal e que seria solto depois do processo – o que, evidentemente, não foi o caso!

Apesar de tudo, devo dizer que Stéfanov, seis meses ou um ano depois de sua liberação, retomou sua carteira do Partido.

Como podemos explicar isso? É como um luto impossível?

Para Stéfanov, como acredito ser para os London, que também voltaram às suas antigas escolhas, o Partido havia se tornado de tal forma sua identidade, que ele não podia mais renegá-lo. Era-lhe impossível começar uma vida nova. Então esse homem, que havia verdadeiramente sofrido, reconciliou-se com seus antigos carrascos. Ele não ocupava mais uma posição oficial – estava então na casa dos 60 anos –, mas tinha um posto de conselheiro itinerante e voltou a viajar ao exterior, um dos grandes privilégios com que se sonhava na Bulgária... Meu pai, que nessa época havia se tornado um anticomunista ferrenho, tomou distância e não vi mais o tio Vanio... era assim que nós o chamávamos.

Seu pai, mesmo anticomunista, não sofreu nada além desse "afastamento" profissional?

Pouco tempo depois, ele foi excluído do Partido e tentou se defender. Foi convocado para reuniões em que deveria fazer sua autocrítica, e voltava sombrio para casa. A atmosfera estava muito carregada. Mas pôde continuar a ser professor na universidade, onde ensinava sua especialidade (a organização de bibliotecas e da documentação), o que ele fez, sem ser mais incomodado, até sua aposentadoria. Era um professor popular, estimado por sua eloquência e por sua vasta cultura; via-se bem que ele não devia seu posto à fidelidade ao Partido. Ele se tornou uma espécie de figura pública – uma figura possível no mundo búlgaro –, em algum lugar nesta zona cinza de que Primo Levi[5] gostava de falar: em certos aspectos, sempre um privilegiado, que, portanto, aproveitava do regime – e, em outros, um oponente irredutível. As pessoas que foram verdadeiramente perseguidas, que foram presas, deviam considerá-lo sem simpatia, como alguém que só se adaptava ao sentido do vento. Mas, para aqueles que de fato faziam carreira, ele devia ser um espinho no pé, dado que se absteve de qualquer compromisso grave. Ao mesmo tempo, ele sempre guardou a amargura de não ter podido levar a cabo seus projetos de reforma das bibliotecas. Tirei disso uma lição, variante da sabedoria estoica: mais vale não confundir seu desenvolvimento pessoal com a realização de seus projetos públicos.

Ele ouvia muito rádio, quero dizer, rádios estrangeiras: Free Europe, Rias ou simplesmente a rádio alemã. Eu ainda o vejo com o ouvido colado no rádio (os programas em búlgaro eram confusos, e era preciso fazer esforços para entender). Em seguida, ele fazia um resumo comentado das notícias para seus amigos e pessoas próximas. Essas conversas ocupavam boa parte de seu tempo. Ele era cada vez mais hostil ao regime em vigor, mas nunca teve uma ação pública dissidente. Em contrapartida, intervinha regularmente em favor de uma pessoa ou outra que era perseguida – ele havia conservado relações em "altos lugares".

Ele não tinha a menor ilusão a respeito do regime comunista e, devo dizer, nem sobre os outros tipos de regime. Quando, em 1989, o Muro caiu, fiquei um pouco surpreso em vê-lo tão pouco entusiasmado. Ele respondeu-me algo como: "Você sabe, já vi muita gente prometer que, amanhã, tudo seria melhor...".

---

5 Cf. Levi, *Les Naufragés et les rescapés*.

Uma educação sob o comunismo

Esse era seu pai. Voltemos a você. O que há na cabeça de uma criança, depois um jovem adolescente, criada sob *e em parte* pelo *comunismo?*

Devo primeiramente falar dos anos em que tive fé. Era verdadeiramente a "fé", e a evolução é bem a mesma: ter fé, depois perder a fé. Creio que perdi a fé em torno de 1953, data da morte de Stálin.

Em 1953, entrei no liceu. Deixei então o colégio, onde tive uma ação política real, ainda que ridícula, entre os 10 e os 13 anos. Foi o único momento de minha vida em que fui um verdadeiro militante, um ativista. Todos nós pertencíamos a organizações "de massa", e eu era, em nossa escola, o chefe dos pequenos pioneiros.

Em que consistia isso exatamente?

Vou contar um episódio de minha infância que ainda me faz ruborizar, quando penso nele – aliás, creio que até hoje ainda não o havia mencionado. Eu devia ter uns 12 anos e "dirigia" então os pioneiros de nossa escola, enquadrado por uma garota de 18 anos, conselheira pertencente à organização dos mais velhos, uma espécie de Komsomol.[6] Havíamos convocado no escritório da organização uma garota da mesma idade que a minha, por quem eu sem dúvida estava secretamente apaixonado, para dar-lhe uma lição de moral: ela tinha, nós nos di-

6 Komsomol: organização juvenil do Partido Comunista soviético. (N. T.)

zíamos, um comportamento inadmissível para uma pioneira, a saber, ela já havia flertado com três rapazes desde o início do ano escolar! Esse gênero de admoestação não era de forma alguma anódino, porque eu, na qualidade de chefe da organização, podia emitir avisos que em seguida contariam na vida dessas crianças. Fizemos essa pobre menina de 12 anos chorar, porque ela havia sorrido para dois ou três garotos... e, para dizer a verdade, porque não havia sorrido suficientemente para mim!

É evidente que a garota não poderia sorrir para você declaradamente, como o faria uma colegial de um país democrático...

Claro que não! Ela não poderia tratar aquilo com desprezo. Se ela não fizesse sua autocrítica, correria o risco de ser excluída de nossa organização. Isso significaria o comprometimento de sua entrada no liceu, e então, o que seria dela?

Você me diria: isso não é a mesma coisa que matar os judeus sob o nazismo. É claro. A Bulgária não era de forma alguma um campo de extermínio, e não se pode comparar o incomparável. O totalitarismo, tanto o nazista quanto o soviético ou o cambojano, tem seus paroxismos, os momentos em que se quer verdadeiramente eliminar uma parte da população: exterminam-se os *koulaks*, isto é, os camponeses, matam-se os judeus e os ciganos, "reeducam-se" até a morte os citadinos. Mas, no resto do tempo, é preciso viver, e uma outra coisa é produzida: uma gangrena em profundidade, uma corrupção geral de tudo. O que meu pequeno episódio revela é o apagamento da fronteira entre o público e o privado, o moralismo rígido, a vulnerabilidade do indivíduo diante do representante do aparelho do Estado-Partido. E, portanto, a corrupção do espírito da criança que eu era então. Pôr um poder tão exorbitante em minhas mãos! Como fiz para não me tornar um *apparatchick*?[7] Devo isso, sem dúvida, ao meio familiar, a quem meu fanatismo da época devia fazer sorrir (mas também tremer).

Como, então, você perdeu a fé, depois de entrar no liceu?

O liceu russo onde fiz meus estudos era uma espécie de escola bilíngue; melhor que isso, pois não só tínhamos longas horas de cursos de língua e de literatura russas, das quais não reclamávamos, como todas as matérias eram ensinadas em russo: história, física, química, matemática. Esse ensino nos era dado por professores que vinham da União Soviética para passar alguns anos. Para eles, isso devia ser o Peru, dado que nos países do Leste – nas "democracias populares", como éramos chamados na época –, vivia-se muito melhor que na Rússia. Eles tinham bons salários e eram tratados de certa forma como cooperadores: imaginem os cooperadores franceses em Bamako – era a aristocracia! Tenho pessoalmente boas lembranças da es-

7 Termo, por vezes pejorativo, que serve para designar um agente do "aparato" governamental ou partidário que ocupa qualquer cargo de responsabilidade burocrática ou política. A palavra surgiu na União Soviética e se disseminou, por extensão, em outros regimes comunistas, para nomear um membro da *nomenklatura*, um executivo superior do governo ou do Partido Comunista. A função exigia que ele fosse um militante político permanente, em busca de uma carreira dentro do partido, no qual assumia responsabilidades que por vezes lhe permitiam até mesmo exercer um mandato eleitoral. (N. T.)

cola, mas talvez seja porque eu tinha facilidade e os estudos nunca foram um problema para mim.

Por que seus pais escolheram essa escola?

Era a melhor escola. Seria como, em Paris, caso se tenha meios, mandar os filhos para o Lycée International de Saint-Germain, ou à École Bilingue... em suma, para uma escola de elite. O resultado é que entre meus colegas de classe se encontravam os filhos e filhas dos grandes personagens do Estado. Por outro lado, meu pai acabara de ser expulso do Partido e começava a ter um discurso cada vez mais abertamente contestatório. Ninguém me propôs desempenhar o papel de chefe – além disso, esse desejo em mim havia passado. Foi uma mudança interna, que não sei explicar: todo esse trecho da existência, de ser chefe, organizar ações, deixou de me atrair, minha ambição nunca mais se voltou para essa direção. Poderíamos dizer que me afastei então – definitivamente – de qualquer atividade política.

Situo o fato em torno de 1953, pois esse ano foi marcado pela morte de Stálin. Ao abrir recentemente um caderno em que na época mantinha o meu diário, vi que no dia da morte de Stálin, em 5 de março de 1953, eu escrevera: "Stálin morreu, seguramente será a guerra". Eu devia estar convencido disso. Stálin, para uma criança como eu, era uma figura que hoje em dia classificaria como faraônica: não foi por acaso que o mumificaram depois de sua morte, para que fosse instalado em seu mausoléu, ao lado de Lênin – de onde foi retirado alguns anos depois. Ele estava a meio caminho entre os homens e as divindades. Ele era a sabedoria encarnada e, sobretudo, era nosso protetor.

Havia esse bom sorriso sob o bigode branco, um olhar benfazejo do homem de uniforme que nos mirava a partir de todas as paredes da cidade em que estava afixada sua foto! Ainda a vejo: um pouco de cinza-claro, um pouco de azul, um pouco de vermelho... Tudo era harmonioso e pacífico, a paz e a segurança. Então, aparentemente, dado que o grande protetor havia morrido, eu achava que o conflito mundial entre nós, os bons, e eles, os malvados, iria se exacerbar, e que nos meses que viriam aconteceria a guerra. Na realidade – mas eu não sabia disto na época –, era o fim de muitos sofrimentos e o início do "degelo": as portas do Gulag começaram a se abrir... Essa data marca, então, para a criança que eu era, um início de desilusão. Os dirigentes que substituíram Stálin não tinham mais esse lado sobre-humano, e não mais acreditávamos que fossem infalíveis.

Nem por isso o fato levou a um comportamento corajoso de resistência. Durante essa mesma primavera, acusaram uma criança de minha classe por não ter mostrado suficientemente a tristeza pela morte de Stálin. Nessa escola de língua russa, havia os filhos dos comunistas búlgaros, que tinham imigrado para a Rússia durante a repressão anticomunista das décadas precedentes e que agora estavam no poder, mas também um grupo de crianças de imigrantes russos brancos, que vieram para a Bulgária depois da Revolução de 1917. Essas crianças falavam russo em casa e eram então naturalmente inscritas na escola russa. Alguns anos mais tarde, as famílias foram repatriadas para a Rússia em condições muito duras. Penso que esse pobre menino teve de sofrer as pesadas consequências de seu pouco pesar. Depois da morte de Stálin, essa família desapareceu rapidamente: um dia foi despachada para a Rússia, provavelmente para algum lugar da Sibéria. Eu me lembro do episódio, mas não posso alegar que protestei na época com cartazes e slogans como "Libertem Lebed!".

Apesar disso você lembra o nome dele!

Ainda o vejo: um menino bem loiro... Muito tempo depois, na universidade, onde eu não tinha decididamente nenhuma atividade política, mesmo que, como todo mundo, fizesse parte da organização "de massa", o equivalente do Komsomol, lembro-me de uma nova sessão em que se excluiu um estudante. Dessa vez, fiquei profundamente indignado, mas nem por isso me abati, pois não queria ser o próximo na lista de excluídos. Repito, nenhum desses gestos é em si mesmo criminoso, não se está empurrando as pessoas para a câmara de gás. Apesar disso, são indicadores do caminho que leva a tal direção. Deseja-se proteger o conforto pessoal, sente-se medo da violência de que se poderia tornar objeto e, a cada vez, cede-se um pouco de terreno, um pouco da autonomia pessoal. Esse medo faz parte da experiência de base do sujeito totalitário, insinua-se em todos os lugares e é responsável pelas atitudes mais desprezíveis: as denúncias, as bajulações, as auto-humilhações. Mas quem poderia se acreditar imunizado para sempre contra o medo?

Nessa escola, conheci filhos de todas as pessoas importantes do país. Isso me permitiu um acesso singular à intimidade dos círculos que governavam a Bulgária. Meu melhor amigo se chamava Andreï. Seu pai era um personagem importante: ele havia emigrado para a Rússia no decorrer dos anos 1920 e trabalhara, creio, para a NKVD, a polícia política russa, durante a

Guerra Civil Espanhola. Também havia sido o homem das sombras das Brigadas Internacionais, geridas pelos russos. Era realmente um homem da elite. Havia sucessivamente ocupado os postos de diretor da rádio, ministro da Cultura, embaixador em Moscou. Seu filho, Andreï, era um garoto encantador. Sentávamos na mesma carteira...

1956, ano de articulação

Em 1956, você tinha 17 anos e foi o fim do liceu. Foi também um ano intenso no plano político: o "Relatório Khrushchov", os tanques soviéticos em Budapeste... A quais tomadas de consciência esses acontecimentos o conduziram?

De fato esse ano foi importante para mim. Na primavera, em março de 1956, surgiu-nos o "Relatório Khrushchov",[8] durante o XX Congresso do Partido Comunista Soviético. Foi um choque: pela primeira vez na história, os crimes do Stálinismo eram oficialmente enumerados e denunciados. Até então, somente os piores inimigos do comunismo tinham ousado

8 Também chamado de *Discurso Secreto – Sobre o culto à personalidade e suas consequências*, proferido por Nikita Khrushchov durante o congresso. Ali, ele cita as ideias de Lênin para confirmar sua crença nos ideais comunistas e critica os expurgos praticados por Stálin entre 1934 e 1939, além de repudiar o culto à personalidade promovido por aquele dirigente. O discurso, pronunciado a portas fechadas, sem a presença de estrangeiros, marcou uma mudança da linha oficial do Partido, que buscou se desvincular então dos postulados Stálinistas. Somente em 1989, durante a *glasnost* de Gorbatchov, esse texto foi publicado pelo Comitê Central do Partido. (N. T.)

fazer alusão a esses crimes; de repente, era o chefe do Estado, o número um, que o fazia.

Evidentemente, o relatório era dissimulado, e sua existência, até mesmo negada; não se falou abertamente dele na Bulgária. Mas, por meio de seu pai, membro suplente do *bureau* político, Andreï o teve imediatamente nas mãos. Foi assim que pude tomar conhecimento dele levá-lo a meu pai, para que também o lesse. Somente certos membros do Partido, provavelmente os membros do Comitê Central, haviam tido acesso direto ao texto; estavam eles encarregados de resumir e comentar para os outros camaradas a parte do relatório que se julgasse conveniente para todos. Aliás, também na França não se supunha que os comunistas o conhecessem; não foi o *Humanité* que o publicou, mas o *Le Monde* e o *Le Figaro*, creio eu. Na Bulgária, é claro, a imprensa jamais deu um pio: é como se ele nunca houvesse existido.

Discutimos longamente esse relatório com Andreï.

O que ele pensava a respeito?

A mesma coisa que eu: que eram crimes atrozes e que era preciso condená-los, para que jamais isso se repetisse.

Mas quero falar mais sobre Andreï. Recordo-me de um episódio com ele. Ele havia me convidado certo dia para ir ao litoral do mar Negro, ao lado de Varna, num desses antigos palácios reais que se tornaram residências do *bureau* político. Dado que o pai de Andreï era então membro suplente, o filho tinha acesso a esse lugar (sutilezas hierárquicas dignas do Antigo Regime). Um dia, durante o verão de 1956, logo depois de meu *bac*,[9] graças a Andreï, pude entrar nesse santo dos santos, o lugar verdadeiramente inacessível dentre todos – não sei com o que compará-lo na França: o forte de Brégançon, residência dos chefes do Estado, combinado com a ilha de Aga Khan, residência dos milionários. É que a hierarquia política e a hierarquia do dinheiro, separadas na democracia, combinam-se na Bulgária; tudo passava pelo poder político e todos os poderes estavam concentrados nas mesmas mãos. Fui então introduzido lá e fiquei espantado ao ver que eram pessoas como as outras, de férias no litoral, de shorts, barrigudos. Com alguma surpresa, reconheci o ministro do Interior, o primeiro-ministro, o dos Assuntos Estrangeiros...

Um pequeno incidente bem cômico aconteceu então. Andreï, eu e essas pessoas, que tinham a idade de meu pai, jogávamos vôlei. Elas eram muito ruins, é bom que se diga! Por minha vez, eu não fiz grandes esforços para recuperar uma bola que o primeiro-ministro havia perdido. Então, ele me deu um olhar maldoso e tenho certeza de que, em seguida, perguntou a Andreï quem era aquele imbecil que manifestava tão pouca pressa perto dele. No dia seguinte, Andreï me disse que era melhor não voltar ao palácio...

O que aconteceu com seu amigo Andreï?

Ao final do liceu, Andreï foi mandado por seus pais a Moscou, a um instituto que, em linhas gerais, correspondia ao

9 *Baccalauréat*, espécie de vestibular que encerra o ensino secundário em vários países da Europa. (N. T.)

ENA.[10] Quando voltou à Bulgária, fez uma carreira fulgurante. Na Bulgária – e este é um traço significativo dos regimes comunistas –, reinava um princípio quase monárquico. Uma casta de nobres havia sido constituída, um "estado" no sentido do Antigo Regime, que se transmitia pelo sangue: os filhos dos privilegiados eram automaticamente privilegiados. Os casamentos entre filhos dos membros da casta eram favorecidos. E o poder tendia a se transmitir pela herança – o tirano só pode confiar verdadeiramente nos seus. Jivkov, o número um búlgaro, tinha duas crianças, um filho e uma filha. Do filho, dizia-se que era um alcoólatra irresponsável, e por isso o pai nada podia esperar dele; mas tinha grandes esperanças na filha, que, segundo ele, deveria um dia dirigir o país. Ela se tornou o número dois do regime, porém morreu bem antes que seu pai. Somente a Coreia do Norte, onde um filho sucedeu ao pai, conseguiu sucesso na empreitada, revelando assim essa dimensão monárquica dos regimes comunistas.

Contudo, Andreï fez a carreira brilhante à qual se destinava sua linhagem. Sua família era inteiramente modelada pela experiência comunista. Um de seus avós era um dos fundadores do Partido Comunista búlgaro no início do século, e seu outro avô tinha sido morto sob o regime precedente; o pai era um executivo de primeiro plano. Andreï representa então a terceira geração. Ele já era trilíngue, pois havia frequentado, antes

---

10 ENA: École Nationale d'Administration, fundada em 1945. Escola francesa de alto nível, criada para democratizar o acesso a altas funções públicas do Estado. Durante a Vª República, nela estudaram quatro presidentes da República, oito primeiros-ministros e inúmeros outros ministros e secretários do Estado. (N. T.)

da escola russa em que eu o conheci, um colégio inglês. Além disso, falava francês – aliás, havia nascido em Paris, em 1938, época em que seus pais haviam fugido da repressão, no fim da Guerra Civil Espanhola.

Nas conversas que tínhamos, ele se mostrava totalmente liberal. Era um menino inteligente e caloroso. Quando ele voltou à Bulgária (eu já estava em Paris), começou a subir os escalões. Depois de algum tempo, tornou-se ministro do Comércio Exterior. Apesar disso, ele ficava um pouco à margem, sem dúvida por ser brilhante demais, muito à vontade em tudo. Fazia-se dele então um peão importante, mas ele não atuava nos papéis principais.

Você não o reviu mais depois de sua ida para França e a dele para Moscou?

Sim, uma vez, muito rapidamente, em Paris, numa ocasião em que ele devia estar à frente de uma delegação governamental. A conversa foi então incômoda. Depois o revi em 1988, ou no início de 1989.

Antes, portanto, da queda do regime.

Isso. Meus pais eram então bem velhos, minha mãe estava doente, e era uma época em que eu voltava regularmente à Bulgária para vê-los. Certo dia ele veio me procurar na casa deles com seu carrinho, um Volkswagen bem modesto. Passeamos juntos, conversamos, mostrou-me sua casa – um apartamento comum. Apresentou-me seus filhos, já adultos. Eu lhe contava piadas anticomunistas ("O que é o comunismo? – Uma via tortuosa que leva do capitalismo ao capitalismo"), e ele sorria um pouco amarelo.

Estou saltando etapas: no fim de 1989, foi ele quem organizou a queda de Jivkov, e algum tempo depois se tornou primeiro-ministro. Ele era um pouco o Egon Krenz da Bulgária – você se lembra desse efêmero sucessor de Honecker na Alemanha do Leste? Mas, na Bulgária, essas figuras de comunistas reformadores foram menos efêmeras que em outros lugares: ganharam as eleições e permaneceram no poder. Pode-se dizer que se situavam na linhagem de Gorbatchov: queriam reformar o comunismo, torná-lo mais viável, adicionando um pouco de transparência, de liberdade para a imprensa, implementando também uma política econômica mais liberal, reintroduzindo a propriedade privada e o mercado.

Talvez esse fosse seu ideal, mas sobretudo não queriam deixar o poder! E foi graças a Andreï Loukanov, e a outros como ele, que teve sucesso esta fantástica operação que consistiu em fazer dos ex-comunistas os novos capitalistas do país: tudo o que pertencia ao Estado acabou nas mãos deles, e os grandes capitalistas búlgaros de hoje são essas pessoas.

Andreï deixou o poder sob a pressão das ruas, e não pela força das eleições – pois estas lhe haviam dado a maioria. As greves, as manifestações, as pressões internacionais se sucederam e se tornaram insustentáveis. Ele passou então para a oposição, porém ainda como o personagem mais em vista, que dominava bem a situação econômica do país. Ao mesmo tempo, devia transitar em todo tipo de grupos, pois foi ele quem organizou a metamorfose dos *apparatchiks* do Partido em capitalistas selvagens... Com certeza, isso explica seu fim: ele foi assassinado na porta de seu prédio em 1996. O crime jamais foi esclarecido, um trabalho de profissional.

Não vou escrever a biografia de Andreï Loukanov, mas trata-se de um percurso muito revelador. Um indivíduo inteligente, talentoso, que se tornou membro da elite do regime comunista. E é por causa de pessoas como ele que não posso condenar o comunismo de modo impessoal – porque eu o vi em ação entre meus próximos. Andreï foi o exemplo mais claro, mais nítido, mas há outros, de quem eu era menos íntimo e que provinham do mesmo meio. Ele, assim como Stéfanov na geração de meu pai, fazia parte do próprio poder comunista. Eram cultos, sedutores, mantinham bons discursos, eram poliglotas, competentes em sua área. Nem por isso são menos responsáveis pela catástrofe que se abateu sobre seu país.

Seria devido ao fato de que a superioridade intelectual não protege nem da atração do poder, nem da adesão cega às ideologias?

Para mim, a explicação se situa além dos indivíduos. Como milhões de outras pessoas nessa época, eles acreditaram que o comunismo traria o bem-estar geral. Apoiados nessa crença, esqueceram-se de olhar os resultados concretos do que acontecia na vida das pessoas comuns. Estavam prontos para imolar os homens no altar da humanidade. É por isso que eu defendo a atitude inversa: prefiro me preocupar com os indivíduos em vez das coletividades, desconfio das palavras grandiosas, "paz", "justiça", "igualdade", e busco saber a que preço elas são pagas, e quais realidades dissimulam. Ou, para dizer mais negativamente, é o que explica minha desconfiança intransponível, excessiva, em relação à ação política e às promoções do bem coletivo.

Mas no momento em que liam juntos o "Relatório Khrushchov", Andreï compartilhava de sua revolta contra os crimes do regime comunista e de sua esperança de mudança?

Naquele momento ele provavelmente estava próximo das posições de Khrushchov. Será que eu tinha então uma opinião realmente minha? Vivemos intensamente esse curto momento, durante alguns meses em 1956, depois do "Relatório Khrushchov", em que todas as esperanças eram permitidas. Tínhamos a impressão de que o comunismo iria se reformar a partir do interior e por si mesmo. Eu estava relativamente bem colocado para observar essa mutação: podia até mesmo ir jogar vôlei no palácio, podia ler o relatório secreto... Em seguida, no outono de 1956, com a repressão em Budapeste, o cutelo caiu.

Como você viveu esse acontecimento?

Também com muita intensidade. Foi nesse momento que minha geração, que na época saía da escola, compreendeu que jamais haveria reforma profunda. Até então, podíamos imaginar que a Cortina de Ferro estava ligada a Stálin, e que depois de sua morte a página seria virada. Foi então, em outubro de 1956, que compreendemos: não, jamais o comunismo evoluiria para a democracia; soubéramos sobre a insurreição em Budapeste ouvindo as rádios ocidentais, e meu pai vivia, mais do que nunca, com o ouvido colado ao aparelho. Ouvia-se, ao vivo, os tiros dos tanques russos, os pedidos de ajuda dos húngaros. Esperávamos vagamente uma intervenção norte-americana.

Hoje em dia eu me digo: felizmente ela não veio, pois teria desencadeado a Terceira Guerra Mundial!

Mas talvez ela também tivesse poupado milhões de pessoas de viverem mais trinta anos sob o totalitarismo?

Mas ao preço de quantos mortos, de quantos sofrimentos inapagáveis? Prefiro, de longe, que meus pais vivam sob o totalitarismo a que sejam mortos pelas bombas. Engajar-se nessa via teria significado optar por uma abstração – a democracia, a liberdade –, em detrimento da vida de cada ser.

Foi assim que, em 1956, você entrou na faculdade.

Eu me inscrevi em filologia eslava, filologia búlgara – o equivalente às letras modernas na França. Os cursos eram de fato tediosos, com algumas poucas exceções. Os estudos literários eram inteiramente submetidos à tutela ideológica, dominados por noções como "espírito do Partido" e "espírito do povo", a serem decobertas nos autores que estudávamos. "Espírito do Partido" somente entre os melhores, obediência comunista, "espírito do povo" em todos aqueles a quem nos permitiam estudar. Os outros eram estigmatizados como inimigos do povo e jogados na lixeira da história.

Ao lado dos cursos de história e de língua, seguíamos também, ao longo de nossa escolaridade, cursos de marxismo-leninismo, obrigatórios para qualquer especialidade que pretendêssemos. Num ano estudávamos a história do Partido Comunista Soviético; em outro, a do Partido búlgaro. Também estudávamos economia política (a do capitalismo, ruim; a do socialismo, boa), e por fim os famosos *diamat* e *histamat*, materialismo dialético ou histórico, condensados filosóficos nos quais se estudavam, em particular, as obras do melhor filósofo, economista e linguista, o genial Stálin. Para os rapazes estudantes, havia, além disso, um dia por semana dedicado ao serviço militar: aprendia-se a "teoria", uma sequência de fórmulas vazias, o que nos permitia sair da faculdade como oficiais da reserva, mas na realidade ignorando o *bê-a-bá* da arte militar.

Fiquei cinco anos na universidade.

Era uma vida arregimentada?

No fundo, sim, mas não em tudo. A vida não era somente obscura e deprimente; os seres humanos são feitos de tal modo que buscam e encontram razões para rir e se alegrar em qualquer circunstância. Ser "pioneiro" significava participar de um doutrinamento ideológico repressivo, mas ao mesmo tempo, durante as férias, significava caminhadas pelas montanhas, a vida ao ar livre, fogueiras: lembranças inesquecíveis! Provavelmente os *Hitlerjugend*,[11] em 1938, poderiam dizer o mesmo. Mais tarde, quando não estava mais na escola, participei, em vários dos verões seguintes, de "brigadas": para atenuar o desmoronamento da produção agrícola, o governo requeria, durante o verão, os estudantes das cidades e os enviava para trabalharem nos campos. Fazíamos aterros e plantávamos árvores frutíferas. Era, por assim dizer, um trabalho forçado (aquele

11 Juventude hitlerista. (N. T.)

que não comparecesse corria o risco de ser excluído do Komsomol e, em seguida, da universidade, de ser expulso de Sófia e, portanto, de passar o resto da vida a fazer aterros...). Apesar disso, guardei boas lembranças: ir para os campos às seis horas da manhã, quando o sol sequer havia nascido, sentir a alegria do esforço físico, havia nisso algo de estimulante. Ou ainda o companheirismo entre os rapazes, os flertes entre eles e as garotas.

Buscar seu caminho na zona cinza

Durante esses mesmos anos, você começou a buscar um caminho profissional. Em que isso poderia consistir, para um literato, na Bulgária totalitária?

Um dos caminhos que se abriram diante de mim foi a pesquisa, ou o ensino superior – afinal, era a profissão de meu pai. Mas como abrir um caminho em tal ambiente? No quinto ano, eu devia redigir uma monografia de final de curso. Escolhi cuidadosamente minha abordagem. Meu centro de interesse era a literatura, mas, pela força das coisas, eu me tornara um tanto linguista, pois isso me permitia escapar do controle ideológico. Quanto mais próximo o procedimento estivesse das ciências exatas, mais eu estaria protegido. Em vez de estudos literários, a estilística. E, na estilística, de preferência a gramática. Quando conseguia enclausurar os textos em categorias gramaticais, pensava ter conseguido ser mais esperto que "eles" (o poder, os controladores onipresentes) e contornar a censura.

Minha monografia de graduação versava sobre a comparação entre duas versões de uma novela de um grande escritor búlgaro, redigidas havia trinta ou quarenta anos. O segundo texto era incontestavelmente mais forte. Eu concluía que, graças a essa confrontação, iríamos escrutinar nada menos que o segredo da beleza literária – sempre tive o desejo de compreender tudo, e de explicar tudo! Assim poderíamos, e eu estava convencido disto naquela época, esclarecer o mistério da arte de escrever. Para tanto, bastava recensear todas as modificações trazidas ao texto por esse escritor. Por exemplo, na segunda versão, ele preferia os verbos transitivos aos intransitivos, ou em cada frase um sujeito concreto a um sujeito abstrato; sobretudo, não havia substantivos deverbativos, mas sim verbos conjugados... Os censores não encontrariam nada para retrucar; eu estava maravilhado!

Também me interessava pela poética do folclore: contos, adivinhações, provérbios, canções populares. As canções populares búlgaras são belas, e sua tradição oral é mais rica que na França, onde a literatura escrita se desenvolveu bem cedo, contrariamente à Bulgária, onde não se escreveu grande coisa durante os "cinco séculos de escravidão". A criatividade do povo fluiu então no folclore. Eu havia estudado essas questões com nosso professor, Dinékov, um homem de quem gostava, e que me parecia mais ou menos um modelo: um fora-do-Partido que fazia o serviço mínimo. A poética do folclore era um outro meio de focar na materialidade do texto: suas restrições formais são fortes e então é preciso estudá-las. Além disso, não se pode reprovar a essas canções a ausência de um espírito de Partido (o espírito do povo aí estava por definição). É essa necessidade de evitar a ideologia que se encontra na origem de meu interesse, logo que cheguei à França, pelos formalistas russos.

Você estava contente em escapar da censura, mas, ao dedicar-se assim à pura técnica, deveria se entediar bastante!

Sabe, quando se está imerso nesse gênero de estudos, é fácil achá-los apaixonantes! Confusamente, creio, aquilo não devia me bastar, pois nos últimos anos antes de minha partida para a França, comecei a querer publicar, a participar mais diretamente da vida literária e artística. Decerto, era mais imediatamente lisonjeiro para minha pequena vaidade do que seguir uma trabalhosa carreira universitária: eu estava então, como tantos outros nessa idade, ávido por reconhecimento exterior. Pratiquei um pouco de jornalismo. Encontrei o único dissidente conhecido daquela época, o poeta Radoï Raline. Durante a guerra, quando tinha 15 anos, ele havia sido uma espécie de resistente, talvez um guerrilheiro. Havia se tornado então intocável e podia se permitir formular críticas cada vez mais acerbas em relação ao regime. Ele não era verdadeiramente um poeta, escrevia finais rimados, epigramas, histórias engraçadas..., mas era um dos raros homens livres.

Esse Radoï Raline trabalhava na redação de um jornal vespertino vagamente cultural – era um esconderijo. Situação bem característica desse mundo: os escritores não estavam livres para dizer o que queriam, mas recebiam o pagamento ao final de cada mês. De modo mais geral, isso era verdade para tudo aquilo que concernia à cultura: era generosamente subvencionada, mas estreitamente controlada. Essa benevolência podia tomar todas as formas. Os pintores, por exemplo, se não queriam praticar o realismo socialista, mesmo assim encontravam trabalho: desenhavam as letras das manchetes nos jornais – em vez de serem impressas, essas manchetes eram traçadas à mão, e esse ofício era sistematicamente reservado aos pintores. Assim, o artista podia pintar quadros abstratos em sua casa, em segredo – pois a arte abstrata não era admitida – e, entretanto, conseguir ganhar honestamente a vida. Havia também casas de repouso, bolsas, sinecuras reservadas aos criadores. Também dessa forma, havia vários jornais literários, com grandes corpos de redação cujos membros eram todos assalariados; ou ainda editoras, com seus inúmeros "redatores", que com frequência eram escritores que nelas haviam encontrado seu ninho. Evidentemente, em troca se demandavam a submissão ideológica, o recrutamento a serviço do Partido, a prostituição espiritual; contudo, os artistas podiam também simular, fazer de conta, sair pela tangente.

Comecei a escrever alguns artigos para esse jornal. Não estou seguro de poder me orgulhar de todos esses papéis hoje em dia. Eu realizava ali meu aprendizado da vida cultural num país comunista; tentava procrastinar, enganar a censura. Por exemplo, incensava os combatentes pela liberdade de um passado mais longínquo – claro que todas as frases tomavam um duplo sentido, e isso me dava prazer. Ou ainda, aproveitando que eu compreendia o alemão, o inglês e o francês, lia os jornais estrangeiros e reportava, de maneira bem superficial, acredito, os acontecimentos da vida cultural francesa, alemã ou anglo-americana. Eu não ousava fazer elogios, mas o simples fato de falar sobre isso lembrava a existência de um outro mundo.

Assim, você tinha acesso à imprensa estrangeira que, mesmo exclusivamente comunista, talvez lhe permitisse certa abertura...

Um pouco. Não há dúvida de que, na redação desse jornal búlgaro ou na União dos Escritores, eu podia ler a imprensa ocidental "progressista". Eu devia antes poder ler o *Les Lettres Françaises* do que o *Le Figaro Littéraire* ou o *Arts*, ou o *Les Nouvelles Littéraires* (que eram os semanários culturais franceses da época); só não podia ler o *L'Humanité*. Nos círculos que eu frequentava, a curiosidade por aquilo que vinha de fora era imensa, tamanha era nossa ignorância sobre tudo. Mas, novamente, veja a ambiguidade: os verdadeiros oponentes do regime, se tivessem existido, achariam que eu fazia muitas concessões, e teriam considerado desprezível toda a atividade de nosso pequeno meio. Infelizmente, porém, os dissidentes não existiam na Bulgária dos anos 1950, pelo menos que fossem de meu conhecimento.

Mas hoje, agora que a história apontou a ação dos dissidentes, você não sente, nos olhares que lhe são dirigidos, uma vaga acusação de não ter sido um?

Não, hoje em dia não sinto um incômodo particular por não ter sido um combatente anticomunista mais ativo. Como exigir isso de quem quer que seja? Num país totalitário, em que o poder controla tudo, não se pode viver sem fazer concessões. Por isso, desconfio dos julgamentos ácidos sobre as populações dos países totalitários. As escolhas raramente se apresentam de maneira clara. Você não diz: vou optar pelo bem ou pelo mal? Vou trair minha consciência ou vou permanecer fiel? Você se adapta insensivelmente a uma ordem, porque os detentores do poder, as autoridades do Estado o demandam, porque a imprensa e o rádio o incitam, porque todos fazem a mesma coisa. É preciso poder se colocar fora desse mundo para perceber que se está preso numa armadilha.

Vaclav Havel disse bem:[12] a perversidade dos regimes comunistas é que não existe "eles", de um lado, e "nós", de outro – "eles", os ferozes que nos oprimem, e "nós", os que sofremos a opressão, esperando o momento de poder nos libertar. Não: todo mundo participa porque é nossa vida, e não existe outra. Parece fácil imaginar uma outra atitude, uma vez que a dissidência se tornou possível, mas enquanto não é... E não havia, porque o primeiro que se mexia era enviado para a prisão ou para o campo de concentração, e a voz discordante desaparecia. O terror, quando total, é muito eficaz.

Durante todo esse primeiro longo período da vida totalitária, antes dos dissidentes, antes do "degelo", não era possível imaginar outra vida. A imensa maioria das pessoas escolhia – mais uma vez: isso é uma escolha? – viver aqui e agora, isto é, adaptar-se. Todavia, essa adaptação comportava graus que, aos nossos olhos, eram decisivos. Ir às reuniões de organização "de massa" (do bairro, do trabalho, da faixa etária) sem protestar, votar com todo mundo, participar das manifestações públicas, era estar de um lado da fronteira. Fazer sua carteira de adesão ao Partido era estar do outro lado: aí, tratava-se de um "vendido", de alguém que optava pela renúncia a si mesmo, por essa submissão suplementar, não exigida, simplesmente a fim de acelerar sua carreira e se beneficiar de vantagens materiais (nos anos 1950, não mais se entrava no Partido por convicção). Este segundo tipo, desprezávamos completamente. Mesmo

12 Havel, *Essais politiques.*

que todos se adaptassem, a diferença entre "serviço mínimo" e "zelo" era violentamente ressentida.

Refletindo sobre isso, é essa cumplicidade interior, essa corrupção das almas, que me parece ser um traço particularmente odioso do regime totalitário. Na hora, o que mais se reclama é da penúria, ela é cotidiana, geral. Cada um sai com sua sacola pela manhã, mas não sabe com o que irá preenchê-la: tudo é tão raro que se compra a mercadoria quando se encontra, e não quando se tem necessidade dela. Você sai para comprar cebolas, mas encontra pregos, e os compra. Daí o imenso prestígio daqueles que vinham (ou voltavam) da "Europa": lá se podia sempre encontrar tudo; eu me lembro de nossa alegria quando nos traziam algo, mesmo que fossem alguns rolos de papel higiênico!

Amigos, livros, viagens

Como você se adaptou? Você explicou como contornou a censura na escolha de seus estudos, mas isso é suficiente para não ter o sentimento de incessantemente viver graças a medidas preventivas?

Para dizer a verdade, para mim o essencial não se passava nessas esferas públicas, universidade ou jornalismo, mas na esfera privada, e também na da vida do espírito. Eu vivia então num meio de pessoas do teatro, de poetas, de pintores, e participava de seus projetos. Eram jovens de grande talento e sinto prazer em dizer aqui seus nomes, mesmo que eles nada signifiquem para você. Havia dois diretores notáveis, Willy Tsankov e Leon Daniel – eu era amigo especialmente do segundo. Em torno deles, atores de teatro, como Ivan Andonov. Poetas, como

Christo Fotev, Ivan Téofilov. Pintores, principalmente Vessa Vassiléva, Tochko Panayotov e meu querido amigo Nitchéto, Nikolaï Nikov, que morreu na época. E outros ainda, sem esquecer meu melhor amigo da época, Sacho Bechkov, personalidade artística fantástica, um tanto boxeador, outro tanto jornalista, filho de um grande desenhista búlgaro que morreu alguns anos antes de nosso encontro; ele havia herdado uma Mercedes preta, distinção extraordinária na Bulgária...

O teatro era muito vivo nessa época. Quando esses amigos não encenavam clássicos que poderiam ter ressonâncias atuais, tiravam proveito de um momento de "degelo" para mostrar uma peça um pouco mais subversiva, que denunciasse as taras da sociedade contemporânea. Trabalhava-se sempre com esses limites da censura, e a fronteira entre o tolerado e o proibido era emocionante. Falo não exclusivamente do político no sentido estrito: as invenções formais, frequentemente notáveis, por sua vez sofriam a ira dos censores.

De vez em quando você falava de política com seus amigos?

Nunca de maneira frontal, somente a respeito da arte. Pôr em questão as decisões do poder supremo era impensável para nós: seria o mesmo que protestar contra a chuva ou o bom tempo. Se alguém o fizesse, era visto como algo de mau gosto. O regime comunista havia atingido esta perfeição: parecia natural e, portanto, imutável. Resultado: mirei contra a política. E não era o único. O efeito global da vida sob o comunismo, no fundo, não era fazer de nós anticomunistas virulentos, mas engendrar antipolíticos virulentos, se posso assim dizer: seres que afastavam de seu horizonte qualquer interesse político. O mais ativamente possível, queríamos permanecer inativos.

Em contrapartida, falar dos meios para tirar o melhor proveito das restrições políticas era totalmente admissível. Para os escritores, a situação era difícil, dado que com a linguagem se é mesmo obrigado a produzir afirmações e teses. Mas os pintores e também os atores, apesar dos dogmas do realismo socialista, podiam praticar uma forma de dissidência passiva, tornar-se exilados internos que não se batem contra o regime, mas buscam a maneira mais honesta possível, nas circunstâncias do momento, de cumprir sua vocação, isto é, de dar vida ao sentido e à beleza.

Depois da queda do comunismo, li a respeito de lembranças que foram publicadas na Bulgária sobre esse grupo de amigos. Seus autores tiveram o mesmo sentimento: o de que formávamos uma pequena ilha de liberdade, em que se prezavam os verdadeiros valores, em que se falava do homem e de Deus, do sentido da vida e do absurdo, do bem e do mal. Uma vez que se havia erguido uma barreira estanque em torno do mundo propriamente político, podia-se ir além em relação a todo o resto. E íamos longe, em conversas intermináveis, até tarde da noite, bebedeiras sem hora para acabar, festas nas ruas em que nos acompanhávamos indefinidamente. Apesar disso, essa bolha podia explodir ao menor contato com a realidade, e foi o que aconteceu, na sequência, na vida de meus amigos que permaneceram na Bulgária. Muitas vezes, o que se preservou foi apenas o calor das relações humanas – ele era bem maior que aquele que encontrei posteriormente na França. Contudo, isso decerto se deveu mais aos Bálcãs que ao comunismo.

Mas não seria uma experiência comum a todos os jovens de 20 anos, essa das discussões intensas, gratuitas, livres, quando se compartilha o sentimento de descobrir o mundo juntos, sem saber ainda para onde se irá? Em sua opinião, o fato de viver sob um regime totalitário dava à sua juventude uma intensidade suplementar?

Potencialmente, a qualquer momento, em cada sociedade, muitos talentos se apresentam. Por que certas épocas nos parecem particularmente propícias ao desenvolvimento dos talentos? Porque o contexto social favorece esse fato, em vez de entravá-lo. Na Bulgária, ou em outros lugares do mundo "socialista", em torno de 1960, esboçou-se um movimento não exatamente de produção artística, mas de efervescência dos espíritos. A tímida liberalização, por ocasião do "degelo" khrushchoviano, havia despertado esperanças; mulheres e homens de talento buscavam avidamente recuperar o tempo perdido, abrir-se ao mundo, criar. Pouco tempo depois, eles iriam descobrir que essas esperanças haviam sido em vão. Contudo, naqueles anos, era um meio de grande qualidade... Desde então, nunca mais encontrei tal densidade de talentos e de inteligências. Sem dúvida, seria preciso manter essa repressão da vida política para que os melhores espíritos orientassem sua energia para a criação, sobretudo se esta estivesse um pouco à margem da ideologia, como na pintura. A música também explodia e havia maestros e músicos búlgaros extraordinários! Àqueles que queriam se distinguir sem fazer carreira nos serviços secretos ou no Partido, o que aliás era quase a mesma coisa, a sociedade totalitária só deixava poucas vias abertas: o esporte, as artes, a matemática... Pensando bem, formávamos um meio cultivado.

A que livros vocês tinham acesso?

Dispúnhamos de traduções de romances ocidentais, um pouco em búlgaro e muito mais em russo; ora, todos nós líamos em russo, o que ampliava bastante nosso horizonte. Podíamos ter acesso à grande literatura russa do século XIX, Gógol, Tolstói, Dostoiévski, Tchekhov, o que me apaixonava. Ou ainda a poetas russos do início do século XX, mas também a um romance de Kafka, que acabava de ser publicado em tradução, ou Faulkner, ou Hemingway. Também encontrávamos as grandes obras filosóficas traduzidas em búlgaro antes da guerra. No fundo, o que faltava era sobretudo a atualidade ocidental: será que de fato perdíamos muito?

Você contou, em Crítica da crítica, *sua leitura de* Zéro et l'infini, *de Koestler, na Bulgária. Como isso era possível?*

Na verdade, li em inglês uma adaptação teatral de *Zéro et l'infini*, feita por um autor cujo nome não lembro mais. Eu conhecia um casal de comunistas ingleses – espécie rara! – convidados para ser professores numa escola inglesa de Sófia. Fiquei amigo deles – todos os estrangeiros ocidentais nos atraíam, mesmo que fossem comunistas (não tínhamos escolha) – e eles me davam livros em inglês. Um desses livros era uma coletânea dos prêmios Pulitzer para o teatro dos vinte anos precedentes. A peça, segundo Koestler, havia ganhado o prêmio em algum momento entre 1939 e 1959, então figurava nesse volume. Ela se chamava *Darkness at Noon*, que é o título original de Koestler. Fiquei impressionado com essa leitura: até então, jamais havia lido um livro que questionasse assim o comunismo. É claro que eu havia lido o "Relatório Khrushchov", mas esse gênero de literatura questionando o próprio projeto comunista, como fazia Koestler, evidentemente não era acessível. Quanto a Orwell, um autor que se tornou próximo para mim, eu só o descobri muito tempo depois, já na França.

Antes de vir para a França, você tinha podido viajar para o exterior?

Duas vezes, em 1959 e em 1961. Primeiramente, para visitar meu irmão, que fazia estudos especializados em física, em Doubna, uma cidade toda dedicada à ciência, ao lado de Moscou. Fui com minha mãe e visitamos então essa cidadezinha em que meu irmão vivia, mas também Moscou e Leningrado. Foi uma viagem apaixonante, eu tinha 20 anos e, nessa ocasião, descobri a pintura ocidental nas maravilhosas coleções que há em Moscou e Leningrado: os pintores holandeses, os impressionistas, Matisse. Uma das primeiras coisas que escrevi foi um pequeno ensaio sobre Gauguin, pintor por quem me apaixonei.

Em Moscou, também tive encontros no meio dos escritores, muito mais despertos que na Bulgária. Por exemplo, passei momentos com Evguéni Evtouchenko, poeta então em plena glória num ambiente de "degelo". Lembro-me de que na primeira manhã em que o encontrei, ele estava indo ler seus poemas num estádio em que haveria cerca de 20 mil pessoas. Você pode imaginar isso: 20 mil pessoas – estudantes, funcionários, operários – vindas para ouvir poesia? Encontrei também uma mulher do meio literário que me deu escritos sob uma forma que ainda não se chamava *samizdat*:[13] os poemas de Pasternak que vemos ao fim de *Doutor Jivago* (livro proibido) e os inéditos de Akhmatova, como o *Poema sem heróis*.

Em seguida fiz uma segunda viagem, desta vez sozinho, para a Polônia, onde conhecia um búlgaro que estudava cinema. Foi em 1961. A Bulgária era um país em que a Cortina de Ferro era impermeável e o controle político, total; não se podia verdadeiramente dizer nada, enquanto os poloneses já tinham um debate cuja audácia nos deixava pasmos. Sabíamos o que ocorria naquele país sem saber ler sua língua, porque o serviço cultural polonês em Sófia havia se dado a tarefa de difundir junto aos intelectuais búlgaros um resumo do que acontecia na Polônia. Eles mimeografavam um boletim no qual eram traduzidos textos de dissidentes poloneses, como Leszek Kolakowski e outros. O boletim era enviado gratuitamente a todos os membros da União dos Escritores, pintores, jornalistas... Para nós, esses escritos eram um sopro de liberdade.

Você deve se perguntar por que me refiro a todas essas organizações profissionais que não têm equivalente real na França. É porque elas contavam muito na Bulgária. Eram um meio de enquadrar ideologicamente, mas, ao mesmo tempo, pertencer a uma dessas uniões significava muitas vantagens: elas tinham

---

13 O *samizdati* (em russo: самиздат) era um sistema clandestino e ilegal de circulação de textos dissidentes na URSS e nos países do Bloco do Leste, manuscritos ou datilografados pelos membros dessa rede informal. O termo poderia ser traduzido como "autoedição" e era usado como oposição à palavra *gozisdat*, as "edições do Estado" oficiais do regime soviético, cujos escritos eram sempre submetidos à censura. (N. T.)

grandes casas de veraneio, clubes-restaurantes em Sófia, onde se podia ficar sabendo dos mais recentes rumores, estavam em condições de emprestar dinheiro com juros baixos, e assim por diante. Instituições típicas desse mundo! Isso explica, sem dúvida, meu fraco entusiasmo por todas as nossas "Casas de escritores", "Sociedade das pessoas de letras", e outras.

Ao visitar a Polônia, você teve o sentimento de "ir para a Europa", mesmo pertencendo esse país ao mesmo mundo comunista que o seu?

Eu descobria um mundo um pouco diferente: o da Europa central, que não se confunde com os Bálcãs. Eu pegava o trem à noite e, pela manhã, parava a cada vez numa cidade diferente: Belgrado, Budapeste e (na volta) Bucareste. Belgrado e Bucareste me impressionaram menos – elas se pareciam com Sófia –, mas Budapeste já era uma cidade "europeia", e por meio dela a Europa se deixava adivinhar! A velha cidade de Buda, as pontes sobre o Danúbio, os espaçosos cafés e os restaurante com servidores polidos, diferentemente daqueles que víamos nos péssimos estabelecimentos búlgaros. Durante o único dia que passei nesta cidade, também fui a um museu: lembro-me de que eles tinham um Brueguel, outra descoberta para mim.

Por fim, a Polônia. Eu sabia suficientemente polonês para ler alguns textos fáceis – o jornal, ou mesmo um romance de Branys, por exemplo (autor que encontrei trinta anos depois em Paris). A maior parte do tempo eu dormia numa cidade universitária de Varsóvia. Fiquei maravilhado pela beleza da cidade de Cracóvia. De lá, fui a Auschwitz. Como depois trabalhei muito sobre as histórias dos campos de concentração, eu me pergunto por que senti então essa necessidade. Pois era realmente uma necessidade: eu me dizia que ali havia acontecido alguma coisa de essencial para a humanidade. Era preciso que eu visse os traços bem de perto. É claro que o museu estava organizado de modo a servir à propaganda, à visão da história que os comunistas queriam impor... Mas não era isso o que me impressionava na época, e sim as montanhas de óculos, de cabelos e de sapatos.

O genocídio perpetrado pelos nazistas era um tema importante na Bulgária?

Não, era um tema marginal, tratado muito discretamente! Nada a ver com a França dos anos 1990, em que se tornou o acontecimento principal do século. Para nós, então, o acontecimento fundador tinha por nome Stalingrado, que encarnava a vitória do Exército Vermelho sobre a detestável besta nazista. Mas dos judeus não se falava... e, aliás, nem de Auschwitz. Você sabe, os antigos pavilhões construídos com tijolos são dedicados, no âmbito do museu que lá se encontra agora, a cada uma das nacionalidades dos deportados que estiveram em Auschwitz. Há então um pavilhão russo, um francês, um belga – e, dentre eles, um pavilhão judaico. A propaganda comunista evitava realçar a identidade judaica dos mortos, que eram apontados como as "vítimas do nazismo". Nossa percepção atual é tão diferente, que temos dificuldade em nos lembrar da percepção anterior. Mesmo em Nuremberg. O genocídio dos judeus ocupava um lugar marginal. O grande chefe de acusação era os "crimes contra a paz", e não os crimes contra a humanidade.

Deixar a Bulgária

Foi graças a essas viagens que aos poucos nasceu o projeto de ir embora?

O projeto de partir não estava verdadeiramente nos planos que eu fazia para minha vida: estudo, trabalho, pequenas viagens. O plano nasceu da oportunidade: foi por ser possível que se tornou desejável. Caso contrário, estaria longe demais, seria por demais inacessível para que nele se pensasse de verdade. Além disso, era desmedidamente bom: sonhar com a ida a Paris era para mim como sonhar com a ida ao paraíso! Não se acalenta semelhantes ilusões.

Devo essa oportunidade inteiramente a minha família. Meu pai tinha uma irmã que, em 1945, estava na Áustria, onde havia vivido durante a guerra. Lá, ela era uma estrangeira, e naquela época se perguntava a todas essas pessoas deslocadas para onde queriam ir. As opções para minha tia eram voltar para a Bulgária ou ir para um "terceiro país". Ela sabiamente escolheu esta última solução. Eu me lembro de que lhe haviam proposto a Austrália, a Argentina ou o Canadá. Esses eram os três países que acolhiam os refugiados após a Segunda Guerra Mundial, pois sofriam de baixa população. Países novos. Imaginem o exotismo para nós, em Sófia! Nós nos perguntávamos o que teríamos feito em seu lugar. Minha tia escolheu o Canadá. Ela era farmacêutica profissional e teve de trabalhar durante dois anos como enfermeira no Grande Norte, em seguida instalando-se em Toronto, onde pôde exercer sua profissão original, o que lhe deu a chance de constituir um pequeno pecúlio. Como era solteira, escreveu a todos seus irmãos e irmãs que ficaram na

Bulgária, dizendo que estava disposta a manter cada um dos sobrinhos, durante um ano, num país estrangeiro de sua escolha.

Foi uma oferta muito generosa!

Minha tia era muito generosa, maravilhosa! Eu lhe devo um reconhecimento eterno. Também vejo um belo exemplo de solidariedade familiar, que se transmite de geração em geração. Ou ainda um exemplo da estima pelos estudos, que já existia nesse meio, o das "boas" famílias búlgaras – em suma, "valores" de uma sociedade particular. Aí está uma tradição que faz sentido! Foi por haver sido enviada – assim como meu pai, como seu irmão – por seu pai para o estrangeiro (na "Europa!") por um ano, que minha tia queria oferecer a mesma oportunidade para a geração seguinte. Fui o único a aproveitar dessa chance, ainda que fôssemos seis primos. Eu era o mais jovem, e os outros já estavam engajados em suas vidas, em suas carreiras. Eu acabara de sair da universidade, portanto, viajar durante um ano... isso me atraía.

Em seguida, a escolha se reduziu. Primeiramente, o lugar. Não houve nenhum instante de hesitação: Paris. Mas se enganaria redondamente quem pensasse que eu estava atraído pelo estruturalismo ou por Roland Barthes, ou por Jean-Paul Sartre. Não: eu ignorava tudo isso. Paris, para mim, evocava os quadros impressionistas, alguns filmes, canções. Eu admirava Édith Piaf, e não Roland Barthes!

Um dos raros artistas franceses que tinha visto era Yves Montand. Ele tinha ido à Bulgária e adorei seu espetáculo. Era um artista completo – e ainda acho isso. Ele havia conduzido a arte do *music-hall* a um grau de perfeição. Acabara de fazer uma grande turnê nos países do Leste e seu concerto estava anunciado em Sófia. Seguramente vários concertos, pois do contrário todos os lugares teriam sido distribuídos entre os amigos dos membros do *bureau* político. Os ingressos estavam à venda. Então, na noite da véspera, a partir de nove horas, nós nos instalamos diante dos guichês, bem decididos a ali passar a noite, e ficamos conversando, nos revezando e comendo sanduíches. Os caixas abriram na manhã do dia seguinte. Compramos os ingressos e à noite fomos à sala de espetáculos mais prestigiosa de Sófia. A cortina se levanta e chega correndo esse belo homem alto, de camisa e calça marrons, que começa cantando uma canção tão tipicamente francesa... Minha lembrança dele continua intacta até hoje. Era absolutamente esplêndido. Ainda posso cantarolar todas as suas canções da época e, aliás, quando tenho ocasião, durante uma emissão de rádio, peço que toquem *Les Grands Boulevards*. Era isso, para mim, a quintessência da França. Por que eu tinha vontade de vir para a França? Porque aqui havia os Grands Boulevards...

Evidentemente, infiltrava-se a pequena inquietude de saber que Yves Montand e Simone Signoret tinham tomado posições marcadas em favor do Partido Comunista. Era uma sombra sobre a pintura. Para nós, era difícil compreender como pessoas tão maravilhosas tinham podido ser seduzidas pelo comunismo. Elas haviam *escolhido*, sem ser obrigadas a isso: bizarro!

Seu fascínio pela França nada devia então à literatura?

Eu conhecia mal a literatura contemporânea; quanto aos ensaístas ou eruditos, zero. Em contrapartida, esse desejo de

Paris era alimentado por alguns mediadores, dentre os quais o primeiro lugar cabe a um amigo, dez anos mais velho que eu, que depois morreu num acidente de avião. Esse advogado de província, apelidado Karata, era um dos mais brilhantes espíritos que eu havia encontrado e, ao mesmo tempo, era profundamente desesperado. Ora, mesmo que jamais tenha saído de sua Bulgária natal, tinha um conhecimento notável da cultura francesa e da vida parisiense, inclusive da geografia da cidade (um mapa do metrô estava pendurado na parede de seu escritório). Para ele, Paris representava a liberdade, a cultura, o espírito europeu em seu ápice.

Talvez isso não tenha agradado a meu pai, que tinha ido para a Alemanha, da mesma maneira. Contudo, ele nada disse. Meu pai falava alemão e não possuía nenhuma relação com a França. A França, contrariamente à Alemanha, não tinha uma imagem forte para os búlgaros da época. Mas, para mim, não eram nem a política, nem a economia, que me atraíam, mas a cultura, a arte, a beleza; e isso era a França.

Depois disso, foi preciso arranjar alguém que, da França, pudesse enviar um certificado de acolhimento para que eu pudesse pedir um visto. Isso foi uma tarefa para meu pai, que tinha conhecido um professor francês que visitara a Bulgária. Restava, por fim, o obstáculo mais sério: obter um passaporte. Em qualquer país totalitário, e não apenas na Bulgária, ter um passaporte era um privilégio...

Para Moscou e Varsóvia, você tinha um...

Ir para os "países irmãos" era fácil. Para a França, isso não acontecia! Entretanto, imprudente, eu disse a mim mesmo:

apesar de tudo, vou tentar. Fiz meu pedido: durante muito tempo, não obtive resposta; relanço a demanda e a resposta negativa chega. Outras pessoas eram bem mais decididas que eu: o artista Christo, por exemplo, contou-me que havia atravessado a fronteira escondido num trem. Ele estava muito motivado para partir, de tanto que detestava a Bulgária – inclusive o meio que eu frequentava, que ele via como um meio de compromisso, sorridente e submisso. Ele tem um caráter mais revoltado que eu. Eu não era do gênero que atravessa a fronteira clandestinamente. Então, fui ao Ministério do Interior e solicitei uma reunião com o ministro.

Era tão simples assim?

Não era tão difícil. Poder encontrar um ministro era um dos restos de um projeto generoso, como a igualdade de homens e mulheres – que permitia às mulheres trabalharem nas estradas ou nas minas... –, ou como a gratuidade do ensino e da medicina. Então, o ministro tinha horários de recepção. A gente se inscrevia e esperava. Algumas semanas depois, fui convocado. Entro numa sala de espera, sento-me junto a outras pessoas, principalmente mulheres com cenho franzido. As mulheres idosas na Bulgária, as mulheres do povo em particular, se parecem com mulheres disfarçadas. Elas usam um lenço sobre a cabeça, o que lhes dá um ar muito acabado: esse enorme lenço negro, os rostos devastados. Seguramente vinham suplicar para que seu irmão, seu marido, seu filho, fossem libertados dos campos de concentração, que continuavam a prosperar naquela época na Bulgária. Quando chegou minha vez, me vi diante de um general vestido em roupas civis, que não me impressionou particularmente (não sei por qual razão as pessoas jamais me intimidam). Expus-lhe o meu caso. Nosso encontro só dura três minutos, pois ele me responde imediatamente: "É simples: o direito de sair do país lhe é recusado porque você o demanda a título privado. É preciso que a requisição seja formulada por uma instituição, por exemplo, a universidade". E pronto. Saio, e três semanas depois tenho meu passaporte.

Acho isso interessante. Quando estive na Grécia, recentemente, os gregos me diziam: "Não nos reconhecemos nos europeus do Oeste porque eles reagem somente segundo as regras e os princípios, enquanto, para nós, sempre é levado em conta o 'fator pessoal'". Isso não é corrupção, é levar em conta indivíduos particulares. A regra abstrata está lá, de acordo, mas mesmo que ela vá contra você, você ainda pode iniciar negociações com o representante do poder e, quem sabe, talvez o caso se arranje. Essa possibilidade de interação pessoal é o que por vezes nos falta, para nós, gente dos Bálcãs, no mundo bem frio das regulamentações ocidentais. Eu diria mesmo que essa é a reprovação principal que dirigimos aos "ocidentais": as maneiras impessoais nos contatos. Mesmo nas relações entre indivíduos (e nem se fale dentro da administração). Voltando ao ministro, decerto ele também geria assim os campos de concentração, mas não via inconveniente no fato de eu ir passar um ano no exterior. Fui então procurar meus antigos professores, e a universidade me outorgou uma fictícia "missão de especialização sem custos".

Vejam a que ponto essa ida era uma construção complexa, que não era acessível a qualquer um. Ela resulta da conjunção de vários elementos díspares: minha tia no exterior, o fato de meu pai conhecer pessoas bem-dispostas em Paris, e eu, com essa audácia incrível de interrogar diretamente o grande patrão, o que jamais teria ousado se não tivesse nascido nesse meio – se, justamente, eu tivesse sido um pequeno camponês do Danúbio...

Uma vez obtido seu passaporte, em nenhum momento, mesmo ao subir no trem, você pensou que estivesse indo para sempre ou, em todo caso, por mais tempo que o ano previsto?

Em nenhum momento. Eu não queria de modo algum me tornar um exilado. Gostava muito dos meus amigos, das relações humanas. Aos 24 anos, estava envolvido num tecido social denso, como jamais voltaria a conhecer. Falei do meio artístico e profissional, mas vivia também, num plano inteiramente íntimo, com amizades magníficas, de uma real intensidade, amores, mesmo que estes não fossem, devo admiti-lo, muito satisfatórios: eu era tímido, as garotas por quem me apaixonava não me davam atenção, e eu sofria no meu canto. Enfim, tudo aquilo era muito arrebatador. Retirar-me disso para vir viver sozinho em Paris era-me uma violência. Decidi-me unicamente porque todo mundo me invejava. Eu sabia que era fantástico poder vir para Paris. Apesar disso, significava também uma dor. Eu adorava meus amigos, eram a vida para mim, e ao me darem a ocasião de partir, privavam-me da vida.

Sem dúvida essa clivagem se apresenta para qualquer um nessa idade: temos a impressão de que um dia será preciso optar pela "vida" ou pelo "trabalho", pelo engajamento profissional. Na verdade, isso é uma ilusão: em primeiro lugar, não se tem a escolha, somos mesmo obrigados a trabalhar; além disso, por sua vez, o trabalho se torna a "vida". No melhor dos casos, ocorre uma "sublimação", e a energia vital se reorienta para uma atividade reconhecida como de utilidade pública. Todavia, acontece que se experimenta esse momento como uma ruptura. Para mim, isso foi particularmente violento, dado que a ruptura coincidia com a mudança de país. Eu deixava a proteção familiar, o conforto dos hábitos, para me investir no mundo profissional. A mutação não podia ser progressiva; ela estava simbolizada por este trem: uma pessoa subia em Sófia no início da tarde e outra descia dois dias depois em Paris. Isso adicionava uma dimensão trágica: eu devia renunciar ao que me era mais precioso em nome de um ideal impreciso, inapreensível. Eu me consolava me dizendo que estava vindo a Paris por apenas um ano e iria ter as vantagens dos dois mundos! Essa convicção durou bastante.

Falando com você, me dou conta de que a separação do círculo das amizades me pesava muito mais que me separar de meus pais. Apesar disso, eu me entendia bem com eles. Tive poucos conflitos com meu pai por questões de conduta: ele era autoritário fora de casa, mas tolerante com os filhos. Além disso, eu compartilhava de seus interesses pela história da literatura e chegamos até mesmo a assinar um artigo juntos. Quanto à minha mãe, não somente eu era muito ligado a ela, mas a admirava, mais que a meu pai. Sua vida era preenchida pelo amor e pelos cuidados com seus próximos: filhos, marido, uma irmã pintora um tanto boêmia, algumas amigas. Nunca a vi ter um gesto egoísta; ela vivia seus prazeres por meio dos outros. Também não tenho lembrança de tê-la ouvido levantar a voz. Aos meus olhos, ela encarnava um ideal, não de esposa ou de companheira – as garotas por quem me apaixonava nem de longe se assemelhavam a ela –, mas de ser humano afetuoso e generoso, sem que por isso tivesse o menor traço de ostentação ou de ressentimento. Apesar dessa boa compreensão, eu não sentia um enorme sofrimento por me separar de meus pais. Ou talvez fosse por causa dela, justamente: eu estava seguro do amor deles, e podia carregar isso comigo para qualquer lugar.

Viajei em abril de 1963, porque obtive meu visto nesse momento, e porque meu pai me disse: "Você tem seu passaporte, seu visto, então não espere nem um dia; não há motivos para esperar até setembro, pois tudo pode mudar daqui até lá, vá para Paris imediatamente".

A Bulgária, um capítulo fechado?

Quanto tempo você ficou sem voltar para a Bulgária?

Não voltei antes de 1981. Portanto, fiquei sem ir para lá durante dezoito anos.[14] Eu tinha um sonho recorrente, no qual eu ia à Bulgária sem poder voltar a sair. Era verdadeiramente meu pesadelo, no sentido próprio e no figurado. Percebi, depois, que muitos imigrados têm esse mesmo pesadelo. Não era um mero fantasma: certos búlgaros voltavam e em seguida eram impedidos de sair novamente. Eles se tornavam suspei-

14 Essa primeira visita a Belgrado, depois de dezoito anos de ausência, é contada por Todorov em *O homem despaisado*.

tos, atingidos pelo bacilo da decadência ocidental e, por sua vez, eram contagiosos. Eu pensava também em Georgi Markov, célebre dissidente búlgaro refugiado em Londres, assassinado pelos serviços secretos búlgaros com a ajuda de um guarda-chuva munido de um veneno fulminante. É verdade que, diferentemente de mim, Markov tivera atividades políticas. É preciso lembrar que naquela época a Guerra Fria continuava à toda e que, apesar das fórmulas empregadas, não havia verdadeiramente uma coexistência pacífica. Isso durou até meados dos anos 1980, *grosso modo*, até Gorbatchov.

Sob Brejnev, e na Bulgária sob Jivkov, que ficou até o fim, o período que se chamou de "estagnação" era efetivamente o totalitarismo feroz, pronto a roubar, pilhar, matar, prender, escarnecer das leis e das fronteiras.

No entanto, você voltou para a Bulgária em 1981, antes da queda de Jivkov. Em quais circunstâncias?

Não foi uma viagem privada. Eu havia sido convidado para um congresso que ocorria em Sófia e fazia parte da delegação francesa; esse quadro oficial deveria me proteger. Eu não comparecia na qualidade de búlgaro, mas com meu passaporte francês, sobre o qual eu havia providenciado um visto búlgaro. Além disso, eu havia tomado a precaução de me casar antecipadamente com a mulher com quem vivia – caso ela precisasse incitar a opinião pública para me tirar dos cárceres búlgaros...

Ao chegar a Sófia, meu coração estava acelerado. Devíamos passar pelo controle, uma espécie de cabine. Estendo meu passaporte para um funcionário de uniforme militar, que fica com ele durante um momento e depois diz: "Então, Tzvetan, você foi embora há muito tempo?". Ao mesmo tempo, esse tratamento familiar, o prenome e uma pergunta que nada tem a ver com a de um aduaneiro. Respondo humildemente, tendo de cara reintegrado meu personagem búlgaro, que não contradiz um miliciano. Ele prossegue: "E o que você faz na França?". Estamos sozinhos nessa cabine. Subitamente, seu telefone toca. Ele atende, fala três vezes "sim" e desliga. E me estende o passaporte carimbado sem dizer nada. Essa alternância de grosseria e servilismo era bem característica das relações oficiais no mundo totalitário. A cabine deveria ter uma câmera de vigilância. Minha chegada estava anunciada havia muito tempo, mas esse funcionário não tinha sido avisado, ao contrário de seu patrão, que observava tudo graças à câmera.

Os dez dias se passaram (lentamente). Eu não estava dando conta e não me sentia muito bem. Eu não via os búlgaros a partir do exterior, mas me reconhecia neles, e encontrava meus antigos companheiros. Ao mesmo tempo, meu destino havia se tornado tão diferente que não pertencíamos mais ao mesmo mundo. Apresentei uma comunicação no congresso (ela figura em *As morais da história* e fala sobre a imagem da Bulgária na França). No momento das perguntas do público, uma mulher se levantou e energicamente atacou minha exposição, com argumentos completamente malucos. Era preciso demolir o que eu acabara de dizer; ela estava em missão encomendada ou então mostrava serviço para se distinguir e assegurar uma promoção mais rápida. O combate ideológico estava no auge.

No último dia, retornei ao aeroporto com o coração apertado. Meus pais lá estavam, com lágrimas nos olhos. Atravessei as diferentes barreiras, mas só me senti seguro quando o avião já estava no ar. Além disso, manobrei para viajar com a Air France. Queria estar na França desde o momento em que subi no avião.

Esse é um reflexo que muitos exilados ou imigrados apresentam. Penso, em particular, nos argelinos...

Sim, os países totalitários não são os únicos a ignorar o direito dos indivíduos e a instaurar o regime do arbitrário.

Depois dessa visita cheguei a voltar à Bulgária, mas não frequentemente, nem por muito tempo. Fui uma ou duas vezes, por ocasião de eventos públicos. Em 1988, fui para receber um doutorado *honoris causa*. Eu me perguntei se deveria aceitá-lo. Afinal, era uma distinção honorífica atribuída pela universidade de um país totalitário. Apesar disso, aqueles que o haviam obtido para mim lutavam dentro da universidade para a liberalização, e queriam fazer dessa cerimônia um símbolo, uma arma de combate. Meu pai estava muito comovido. Também voltei lá para um congresso sobre a Revolução Francesa que ocorreu em 1989, mas antes da queda do regime. Lá, pela primeira vez, encontrei uma nova geração de estudantes búlgaros muito mais insolentes em suas palavras do que havíamos sido. O medo não mais os estrangulava a cada momento.

A essas raras ocasiões oficiais se adicionaram as visitas familiares, estritamente privadas. Por duas vezes levei minha família francesa, uma vez antes da morte de meus pais, outra depois; eu queria que eles conhecessem essa parte da minha existência. Durante certo tempo, eu voltava regularmente para visitar meus pais, que estavam cada vez mais velhos e doentes, e não podiam então mais vir a Paris. Meu pai morreu em meus braços. A família na qual ele morava e que cuidava dele me preveniu de que ele estava mal. Tomei imediatamente o avião; meu pai me sorriu e, como que tranquilizado por minha presença, se deixou deslizar para a agonia. Ele deu seu último suspiro dois dias depois e, nesse momento, eu estava sozinho com ele. Fechei seus olhos e prendi seu maxilar para que não caísse. Depois seu corpo foi lavado e vestido. Ele era belo. Tinha 92 anos e acabara de publicar um livro de memórias.

A Bulgária é um capítulo que, em minha existência pública, está fechado. Atualmente fico um pouco incomodado em dizê-lo, mas é verdade, não me sinto muito concernido pelo destino da Bulgária. Sou muito mais interessado pelo da França, evidentemente, e mesmo pelo dos Estados Unidos. Na Bulgária sou malvisto por esse distanciamento e me predizem que, cedo ou tarde, sentirei a necessidade de voltar às minhas "raízes". Não creio nisso. Os homens são feitos de tal maneira que se desenraizam da família de seus pais e se fixam na de seus próprios filhos. Minhas "raízes" são meus filhos, e eles são franceses. E a ideia de que devo alguma coisa à Bulgária, pelo que ela me ofereceu, me é estranha. Só carrego as dívidas para com as pessoas, e tento honrá-las.

Eu não estou mais na Bulgária – mas a Bulgária está em mim. Certamente ela é responsável por boa parte de minhas escolhas, de minhas adesões, de meu temperamento...

Você tem a impressão de ter escolhido seu destino ou de ter sofrido as restrições das condições exteriores?

Schopenhauer disse em algum lugar: o indivíduo pode *fazer* o que quiser, mas não escolhe *querer* o que ele quer.[15] Meu ser

15 Schopenhauer, *Essai sur le livre arbitre.*

escolhe meu fazer, mas quem escolhe meu ser? A partir do que sou, concordo, posso exercer minha liberdade. Mas não sou livre de ser o que sou. A liberdade da vontade existe, mas ela é exercida em relação a um dado preexistente, e não no vazio.

Resta conhecer aquilo que forma o ser. Isso não é uma resolução definitiva...

Certo. O próprio ser muda, pois não é feito de uma substância à parte. Nossa vida nos faz o que somos, e nós fazemos a nossa vida: ambos são verdadeiros. Nossa natureza é apenas um primeiro hábito, como dizia Pascal;[16] não é verdade para a espécie, mas sim para a pessoa. Contudo, outra questão se coloca: o que explica a diferença entre dois seres aos quais tudo aproxima no mundo objetivo? Por que Christo, na época, sofria mais que eu pela falta de liberdade? Ou ainda: de onde vem a diferença de destino entre Christo e seu irmão Anani, ator de teatro, que permaneceu na Bulgária? Um cineasta búlgaro que também trabalhava na França, Georgi Balabanov, há alguns anos fez um filme interessante sobre os dois irmãos (exibido na televisão francesa).[17] Esse filme conta o contraste entre seus destinos, mas não responde à minha questão. De onde vem a diferença? O que forjou a revolta do primeiro, que o conduziu a partir com tanta determinação, sendo que o segundo permaneceu? Isso estaria ligado à sua infância, às suas profissões, à diferença de idade?

---

16 Pascal, *Les Pensées*.

17 O filme de Georgi Balabanov, *La Frontière de nos rêves: Christo et Anani*, foi divulgado na França em abril de 1997.

Será que eu mesmo escolhi livremente vir para a França e exercer essa profissão, e não outra? Sim, em certo sentido, não em outro. Em todo caso, um mistério persiste, sobre o qual tropeçará, parece-me, toda busca definitiva pelas causas. A explicação encontra aqui um limite, além do qual não se podem constatar os fatos. Por isso não sou um cientista, não creio no determinismo total, não penso que se possa dar conta de condutas individuais de maneira exaustiva pelas causas. Se pudéssemos fazer isso, a espécie humana não seria qualitativamente diferente das outras. Ora, eu creio que ela é.

O que não significa que se deva renunciar à busca das causas.

Não. Podemos escrutinar o mistério, aclará-lo, e devemos mesmo ir tão longe quanto possível nessa busca, mas sempre sabendo que jamais se chegará de fato a ele, e levando em conta esse jamais, esse limite com o qual se colidirá, cedo ou tarde, e que se chama, finalmente, de liberdade humana. Liberdade não significa indeterminação, mas antes a possibilidade de ultrapassar as determinações.

Para você, antes de sua saída da Bulgária, houve um momento em que os compromissos tinham se tornado pesados demais?

Minha vida ativa na Bulgária não durou um tempo suficientemente longo, pois eu era bem jovem quando saí de lá. Esse é o motivo pelo qual não tenho nada muito espetacular para contar. Se eu tivesse ficado mais tempo, os compromissos teriam se multiplicado. Foram as circunstâncias que me permitiram escapar a esse destino.

Você acredita que teria podido se tornar um apparatchick*?*

Acredito que teria me tornado semelhante ao meu irmão. Ele fez uma brilhante carreira de físico, sem entrar no Partido e abstendo-se de qualquer ação política. Tornou-se membro da Academia de Ciências da Bulgária, o equivalente do CNRS (Centro Nacional de Pesquisa Científica) da França. Essa posição era possível, mas é verdade que era mais fácil no campo das ciências, da matemática, da física. Nas humanidades, a situação era mais tensa e teria sido preciso jogar mais duro. Apesar de tudo, essa via existia, como creio, para este professor especialista do folclore, Dinékov, ou até mesmo para meu pai. Isso não significa recusar nenhum compromisso. Tal maximalismo rapidamente conduziria o sujeito às margens extremas da sociedade e o teria tornado um indigente ou um delinquente.

O que eu poderia ter me tornado, caso permanecesse lá? Seria a mesma pessoa ou uma outra? Parece que estamos aqui numa novela de Henry James, *The Joly Corner* [A bela esquina]:[18] um exilado volta ao seu país 35 anos mais tarde e se pergunta qual teria sido sua vida se não houvesse partido. Certa noite, ele encontra esse duplo, um fantasma...

Essa escolha do "serviço mínimo" era factível ao longo do tempo? Como, por exemplo, seus amigos de juventude fizeram para suportar? E, antes de tudo, você conservou laços com alguns deles?

Não muito. Um deles foi para a Suécia, outro para o Canadá, e nos telefonamos de vez em quando. Estabeleci relações

18 James, "Le Coin plaisant", in: *Nouvelles.*

com algumas pessoas depois que saí de lá: a poeta Blaga Dimitrova, o ensaísta Tontcho Jetchev, que depois morreu, de quem promovi a tradução de um texto, "Le Mythe d'Ulysse" [O mito de Ulisses] – um homem muito interessante, ilustração perfeita desse calor humano que por vezes me falta aqui. Tenho também um amigo que é professor de literatura francesa. Contudo, como regra geral, os laços se afrouxaram; quando a gente não se vê durante anos, as referências não são mais as mesmas e o terreno comum fica muito distante.

Meus amigos de outrora – os que ainda sobraram – talvez não tenham mudado muito, mas eu, sim; a relação não pode continuar intacta. Voltei a pensar sobre essa questão quando vi o filme sobre os irmãos Christo e Anani. Viam-se, entre outros, alguns dos membros desse pequeno grupo ao qual eu pertencia, trinta anos depois. Eles continuavam a frequentar os mesmos restaurantes e a ter as mesmas conversas da época! Apesar disso, aos meus olhos o efeito é diferente, dado que o passado substituiu o futuro. No início dos anos 1960, já tínhamos 20 ou 25 anos, e podíamos sonhar. Para muitos deles, a vida transcorreu assim, entre esperança e espera, sem que nada acontecesse. Um pouco como o personagem de outra novela de Henri James, *A fera na selva*,[19] que passa sua vida esperando pela verdadeira vida. Isso não significa que eles se tornaram pessoas de menor valor; talvez sejamos nós que erramos, com nossas atividades múltiplas, nossas honras públicas, nossas viagens pelos quatro cantos do planeta. Mas não posso me impedir de pensar que, lá, um potencial humano não foi realizado, e o totalitarismo é responsável por esse enorme desperdício.

---

19 Id., *La Bête dans la jungle*.

A gente se enfiava na Bulgária e se enfiava no álcool. Lá, os homens bebiam muito, muito. É uma das formas de anestesia que se praticam sob o totalitarismo. Eu mesmo não estava longe de me engajar nessa via. Durante os últimos anos de minha vida ali, embebedei-me praticamente todas as noites. De modo que, no dia seguinte, bastava um pequeno copo para me deixar num estado particular: a gente se sente flutuar um pouco, fica despreocupado, irresponsável, indiferente. A camaradagem masculina incentivava essa escolha de vida.

O álcool está ligado ao comunismo ou é um tropismo eslavo, como reafirma o clichê?

Os alcoólatras são recrutados sob todos os regimes, mas há uma forma de embriaguez que me parece mais ligada ao comunismo, ao sufocamento de que se precisa fugir, ao sentimento de enclausuramento, a esta impressão de que mais cedo ou mais tarde você se chocará contra um muro. A corrupção exterior, nós nos demos conta mais tarde, é a poluição. Como num país do Terceiro Mundo, mas com o acréscimo da industrialização: carvão e aço por todos os lugares, isso polui enormemente. A natureza estava corrompida. Paralelamente, a natureza dos seres acabava por sê-lo também. Era preciso se resignar a viver na surdina. Era isso que Christo detestava. Ele não podia sequer suportar seus professores de desenho, que apesar de tudo eram de alto nível, porque sentia essa surdina por todos os cantos. Sem dúvida, para aceitar a surdina durante um longo tempo, é preciso ter um temperamento calmo, ou até mesmo dócil, ou então ter muita sorte...

Em certo sentido, escolhi a facilidade: saí da Bulgária.

II
Da poesia às estruturas

Uma paixão pela literatura – Os mais velhos – Roland Barthes, o grão de uma voz – Uma ciência da literatura? – A arte da narrativa – Revolucionar o ensino

Uma paixão pela literatura

Catherine Portevin – *Na Bulgária, você escolheu a análise formal da literatura para escapar tanto quanto possível da pressão ideológica do regime, mas essa era uma atividade voluntariamente separada de seu amor pela literatura ou, ao contrário, algo que a enriquecia? Você concebia esse exercício como uma pura técnica, reservando o convívio com a literatura a uma outra esfera, um pouco como um afinador de piano pode, por outro lado, amar Bach?*

Tzvetan Todorov – Não, as duas faziam parte do mesmo movimento. A análise formal era apenas uma passagem cômoda para ir na direção da compreensão daquilo que, nos textos literários, me arrebatava.

O contato imediato com a literatura sempre foi para mim, tão longe quanto eu me lembre, uma verdadeira paixão. Eu devorava tudo: romance, teatro, contos, poesia – eu lia em búlgaro muito mais do que li desde então e, principalmente, a poesia russa. Em particular, adorava um poeta russo do início do século XX, Alexandre Blok, poeta do desespero, do amor louco e perdido, da sabedoria amarga... Isso convinha à minha alma de adolescente, de 18 ou 20 anos. Ainda posso recitar:

Noch'. Ulica. Fonar'. Apteka.[1]

Eu havia escrito um texto bem longo a respeito dele, com uma centena de páginas, que permaneceu manuscrito. Eu queria – já naquela época – abraçar a vida e a obra juntas, um pouco como procedo em nossos dias ao abordar um escritor como Benjamin Constant ou Vassili Grossman.

Quando fui a Leningrado, fiz uma peregrinação à tumba de Blok, onde apanhei um torrão de terra, que embrulhei num papel. Também fui ver sua casa. O imóvel estava encardido, decadente, e eu mal conseguia imaginar que o sublime poeta lá houvesse vivido. Subi por uma escada sinistra até o quarto andar, inclinei-me diante da porta do apartamento e fui embora.

Veja, eu adorava verdadeiramente a literatura! As grandes obras literárias me pareciam se situar acima de tudo. De resto, não mudei muito de opinião sobre isso: como atividade do espírito, coloco a literatura acima da filosofia ou da ciência. O pensamento pode nela ser tão intenso quanto agudo, mas ela se dirige a todos, e também transpõe os séculos. Não somente a literatura participa assim à elucidação do mundo, mas lhe adiciona beleza e, dessa forma, o torna melhor. Acredito realmente, mesmo que não tenha nenhum meio para prová-lo, que a humanidade é mais feliz com a literatura do que sem ela.

1 Em russo, "Noite. Lua. Lanterna. Farmácia." (N. T.)

Entretanto, como converter essa paixão em uma profissão? Rapidamente compreendi que não era feito para me tornar um poeta nem romancista, mesmo que tenha cometido vagas tentativas de versos rimados, ou de contos, quando estava no colegial. Era preciso buscar uma outra via. Qual? Eu não sabia. Tateei em duas direções. Uma delas foi uma espécie de ensaísmo literário: eu escrevia breves textos, um tanto quanto poéticos, como poemas em prosa. Outra consistia em querer compreender como uma obra literária é construída, como ela funciona. Tratava-se então de um trabalho de conhecimento, que iria se inscrever no quadro da ciência. Foi esta a via que segui.

Minha escolha foi sobredeterminada pela ideologia reinante, que me levava a evitar o debate das ideias, a buscar uma aproximação deixando-o de lado; e, depois, por essa aspiração ao conhecimento rigoroso para me introduzir no âmago da literatura: paixão pela literatura e paixão por compreender ali se juntavam.

Você chegou a Paris numa manhã de abril de 1963, com seus desejos e suas questões. Em que portas você bateu?

Em Sófia, eu havia feito o equivalente à graduação, portanto, possuía certo conhecimento sobre a história das literaturas europeias, russa e eslavas. Tudo isso era útil, mas permanecia por demais factual, uma simples acumulação de informações. Foi então que começaram verdadeiramente meus anos de aprendizado. Creio que isso ocorra com todos os estudantes, pelo menos no campo das humanidades: a universidade é apenas uma seleção preliminar em que se prova a capacidade de passar nos exames, sem ainda ter aprendido nada. A verdadeira aprendizagem é um processo bem mais ativo e implica agir por si mesmo. Os estudos universitários hoje em dia me parecem, de maneira um tanto quanto paradoxal, simultaneamente inúteis, no que concerne aos conteúdos que absorvemos... e indispensáveis, pelo amadurecimento que provocam em nós. O mesmo ocorre com as nossas admirações juvenis, que são ao mesmo tempo fúteis e necessárias.

O que eu buscava encontrar era um quadro conceitual. Abordando uma nova literatura, já de cara se tem contato com palavras e frases. Ora, essa matéria de linguagem é objeto de uma ciência, a linguística. Quando ainda estava na Bulgária, eu tinha ouvido falar dela. Uma série de coletâneas russas publicava em tradução alguns textos de linguistas contemporâneos, posteriores a Saussure. Dentre eles, os de um linguista dinamarquês, que na época nos impressionava muito, Hjelmslev. Seus textos, influenciados pelo primeiro Wittgenstein e pelo positivismo lógico de Carnap, nos maravilhavam, pois nos davam o sentimento de estar do lado do rigor, da lógica, da ciência. Contudo, esses conhecimentos permaneciam bem fragmentados e difusos em meu espírito. O impulso estava presente, mas não sabia para onde se dirigir.

Cheguei a Paris em abril, certo de lá permanecer por apenas um ano, e portanto desejoso de aproveitar a estadia ao máximo e de absorver tudo o que pudesse. Os cursos só começavam no outono; entre abril e setembro, eu poderia fazer tudo para me orientar. Mas, como você sabe, o sistema de educação superior na França (o país de Descartes!) está longe de oferecer ao olhar de um estudante estrangeiro, e sem dúvida até mesmo ao olhar dos pequenos franceses, uma estrutura transparente e racional. École normale supérieure, Sorbonne, École pratique des hautes études, Collège de France... eu sentia uma enorme dificuldade em me situar.

Eu chamava o objeto de minha curiosidade de "teoria da literatura", "estilística", "estudo das formas literárias". Fui à Sorbonne – na época, era a única universidade de Paris. Olhei os programas: não havia estilística, ou então havia "estudo do estilo de..." Corneille ou Maurivaux. Evidentemente eu não era especialista em Corneille nem em Maurivaux, e sequer havia feito estudos de literatura francesa; eu conhecia a literatura eslava.

Meus professores da Universidade de Sófia me haviam confiado cartas para seus colegas parisienses, que deveriam me facilitar os primeiros contatos. Pedi uma reunião com o diretor da Faculdade de Letras – creio que ele se chamava Aymard, um latinista, que me recebeu com uma amabilidade glacial. Eu lhe disse, balbuciando, e talvez cometendo mais erros em francês do que fazia habitualmente, que eu me interessava pela literatura em si, pela teoria literária, pela estilística geral. Ele me olhou como se eu fosse um extraterrestre e disse: "Isso não existe, a literatura deve ser estudada numa perspectiva histórica e nacional". O dogmatismo aqui era de natureza diferente daquele que grassava em Sófia, mas não era menos poderoso. Dado que visivelmente as letras francesas não são seu campo, disse-me o diretor, tente as literaturas eslavas: temos excelentes professores nessas disciplinas!

Fui então até uma das professoras titulares de literatura russa. Ela se chamava Sophie Laffitte, e me recebeu muito gentilmente. Falamos um pouco sobre a obra de Blok, que ela conhecia bem. Mas eu não queria escrever um estudo sobre Blok, não tinha vindo até a França para isso! A contragosto, mencionei a ideia de começar uma tese sobre a "novela como gênero", tomando como exemplo os textos russos, Gógol, Tchekhov... "Sim, por que não?", ela me disse. Eu não me sentia nem um pouco motivado. Tinha a impressão de não haver batido nas boas portas. Também me dizia que nada encontraria na universidade, mas isso não tinha importância: eu estava em Paris!

Contei meus dissabores numa carta a meu pai, que me enviou aos seus próprios colegas, os bibliotecários. Isso não foi uma má ideia, visto que, em princípio, são pessoas bem informadas. A pessoa à qual me dirigi se chamava senhorita Malclès, e era subdiretora da Biblioteca Nacional. Essa senhorita, já não tão jovem, escutou-me atentamente e senti que ela de fato me ajudaria. "Vou procurar", ela me assegurou com doçura. Quinze dias mais tarde, escreveu-me: "Acabei encontrando. Uma de minhas amigas tem um filho que é especialista em psicologia. Isso pode parecer distante, mas é uma pessoa que conhece bem o mundo parisiense e as coisas novas que acontecem". Você se dá conta de como todo esse encaminhamento é complicado? Quantos obstáculos se esboçam no caminho do estrangeiro, ou simplesmente daquele que não está inserido? E quão poucas pessoas poderiam ter acesso a um intermediário tão competente e cuidadoso quanto essa charmosa senhorita Malclès? Também fiquei impressionado pelo papel que o acaso desempenhou: sem essas coincidências, todo meu engajamento profissional e, na sequência, existencial teria sido outro.

Fui até Saint-Cloud ver essa pessoa – o que para mim, esse pequeno imigrante búlgaro recentemente desembarcado, era uma viagem temível. Lembro-me bem de meu hospedeiro. Expliquei-lhe o que procurava: em cinco minutos ele havia compreendido tudo e disse: "Conheço quem você procura, ele se chama Gérard Genette e é professor-assistente na Sorbonne. Ele tem as mesmas ideias estranhas que você". Dois dias depois eu me encontrava com Genette num corredor escuro do então Instituto de Psicologia, na rua Serpente, onde ele devia levar trabalhos práticos para não sei qual professor.

Na época, ele só havia publicado um ou dois artigos. É um homem reservado – não nos parecemos nesse aspecto –, mas é um ser autêntico, no qual jamais vislumbrei a menor dissimulação. Falamos por vinte minutos e nos entendemos. Eu o vejo como era então (ele tinha 33 anos, e eu, 24): já um pouco calvo, envolto em um impermeável verde e dirigindo um carro esquisito (aos meus olhos búlgaros). Ele lia assiduamente livros sobre gêmeos, porque sua mulher estava grávida de gêmeos, e se inquietava um pouco. Como todo intelectual respeitável, ele começava pela teoria! Falamos de uma coisa e de outra, e em seguida ele disse: "Na volta às aulas, você deveria assistir ao seminário de Roland Barthes, na VIª seção da École des Hautes Études. É lá que 'a gente' se encontra". Nós nos tratávamos por "senhor", e só passamos ao "você" em 1968! Foi a primeira vez que ouvi o nome de Barthes. De fato, eu não conhecia nada de nada. Talvez tivesse ouvido falar de Sartre – e olhe lá...

Foi então de viés e por acaso que você chegou até Barthes? No entanto, ele já havia publicado Mitologias, *que havia sido muito falado...*

As *Mitologias* e também *O grau zero da escrita.*[2] Porém, mal tinha chegado a Sófia, e o mínimo que se podia dizer é que

---

2 Barthes, *Le Degré zéro de l'écriture*; *Mythologies*.

eu ainda não sabia ler o meio intelectual parisiense como um livro aberto.

No decorrer dos primeiros meses de minha estadia parisiense, encontrei também um jovem pesquisador belga, Nicolas Ruwet, com quem simpatizei. Sua grande paixão era a música, mas havia a contragosto renunciado fazer dela sua profissão, e se dedicara à linguística. Ele era tímido até ao acanhamento e, ao mesmo tempo, caloroso; seus gestos escapavam às convenções que o modo de educação francês frequentemente impõe aos jovens universitários. Ele acabara de traduzir para o francês os *Curso de linguística geral*, de Jakobson;[3] talvez o livro ainda não estivesse publicado. Ele me apresentou em seu meio, constituído por outros estudantes ou pesquisadores iniciantes, dos quais nenhum era francês de origem. Ali estavam alguns belgas, como o africanista Pierre Smith, um filósofo-antropólogo nascido na Tunísia, Lucien Sebag, e alguns outros. No ano seguinte, fui morar com eles em um pitoresco casarão, o Louis-XI, na rua do Seine. Ruwet também me apresentou alguns mestres do cinema: Fritz Lang, Raoul Walsh, Otto Preminger, Joseph Losey. No plano mais estritamente profissional, Lévi-Strauss, Jakobson, Lacan eram os deuses dessa pequena companhia. Esses companheiros de então, todos de minha geração ou só um pouco mais velhos, já estão mortos: Ruwet e Smith morreram em 2001, enquanto Sebag, que me cedera seu quarto para ocupar um outro no mesmo casarão, suicidou-se com um tiro na cabeça pouco depois de minha chegada.

Para fazer a inscrição no seminário de Barthes, era preciso esperar a volta às aulas em setembro. No mesmo momento, en-

3 Jakobson, *Essais de linguistique générale*.

contrei outros cursos que me interessavam mais ou menos. Um professor da Sorbonne, André Martiner, conhecido principalmente por ter engajado um debate com Jakobson, dava cursos de linguística geral e também um seminário na École Pratique sobre a "conotação", isto é, os sentidos segundos. Como isso tinha relação com a literatura, eu fui. Também segui as aulas de Émile Benveniste no Collège de France.

Ainda me inscrevi em outros cursos no Institut Henri-Poincaré, onde se ensinavam aos linguistas alguns elementos de matemática: teoria dos conjuntos, teoria das probabilidades, lógica matemática. Pouco depois, publiquei numa revista um relatório que se chamava "Procedimentos matemáticos nos estudos literários", ou alguma coisa parecida: não ouso voltar a lê-lo.

De fato, o título causa perplexidade! Mas de onde lhe vinha o gosto pelas ciências?

Do espírito científico: eu buscava o rigor e a precisão, e pensava que era por ali que a compreensão poderia avançar. Dado que a linguagem tem uma estrutura, eu deveria conhecê-la e, para tanto, era preciso adquirir as boas ferramentas. Sei que isso pode parecer ridículo, mas, apesar disso, o impulso presente por trás dessas tentativas não era necessariamente irrisório. Nosso mundo vive no culto do conhecimento e eu sofria essa pressão. Mesmo hoje eu não a rejeito, mas insistiria mais sobre o fato de que esse conhecimento pode tomar caminhos diferentes: o da ciência analítica, é claro, mas também o das artes ou mesmo o das práticas sociais. Meu irmão, matemático de ofício, não escondia, em suas cartas, a condescendência; penso que ele devia achar que minhas veleidades matemáticas não eram muito sérias, o que provavelmente era verdade! Por sua vez, ele se interessava por poesia: os matemáticos acham muito natural avançar sobre o nosso terreno. Apesar de tudo, dessa frequentação das "ciências" restou-me certa disciplina do espírito – ou, pelo menos, assim espero.

Contudo, todos esses ensinamentos não me tomavam muito tempo. Instalado em Paris, e tendo rapidamente compreendido que os cursos universitários não seriam de grande interesse para mim, decidi passar meus dias na biblioteca. Consegui uma carteira para a biblioteca da Sorbonne. Chegava de manhã com o ônibus 84 e lá me enfiava. Ao meio-dia, comia apressadamente no restaurante universitário ao lado. Em seguida, voltava para a biblioteca, de onde saía às seis da tarde, quando ela fechava. Era uma verdadeira bulimia de leitura, que compensava a penúria dos anos búlgaros em matéria de autores ocidentais. Eu lia tudo o que me caía nas mãos: estudos literários, teoria da literatura, grandes ensaios. Eu tinha alguns pontos de referência: havia lido, na Bulgária, certos autores alemães, como Kayser,[4] Spitzer,[5] Auerbach,[6] então li aqueles a quem remetiam, e assim por diante. Depois, as revistas. Eu lia em francês, inglês, alemão, russo, o que me disponibilizava muitas obras!

Foi assim que encontrei o livro de Victor Erlich, *Russian Formalism* [Formalismo russo], primeira monografia sobre o assunto e que me interessou mais que os outros. Era no mínimo apaixonante o que essas pessoas haviam feito! Os formalistas russos tinham dado prova de uma grande liberdade interior,

---

4 Kayser, *Das sprachliche Kunstwerk.*

5 Spitzer, *Stilsudien.*

6 Auerbach, *Mimesis.*

de uma verdadeira abertura de espírito, mesmo tendo escolhido um ângulo de abordagem bem preciso. Seu mérito incontestável consistiu em descobrir, de certa forma, novos continentes no seio dos estudos literários e da própria obra literária. A não apenas se questionar quais são as ideias que ela veicula, ou qual é a vida do autor que a escreveu, ou quais são os protótipos dos personagens, mas: como é feita? Eichenbaum havia intitulado um artigo com o título revolucionário de "Como é feito *Le Manteau* de Gógol",[7] brincando com essa aproximação entre o artesanato do alfaiate e o do crítico, que também era capaz de nos mostrar como era fabricado o *manteau*. Chklovski, por sua vez, escreveu "Comment est fait *Dom Quichotte*" [Como é feito *Dom Quixote*].[8] Eles queriam entrar na oficina de produção. Nessa época, eu tinha a impressão, e não era o único, de uma descoberta real, de uma cortina levantando-se sobre um mundo do qual se ignorava até então a existência.

Apesar disso, para você os formalistas russos não eram uma descoberta total. Você conta que eles figuravam na biblioteca de seu pai na Bulgária...

Somente alguns textos, o que não me fornecia uma visão de conjunto. Foi mesmo o livro de Erlich que me fez descobrir a que ponto aquele trabalho havia sido interessante. E os formalistas foram o ponto de partida para meu primeiro livro, uma coletânea de seus escritos, intitulado *Teoria da literatura*.

---

7 Eichenbaum, "Comment est fait *Le Manteau*, de Gogol", in: *Théorie de la littérature. Textes des Formalistes russes.*

8 Chklovski, "Comment est fait *Dom Quichotte*", in: *Sur la théorie de la prose.*

Eu havia falado sobre eles com meu cúmplice Genette, que me deu a ideia de publicar uma coletânea desses textos. Foi em 1964, pouco tempo depois de minha chegada. Genette me disse: "Conheço pessoas que poderiam se interessar", e levou--me para os escritórios escuros da editora Seuil, no número 24 da rua Jacob. Num deles, duas pessoas, sentadas uma diante da outra, tinham um ar entediado. Genette me apresenta e eu me viro com eles. Eram Marcelin Pleynet e Philippe Sollers. Pleynet, redator-chefe da revista *Tel Quel*, e Sollers, diretor da coleção "Tel Quel". Ambos eram amáveis, sobretudo Sollers, homem eloquente e sedutor. Ele se interessou por aquilo que eu trazia e publicou na revista os textos dos formalistas, artigos de 40 ou 45 anos, mas que permaneciam inovadores. Assinei então meu primeiro contrato na edição francesa. Isso era bastante temerário, porque naquela época meu francês não era grande coisa. Precisei aliar-me aos serviços de jovens estudantes encantadores, cujo francês era impecável e a quem eu tentava convencer da nobreza da tarefa.

Jakobson também era um formalista?

Sim, mas um pouco à parte, pois era linguista, enquanto a maioria não o era: Chklovski, Tomachevski, Eichenbaum, Tynianov, Propp. Eles trabalhavam com literatura, e, mais especificamente, com a prosa. Eu me sentia mais inclinado a esse lado, pois eles me ensinaram mais que Jakobson.

Chklovski veio a Paris naqueles anos, enquanto eu frequentava esporadicamente o grupo Tel Quel, acho que em 1966. Marcamos um encontro, a que fui com Jean-Pierre Faye, que então fazia parte da equipe. Fiz um pouco o trabalho de intérprete. Contudo, Chklovski estava acompanhado por dois cérberos: a esposa, que tinha o ar de uma babá russa temível, e sobretudo uma pessoa que se apresentara como tradutor oficial, mas que evidentemente era da KGB. Chklovski, um homenzinho careca e vivo, tentava nos contar suas lembranças antigas, de quarenta ou cinquenta anos, sem dúvida já repetidas centenas de vezes, maravilhado por ver que esses parisienses se interessavam por suas histórias de juventude. Todavia, os cérberos não nos deixaram a sós em nenhum instante.

Os mais velhos

De qualquer forma, você não se formou apenas nas bibliotecas. Quais são verdadeiramente os encontros que, nessa época, exerceram influência sobre sua "aprendizagem"?

Dentre as pessoas que frequentava na época, penso em particular em três homens: Émile Benveniste, Roman Jakobson e Roland Barthes.

Durante vários anos segui os cursos de linguística de Benveniste, no Collège ou na École Pratique. Ele falava lentamente e podia-se anotar tudo sem conhecer estenografia; sua fala era notável pela limpidez, sempre interessante, e tínhamos a impressão de penetrar com ele nos mistérios da linguagem. Era uma reflexão serena, baseada numa imensa erudição. Éramos apenas seis ou sete em seu curso na época. Depois de 1966, data da publicação de seu livro *Problemas de linguística geral*,[9] pela

9 Benveniste, *Problèmes de linguistique générale*.

Gallimard, ele conheceu certo sucesso de público, graças à onda causada pelo estruturalismo. A obra foi lançada ao mesmo tempo que *As palavras e as coisas*, de Foucault, e alguns outros títulos na novíssima coleção "Biblioteca das Ciências Humanas", de Pierre Nora. De repente, esse volume árduo tornou-se um *best-seller*: 40 mil exemplares numa temporada, dizia-se. As pessoas o disputavam, só se falava em Benveniste nos jantares da cidade. Era, é claro, um fenômeno tipicamente parisiense, que não correspondia a nenhum interesse real. Penso que, na verdade, ninguém o lia. Ora, ele introduziu um novo olhar sobre os fatos da língua, principalmente sobre aquilo que chamava de "enunciação", isto é, os traços deixados no interior de uma mensagem linguística pelo contexto no qual é produzida: a pessoa que fala, o tempo e o lugar dessa fala. Isso permitia ancorar a gramática no vivido. Eu sentia uma verdadeira admiração por esse homem que parecia viver em outro planeta. Ele era pequeno, muito míope, e dava a impressão de nada ver em torno de si: chegava com seus livros, seus papéis, e entrava na ciência, no conhecimento, numa outra esfera.

Alguns anos mais tarde, eu o conheci pessoalmente quando, depois de um infarto, ele ficou com afasia. Como família, ele só tinha uma irmã, solteira, a quem ajudei a procurar um lugar que pudesse cuidar dele. Coloquei-me, com meu carro, à sua disposição, e visitamos assim todo tipo de casas de aposentadoria com assistência médica ao redor de Paris, até encontrar a mais adequada. Eu o visitava regularmente nessa época e era emocionante para mim, pois ele não podia mais falar, mas compreendia tudo, então eu lhe contava meus interesses do momento. De repente, ele se animava e apontava alguma coisa com insistência: sua coletânea *Problemas de linguística geral*. Eu ia buscá-la, ele a abria numa página e mostrava exatamente onde havia escrito sobre o assunto de que eu acabara de falar. Eu era mesmo ligado a ele.

Benveniste representava, para mim, o exemplo do puro espírito, alguém que não habitava este mundo, que se havia entregado inteiramente ao saber. Admiro as pessoas desse tipo, com as quais não me pareço nem um pouco: não tive a paciência de acumular informações durante anos, antes de extrair delas algumas conclusões cunhadas no bronze.

Você não poderia ter seguido o exemplo dele?

Oh, não! Eu tinha muito apetite pela vida e teria sufocado nessa atmosfera rarefeita; tinha vontade de experimentar tudo, como já fizera na Bulgária, onde me apaixonara pelo teatro e pelo jornalismo, pela prática literária e pelos amigos...

Outro autêntico cientista era Roman Jakobson, a quem conheci por intermédio de Ruwet, que era seu tradutor. Pedi a Jakobson que escrevesse o prefácio de minha coletânea dos formalistas, e ele aceitou. Para dizer a verdade, eu já o havia visto um pouco antes, na Bulgária, mas de longe. Ele foi a Sófia no ano que precedeu minha partida. Seus escritos não estavam lá disponíveis. Nem meus camaradas nem eu havíamos lido nada dele, mas compreendemos que se tratava de uma estrela, de alguém extraordinário. Sua apresentação na universidade foi para mim uma verdadeira surpresa, ou até mesmo uma revelação. Naquele momento, ele havia iniciado seu trabalho sobre a poesia, analisando a seu modo poemas de todas as línguas. Ele chamava isso de "poesia da gramática, gramática da poesia". Em francês, por exemplo, ele aplicou seu método aos "Gatos", de Baudelaire, num ensaio escrito em colaboração com Lévi--Strauss.[10] Ele queria mostrar que todo texto poético de certo nível possui uma estruturação rigorosa de sua matéria linguística, fonética, gramatical, rítmica, e mesmo figuras de retórica e temas. Desde os traços distintivos dos fonemas até o poema em sua totalidade, tudo deveria se "corresponder".

Num auditório lotado de Sófia, naquela noite, ele analisou diante de todos um poema de nosso poeta nacional, Botev, um gênio juvenil mítico que escreveu apenas dezesseis poemas antes de morrer, aos 28 anos, assassinado na luta de libertação contra os turcos. Jakobson escolheu um de seus poemas que toda criança búlgara conhece de cor e sobre o qual, em princípio, ele nada tinha a nos ensinar. Numa hora de exposição, ele nos revelou esse poema sob uma luz de que não suspeitávamos, graças ao jogo dos pronomes pessoais, dos tempos de verbos, das categorias propriamente linguísticas...

Tudo isso ainda nada significava de preciso para mim, mas recordo-me de ter ficado fascinado. Era um exemplo daquilo que eu buscava, a ciência rigorosa pondo-se a serviço da compreensão das obras.

Se nunca havia lido Jakobson, de onde vinha a reputação que você lhe atribuía? Ouvira seus professores falarem dele?

Não, não creio nisso, era mais pelo rumor. Somente um de meus professores se ocupava dessa vertente linguística da literatura, e evidentemente era este o que eu achava mais interessante. Contudo, ele não teria se arriscado a fazer um elogio de

---

10 Jakobson, *Questions de poétique*.

uma personalidade ocidental como Jakobson – seus próprios interesses já o punham suficientemente à parte. Esse professor, Yanakiev, era especializado em questões de versificação búlgara; além disso, sua obra sobre o assunto, muito técnica, é um dos raros livros que levei comigo para Paris. Eu pensava que ele era de fato sólido, e que forçosamente me seria útil. Desde então, nunca mais o abri.

O que o seduziu em Jakobson, quando o encontrou?

Jakobson era um homem diferente de Benveniste, um "apaixonado fervente", mais que um "cientista austero". Ele não era do tipo que tinha "a cabeça nas nuvens": gostava de beber vodca, transbordava de histórias e anedotas para contar e suas curiosidades eram infinitas. Desse ponto de vista, ele certamente me influenciou. Em seu campo, seu apetite era insaciável: isso acontecia desde a fonética até a poesia épica, do russo ao japonês. Ele tinha uma paixão infatigável que me parecia admirável.

No fundo, ele se interessava por tudo o que dizia respeito ao discurso humano...

Por tudo o que era língua, arte, criação, tudo. Era um cientista onívoro. Para mim, foi uma chance encontrar alguém com tal generosidade de espírito. Quando ele vinha a Paris – o que ocorria frequentemente –, instalava-se no hotel ou na casa de Sylvia Lacan, a ex-mulher do psicanalista. Mal havia desembarcado e já me falava da nova exposição, do espetáculo extraordinário a que acabara de assistir, de um artigo que acabara de ser publicado... e eu me dava conta de que, apesar de ser agora um parisiense, estava muito atrás dele! Ele tinha grande capacidade de maravilhamento, que é o primeiro passo para o conhecimento. O que me atraía nele era o encontro entre o rigor do cientista-linguista e o objeto mais impalpável que fosse: a poesia, a arte, o belo.

Vocês falavam francês entre si?

Na maior parte do tempo, mesmo que por vezes falássemos algumas palavras em russo. Ele tinha uma grande facilidade de passar de uma língua para outra. Inglês, francês e russo eram suas três línguas de predileção e acontece que, tirando o búlgaro, eram as que eu conhecia melhor.

Na sequência, tornei-me um pouco seu editor. Contribuí para a versão francesa de vários de seus livros.[11] Eu escolhia e ordenava os textos, escrevia o prefácio e as informações, corrigia as traduções. Eu não queria que tudo aquilo que ele havia produzido permanecesse enfiado nas revistas e nas publicações especializadas. Mesmo sem crer que o mundo seja feito para finalizar num livro, sinto um real prazer ao participar da produção desse objeto, seja escrevendo-o, seja supervisionando--o. Quando tenho a possibilidade, escolho cuidadosamente a imagem da capa ou a disposição tipográfica dos textos. É um pouco como a alegria do artesão que segue a fabricação de um objeto de A até Z.

---

11 Cf. Jakobson, *Une Vie dans le langage*; *Russie, folie, poésie*.

Parece que você se manteve afastado de outros "mestres", Lévi-Strauss e Lacan, em particular, que apesar disso exerciam uma forte influência nos círculos estruturalistas nessa mesma época. Por quê?

Lévi-Strauss nos impressionava. Ele acabara de publicar *O pensamento selvagem*,[12] e o rumor dizia que o último capítulo desse livro punha um termo definitivo na querela Sartre/Lévi-Strauss, com vantagem para o último. Eu acreditava nesse rumor, pois, como ignorava tudo sobre a filosofia de Sartre, com mais forte razão sua refutação me escapava. O trabalho de Lévi-Strauss se caracterizava pela limpidez dos raciocínios, por uma opção firme pelo conhecimento racional, pelo vaivém constante entre análises minuciosas de detalhe e por generalizações audaciosas. Essas qualidades continuam lá. Em paralelo, ele manifestava uma ambição científica que na época passava bem, mas que hoje em dia me deixa mais perplexo. Por exemplo, em "A análise estrutural do mito", em sua *Antropologia estrutural*,[13] figura uma fórmula célebre que atualmente entendo ser bem opaca. Julgue por você mesmo:

$$Fx(a) : Fy = Fx(b) : F_{a-1}(y)$$

Ela supunha representar a estrutura irredutível de qualquer mito! Eu admirava – e não era a abstração que me incomodava. Contudo, a obra de Lévi-Strauss versava sobre as estruturas do parentesco e os mitos, e não sobre a literatura, que era meu centro de interesse. Eu não tinha contatos pessoais recorrentes com ele. Eu lhe havia sido apresentado, lembro-me bem,

12 Lévi-Strauss, *La Pensée sauvage*.

13 Id., *Anthropologie structurale*.

durante uma recepção em seu laboratório, mas, ao contrário de seu amigo Jakobson, ele era um homem reservado, ficava ruborizado e se escondia; de repente eu também, e a troca ficava reduzida a quase nada. Anos mais tarde, dediquei-lhe um estudo um pouco crítico, que na sequência se tornou um capítulo de *Nós e os outros*. Eu sublinhava certas declarações de relativismo radical ou condenações peremptórias do "sujeito", que me pareciam ultrapassar seu pensamento verdadeiro. Enviei-lhe o estudo antes da publicação, mas ele não deu nenhum retorno.

Quanto a Lacan, não era um tímido, antes era um sedutor e um manipulador; eu também o conhecera graças a Jakobson, mas não sentia por ele a mesma admiração que experimentava por Lévi-Strauss. Apesar disso, eu lia assiduamente Freud e me apaixonava, por outro lado, pelos problemas de linguagem. Mas o estilo de Lacan, espinhoso e pretensioso, me dava vontade de rir; seus admiradores me faziam pensar nos membros de uma seita, sempre devotados ao seu guru. Lacan só queria chocar e seduzir, e não buscar convencer por meio de argumentos racionais; pretendia alienar a vontade de seus auditores, e não a torná-los mais livres. Essa era a minha impressão, o que explica por que não me senti atraído por ele. Para mim, a clareza máxima na expressão é uma questão de ética, de respeito por aquele a quem me dirijo: é assim que o insiro no mesmo plano que eu, que lhe permito responder e, portanto, tornar-se sujeito da fala no mesmo nível que eu. Na qualidade de leitor, quero poder interpelar os autores que leio, interrogá-los: o que me dizem é verdade? É justo? Desejo que meus leitores possam fazer o mesmo. O culto da obscuridade é muito pouco para mim.

Meu único encontro pessoal com Lacan aconteceu assim: depois de ter-me conhecido, ele se desdobrou em cumprimentos; ao ouvi-lo, poderia pensar que a única coisa com que havia sonhado era em me encontrar. Você merece fazer parte de meu círculo íntimo, disse-me, você não é um desses adoradores, em meu seminário, que não compreendem nada do que digo. Venha à minha casa hoje, às sete da noite, e conversaremos. Levado pela curiosidade e mesmo lisonjeado, apertei a campainha na hora combinada. Era um outro homem: tratou-me do alto, não entendendo, de certa forma, por que eu tinha me dado ao luxo de incomodá-lo. Era uma estratégia completa: seduzir, depois rejeitar, para provocar a dependência. Fui embora e nunca mais o revi privadamente.

Roland Barthes, o grão de uma voz

Por fim, voltemos a Roland Barthes. Você nos contou por qual itinerário casual chegou ao seminário dele. Qual foi o primeiro contato entre vocês?

Eu o encontrei em outubro de 1963 em seu seminário que, se bem me lembro, era sobre moda.[14] Barthes se achava obrigado a fazer sobre esse assunto uma tediosa tese de sociologia que talvez ele nem sequer tenha defendido, porque acabara de ser nomeado diretor de estudos na École des Hautes Études. Havia bastante gente no seminário, mas não demais – cerca de vinte pessoas, o que nada tinha a ver com a afluência dos anos 1970. Era, então, fácil se aproximar dele. O que ocorria no curso não necessariamente era interessante: além disso, Bar-

14 Cf. Barthes, *Système de la mode*.

thes não falava de literatura – nesse momento preciso, ele havia se afastado dela, sem dúvida por razões de carreira, dado que havia entrado no CNRS[15] e, em seguida, nos Hautes Études, na qualidade de sociólogo. O título de seu curso era "Sociologia e semiologia das formas e das representações".

Em torno dele, pouco a pouco se aglutinava um pequeno grupo de pesquisadores mais jovens. Era o primeiro "pequeno seminário" de Barthes: Genette, Christian Metz, Claude Bremond, Violette Morin e alguns outros, como André Glucksmann, de quem me tornei amigo. Juntos compusemos o número 4 da revista *Communications*, que foi nossa primeira manifestação pública, e depois outros números da mesma revista.[16]

Foi nesse momento que apareceram as grandes palavras "semiologia" e "estruturalismo". Nós nos reconhecíamos na semiologia. O estruturalismo é uma etiqueta que não reivindicamos, mesmo que, efetivamente, nos apaixonássemos pelas "estruturas". A palavra "semiologia" vinha de algumas páginas proféticas de Saussure, no *Curso de linguística geral*,[17] nas quais dizia: a linguagem é apenas um sistema de signos dentre outros, como o código da estrada ou o sistema Morse. Em si, isso não parecia tão apaixonante para ser estudado, mas com Barthes, em torno de Barthes, entendia-se esse projeto de forma diferente. As condutas humanas são sempre portadoras de sen-

---

15 Centre National de la Recherche Scientifique. É o maior órgão público de pesquisa científica da França e uma das mais importantes instituições de pesquisa do mundo. (N. T.)

16 Recherches sémiologiques, *Communications*, 4.

17 Saussure, *Cours de linguistique générale*.

tido: a semiologia deveria permitir questionar sobre o que cada uma delas significa e sobre as maneiras de significar.

Podemos então dizer que a semiologia via sentido em tudo, mas que, paradoxalmente, ela não se ocupava disso, dado que toda sua atenção se dirigia para os processos de fabricação do sentido, e não para o próprio sentido?

Tudo depende do semiólogo que você escolhe como exemplo. No próprio Barthes, encontrava-se um pouco de tudo! É preciso dizer que o personagem não é fácil de escrutinar. Primeiramente porque ele evoluiu muito. Ele tinha a propriedade de se deixar influenciar de maneira profunda por seus modelos, e fazia mais que imitá-los: ele se apropriava de seus discursos, dando-lhes maior eloquência. Isso ocorreu com Sartre, Brecht, Lévi-Strauss, Lacan... O mesmo acontecia com autores mais jovens que ele: o mestre imitava seus discípulos. Seu espírito era de uma maleabilidade extrema; ele se parecia um pouco com um polvo, envelopando e absorvendo tudo, para extrair o melhor de cada um. Depois, rapidamente, ele se cansava e passava a outra coisa, a uma outra inclinação. Isso podia deixar os discípulos-inspiradores desorientados!

Para mim, a identidade de Barthes estava mais em seu estilo que no conteúdo de suas afirmações. Contudo, aqueles que começavam a lê-lo não podiam saber disso. Cada um de seus escritos, tomado separadamente, podia participar de um tipo de terrorismo intelectual, transmitir dogmas, enquanto o próprio Barthes era o homem mais distanciado, mais irônico que se possa imaginar. Tanto que o indivíduo que, no contato imediato, nos ensinava a desconfiar de todo dogmatismo exercia, à sua maneira, certo terror intelectual. Ele gostava das belas fórmulas – que hoje, relidas sem paixão, podem parecer excessivas ou até mesmo ridículas.

Apesar disso, Barthes era um homem de rara qualidade, que jamais esquecerei. Mesmo que eu não adira tanto, atualmente, ao conteúdo de suas teses, conservo um verdadeiro amor por ele, e um grande reconhecimento. O que de Barthes permaneceu caro para mim é uma atitude, gestos, seu sorriso, o grão da voz...

Voltando aos estudos literários, como você viveu a contenda que opôs Barthes a Raymond Picard, em 1965, a respeito de Racine, e na qual se quis ver uma nova querela dos Antigos e dos Modernos?

Foi de fato *Sobre Racine*, de Barthes,[18] que desencadeou o ataque de Picard.[19] Na época eu era próximo a Barthes, mas, nessa polêmica, as cartas me pareciam estar muito embaralhadas.

Em certos aspectos, Barthes reivindicava para si Lévi-Strauss e o estruturalismo,[20] mas Lévi-Strauss não se reconhecia muito em Barthes. Ficava até mesmo pouco à vontade: aí estava alguém que dizia se inspirar nele, enquanto ele próprio estaria mais próximo de Picard! Num exemplo de estudo estrutural de uma obra de arte, Lévi-Strauss citava o trabalho de Panofsky sobre a imagem: um trabalho sistemático, é claro, mas antes de tudo alimentado por uma imensa erudição, ancorado na história. Por outro lado, ele percebia o empreendimento de Barthes sobre Racine como uma espécie de teste de

18 Barthes, *Sur Racine*.

19 Picard, *Nouvelle Critique ou nouvelle imposture?*

20 Barthes, *Critique et vérité*.

Rorschach aplicado a si: mais que o próprio texto, o crítico designa e analisa essencialmente a impressão que o texto causou nele. Lévi-Strauss estava bem longe de tudo isso: ele buscava as estruturas, e não as impressões! No fim das contas, em *Sobre Racine*, Barthes defendia um direito à interpretação, sem pleitear a apreensão da verdade do texto ou a intenção de Racine. Ele praticava então uma leitura um tanto psicanalítica, o que escandalizava Picard como um anacronismo arbitrário.

Pessoalmente, nesse debate, eu me sentia mais próximo de Lévi-Strauss. Além disso, eu estava do lado da "ciência". Barthes, ao contrário, reivindicava uma subjetividade... o que não é de forma alguma estruturalista!

Em sua História do estruturalismo,[21] *François Dosse fala, a respeito de Barthes – aliás, incluindo você, assim como Genette –, de um "estruturalismo ondulante, iridescente", adjetivos que não permitem saber se são elogiosos ou não...*

Genette e eu já éramos um pouco mais rígidos que Barthes. Ele era insaciável. Uma bela foto mostra-o escrevendo no quadro-negro uma equação pseudomatemática, do gênero significante/significado etc., menos intimidadora que aquela de Lévi-Strauss, mas... Ele tem o giz na mão e ao mesmo tempo sorri, como que para injetar uma dose de zombaria em seu próprio gesto. Para mim, essa foto evoca bem Barthes. Infelizmente, o sorriso nem sempre aparece nos livros; é uma pena, pois, em *petit comité*, ele brincava incessantemente a respeito de suas próprias construções: "Não vamos levar isso a sério, sig-

21 Dosse, *Histoire du structuralisme*.

nificante/significado, conotação/denotação!". A terminologia científica era para a torcida. As últimas palavras que me dirigiu, algumas semanas antes de morrer, ainda estavam dentro desse espírito. Ele acabara de publicar *A câmara clara*,[22] em que figuram, no meio de considerações complexas sobre a prática fotográfica, vinte páginas sobre a morte de sua mãe, páginas de amor emocionantes, como se encontram em certos autores pudicos (as páginas de Marcel Conche sobre a morte de sua esposa[23] me fazem pensar um pouco nisso, ou as de Pierre Pachet[24] sobre o mesmo assunto). Cruzei com Barthes numa noite na casa de François Flahault e lhe disse que eram aquelas páginas que me haviam verdadeiramente perturbado em seu livro. Ele respondeu: "Mas você bem sabe, caro Tzvetan, que o livro só existe por causa delas. O resto...".

No plano político, ele também era um pouco despreocupado, para não dizer irresponsável. Nunca ouvi dele um discurso revolucionário, pelo que lhe sou grato: pelo menos ele não esperava do comunismo o acontecimento de um futuro radioso! Contudo, em relação ao mundo, ele tinha uma atitude que hoje em dia me parece demasiado estetizante. Veja o famoso artigo publicado no *Le Monde* em 1974, na volta de sua viagem à China de Mao, intitulado "Alors, la Chine?" [Então, a China?]. O que o havia impressionado era "Pilin-Pikong", a consonância dos nomes Lin Piao e Confúcio: o poder combatia simultaneamente o chefe comunista caído em desgraça ("Lin") e o sábio tradicional ("Con"). Barthes dizia então

22 Barthes, *La Chambre claire*.

23 Coche, *Ma Vie antérieure*.

24 Pachet, *Adieu*.

que isso "soava como um alegre sininho. Isso enquanto se estava em plena Revolução Cultural, quando pessoas morriam aos milhares, se não aos milhões, e os campos de concentração transbordavam de prisioneiros. Seus companheiros de viagem, Sollers, Pleynet, Julia Kristeva, François Wahl, compartilhavam em diferentes graus do fascínio que Mao, até então, exercia em Paris, e podiam imaginar que a China era o futuro da humanidade. Mas Barthes, não. Ele achava esteticamente curioso que se diga Pilin-Pikong, e tratava isso como uma música.

Essa atitude talvez seja o que ele designava pelo termo "neutro", uma palavra que lhe agradava: um discurso que escapa à obrigação de afirmar, de julgar, de tomar partido. Afinal, essa é uma propriedade do escritor, cujas palavras *propõem* muito mais do que *impõem*, diferentemente do político ou do "intelectual". Eu concordaria em afirmar que é preciso defender o direito do escritor de não operar escolhas políticas. Camus dizia, para criticá-lo, que Racine, se tivesse vivido no século XX, deveria se desculpar mais por ter escrito *Berenice* que por lutar contra a revogação do Édito de Nantes.[25] Compreendo então o desejo de Barthes de escapar ao "engajamento". Entretanto, ele não se apresentava somente como escritor: nesse sentido do termo, era – devido à sua posição pública – um intelectual, um educador. O puro escritor não faz tudo isso – alguém imagina Rilke escrevendo no *Le Monde* ou ensinando no Collège de France? O vocabulário de Barthes também era ambíguo: quando ele nos dizia que a língua é fascista, será que ele podia ou queria esvaziar esta última palavra de todo seu conteúdo político?

---

25 Camus, *Discours de Suède*.

Essa relação estética com o mundo era, no fundo, um tanto quanto aristocrática. A esse respeito, penso nas lembranças de Maurice Nadeau,[26] que conta seu primeiro encontro com Roland Barthes. Era 1946 ou 1947, Barthes saía do sanatório em que conhecera um antigo resistente, que o havia citado para Nadeau, dizendo: "Você verá, é um intelectual de boa família, que ama Michelet, não entende nada de Stálin nem de Trótski..."

Barthes não era um filósofo e chegava mesmo a ficar intimidado pelos grandes discursos dogmáticos e peremptórios. Contudo, foi só tardiamente, nos últimos cinco anos de sua vida, que ele acabou por encontrar uma maneira que era verdadeiramente a sua, e assim não produzia mais um discurso assertivo, não dava mais lições. Seu *O prazer do texto*[27] permanece bem impregnado da ideologia da época, mas os últimos escritos, como as páginas de *A câmara clara*, sobre sua mãe, ou ainda seu *Roland Barthes por Roland Barthes*,[28] deixam ouvir uma voz que só a ele pertence, uma voz singular que não tem mais certezas para afirmar, mas faz com que um ser exista diante de você.

Ele era um personagem complexo, mas que saía verdadeiramente do comum. Ao ter contato com ele, sentia-se imediatamente sua inteligência superior; ele compreendia tudo imediatamente e a fórmula brotava na hora, brilhante. Também era de uma extrema simplicidade, não se comportava como um cacique, e era deveras generoso com todos os jovens em torno dele. Jamais ele se dirigiu a mim como um mestre a seu discípulo – eu o percebia mais como um veterano bene-

26 Nadeau, *Grâces leur soient rendues*.

27 Barthes, *Plaisir du texte*.

28 Id., *Roland Barthes*.

volente. Ao mesmo tempo, era alguém difícil de se conviver. Sua homossexualidade tinha a ver, creio eu, com sua melancolia. Ele alternava a paquera dos rapazes com momentos de uma dignidade extrema, uma vida muito dedicada à sua mãe... Nas conversas, frequentemente dava mostras de se entediar. Era terrível, porque ele era amigável conosco, nós o admirávamos muito, e de repente o víamos fazer cara feia. Ele fazia isso muito facilmente!

Fui bem próximo dele, sobretudo até 1967 – nessa época, jantávamos regularmente em quatro: Barthes, Sollers, Jacques Derrida e eu. Não creio que mantivéssemos conversas notáveis; de minha parte, acho que tinha medo de parecer indigno dessa companhia, então me sentia um pouco paralisado... Isso não durou muito tempo. Fui passar um ano de estudos nos Estados Unidos e, quando voltei, já não era a mesma coisa, Barthes havia recomeçado seu seminário com outro grupo e nossa minigeração havia ficado para trás.

Uma ciência da literatura?

François Dosse opõe, no estruturalismo, a figura-mãe (Barthes) e o pai-severo (Lacan). Então, você havia escolhido o lado "mãe"! Dessa forma, você se viu no seio de uma família de espírito, feita de mestres e companheiros, que estava mais na ponta da avant-garde. *Tudo necessário para você se sentir estimulado, para não dizer exaltado, pela grandeza de suas ambições?*

Elas, aliás, eram tão grandes na época, que acredito ter produzido um discurso bastante pretensioso... Eu remetia todos os outros ao seu vago impressionismo ao afirmar: "Nós, nós faremos ciência!".

Essa ciência da literatura, ou, como eu preferia dizer, a poética, se propunha a definir as categorias constitutivas do discurso literário. A poética é uma reflexão sobre as virtualidades da literatura, sobre as categorias do discurso de que são feitas as obras; ela se torna, então, o laboratório em que se forja o instrumento para analisar uma das configurações do texto, o aspecto propriamente verbal. Num poema se encontra implementada toda uma série de propriedades verbais, fonéticas, rítmicas; desdobram-se níveis de sentidos que a antiga retórica sabia identificar. Isso também se aplica à narrativa, mesmo que nos apercebamos disso menos facilmente que num poema: o leitor está sempre diante de uma organização complexa de temporalidades, de pontos de vista, de modalidades narrativas. O próprio encadeamento das peripécias obedece a esquemas que se encontram de um texto a outro. Para compreender melhor uma obra, temos todo o interesse em tomar consciência dessa sutil arquitetura: tal era a hipótese que me guiava na época.

Em certos aspectos, o papel da poética dentro dos estudos literários é comparável ao da filologia, criada no século XIX, que nos ensina tudo o que é necessário para compreender um texto distante de nós no tempo ou no espaço. Graças a ela, dominamos a evolução do vocabulário, da sintaxe, do contexto histórico. A filologia, assim como a poética, fornece instrumentos para o leitor.

Atualmente você define a poética assim. Mas, na época, ainda que pela reivindicação do termo "científico", você lhe atribuía ambições mais totalizantes...

Em meu espírito, assim como no de Genette, a poética jamais teve a ambição de substituir a análise dos textos literários, de esvaziar qualquer outra espécie de interrogação. Simplesmente, tínhamos a impressão de uma falta que era preciso obturar: a retórica estava esquecida, a versificação, negligenciada, as técnicas narrativas, ignoradas. Na escola, estudavam-se as circunstâncias das obras, a história da literatura, mas nunca o próprio texto. A poética não devia aspirar à hegemonia, mas merecia, por essas razões conjunturais, que nos dedicássemos a ela com prioridade. Entretanto, rapidamente me dei conta de que nosso interesse pelas categorias do discurso literário despertava as reticências, quando não as hostilidades, daqueles que nos acreditavam embriagados pelo poder de uma máquina de produzir comentários. Reprovavam-nos por ignorar a especificidade da obra individual – sem perceber que, na realidade, propúnhamos instrumentos que permitissem dar conta disso. Ao mesmo tempo, reconheço que algumas de minhas páginas de antigamente deviam parecer eivadas de uma arrogância desagradável – sinal de que meus "anos de aprendizagem" não estavam terminados.

Em seu livro Poética, *um capítulo aparece como um verdadeiro programa, um manifesto por essa ciência da literatura! Nele figura uma pequena nota particularmente virulenta sobre o ensino que, "evidentemente por razões ideológicas", focalizava a literatura em detrimento de todos os outros discursos... Sente-se algo bem militante, mas quem militava pelo que, exatamente?*

Evidentemente, não era uma militância política; eu diria mesmo que era até antipolítica. O quadro de meu "combate" era estreito, e a questão era: como falar da literatura? Eu tinha o sentimento de ajudar a introduzir no debate francês uma perspectiva que dele estava ausente – mesmo que ela não fosse de uma originalidade absoluta, dado que era aquela da *Poética* de Aristóteles, nem mais, nem menos! Eu alimentava esse "combate" pela poética devido ao meu conhecimento dos formalistas russos. Devo acrescentar que esse pequeno livro, *Poética*, publicado originalmente (em 1968) como um capítulo do volume coletivo *Qu'est-ce que le structuralisme?* [O que é o estruturalismo?][29] é, até hoje, meu livro mais difundido. Ele foi traduzido para cerca de vinte línguas e até hoje vende bem, sem dúvida por causa de seu aspecto didático quase escolar.

Apesar disso, disse que Genette e você não se reconheciam verdadeiramente sob o rótulo "estruturalista".

É preciso dizer que esse termo podia designar quase toda e qualquer coisa. Senti fortemente esse amálgama quando fomos a uma conferência, certamente percebida de fora como "estruturalista", em 1966, na Johns Hopkins University, em Baltimore. René Girard, que lá ensinava, sentia-se, à sua maneira, estruturalista, porque, com *Mentira romântica e verdade romanesca*,[30] interrogava as estruturas do romance... o que nada tinha a ver com o conteúdo de outros trabalhos estruturalistas da época, como os de Jakobson. Girard havia então convidado uma dúzia de parisienses "de quem se falava", e vi-me fazendo parte deles. Na realidade, essas pessoas quase nada tinham em comum e, vista hoje em dia, nossa reunião era um pouco cômica. Ali estavam então Barthes, Ruwet e eu (para "Litera-

---

29 Ducrot et al., *Qu'Est-ce que le Structuralisme?*

30 Girard, *Mensonge romantique et vérité romanesque.*

tura e linguística"); Lacan, que protagonizou um número notável, num inglês incompreensível, devido ao seu forte sotaque francês; vários filósofos: Derrida, que acabara de publicar alguns artigos retumbantes; Jean Hyppolite, de outra geração, historiador da filosofia, tradutor da *Fenomenologia do espírito*, de Hegel, e amigo de Lacan; Lucien Goldmann, sociólogo marxista da literatura; Jean-Pierre Vernant, historiador da mentalidade grega...

Então foi no avião que vocês se descobriram estruturalistas?!

Não nos conhecíamos verdadeiramente. Tirando Barthes e Ruwet, eu tinha amizade com Derrida, que na época era bastante relutante ao mundo norte-americano. Depois do colóquio, ele e eu visitamos Nova York – que ele já conhecia e que me deixou maravilhado. Dificilmente se pode imaginar alguma coisa mais diferente de Sófia que Nova York! O ar desta cidade e seu cosmopolitismo eram uma verdadeira descoberta.

Para voltar à nossa conferência, foi esse ajuntamento heterogêneo que se pressupunha representar o estruturalismo, a Nova Crítica, a Nouvelle Vague, sei lá o quê. Depois disso, sempre percebi essa designação, "estruturalismo", como um nome genérico. Dizia-se que os grandes filósofos do estruturalismo eram Foucault e Althusser; ora, não vejo nada que eu tivesse em comum com um ou outro: eu não os conhecia, e eles não me interessavam. Eu era de fato próximo de Genette, pois compartilhávamos dessa abordagem material, quase técnica, da obra literária. Não mantínhamos nenhum discurso sobre a morte do sujeito, sobre o poder... e os escritos de Lacan também não nos eram de nenhuma grande ajuda. O que Genette escreve em "Discurso da narrativa", em *Figuras III*,[31] representa, a meu ver, a finalização de parte de nosso trabalho durante aqueles anos. Esse livro foi publicado em 1972. Eu mesmo havia publicado, nos anos precedentes, o estudo de um gênero literário, *Introdução à literatura fantástica*,[32] livro igualmente muito traduzido e talvez até mesmo muito lido! Nele eu dava uma definição formal do gênero fantástico: o que o caracteriza não é o aparecimento do sobrenatural, mas a hesitação – sentida por um personagem e também pelo leitor – de saber se estão diante de acontecimentos naturais ou sobrenaturais. Eu também estudava os temas das narrativas que correspondiam a essa definição: falava dos temas do *eu* e dos temas do *tu*...

A arte da narrativa

Fiel a esse desejo de compreender que o caracteriza, você tem então a necessidade de saber "como é construído Le Manteau, *de Gógol". Descobrir os segredos de produção das narrativas que lhe agradavam era verdadeiramente a sua maneira de amá-las?*

Efetivamente, a construção da narrativa era um de meus principais interesses dessa época, e representava o tema de boa parte de meus trabalhos. Vou dar um exemplo das questões que me preocupavam. Lendo narrativas de todos os tipos, eu me dei conta de que frequentemente elas eram organizadas em torno da tensão entre duas ordens. Uma concerne ao encadeamento temporal e causal dos acontecimentos: é o registro do "fazer".

---

31 Genette, *Figures III*.

32 Todorov, *Introduction à la littérature fantastique*.

A outra diz respeito à compreensão crescente que temos do mesmo acontecimento, do mesmo personagem: o registro do "ser". Num romance policial de mistério, vemos essas duas ordens se encarnarem em duas linhas de intriga independentes: de um lado, ocorre a investigação do detetive – avança-se no tempo. De outro, retorna-se sempre ao mesmo ponto, ao mesmo acontecimento – o assassinato inicial –, que recebe interpretações cada vez mais próximas da verdade. Essa tensão pode tomar formas bem diferentes. Na obra *Em busca do Graal*, os cavaleiros da Távola Redonda são engajados, por meio de suas aventuras, na busca de um objeto, o Graal; contudo, de outro lado aparece uma busca inteiramente diferente, espiritual, que diz respeito à própria natureza desse Graal. São as diferentes formas dessas interações que me interessavam: elas me permitiam observar melhor a lógica do desenrolar narrativo.

Publiquei vários estudos desse gênero, mais em revistas literárias que nas universitárias: *Tel Quel*, *Critique*. Estudei também a proliferação das narrativas de *As mil e uma noites*, e suas diferentes formas na *Odisseia*. Também preparei, sob a direção de Barthes, uma tese de terceiro ciclo, que defendi em 1966;[33] ela tratava das *Ligações perigosas*, de Laclos. Nela eu estudava o procedimento do romance epistolar (o que o fato de ser apresentada como uma troca de cartas traz a essa história?) e, ao mesmo tempo, a lógica das ações nas quais os personagens se encontram engajados: Valmont, Madame de Merteuil, Cécile,

---

33 A tese de terceiro ciclo é publicada sob o título de *Literatura e significação*; os estudos sobre a *Odisseia*, *As mil e uma noites*, o romance policial, *Em busca do Graal*, encontram-se em *Poética da prosa*.

Dancény e os outros. Todas as peripécias da narrativa me pareciam ilustrar alguns esquemas simples.

Na mesma época, você também estava interessado nos "segundos sentidos", o que já era uma forma de se interrogar sobre o sentido e não somente sobre a forma?

Digamos melhor: sobre as condições de produção do sentido. Atuamos sobre os segundos sentidos a todo instante, dizemos uma coisa para fazer ouvir outra, sem que por isso a primeira significação desapareça. Mas como procedemos exatamente? Dediquei a essa questão um livro curto, *Simbolismo e interpretação*, visão de conjunto do vasto campo dos segundos sentidos, qualquer que seja o nome que lhes damos: alegoria, símbolo, sugestão, alusão, metáfora, ironia. Analisava, por exemplo, o mecanismo de encadeamento da interpretação, isto é, da busca de um segundo sentido: é preciso que certos indícios nos alertem sobre a necessidade de ir além do sentido aparente: a contradição, a descontinuidade, a inverossimilhança, frequentemente assumem esse papel. Ou ainda, eu observava a natureza do segmento que se interpreta: trata-se de uma palavra ou de uma proposição? E que forma toma a relação entre primeiro sentido e segundo sentido? Nisso tudo se tratava, em suma, de compreender o próprio processo da compreensão.

O que me interessava, de forma mais genérica, era mostrar como as formas literárias nascem a partir da linguagem, e chamava essa relação de "endógena", o nascimento a partir do interior. O personagem e a ação são uma expansão do substantivo e do verbo. As figuras de retórica se tornam princípios de organização da narrativa. Diderot já dizia: "O contraste dos caracteres está para o plano de um drama assim como a antítese está para o discurso".[34]

Sempre essa necessidade de revelar as estruturas, de encontrar as regras de funcionamento, de classificação...

Isso é dizer pouco, dado que a outra espécie de trabalhos que me ocupavam durantes esses primeiros anos, anos de aprendizagem, consistia em produzir uma síntese das pesquisas num campo. Meu espírito deve fazer isso sozinho, enquanto me ocupo de outra coisa, pois essas sínteses me vêm espontaneamente, sem grande esforço... De certa forma, eu coordenava os ensinamentos que tirava de diferentes leituras, em russo, em alemão, em inglês – e mesmo em francês! Já era esse o sentido de minha contribuição ao número 8 de *Communications*,[35] em seguida de minha *Poética* e, por fim, em 1972, do *Dicionário enciclopédico das ciências da linguagem*, escrito em colaboração com Oswald Ducrot, que se encarregou da parte linguística.

Revolucionar o ensino

Você prosseguiu os anos de aprendizagem à margem da universidade. Nela, o ensino da literatura não tinha interesse para você?

Devo confessar que eu não tinha uma opinião muito favorável em relação a ela. Em primeiro lugar, por causa do ensino: eu tinha a impressão de que, assim como já haviam se queixado os

34 Diderot, *Œuvres esthétiques*.

35 L'Analyse structurale du récit, *Communications*, 8, 1966.

formalistas, nunca se falava dos próprios textos, mas somente das circunstâncias que os envolviam: a biografia do autor, os protótipos dos personagens, uma massa de informações factuais das quais não se via bem a utilidade para o esclarecimento do sentido. Ou então, caso se falasse dos próprios textos, contentava-se em parafraseá-los, adicionando alguns superlativos ("profundo", "penetrante", "admirável").

Em seguida, no plano institucional, eu achava muito pesado o modelo de carreira universitária oferecido. Na época, se alguém se destinava ao ensino superior, devia fazer uma tese de Estado, o que lhe tomava uma dezena de anos, se não mais. Era preciso primeiramente encontrar um autor – somente os já mortos eram autorizados, e bom número deles já havia sido tomado por um outro doutorando! A tese devia ser uma soma de conhecimentos, conter tudo o que se pudesse saber sobre esse autor. Toda a atenção era dada à extensão da erudição, e nenhuma sobre a conceituação. Esse sistema obrigava então a trabalhar sobre um único tema durante muitíssimo tempo; no melhor dos casos, chegava-se aos 45 anos para se tornar professor, a princípio na província e depois, para os mais perseverantes, na Sorbonne.

A pirâmide hierárquica era fixa, a Sorbonne era o centro e o ápice, dado que seus professores reinavam sobre tudo: dirigiam as bancas de *agrégation*, decidiam sobre a atribuição dos postos pelo viés do Comitê Consultivo, controlavam as coleções de livros nos editores... Em parte, essa pirâmide elitista foi desmantelada em 1968. Necessariamente, era para esse centro, ou ápice, que afluíam os candidatos, sobretudo os mais ambiciosos, uma vez que a proteção de um cacique da Sorbonne assegurava o desenrolar harmonioso de sua carreira. Os professores deviam então orientar inúmeros doutorandos, trabalho que se adicionava às suas responsabilidades administrativas já pesadas. Uma vez no posto, era-lhes bem difícil se renovar; seu trabalho com frequência se limitava a gerir uma situação adquirida. Não era por acaso que o melhor historiador francês da literatura, durante todo esse período, não fosse professor da Sorbonne: evidentemente, penso em Paul Bénichou, que ensinava nos Estados Unidos – e, além disso, em tempo parcial, a fim de poder se dedicar às suas pesquisas.

Esse sistema não impedia alguns professores de serem indivíduos brilhantes. Contudo, mesmo dotados de grandes qualidades intelectuais, eles acabavam por produzir um discurso ronronante, sobrecarregados como estavam com seus deveres administrativos e mundanos. Tudo isso não me inspirava nenhum desejo: o poder universitário nunca me interessou. Tudo o que queria era avançar no caminho do conhecimento e compreender melhor a literatura.

Com a desenvoltura de quem vinha do exterior, de quem não havia frequentado a École Normale (ufa!), de quem não tinha precisado passar a *agrégation* (ufa! ufa!), eu me sentia livre. Para alguns, eu devia parecer um pouco insolente; por outro lado, outros deviam apreciar-me por essa mesma razão. Em particular, lembro-me de uma *décade* em Cérisy[36] sobre o ensino da literatura, que organizei em 1969 com Serge Doubrovsky, em que apareci como um sujeito bizarro, vestido como *hippie*...

36 Desde 1952, em Cérisy-la-Salle (Mancha), entre junho e setembro, reúnem-se artistas, pesquisadores, estudantes, filósofos, atores políticos, econômicos e sociais, além do público interessado em trocas culturais e científicas, para apresentar trabalhos, discutir e "pensar junto". (N. T.)

E você, quando foi estudante na Sorbonne quinze anos mais tarde, *grosso modo* encontrou o mesmo espírito de que falo?

Não exatamente: a estilística, a linguística geral, essa "teoria literária" que você buscava, era ensinada. Comecei meus estudos em 1979-1980, o ano em que morreram Sartre e Barthes. Inscrevi-me em Letras na Sorbonne (Paris IV) na volta às aulas de 1981. Interessei-me muito mais pela linguística que pela literatura, dado que nesta última as disciplinas me pareciam bem tediosas. Estudei Saussure, Troubetskoi, Jakobson, a gramática gerativa de Chomsky... e mesmo Todorov e Genette! Entretanto, não creio que Paris IV era a faculdade em que "a coisa" acontecia. Na época, eu também frequentava os bancos de Censier, onde acompanhava um de meus amigos e onde assisti a algumas disciplinas de cinema. Foi lá que aprendi o que era a semiologia...

E você, quais eram suas ideias para o ensino da literatura naquela época? Você lembrou o colóquio de Cérisy em 1969, mesmo ano da criação da Universidade de Vincennes, da qual participou. Que inovações você defendeu para ela?

De fato, Vincennes abriu as portas para os estudantes em janeiro de 1969. Durante o verão e o outono de 1968, estive nos comitês preparatórios da criação dessa universidade e, em particular, de seu departamento de literatura. Cogitava-se sobre o que poderia ser um ensino da literatura que não se preocupasse com as tradições que dominavam a profissão. Graças a uma série de delegações de poder (do ministro Edgar Faure ao diretor Las Vergnas, e assim por diante, até nós), vimo-nos numa posição muito excepcional: *tábula rasa*. Podíamos inventar tudo, e era embriagador. Eu era favorável a esse gênero de revolução, mesmo sabendo que, na sequência, as tradições anteriores retomariam uma parte de seus direitos.

Construímos então um programa inteiramente diferente: os séculos explodiram e os nomes dos autores não eram mais suficientes para definir o objeto do curso. Os conceitos, por outro lado, fizeram uma entrada notável. Estudavam-se os gêneros literários: poesia, romance, teatro, mas também novela, narrativa, autobiografia, diário... Também se abordavam as correntes literárias: simbolismo, romantismo, naturalismo... Tornávamos visível a abordagem que cada um havia escolhido praticar: literatura e psicanálise, literatura e linguística, literatura e sociologia, literatura e filosofia... A pluridisciplinaridade era bem-vinda. Inventamos uma grade abstrata com os diferentes tipos de abordagem da matéria literária. Os séculos nos pareciam uma subdivisão artificial; isso não queria dizer que se estava contra a história, mas não se desejava submeter-lhe tudo. Mais que nos atermos à literatura francesa, preferíamos falar de "literatura francesa e geral". Não queríamos o adjetivo "comparada", porque ele sugeria que se estudassem as literaturas nacionais primeiramente em separado e, depois, que se as comparasse, e desejávamos estudar a literatura *tout court*, a literatura enquanto tal. Lembrando-me atualmente desse programa, confesso sentir uma vertigem. Vê-se bem despontar o perigo de que o discurso sobre as obras se ponha no lugar das obras. Em nossa defesa, eu diria que reagíamos contra uma situação que era extrema: o reino exclusivo do empirismo. O equilíbrio só poderia se estabelecer mais tarde.

Quando digo "nós", penso principalmente em Genette e em mim mesmo, mas não éramos os únicos entusiastas a embarcar nessa aventura. O ambiente no departamento de francês de

Vincennes me parecia bom. Seguramente, nem todos compartilhavam de nossas ideias – de resto, ambos éramos exteriores ao departamento, ele na École des Hautes Études, eu no CNRS – mas elas recebiam um bom acolhimento. Estabeleceu-se uma simpatia pessoal entre pessoas que seguiam outros caminhos; em particular, penso em Jean-Pierre Richard, homem e crítico muito fino, em Jean Verrier, ou em Michel Deguy. Durante esses anos, encontrávamos também estudantes muito interessantes, por vezes num percurso um pouco singular – nada a ver com uma classe de *normalien* –, e, por consequência, mais estimulantes.

Vincennes foi uma aventura única de uma criação *ex nihilo*, que não precisava se ater a precedentes. Também foi no impulso de sua criação que nasceu a revista *Poétique*, em que se expressava essa nova atitude para com os estudos literários. Detalhe picante: na origem, a revista era subvencionada pela... Sorbonne! Dirigimo-nos a um de seus vice-diretores, Jean--Baptiste Duroselle, um historiador, que achou engraçado pôr uma pedra no jardim de seus colegas literários. A revista era publicada pela editora Seuil, que nos apoiou bastante. Era dirigida por Genette e por mim, e também por Hélène Cixious, mas ela não se ocupava realmente do funcionamento cotidiano; pouco depois, ela nos deixou.

Entre mim e Genette se estabeleceu uma colaboração harmoniosa. Éramos mais complementares que semelhantes. Eu apreciava bastante seu rigor intelectual e também seu humor impagável. Penso que ele devia se aproveitar de minhas curiosidades sobre todos os horizontes e de minha facilidade nos contatos humanos. Na revista, eu era aquele que encomendava os artigos, e ele, aquele que os recusava... Eu abria amplamente as portas, solicitava todo mundo; Genette triava com rigor e fechava as portas: isso também era necessário. Durante os dez anos que passamos juntos na direção (nos anos 1970), a revista publicou inúmeras traduções de autores de vários países estrangeiros; ela também era aberta a outros campos, que não a poética no sentido estrito. Editamos uma série de números especiais com assuntos tão variados quanto "Retórica e filosofia", "Potências da linguagem", "O discurso realista", "Os gêneros da literatura popular", "A ironia", "O ensino literário" ou "A teoria da recepção na Alemanha". Em paralelo dirigíamos, também pela Seuil, uma coleção. Também aí a colaboração com Genette era agradável e eficaz.

Devo acrescentar que *Poétique* não era apenas uma série de publicações, mas também uma rede de relações profissionais, que rapidamente se tornaram de amizade. Desse ponto de vista, produzir conjuntamente uma revista é um pretexto ideal. Essas amizades extrapolavam a França. Penso, por exemplo, em Peter Szondi, professor na Universidade de Berlim, um homem extremamente refinado, de quem não percebi a fragilidade (ele se suicidou em Berlim em 1971), notável conhecedor de literaturas clássicas e modernas, tão à vontade na filosofia quanto na crítica literária. Ele era principalmente aberto, caloroso, espiritual. Ouvia-me com benevolência no decorrer de nossas andanças por Paris e Berlim, e me permitia, por seus breves e discretos comentários, elevar um pouco a visão.

Ou ainda Paul Zumthor, grande medievalista e personalidade igualmente atraente. Ele conservara seu riso de criança e sua generosidade não tinha limites. Escrevia trabalhos científicos, mas também romances e poemas. Estava sempre pronto para novas descobertas. Sua curiosidade incansável o levara, por exemplo, quando estudava poesia oral, aos confins da Ásia, da África e da América; falava com entusiasmo contagiante tanto sobre cantores anônimos quanto sobre artistas internacionais. Ele também não ficava à vontade dentro do sistema universitário francês: nascido na Suíça, lecionou principalmente nos Países Baixos e no Québec.

Também nesse plano, a aventura de *Poétique* foi, então, um rico aprendizado para mim.

III
Crítica do estruturalismo

Estrutura demais, pouco sentido! –
O futuro das ciências humanas – A verdade literária –
A crítica a serviço do sentido – A poética, uma herança embaraçosa? – O ensino do francês na escola

Estrutura demais, pouco sentido!

Catherine Portevin – *A semiologia, apoiada na linguística, teve a ambição de se tornar uma disciplina abrangente e única. Como você justifica e julga essa ambição atualmente?*

Tzvetan Todorov – Era uma ambição desmedida. Pode-se explicar: tudo tem significado, no mundo humano – esse é mesmo seu traço distintivo. E foi isso que sempre me interessou: quero descrever e compreender a condição humana, sob suas diferentes formas, observar a assinatura humana. Ao longo de sua vida, o ser humano interpreta o mundo e se comunica com seus semelhantes. Dessas características constitutivas do humano, fiz minha profissão: interpreto as falas e os gestos dos outros, e por minha vez ajo por meio da linguagem, compartilho meus julgamentos com os leitores. O sentido está em toda parte. Mas daí a pensar que se deva constituir uma disciplina única tendo o sentido por objeto há um grande passo que, atualmente, eu hesitaria em transpor. Os congressos internacionais de semiologia continuam a se reunir, mas, dentre os pioneiros dos anos 1960, meu velho companheiro Umberto Eco é um dos raros a ainda portar essa bandeira (eu ainda nos vejo dançando a noite toda no Paradiso, uma boate de Rimini – creio que nunca tivemos conversas semiológicas).

Fui ao primeiro Congresso Internacional, em Milão, em 1974, e constatei que havia me enganado de endereço. Rapidamente se tornou claro para mim que não tirava grande proveito ao escutar um pesquisador dissertar sobre o código de trânsito, nem mesmo sobre as relações de parentesco na qualidade de sistema de signos. Se a semiologia tenta se tornar uma superciência humana, incluindo todas as outras, estou fora. Apesar disso, continuo a ser partidário da supressão das divisões entre as disciplinas; tal unificação me parece, portanto, estéril. Por outro lado, se o efeito é sensibilizar os pesquisadores para essa dimensão de sentido e de interpretação, presente em todas as atividades humanas, então a ideia da semiologia pode desempenhar um papel positivo.

Seu lugar no movimento estruturalista decididamente não é fácil de ser apreendido. Por exemplo, você não foi "jakobsoniano"; parece que o homem influenciou você mais que a obra.

De fato, como lhe contei, amava o homem por sua generosidade de espírito, mas nem tudo em sua obra. Mesmo na época, eu me sentia bastante reticente diante de suas análises de poemas de todas as literaturas – a famosa hipótese da "poesia da gramática". No fundo, jamais encontrei a vibração que sentira ao ouvi-lo analisar o poema de Botev em Sófia. Lá, ele havia aberto meus olhos e me permitira compreender melhor o sentido do poema, o que evidentemente devia ser efeito do comentário literário. Mas as outras análises, que aos poucos fui lendo, me convenceram menos. Eu tinha a impressão de um desdobramento de grandes meios que desembocavam num resultado bem magro. Estrutura demais, sentido de menos. Todo esse maquinário que ele punha em marcha não atingia o verdadeiro cerne poético. Lendo suas análises, de nada adiantava observar a disposição dos fonemas e dos ritmos, das metáforas e das categorias gramaticais – em "Les chats" ou em "Spleen", de Baudelaire, ou em Du Bellay, essas constatações não me permitiam ir além na apreensão do sentido. Sendo assim, de que serviam? A demonstração só ilustrava a própria demonstração, então a máquina rodava no vazio. O meio corria o risco de se tornar o fim.

Muito mais tarde, tornei-me sensível a outro aspecto da obra de Jakobson: seu lugar no contexto cultural e político de seu tempo. É bom lembrar que as teses de Jakobson, formuladas em sua juventude, mas às quais, apesar da mudança de vocabulário, ele permaneceu fiel ao longo de sua vida, eram as da *avant-garde* poética de seu tempo, os futuristas, os quais, por sua vez, viam uma continuidade de ideias entre sua revolução artística e a revolução política que se desencadeava no seu entorno. Não é de forma alguma um acaso que o grande futurista Maiakóvski tenha se tornado o poeta do regime soviético; nem, quero acrescentar, que Marinetti, o futurista italiano, tenha se tornado um admirador de Mussolini, promotor de outro totalitarismo. O próprio Jakobson falava, em seus primeiros textos, datados de 1919, da "unidade dos *fronts*" entre os deputados dos sovietes e os poetas futuristas. Na sequência, deplorando os excessos do sistema soviético, ele permaneceu, no fundo, bem próximo desse projeto da juventude. Dá testemunho disso a ausência de qualquer reserva sua sobre os engajamentos políticos de Maiakóvski (é verdade, um velho grande amigo), ou sua proximidade com a dupla Aragon-Triolet (é verdade, ela era uma velha grande amiga). Em parte, isso se explica por sua teoria da linguagem e da arte: Jakobson concebe a linguagem como um objeto, então aqui não há lugar nem para o sujeito, nem para os valores.

Você está sugerindo que uma ambição totalizadora pode se tornar ou acompanhar uma ideologia totalitária?

Vamos nos pôr de acordo: o formalismo russo, ou, mais tarde, o estruturalismo, não é uma variante do totalitarismo. O que primeiramente reconhecemos no totalitarismo é seu monismo, sua recusa de distinção. Ora, o formalismo pretendia se situar fora da ideologia, o que já era uma distinção, e no próprio âmago da obra literária ele estabelecia uma multiplicidade de formas e de níveis. Ele pleiteava a autonomia da arte literária, enquanto o pensamento totalitário recusa toda autonomia. O formalismo não é de forma alguma um dogmatismo ideológico. Então, não é por acaso que os formalistas eram perseguidos pelo poder comunista. É claro que quando evoco a afinidade entre os dois, falo de um quadro conceptual global, e não do conteúdo específico das doutrinas. A relação, se há realmente uma, se situa num nível mais abstrato: os formalistas defendem uma visão "coisificante" da linguagem e, de certa maneira, do homem, da exclusão do sujeito, assim como dos valores e, portanto, ao mesmo tempo, da moral e da política.

Em que momento você tomou distância do que poderia ser chamado de "ideologia estruturalista"?

Isso se deu em várias etapas. Durante certo tempo, participei dessa ideologia, sem me ter muita consciência. A partir de 1972, data da publicação do *Dicionário enciclopédico das ciências da linguagem*, que para mim representava uma espécie de balanço, busquei ampliar um pouco meus horizontes. Por um lado, interessei-me por textos que não fossem literários. Na companhia de um psiquiatra, trabalhei com escritos e falas de psicóticos, estudei também gêneros da literatura popular, como as adivinhações, os chistes, as fórmulas mágicas.[1] Os procedimentos em ação nos textos literários eram também observáveis dentro de outras produções verbais. Era interessante, mas era apenas uma ampliação da superfície.

Por outro lado, queria conhecer a história de minha disciplina, daí a reflexão conduzida no passado sobre o signo, o símbolo, a significação na arte – um campo imenso! Isso deu origem a um livro, *Teorias do símbolo*, e a diversos outros escritos, por exemplo uma longa introdução aos escritos estéticos de Goethe. Era então um trabalho histórico, mas de um tipo um pouco particular, dado que, para além de preservar a continuidade de uma tradição, eu me propunha a estudar os momentos

---

1 Os estudos sobre o discurso psicótico e a literatura popular estão em *Os gêneros do discurso*.

mais representativos de vários deles. Na sequência, ative-me a essa escolha inicial, e, para dizer a verdade, paradoxal, de uma história descontínua, ligada aos momentos que me pareciam ser os mais significativos, os mais reveladores...

De que maneira esse trabalho de história da sua disciplina, conduzido com Teorias do símbolo, *o afastou do estruturalismo?*

Ampliando assim minhas perspectivas, perdi as certezas científicas que tinha em um primeiro momento; devido a essa abertura histórica, minha "ciência" anterior se viu fortemente relativizada.

No decorrer da história, o vasto campo que se costuma designar por termos como "significação", "representação", "interpretação", "comunicação", foi examinado mais de perto a partir de diferentes ângulos, com a ajuda de terminologias bem variadas; ora, o objeto continuava a ser o mesmo. Os lógicos não se confundiam com os gramáticos, nem os teólogos com os pensadores da arte, nem os retóricos com os especialistas da hermenêutica – sem falar dos filósofos, espécie ainda diferente. Cada um permanecia fechado em sua disciplina e em seu vocabulário, ainda que o objeto fosse o mesmo. Eu queria fazer esses discursos isolados se comunicarem entre si. Isso parece ser uma de minhas obsessões, talvez ligada à passagem de um país a outro: quero sempre fazer saltar as barreiras, atravessar as fronteiras, descobrir as passagens entre campos aparentemente autônomos.

Para tanto, mergulhei inicialmente no pensamento antigo, de Aristóteles a Santo Agostinho – a obra deste último foi uma verdadeira descoberta para mim –, e depois na história da retórica, antiga e recente (eu descobria essa disciplina que havia desaparecido no século XIX, pouco a pouco substituída no ensino pela história literária e pela explicação de textos), lia escritos estéticos sobre a imitação e o belo... Foi assim que encontrei o pensamento do romantismo alemão, que transformou nossa maneira de pensar a arte, dado que abandonou a perspectiva da imitação para situar a própria arte no ápice das atividades humanas e considerar a obra como um fim em si, o que abriu o caminho para seu estudo como forma e como estrutura. Cem anos mais tarde, o formalismo e o estruturalismo são resultado dessa escolha.

De fato, os grandes princípios que Jakobson expôs em *Question de poétique* [Questão de poética] são um condensado da estética formulada inicialmente pelos românticos alemães, no início do século XIX, sintetizada em seguida por Coleridge, que voltou para a Inglaterra impregnado pelos irmãos Schlegel e por Schelling, e reformada enfim por Edgar Allan Poe. Este último transmitiu a concepção para Baudelaire, que não por acaso foi, na companhia dos poetas românticos e dos futuristas russos, a grande figura tutelar de Jakobson. A estética romântica, assim como a de Jakobson, repousa principalmente na ideia de que na poesia a linguagem se torna um fim em si mesma, o que Jakobson chama de "função poética". Ora, tanto ignorar essa dimensão da poesia é lamentável quanto reduzir a ela toda a poesia é absurdo. A generalização abusiva espreita constantemente os espíritos audaciosos...

Assim, pude concluir a que ponto a abordagem estruturalista, que até então percebia não como uma escolha dentre outras, mas como o acesso à verdade, era na realidade historicamente determinada. É por isso que atualmente posso dizer que *Teorias do símbolo* é um livro que me transformou.

Mudou ou conduziu à ruptura?

Mudou. Estes anos, entre 1972 e, digamos, 1979, foram para mim um período de mutação inconsciente, o que me levou para essa nova abordagem, na qual a linguagem voltava a ser uma via aberta para o mundo, em que o sentido se sobrepunha à forma. Antes, meus trabalhos eram sobre as potências da linguagem e sobre as formas literárias, sobre a arte da narrativa e sobre as variedades do símbolo; depois, me vi levado a falar de ética e de política, colocando-me numa perspectiva histórica e antropológica. Mas era uma modificação progressiva, não uma saída em sentido inverso. Hoje em dia, por vezes me dizem: Como é que você, antigo estruturalista e semiólogo, pode assumir posições tão diferentes? Ora, tenho a impressão de uma curva, e não de uma marcha a ré. Talvez eu pudesse explicar isso dizendo que nossos trabalhos da época participavam um pouco de uma visão ampla, e um pouco de uma visão estreita...

Isso quer dizer...?

A visão estreita, para mim, consistia em pretender que, no discurso, só há o discurso, e que ele não tem nenhuma relação significativa com o mundo. A versão ampla é reconhecer, ao mesmo tempo, a presença do discurso (o que não constitui um certo "idealismo") e a presença do mundo. A versão estreita diz: "Não há autor, é a própria linguagem que fala, 'isso' fala"; a versão ampla diz: "O discurso impõe restrições ao que será dito, mas, por trás, há um sujeito que se expressa, provido de um pensamento e de uma vontade". Essa segunda versão continua a ser a minha, atualmente.

Na década de 1960, eu tinha o sentimento de partir de uma carência: para meus colegas literatos, ou filósofos, ou sociólogos, o discurso não existia em si mesmo, era considerado um simples veículo, totalmente passivo e inerte. Um pouco como, na tradição platônica, recusava-se a ver que o discurso era uma coisa, e não somente um meio de aceder às coisas, que ele tinha suas próprias leis, em parte responsáveis por aquilo que encontramos em cada enunciado. Por um compreensível movimento de contrapeso, o estruturalismo inverteu essa tendência, ignorando inteiramente o mundo e o sujeito. No fim das *Mitologias*, Barthes chegou a afirmar: "Todas as formas sociais dizem respeito a um sistema de signos; na realidade, nunca lidamos diretamente com o mundo, mas somente com discursos". Não compartilhei verdadeiramente dessa visão, mas cheguei a me conformar a certos paradoxos, levado por esse encantamento que a radicalidade oferece. É um verdadeiro prazer proferir fórmulas "audaciosas": você acredita que as palavras designam as coisas? Bem, não! As palavras designam outras palavras! Nós nos embriagávamos com esse tipo de proclamação.

Dito isso, a reintegração da linguagem e do discurso, da própria materialidade das obras no campo do conhecimento, me parece, ainda hoje, uma aquisição positiva. Da mesma forma, conservo o gosto pela pesquisa do sistema ou pela precisão do vocabulário e a explicitação dos subentendidos – heranças de meu período "estruturalista". Eu simplesmente precisei de tempo demais antes de poder fazer a distinção entre certo rigor de pensamento e a objetividade do saber.

Se você preferir, conservo meu interesse pela análise estrutural dos textos, com a condição de não a substituir por uma outra abordagem qualquer; desconfio ainda mais da filosofia estruturalista. "Estrutural" não equivale a "estruturalismo".

O futuro das ciências humanas

Você poderia ter permanecido um prático que não se envolve com teoria. No entanto, engajou uma crítica do estruturalismo, que pode ser lida no capítulo sobre Lévi-Strauss, em Nós e os outros. *Nele encontramos objeções de princípio, em particular sobre a exclusão do sujeito. Como as nuanças que você acaba de enunciar se tornaram verdadeiros motivos de ruptura com o movimento estruturalista?*

Eu via no movimento algumas fragilidades congênitas e tentei superá-las.

A primeira diz respeito ao sentido. Acabei de falar disso a respeito de Jakobson; é um ponto sobre o qual não oscilei. No decorrer desse mesmo período, eu analisava as obras de Henry James ou de Dostoiévski, relacionando todos os níveis de organização do texto: narrativa, figuras de retórica, ideias.[2] O equilíbrio a que visava era então diferente daquele de Jakobson; para mim, a forma estava submetida ao sentido e minha finalidade era interpretar o pensamento que se desdobrava em *Memórias do subsolo*.

A segunda diz respeito aos valores. Não aqueles das obras de arte – continuo a não achar que se possa medi-los –, mas

2 Os estudos sobre Henry James estão em *Poética da prosa* e em *Os gêneros do discurso*; sobre Dostoiévski, em *Os gêneros do discurso*.

aqueles que impregnam a vida humana, e que não se podem deixar de levar em conta. Inevitavelmente, o comentário do crítico participa do mundo dos valores. As ciências humanas e sociais têm todo o interesse em se lembrar de que também são ciências morais e políticas. O estruturalismo, aqui, não nos fornece nenhum socorro. Mas não confundamos: os valores são onipresentes no objeto de conhecimento, e não na busca de si mesmos. Eles participam do fim último, formam um horizonte que não se deve perder de vista, mas não constituem uma regra para conduzir o estudo. Este aspira, no imediato, à verdade: primeiramente verdade factual de adequação, e em seguida verdade global de desvelamento. No caminho, a pesquisa deve estar livre de qualquer tutela moral, de qualquer preocupação de rentabilidade. Busca-se mal a verdade se sabemos antecipadamente que ela deve estar em conformidade com o bem.

Por fim, como você notou, o estruturalismo ignora o sujeito, com sua liberdade e, portanto, sua responsabilidade. Foi muito bom ter descoberto as restrições advindas da linguagem, ou da própria forma da arte, que se exercem ao lado das determinações sociais ou psíquicas; contudo, isso não suprime a liberdade do indivíduo – nem, por conseguinte, o interesse que podemos dedicar a esse indivíduo. A tentação estruturalista de estudar a obra, e somente ela, estava destinada ao fracasso: a obra sempre transborda por todos os lados. Na prática, somos obrigados a isolar segmentos ou perspectivas, mas se reificarmos essa necessidade prática num postulado teórico, ela se torna nociva.

Essa implicação do sujeito no objeto, do homem em suas obras, que o estruturalismo quis pôr entre parênteses, encontra uma curiosa ilustração nos escritos produzidos nessa época. Volto por um instante a Lévi-Strauss. Creio que os quatro volumes de *Mitológicas*, ponto de chegada de sua análise estrutural do mito, não serão muito lidos no futuro, ou então o serão mais como uma coletânea de mitos do que como uma ciência dos mitos (com exceção do "final" do último volume, escrito em outro espírito). Em contrapartida, o que se continuará a ler é *Tristes trópicos*, um grande livro. Será uma estranha lição! *Tristes trópicos* era, para seu autor, uma digressão, um livro que ele escreveu pondo de lado seu trabalho científico. Entretanto, que livro profundo, sábio, triste, rico de saber e de reflexões! Não é isso o que as ciências humanas podem produzir de melhor? É assim que o conhecimento progride aqui: se ele não engaja a fundo o seu autor, nada mais é que uma escolástica. Aquele que conhece deve ser recolocado em questão por seu trabalho. Tomemos outro exemplo de livro que perturbou nossa maneira de ver o mundo: Hannah Arendt escreveu *Eichmann em Jerusalém* como uma reportagem, mas nela se implicou inteiramente e nela questionou, oh, quão dolorosamente, toda a sua identidade; foi isso que lhe permitiu transformar nossa maneira de compreender o Mal.

Fico impressionado ao ver, quando participo de bancas acadêmicas, que a parte mais interessante das exposições frequentemente é a introdução, na qual o autor fala em primeira pessoa para explicar o que o levou a escolher seu tema, em vez do corpo da obra, que ele aprendeu a fazer "à moda de...".

Não seria uma visão literária desse campo, no qual é a narrativa que faz as ciências humanas?

Fico reiteradamente perplexo diante desta coisa imensa chamada "ciências humanas", que absorve tantas energias e créditos, que se ensina nas universidades, que se espalha nos centros de pesquisa, nos colóquios, nas missões, e que parece se alimentar de si própria...

E você diz: produzir ciências humanas é contar histórias! É fazer provocação!

Não é exatamente isso que digo. É verdade que o elemento narrativo é particularmente eficaz (pense neste outro livro envolvente, que é *Cinco lições de psicanálise*, de Freud),[3] mas não é indispensável. Entretanto, penso, sim, que a maneira de escrever não pode ser considerada de modo indiferente. Essa "maneira" inclui o gênero (narrativa ou não), o estilo, mas também o lugar reservado ao autor. Desse ponto de vista, as ciências humanas são confrontadas com um temível rival, que é a literatura. Eu me pergunto se, sobre um tema preciso, as obras de ciências humanas nos ensinam mais que um romance de Balzac ou um ensaio de Montaigne. De minha parte, acho que nelas não se progride muito no conhecimento da condição humana, e ainda são menos agradáveis de ler! Toda essa infinita papelada que se produz – teses, relatórios, comunicações – é destinada, temo eu, ao esquecimento imediato. O resultado é completamente diferente quando o indivíduo chega a se implicar pessoalmente, e aplica sua experiência particular sobre o conhecimento do mundo. É verdade que isso não se impõe... e que é difícil reclamar créditos por isso.

Isso significa que o saber e o conhecimento não existem se não são encarnados? Você não estaria, por sua vez, defendendo uma posição um tanto

3 Freud, *Cinq Psychanalyses*.

quanto aristocrática, ao afirmar uma superioridade da literatura para o conhecimento do mundo?

Não, isso seria ir longe demais. Em primeiro lugar, o saber sobre a natureza existe, em essência, não importando o sujeito que o enuncia. O saber sobre o mundo humano evidentemente não é limitado à literatura. As melhores obras de ciências humanas compartilham com as obras literárias as características de que acabo de falar, mas, além disso, graças à sua linguagem abstrata, ao modo afirmativo que adotam, facilitam o debate argumentado e a transmissão das ideias. Não quero substituir os cientistas por romancistas; lembro somente que os romancistas podem nos dar algumas lições.

Não sou um obscurantista, quero que o conhecimento progrida, mas temo que atualmente não se cultive a forma mais apropriada ao seu aprofundamento e à sua transmissão. Prefere-se eliminar toda subjetividade, todo julgamento de valor, toda interrogação sobre o sentido. Isso é um erro; seria preciso preservá-los e encorajá-los. Contudo, não há nenhuma chance de que meus votos sejam aprovados: hoje, o CNRS – para apresentar um exemplo emblemático – está tomado por um frenesi informático que reduz o trabalho dos pesquisadores das ciências humanas a resumos, palavras-chave, cifras. A um saber totalmente desencarnado, desta vez, e, cá entre nós, desprovido de interesse... Esse procedimento se baseia na ilusão de que se pode despersonalizar inteiramente a pesquisa nesse campo.

Aí está, para mim, um exemplo característico disto que chamo de "pensamento cientificista", que tem tendência de submeter o fim aos meios. O computador é um instrumento maravilhoso, quem poderia negá-lo? Mas, se forem as capacidades do computador a orientar a própria marcha das pesquisas, chegaremos rapidamente ao absurdo. Nossos administradores do CNRS desejariam de que tudo o que fazemos pudesse ser quantificado e reduzido a palavras-chave. Teriam rejeitado *Tristes trópicos* por não corresponder às normas e convidado seu autor a deixar o estabelecimento! Esses administradores não querem compreender que em nosso campo o sujeito pensa e escreve, de tal forma que sua atividade não é redutível aos números ("número de publicações em revistas com corpo de pareceristas"). Também nos olham com suspeita se não demandamos créditos importantes: "Que pesquisa é essa, que abre mão de máquinas?". Se isso continuar assim por alguns anos, a fúria "tecnicista" conseguirá sufocar a pesquisa institucional nas ciências humanas. É uma autodestruição programada, um efeito do reino do pensamento instrumental.

A verdade literária

Voltemos à sua pesquisa dos anos 1970. Frequentemente tendemos a explicar as evoluções intelectuais a posteriori, *como se elas decorressem de puros raciocínios – é o que você acaba de fazer! Porém, concretamente, o que faz o pensamento se mover? Por quais meios – leituras, encontros, acontecimentos... – foi consumada sua ruptura com o estruturalismo, cujas razões intelectuais você expôs?*

Os raciocínios vêm *a posteriori*, você tem razão. Mas as causas de uma evolução interna são difíceis de identificar, pois escapam à consciência.

Naqueles anos, tive alguns encontros intelectuais, por vezes em universos afastados dos meus, mas que hoje posso dizer que me mudaram, é verdade. Por exemplo, em 1972, passei uma longa noitada conversando com Isaiah Berlin, o grande historiador das ideias, em sua magnífica residência em Oxford. Lembro-me ainda dos quadros que estavam nas paredes. Ele me contou sobre seus encontros com Akhmatova e com Pasternak, na Rússia, logo após a Segunda Guerra Mundial. Era um contador extraordinário, eu bebia suas palavras... e ele me servia continuamente vodca, mas ele mesmo continuava sóbrio. Eu não podia me impedir de admirá-lo, enquanto ele de modo algum procurava me influenciar, contentando-se em ser ele mesmo, isto é, uma personalidade fascinante. Suas ocupações passavam longe da poética e da semiótica e, apesar disso, o que dizia sobre a política, a história e os seres tocava-me em profundidade. Eu sentia que não devia mais pôr de lado essa parte de mim mesmo. Retrospectivamente, acho isso positivo: é bom que o indivíduo-outro possa entrar em você e romper seus esquemas de interpretação do mundo, para obrigá-lo a forjar um novo. Se não formos capazes de acolher o novo, o imprevisto, e de nos transformar na relação com ele, isso significa que o espírito se petrificou. O encontro com os indivíduos provoca a agitação das categorias: é preciso que os seres humanos prevaleçam!

Uma década depois, meu encontro com Paul Bénichou foi da mesma natureza: a admiração por sua pessoa me forçou a repensar meu trabalho. Tornamo-nos amigos, apesar de nossa diferença de idade (Bénichou pertencia à geração de meu pai). O que em primeiro lugar chocava nele era a extensão de seu conhecimento: ele dominava a fundo três séculos de história literária francesa, do século XVII ao XIX. Contudo, diferentemente de outros eruditos, sabia colocar seus conhecimentos a serviço de um pensamento exigente, o de um humanista moderno e crítico. Ele mergulhava no passado como pessoa e interpelava os autores de antigamente como se fossem seus contemporâneos, partindo sempre da ideia de nossa humanidade comum. Com seus conselhos apenas sugeridos, ensinou-me a renunciar às felicidades fáceis da polêmica; seu ideal era a paz e ele a encarnava em sua própria existência. Ele morreu recentemente, em maio de 2001, aos 93 anos; fiquei emocionadíssimo ao falar diante de seu caixão.

Em 1984, você publicou uma entrevista com Paul Bénichou (retomada em seguida em Crítica da crítica*), o que certamente não era do agrado de seus amigos da revista* Poétique.

Talvez não fosse. Genette e eu deixamos a direção de *Poétique* em 1979, pois julgamos que dez anos bastavam, e que era tempo de passar o bastão. Alguns anos depois, propus à revista essa entrevista com Bénichou, mas ela foi recusada. Nela evocávamos a complementaridade das diversas abordagens da literatura, o que, pessoalmente, não me causava nenhum problema: para aceder ao sentido, é preciso analisar a obra a partir do interior, mas também situá-la num contexto – no caso de Bénichou, o da história das ideias. No entanto, essa tolerância pela história e pelas ideias aparentemente incomodava a linha editorial de *Poétique*, que exigia substituir pela poética todas as outras abordagens da obra, e não que ela fosse adicionada.

Vê-se bem o ponto de ruptura – pois aí está mesmo uma ruptura: a questão da verdade e a questão dos valores. Em 1984, em Crítica da crítica *(apesar de esse livro reunir textos publicados anteriormente), você deixava o campo da poética, dado que nele afirmava: "A literatura não é feita somente de estruturas, mas também de ideias e de história", "a literatura [...] é um discurso [...] orientado para a verdade e para a moral"...*

Foi exatamente a propósito de um texto dedicado à ideia de "verdade poética"[4] que, alguns anos depois do incidente com Bénichou, consumou-se minha ruptura com a *Poétique*. Eu havia submetido esse ensaio à revista e ele foi inteiramente recusado. Nele eu tratava – justamente, estudando a reflexão de Lessing, de T.S. Eliot, de Baudelaire – da relação que todo texto mantém com o mundo exterior. Parecia-me indispensável recolocar essa questão no centro de nossa atenção, dado que a falta de "teoria" e de interesse pela técnica literária havia sido preenchida. Na sequência dessa segunda recusa, abandonei o conselho de redação. Era um verdadeiro desacordo de fundo, sobre o qual era preciso tomar medidas. Devo também admitir que todo esse debate me interessava cada vez menos. Esses livros, esses artigos, que me chegavam pelo correio, não me diziam mais nada. Eu tinha a impressão de que eles tratavam sempre de questões de construção do texto, sem olhar para o mundo. Dei-me conta de que uma linha divisória passava entre nós: se quisesse me ocupar da verdade ou dos valores trazidos pelos textos literários, meu lugar não estava mais no quadro

4 "La Vérité poétique: trois interprétations", *Théorie/Littérature/Enseignement*, 6, 1988.

que eu ajudara a estabelecer, o da poética. Nem por isso lamento tê-lo feito.

Minha posição mudou. Mas de que maneira? Nossas opiniões se forjam em contato com o mundo; se este se transforma, é um absurdo mantê-las intactas. Os estudos literários, ou até mesmo todo o contexto intelectual francês, não são os mesmos em 1965 e em 2000. Evidentemente, isso não é tudo: eu também mudei, uma outra relação se instaurou entre minha identidade e minhas ideias, minha existência e minha profissão.

Você não me respondeu sobre o fundo. É legítimo invocar a verdade a propósito da literatura? Numa época em que se tornou suspeito buscá-la nas ciências humanas, ou na ciência tout court, *você a encontra nos textos literários! O que você compreende por "verdade" e por que escolheu essa via singular?*

Vamos nos entender: não pretendo possuir a verdade, reivindico somente o direito de buscá-la, e afirmo que o escrutínio é legítimo. Mesmo na época mais forte de meu período estruturalista, jamais deixei de acreditar que se podia aproximar da verdade, e que esse era um gesto que valia a pena.

A palavra "verdade", você sabe tanto quanto eu, tem vários sentidos – todos recusados atualmente por um certo ceticismo, ou relativismo, ou perspectivismo. O primeiro sentido é aquele da verdade de adequação, da relação de exatidão entre o discurso e aquilo que ele designa. É a verdade factual: a Batalha de Stalingrado foi ganha pelos russos, e não pelos alemães; em Auschwitz, assassinaram os judeus nas câmaras de gás. Os céticos contemporâneos contestam até mesmo essa espécie de verdade. Mas os regimes totalitários fazem a mesma coisa, o que sem dúvida é a razão pela qual essa contestação me indigna. Sob o regime comunista, desprezava-se a verdade, afastava-se com um gesto da mão os resultados dos cientistas (biólogos burgueses!), ou os dados da história; chegava-se a apagar das fotografias os rostos dos dignitários bolcheviques que caíram em desgraça.

Desse traço dos regimes totalitários, Orwell falou com propriedade em *1984*, e também Raymond Aron, em seu belo prefácio à obra *A política como vocação*, de Max Weber.[5] Quaisquer que sejam suas dúvidas filosóficas sobre a noção de verdade, explica Aron, você não pode se recusar ao questionamento sobre se os processos de Moscou eram viciados ou não, se Trótski era ou não um agente do imperialismo norte-americano. Para quem, como eu, passou boa parte de sua existência num mundo que negava a diferença entre mentira e verdade, esse gênero de "dúvida epistemológica" é inadmissível. A fronteira entre "fatos" e "interpretações" aqui é bem clara.

Podemos conceder a existência dessa "verdade de adequação" e, no entanto, contestar a ideia de verdade num sentido mais geral: a verdade de uma interpretação, justamente, ou de uma doutrina. Quanto à literatura, que verdade ela pretende estabelecer?

Claramente, também precisamos de uma outra noção de verdade: por exemplo, quando dizemos que um livro de história

5 Aron, "Introduction", in: Weber, *Le Savant et le politique.*

restitui bem a atmosfera de uma época, ou que a reflexão de um filósofo nos faz apreender melhor a condição humana. Eu a chamo de verdade de desvelamento: tal discurso, tal interpretação, não se contenta com a exatidão dos fatos, mas caminha em profundidade, descobre o sentido oculto, produz um quadro que nos permite compreender melhor o que foram determinados acontecimentos. É claro que, desse ponto de vista, nenhuma interpretação pode ser declarada definitivamente como verdade, somente verdade – uma outra, ainda melhor, sempre pode surgir; mas também fica claro que certas interpretações, certos pensamentos, nos parecem mais verdadeiros, mais profundos que outros.

Poetas e romancistas também têm acesso a essa verdade de desvelamento: é exatamente isso que, antes de tudo, apreciamos em seus escritos, em particular entre os autores do século passado. O leitor comum os lê não somente para encontrar informações factuais, ou para desfrutar da cor local, ou ainda para admirar uma técnica narrativa, mas também por ter a impressão de que, graças a eles, compreende um pouco melhor a condição humana e, portanto, sua própria vida. Leia a correspondência de Flaubert e veja que ele só tem a palavra "verdade" em sua boca: "Busco ser tão verdadeiro quanto possível", ele repete. Milan Kundera também tinha uma boa fórmula, e dizia que o romance se esforça por desvelar um aspecto desconhecido da existência humana – uma possibilidade do ser que se ignorava antes que o romance a desvelasse para nós.[6] Não é apenas isso, é claro: a literatura não se reduz nem à filosofia,

6 Kundera, *L'Art du roman.*

nem à ciência, sendo também fonte de divertimento, espelho apontado para a atualidade, jogo do imaginário; mas a grande literatura é medida por sua verdade.

O antigo termo "imitação" tinha isto de bom: lembrava esse laço com o mundo. Mas ele também tinha algo de desconcertante: deixava entender que a literatura não copia o mundo (a pintura também não); ora, a palavra não deixava ver isso claramente. É porque o artista, o escritor, não descreve diretamente o mundo, mas somente sua experiência do mundo. Por isso, se essa experiência é medíocre, insignificante, a obra também o será. O domínio das técnicas não basta. A força da experiência, que conta aqui, não se confunde com a verdade de adequação. Um pintor não precisa ser "realista" para nos dar a impressão de que acede à verdade do mundo: as maçãs de Cézanne não são menos verdadeiras que as de Chardin. O mesmo ocorre para os escritores: essa exigência de verdade em nada prejulga o estilo da obra. Uma narrativa fantástica ou um conto maravilhoso descrevem acontecimentos que não ocorreram e não ocorrerão jamais, o que não os impede de revelar a condição do homem e a marcha do mundo.

Como essa verdade pode ser medida? Não se pode controlá-la *in loco*, desta vez, e os documentos não servem mais para nada. O único meio de aceder a ela é indireto: é observar o eco desses textos. Se ele for persistente, é a garantia de que nos aproximamos da verdade. Se lemos Platão depois de 2.500 anos, é porque ele nos diz dos homens alguma coisa de verdade. A prova de que Baudelaire diz a verdade em seus poemas é que tantos leitores se reconhecem neles e os aprendem de cor. A medida dessa verdade é a profundidade, e não a exatidão.

Você manifestamente não é um adepto dessa escola de crítica dos textos que é chamada de "desconstrução".

Os praticantes da desconstrução não se contentam em dizer que renunciam a buscar a verdade (não tenho certeza de que eles próprios sejam fiéis a esse programa), mas também põem em questão a ideia de uma coerência no pensamento do escritor ou do filósofo. Ao contrário, são sensíveis aos pontos cegos de cada discurso, às contradições ocultas, à impossibilidade de sistematizar o pensamento.

Buscar as contradições, as incoerências, as tensões, dentro de um pensamento, pode ser um bom ponto de partida para a interpretação, mas não é possível contentar-se com isso. Há uma facilidade grande demais, para não dizer uma ingenuidade, para imaginar que se vê claramente aquilo que o autor teria ignorado. Como acreditar nisso quando se trata de pensadores tão potentes quanto Platão, Descartes ou Rousseau?

Nesses anos estruturalistas, publicava-se na École Normale uma revista que se chamava *Cahiers pour l'Analyse*, um condensado do radicalismo metodológico da época. Um número especial foi sobre "O impensado de Rousseau" – como se esse impensado fosse aquilo que pudesse haver de mais importante, de mais interessante em Rousseau![7] De minha parte, reuni uma pequena coletânea de estudos dedicados a esse autor, e a chamei de *Pensamento de Rousseau*. Os autores que eu havia reunido, Victor Goldschmidt, Leo Strauss e ainda outros, me ensinaram que era preciso partir das incoerências aparentes

7 L'Impensé de Rousseau, *Cahiers pour l'Analyse*, 8, 1967.

para descobrir a coerência profunda. É muita presunção acreditar que seja fácil encontrar erros num pensador da têmpera de Rousseau. É melhor procurar pacientemente porque ele diz coisas que, *à primeira vista*, se contradizem – o que, aliás, é muito mais difícil.

O perigo permanente que espreita o intérprete de autores antigos é uma espécie de etnocentrismo do presente. Todos ficamos tentados a reconhecer neles os precursores de nosso próprio pensamento – quando não sublinhamos com superioridade seu "impensado", suas incoerências, seus pontos cegos. Contudo, se cedermos a essa tentação, eles não nos trazem nada, simplesmente confirmamos nossas certezas, ficamos orgulhosos de saber englobar o pensamento dos outros e julgá-lo. O verdadeiro interesse desses autores, como o das culturas longínquas, está, ao contrário, naquilo que seu pensamento comporta de irredutível ao nosso, no desafio que eles nos dirigem e nas mudanças que eles provocam em nós – não porque os imitamos, mas porque desejamos nos comunicar com eles.

A crítica a serviço do sentido

De sua evolução, podemos concluir que, quando começamos a nos interessar pelo mundo e pelas ideias, não podemos mais ficar interessados pela forma, pela teoria literária?

Não nos interessamos mais por ela mesma. Em todo caso, não é mais sobre ela que dirigimos nossa paixão. Ora, é preciso ser levado por uma paixão, por uma curiosidade intensa.

Depois de ter passado dez anos a polir o instrumento, era preciso que eu o utilizasse, do contrário teria sido como um artesão que fabrica um martelo, mas que nunca o usa para fixar o menor prego. Ora, é o prego que segura a casa, e não o martelo. Essa é a natureza da "virada" que dei nessa época e que me parecia perfeitamente lógica: ela consistia em levar em consideração o trabalho que nós mesmos havíamos feito. Dado que o instrumento estava pronto, ou em todo caso melhorado, chegara o momento de utilizá-lo. A poética, na qualidade de instrumento, sim; enquanto fim último da pesquisa, não. Minha surpresa veio do fato de que outros além de mim não tenham percebido a mudança ou de que não tenham desejado levá-la em conta e, portanto, de que eu não tenha sido mais bem seguido. Parti de *Poétique*, que continuou a trilhar o mesmo caminho, como antes: minha partida não causou nenhum efeito.

Tentar escrutinar a especificidade literária me parece hoje em dia uma atividade um tanto quanto fútil. Sonhei, como outros, com esta famosa fórmula de Jakobson: "O que nos interessa não é a literatura, mas a literariedade"[8] (em russo: *literaturnost'* – devo ser o inventor dessa palavra em francês, dado que foi assim que traduzi, em minha antologia dos formalistas russos, o neologismo de Jakobson). Atualmente, vejo a especificidade literária como uma questão de história, não de linguagem (os limites variam com o tempo) e, de toda forma, acho mais interessante ocupar-me de tudo aquilo que é *também* literatura do que com aquilo que é *somente* literatura. Quero conhecer a literatura, não a literariedade. O que me importa saber o que é a especificidade daquilo "que iremos chamar de

8 Jakobson, *Questions de poétique*, op. cit.

pintura"? O que é apaixonante é a imagem, não o nome que se deu a este ou aquele período.

O que restou, para você, dos estudos literários dessa época?

Se lanço um olhar retrospectivo sobre a produção daqueles anos, deixando de lado meu próprio trabalho e o de Genette, sobre o qual não posso ser objetivo, minhas preferências se dirigem a dois tipos de obras.

Primeiramente, os comentários de textos. Certos escritos são chamados de elucidação, comentário crítico: seja porque esquecemos o contexto de origem, seja porque o pensamento do autor é complexo, difícil de apreender, seja ainda porque esse autor tenha deliberadamente buscado a obscuridade. Em todos esses casos e ainda em outros, é claro, o comentário é útil, e até mesmo indispensável, ajudando-nos a melhor compreender. Tome, por exemplo, os comentários que Bénichou escreveu sobre os poemas de Mallarmé: que maravilhosa ajuda para cada leitor![9] Ou, fora da França, penso no grande livro de Joseph Frank sobre Dostoiévski,[10] do qual um volume foi traduzido em francês. Ele encarna muito bem meu ideal de estudo literário. É uma obra surpreendente, que se baseia num saber imenso concernindo à sociedade russa do século XIX, à filosofia, aos debates políticos e também à biografia de Dostoiévski. Tudo isso constitui um contexto de riqueza incomparável, dentro do qual se desenrola a análise propriamente literária dos

9 Bénichou, *Selon Mallarmé*.

10 Frank, *Dostoievski*.

romances. O resultado é que atualmente compreendo melhor *Crime e castigo* do que antes da leitura desse livro. Num campo mais filosófico, gosto de citar o comentário escrito por Victor Goldschmidt sobre o Segundo Discurso (*Sobre a origem da desigualdade*) de Rousseau:[11] uma ferramenta incomparável.

Outro tipo de obra inclui a análise literária num estudo do comportamento humano, ou ainda de um período cultural, ou de uma forma de pensamento. Tome o exemplo de René Girard... É um comentador brilhante dos textos, mas sempre pondo suas análises a serviço de um intento mais vasto: uma interpretação da condição humana, por vezes com uma inscrição histórica precisa. Ou os grandes livros de Bénichou, como *Morales du Grand Siècle* [Morais do Grande Século] ou *Le Sacre de l'écrivain* [O rito do escritor],[12] notáveis interpretações em profundidade das mutações de mentalidade no século XVII ou no XIX. Ou – ainda um exemplo exterior à França – a obra de Ian Watt sobre os mitos literários modernos, Fausto, Dom Juan, Dom Quixote, Robinson Crusoé: uma bela análise do contraste entre a época do Renascimento e a do Romantismo.[13] Parte-se das obras literárias, mas não se fica apenas nisso, elas são uma via para outros lugares.

Finalmente, você gosta da crítica literária que, tendo absorvido certos métodos introduzidos pela poética, conserva uma abordagem bem clássica da literatura?

11 Goldschmidt, *Anthropologie et politique: les principes du système de J.-J. Rousseau.*

12 Bénichou, *Le Sacre de l'écrivain. Essai sur l'avènement d'un pouvoir spirituel laïque dans la France moderne.*

13 Watt, *Myths of Modern Individualism.*

Parafraseando um de meus amigos, eu diria: pouco importa que o método seja clássico ou moderno, desde que me ajude a compreender melhor. O que me choca, nas duas práticas que acabo de descrever, é que nelas o estudo crítico sempre teve um caráter auxiliar. Ou bem ele se põe a serviço da literatura e se contenta humildemente em esclarecer o sentido da obra, ou ele põe a própria literatura a serviço do conhecimento dos homens, de suas sociedades, de sua história. Quando, em contrapartida, os estudos literários querem cessar de assumir esse papel auxiliar, tornam-se um tanto quanto vazios; o discurso gira sobre si mesmo. Para resumir: a transformação da qual participei entre as décadas de 1960 e 1970 era necessária, mas também teve efeitos esterilizantes, que hoje em dia precisam ser superados.

A poética, uma herança embaraçosa?

A partir da virada de que acabamos de falar, você se ocupa menos de literatura em seu trabalho. Entretanto, há alguns anos, você se tornou membro do CNP, o Conselho Nacional dos Programas (uma instância do Ministério da Educação Nacional), dirigido por Luc Ferry, que orienta e controla o conteúdo de ensino, desde a escola primária até o bac. Seu posto é na qualidade de especialista de literatura. Qual é a relação entre as pesquisas que engajou nos anos 1960 e sua atividade atual no CNP?

É verdade, desde 1994, o CNP me conduziu para os estudos literários. O CNP não decide nada por si mesmo, mas emite pareceres sobre a orientação dos programas. É um grupo em que convivem universitários de renome e praticantes do ensino, reunindo físicos e historiadores, biólogos e literários. O ambiente é alegre, todas as opiniões se expressam livremente, e muito aprendi ali.

O próprio fato de se ater aos programas não deixa de gerar problemas. Pois você seguramente constatou que nossas melhores lembranças escolares estão ligadas não aos saberes que nos transmitiram, mas à pessoa de um professor que soube se colocar em seu ensino. Todos os alunos sabem fazer a diferença entre aquele que se contenta em anunciar sua disciplina e aquele que deseja compartilhar sua paixão. Isso deveria nos levar a relativizar um pouco nossos debates sobre o que é preciso ensinar. E quando Daniel Pennac[14] nos diz que às vezes lhe bastava ler os textos em sua classe para que a lição fosse transmitida, acreditamos nele de bom grado!

Esta também pode ser uma posição muito reacionária! Assim como pretender que a recitação, que sabe imitar a bela leitura do mestre, é a garantia de que já se compreendeu o texto. E que isso basta!

Aprender de cor é a abordagem pedagógica mais mecânica que existe... e, apesar disso, ela tem suas virtudes. Minha filha foi à escola numa pequena unidade no campo. Ela tinha um professor à moda antiga, que devia estar próximo da aposentadoria. Ele ensinava da maneira que seus próprios professores haviam feito, nos anos 1930 ou 1940. Apesar disso, graças às suas leituras em voz alta e ao aprendizado de cor, ele inoculou

---

14 Pennac, *Comme un roman*.

verdadeiramente em seus alunos o bacilo do amor pela poesia, do qual minha filha tira proveito até hoje.

Dito de outra forma: tenhamos bons professores motivados e teremos um bom ensino. É um pouco sucinto como solução para o CNP!

Concordo: não podemos nos contentar em dizer que o ensino depende essencialmente do entendimento que se estabelece entre as pessoas, da paixão que elas põem em ação. Os conteúdos que se adquirem aí favorecem a autonomia do aluno mais que a relação afetiva, e é essa autonomia que desejamos. É evidente que podemos demandar de todos os professores que tratem da mesma matéria, mas não necessariamente que sejam animados pela mesma paixão. Para facilitar o trabalho dos professores e dos alunos, é preciso então estar de acordo sobre os conteúdos e os métodos.

Ora, o ensino literário na escola instaura problemas porque, ainda mais que em outras disciplinas, o consenso sobre o que é preciso ensinar não existe. Mais exatamente, à medida que o aluno avança em sua escolaridade, ficamos menos de acordo, uns e outros, sobre o que é necessário lhe ensinar. No início, na escola primária, fica claro: ler, escrever, analisar e compor textos simples, adquirir alguns rudimentos de gramática. Mas... e depois?

Gerações de alunos, dos quais faço parte, foram formadas com os manuais de Lagarde e Michard, ou equivalente. Além de ser um método essencialmente baseado na história literária, as duas características dessa tradição eram: 1) dedicação exclusiva à literatura francesa, uma literatura consti-

tutiva da identidade nacional, e, portanto, obediência a uma visão patrimonial; 2) organização da progressão dos conhecimentos a partir do decorrer dos séculos XVI e XVII na classe do primeiro ano, XVIII e XIX na classe do segundo ano, e XX na classe do terceiro ano... Essa visão puramente histórica e etnocêntrica permanece viva. E é uma aquisição que lhe devemos, em parte. Você a renega atualmente?

De fato, o antigo programa pode ser simbolizado pelo famoso manual de Lagarde e Michard: pequenos resumos, datas, fichas biográficas, questões de explicação de texto. Isso não era exatamente um nada, mas também não era excelente. Nossos programas e manuais de hoje têm outro conteúdo, mas eu me pergunto se são verdadeiramente melhores, ou se ainda não escolhemos aquilo que é fácil de ensinar. Por vezes isso me faz pensar na história do sujeito que não procura sua chave onde a perdeu, mas sob a lâmpada, porque lá tem luz. Somos sempre tentados a ensinar aquilo que se presta ao ensino, e não aquilo que seria útil para os alunos.

Como você julga o conteúdo atual do ensino literário em nossos colégios?

Esse novo ensino – volto à sua questão precedente – foi efetivamente influenciado por nossas pesquisas do período estruturalista, por nossa pequena "revolução". Dei-me conta de que se ensinava agora aos colegiais uma espécie de resumo de nossos trabalhos dos anos 1960 – o programa da escola assemelha-se àquele que propusemos em Vincennes, em 1968! Eu duvidava um pouco, graças aos estudos de meus filhos e às notas por vezes medíocres que recebi quando eles me pediam ajuda... Contudo, ao ir para o CNP, adquiri uma visão de conjunto.

E você se orgulha disso?

Hoje em dia, eu me ponho contra o que me parece ser uma corrente, atraindo o sarcasmo de meus colegas sobre o tema: "Vejam o combate de Todorov II contra Todorov I"!

Então você rejeita tudo aquilo que havia iniciado?

Claro que não! O que fazíamos era liberador. Tabus caíram, novas abordagens dos textos se tornaram possíveis. Nem por isso as sequelas deixadas por essas pesquisas no ensino secundário me satisfazem.

Em quê?

Atualmente, encontramos na escola uma atitude puramente mecânica em relação aos textos, que atrofia a literatura e, no mesmo gesto, o ensino literário. Mais que as obras, as crianças aprendem as figuras de retórica, os diferentes pontos de vista possíveis de adotar numa narrativa, esta ou aquela forma poética. Ora, essas noções são interessantes somente enquanto ferramentas, buscando chegar ao sentido. O essencial está em outro lugar: deveríamos ficar perturbados pela literatura, portanto, pelo pensamento, pela beleza...

A literatura é pensada. Ela diz a verdade do homem e do mundo, ela nos comunica seus valores. Ela não se limita a fazer pelos monólogos dos personagens porta-vozes do autor ou pelas interpelações diretas desse mesmo autor. Um pensamento se molda na maneira de conduzir a narrativa, de fazer as imagens se encontrarem. Assim, a análise estrutural nos ofereceu meios para reconhecer esse jogo das formas e interpretar seu sentido, mas os meios não devem ocultar o fim. Saber distinguir a focalização interna da focalização externa, a metáfora da metonímia, não é uma finalidade em si. Se tivessem ensinado minha filha somente a diferenciar metáfora de metonímia, ela poderia definitivamente desgostar da poesia!

Da mesma forma que muitas crianças desgostaram da música nos conservatórios em que era preciso fazer quatro anos obrigatórios de solfejo antes de tocar um instrumento!

Em outros termos, e caricaturando um pouco: antes, em vez de estudar a literatura, estudavam-se as circunstâncias da criação das obras, adicionando-se, para dourar a pílula, alguns superlativos sobre sua qualidade. Atualmente, em vez de ensinar a literatura, ensinam-se conceitos que devem servir à sua análise. Instaurou-se o método no lugar do objeto. Aí está o mal-entendido: fazer do instrumento o fim último. Não se deve criticar o próprio instrumento nem nosso trabalho do momento, mas o uso que dele é feito. Estudar o instrumento pode ter um sentido – e olhe lá! – no ensino superior: a reflexão metodológica é útil – ainda que, mesmo aí, ela não deva invadir tudo: as urgências da época de Vincennes já passaram. Mas no secundário? Dá para se acomodar com os métodos, são bricolagens. Porém, estudar mais os métodos do que os textos me parece um erro grave. Ora, por um deslize natural, é sempre isso que se produz, tanto na literatura como em outros lugares.

Apesar disso, os métodos são preciosos para a vida das ideias e a compreensão das diferentes visões do mundo. A questão é, acima de tudo: quando é útil estudá-los? Em que momento da formação?

Tenho certeza, em todo caso, de que não há por que ensiná-los às crianças em detrimento da própria matéria.

O ensino do francês na escola

Na primavera de 1999, uma polêmica explodiu nas páginas dos jornais, principalmente nas do Le Monde, *a respeito do ensino literário na escola, com títulos alarmantes sobre o tema, tais como "Assassina-se a literatura!". Suas críticas são semelhantes às que foram expressas na época?*

De maneira nenhuma. Além disso, intervim no debate por meio de uma tribuna livre publicada no *Le Monde*, que se opunha à maior parte das críticas.[15] Diante de um objeto complexo como o ensino literário, mais de duas atitudes, de dois "campos", são possíveis, mesmo que os demagogos e a opinião pública gostem de representar as coisas assim, como preto ou branco, neste caso, conservador ou modernista...

A campanha de aviltamento do ensino literário atual me desgostou, em primeiro lugar porque projetava sobre o ministério

---

15 "Éducation, la mauvaise foi de la contre-reforme", *Le Monde*, 31 mar. 2000.

a sombra de um complô: alguém bem malévolo está privando nossas crianças de um livre acesso às obras literárias! O surpreendente é que essa incriminação provinha de duas origens opostas: de um lado, dos professores do ensino superior, defensores de um ensino de elite – aqueles que outrora chamaríamos de mandarins (caciques) e que se expressavam então pela voz da Sociedade dos *Agregés*. De outro, dos professores de campo, sobretudo os do secundário, que tentam preservar restos de um radicalismo ao qual faltam herdeiros hoje em dia. Esses conservadores e esses contestadores se unem numa condenação sem recurso do liberalismo selvagem – você notou que atualmente o liberalismo é sempre selvagem? Eles imputavam ao ministério uma tentativa pérfida: a de transformar a escola em máquina de fabricar robôs. É preciso reconhecer que esse amálgama improvável de pessoas advindas de interesses opostos tornou-se, em particular devido a algumas mídias, um grupo de pressão de uma eficácia assustadora.

Nisso você denuncia sobretudo a maneira pela qual se expressam essas opiniões. Contudo, fundamentalmente, você não deveria ser levado a concordar com aqueles que pleiteiam um ensino do francês baseado no estudo dos textos literários?

Também tenho vários desacordos fundamentais. O primeiro diz respeito aos próprios princípios do ensino. Para que ele serve? Nossos caros republicanos, como se chamam esses neoconservadores, têm uma resposta pronta: a escola serve para a transmissão do saber. Mas isso não é uma resposta. Em primeiro lugar: qual saber? Aquele que eles receberam de herança, há vinte ou trinta anos? Mas por que ele seria imutável? Será que eles se acham tão perfeitos, esses republicanos, para querer que todo mundo se assemelhe a eles? O ensino na França não necessariamente suporta a comparação com aquele que se realiza em outros países. De todo modo, o saber não é um fim em si. A escola, apesar de tudo, deve preparar para a vida, e é com esse fim que ela ensina os saberes e o saber fazer. Não se pode, por princípio, recusar toda adaptação da escola às necessidades da sociedade que a faz viver. Acrescento ainda que reconhecer essa necessidade não é forçosamente vender sua alma ao capitalismo mundial!

Outro ponto com o qual não me sinto de acordo de maneira nenhuma concerne às ameaças que pairariam sobre a literatura porque se abriram os programas para os textos não literários. Os neoconservadores, que assinaram petições no *Le Monde* contra o ensino de francês no secundário tal como é praticado atualmente, gritam: "Horror, dá-se para ler aos alunos textos que não são todos literários!". E agitam-se como espantalhos exemplos como: uma história em quadrinhos, um artigo de jornal e mesmo, parece, o manual de uso de um forno de micro-ondas. E conclui-se triunfantemente: "Nós, os signatários, pensamos que Racine é mais útil para os alunos de francês que o manual do forno!". Nesse grau de demagogia, podemos nos perguntar quais são as verdadeiras motivações dos peticionários.

Mas, enfim, você que acredita nas virtudes (no sentido forte do termo) da literatura também pensa que Racine é mais útil que um manual de forno!

Evidentemente, se apresentado assim, só se pode estar de acordo. A demagogia é isso!

A literatura! A literatura! Mas a literatura, de acordo com as épocas, nem sempre foi concebida segundo os mesmos critérios. A própria noção de "literatura" é relativamente recente – ela não existe enquanto tal antes do século XIX – e suas fronteiras permanecem movediças: o diário íntimo de Benjamin Constant não era considerado "literatura" até cinquenta anos atrás; hoje encontro nele páginas que estão entre as mais excepcionais escritas por Constant... Por que eu deveria isolar assim os gêneros? *Adolphe* é literatura, eu concordo, mas afasto *Cécile*, que é autobiografia, *La Religion*, que é ciência, *Les Principes de politique*, que é política... Ora, através de todos esses textos se desdobra um mesmo pensamento e os procedimentos de construção são interessantes em todas as partes.

Estudar de tempos em tempos um artigo de jornal... por que não? Tudo isso que aparece na imprensa não é inepto – não será você a me contradizer...

Talvez também ocorra que o debate possua mais apostas simbólicas e que, na realidade, os estudos literários tenham menos importância.

É verdade. A porcentagem dos alunos que prestam o *bac* L, isto é, o literário, caiu, em alguns anos, de 33% para 10%. Isso mostra a que ponto o ensino literário está periclitando. Se não fizermos nada, isso vai continuar.

Qual seria, para você, o ensino ideal?

Em primeiro lugar, seria preciso lembrar uma evidência: o ensino do francês não é somente o ensino da literatura. A escola também tem outra missão: deve ensinar os alunos a compreenderem e a se expressarem, tanto na oralidade quanto na escrita. As situações de vida que esperam os alunos na saída da escola são múltiplas, então é preciso prepará-los um pouco. As formas de discurso que eles devem aprender a dominar também são múltiplas e não se limitam à famosa dissertação – um exercício dentre outros, que se insiste em privilegiar. Ainda é o professor de francês que está qualificado para assegurar essa formação. Do contrário, os alunos irão frequentar os cursos de "comunicação" fora da escola comum. Ora, por que banir esse saber, esse saber fazer? O que pode servir na vida deve, por essa mesma razão, ser afastado da escola?

Reconheçamos então primeiramente essa parte importante do ensino do francês. Ao lado dela vem a literatura. Também acredito que a literatura tem muito a ensinar a cada um. Ela nos apresenta a um mundo de sentidos e de valores melhor que qualquer outro discurso, melhor que as admoestações moralizadoras, melhor que a imprensa, melhor que a própria filosofia. Ler a história de Gavroche[16] pode transformar a vida de um aluno. Essas são as várias maneiras de ver o mundo que interiorizamos graças aos textos literários, graças às invenções do escritor. O universo interior de cada um é enriquecido pela literatura. Mas como fazer para que cada aluno possa tirar o máximo proveito disso? Aqui, as receitas dos conservadores não me parecem preferíveis às dos modernistas-tecnicistas. É absurdo ser, por princípio, a favor (ou contra) toda reforma: nossa exigência não deveria ser a de fazer ou de não fazer como antes, mas de fazer bem.

---

16 Personagem de *Os miseráveis*, de Victor Hugo. (N. T.)

Claro, mas, concretamente, quais programas?

Primeiramente, eu já disse, os textos, e não os métodos. Mas quais textos? A ideia de um cânone literário imutável atualmente é contestada: Maio de 1968 tratou de reclamar a liberdade do professor na escolha dos textos que ele ensina, e não se estuda mais um corpus fixo. Apesar disso, parece-me que é preciso retornar a um conjunto um pouco mais bem delimitado: é o preço a ser pago para que, no interior de uma sociedade, todos possuam uma cultura comum. Isso não impedirá um indivíduo de se cultivar ainda mais, se o desejar, se puder, e de ultrapassar o "cânone" em todos os sentidos. Não é menos verdade que não será um problema se um aluno sair do ensino médio sem conhecer a diferença entre focalização interna e externa, mas será um problema se não conhecer *As flores do mal*.

Acrescento que essas grandes obras literárias não deveriam ser escolhidas somente na literatura francesa. Não é na condição de documento sobre a nação francesa que elas nos interessam, nem como exercícios de virtuosidade linguística, mas como signos de humanidade. Hoje em dia, as populações se movem como nunca, e vivemos na Europa, não somente na França. Que se leiam essas obras em traduções não me choca nem um pouco: é assim que procedemos quando nos tornamos adultos, então por que privaríamos as crianças disso? Cada um de nós deveria conhecer as tragédias gregas e as narrativas árabes, os dramas ingleses e os romances espanhóis, Gógol e Dostoiévski, Tolstói e Tchekhov. Ignorá-los é como destruir as estátuas de Buda no Afeganistão: é empobrecer o patrimônio da humanidade. Evidentemente, isso não impede que a metade do programa seja dedicada ao estudo de textos provenientes da literatura nacional.

A literatura se dirige a todos, pouco importa de onde ela venha, mas pertence também ao seu tempo. Como herdeiros da cultura europeia, devemos conhecer os momentos essenciais: não podemos proceder como se a história do país não houvesse existido. Nesse aspecto, a literatura é uma via privilegiada. É graças a ela que podemos compreender a oposição entre o mundo fechado dos Antigos e o universo aberto e movente dos Modernos, o aparecimento do indivíduo no Renascimento, as morais do Grande Século, a revolução das Luzes, a crise romântica, a situação do homem contemporâneo diante da massificação da sociedade. Graças a ela, como também a outras mídias que não estudamos suficientemente na escola, e em particular a imagem: pintura, escultura, cinema, televisão...

A dificuldade, decerto, é que precisamos estar de acordo sobre o que se deve conhecer. Contudo, podemos ultrapassá-la e proceder como o fazemos para a história política ou a econômica. Nelas, parte-se do princípio de que, para dominar os códigos de conduta em nosso mundo, e para escapar mais tarde à discriminação, é desejável possuir uma base comum de conhecimentos, portanto, ter uma ideia da democracia grega, do Império Romano, do nascimento dos monoteísmos, e assim por diante. Por que não poderíamos encontrar uma base comum da mesma ordem na história da cultura, da literatura, da arte?

Uma vez tendo sido definido o corpus de textos e as finalidades do ensino, recaímos no problema que você apresentou no início desse debate: como estudar os textos literários? Dizer, como você preconizava, "todos os métodos são bons" não equivale a dizer: "o único método bom é... um bom professor!"?

A liberdade que o professor perde (parcialmente) na resposta ao "quê" ele reencontra inteiramente naquela do "como". Na minha opinião, o programa de conjunto deve indicar somente a orientação global: estudam-se as obras para melhor compreender seu sentido e, por meio dele, a existência humana. Quanto à maneira de proceder, esta será escolhida pelo próprio professor, e não há mal nisso.

Eis o que seria, a meu ver, um ensino de francês, não ideal – não nos enganemos –, porém melhor, mais enriquecedor sob todos os pontos de vista. Só que, veja você, para pô-lo em prática, seria preciso perturbar tantas tradições, vencer tantas resistências... Não creio que o consigamos tão cedo! Então, contento-me em juntar minha voz à discordância geral.

A voz de um literato?

De um apaixonado pela literatura, convencido de que ela pode nos prestar imensos serviços para a compreensão do mundo.

IV
O camponês em Paris

Um antipolítico na França da década de 1960 – A ambivalência de Maio de 1968 – Maio na universidade – "Sua vida é lá" – Estrangeiro, assimilado, despaisado – O encontro das culturas – Entrar integralmente no mundo

Um antipolítico na França da década de 1960

Catherine Portevin – *Em 1963 você chega a Paris, enquanto a Guerra Fria continua. Tanto fora quanto dentro da sociedade francesa, o Partido Comunista e, mais ainda, a ideologia comunista e o marxismo-leninismo são muito influentes, em particular no meio estudantil. Como você via os engajamentos políticos de seus novos amigos?*

Tzvetan Todorov – Foi no outono de 1963, com o início do ano universitário, que conheci estudantes ou jovens pesquisadores franceses que, de fato, frequentemente compartilhavam do sonho comunista, mesmo que isso não gerasse nenhuma ação organizada. Alguns militavam na UEC, a União dos Estudantes Comunistas. Eram pessoas simpáticas, abertas, generosas com o estrangeiro que eu era. Todavia, elas conclamavam um projeto político do qual eu conhecia todos os equívocos, e pelo qual tinha pouca simpatia. Eu vinha de um país que havia transformado o sonho deles em realidade, mas eu vivia como uma libertação o fato de ter saído dele!

Os entusiasmos ou os devaneios desses jovens franceses me pareciam no mínimo inconsequentes. Primeiramente porque eles não aspiravam a um regime que suprimisse as liberdades individuais, que erigisse a mentira e a hipocrisia em regras de conduta, que provocasse a catástrofe econômica. Mas também porque essas pessoas que professavam ideias revolucionárias e militavam pela ditadura do proletariado viviam, em sua maior parte, como pequeno-burgueses, burgueses boêmios, "bobos", como se diria hoje em dia. E elas não pareciam imaginar que esse modo de vida bem agradável teria sido suspenso, ou até mesmo reprimido, se o regime a que aspiravam tivesse acontecido mesmo na França. A adequação entre dizer e fazer, ideias e atos, valores e vida era uma preocupação que não atingia meus amigos de então, enquanto para mim ela se tornava cada vez mais crucial. Consequentemente, foi a atitude que passei a exigir dos outros... E, mais lentamente, de mim mesmo!

É o tipo de exigência que, de fato, começa sempre pelos outros! Você lhes reprovava a incoerência?

Oh, não! As conversas políticas me entediavam no mais alto grau, e o mínimo que posso dizer é que naquela época eu não buscava a polêmica. Ainda mais porque já fazia algum tempo que eu havia renunciado a querer mudar as pessoas que encontrava para fazê-las se parecer com meu ideal. Eu punha de lado aquilo que não me convinha entre eles. É preciso também confessar que a diferença era grande entre essas pessoas simples e abertas, de um lado, e os *apparatchicks* búlgaros, de outro: na França, fora dos círculos dirigentes ou intelectuais, o pertencimento ao PC não favorecia sua carreira...

O que eles esperavam de você, na qualidade de alguém que vinha de um país do Leste?

Provavelmente eles me percebiam como uma confirmação de seu devaneio político: sua benevolência se dirigia em primeiro lugar a um representante do mundo "socialista". Ora, eu lhes fornecia – ainda que com moderação – uma imagem, de preferência negativa, do que existia lá. Contava histórias que faziam esse mundo parecer ridículo. Como será que, apesar de meu discurso, continuaram a me oferecer simpatia? Esse é um mistério que não busquei esclarecer.

Apresso-me em dizer que minha descrição presente não se aplicava a todas as pessoas que eu frequentava na época. Um de meus melhores amigos era então o pintor Martin Barré, perfeitamente indiferente à questão do comunismo, e a mil léguas de querer transformar a sociedade. Ele passava longe de ser burguês e só era boêmio em um sentido: faltava-lhe dinheiro constantemente. Ele havia participado do movimento de abstração lírica, logo depois da guerra, mas em seguida mudou radicalmente de estilo, o que foi uma atitude muito imprudente em relação aos compradores, que não o seguiram. Martin vivia então de trabalhos de manutenção de interiores, marcenaria e pintura de construções... Foi ele que me ensinou a me servir de minhas mãos, mas também a melhor apreciar a arte da pintura. Ele próprio tinha gostos clássicos, admirava Velásquez, mesmo praticando a pintura conceptual – que, além do mais, trouxe-lhe novamente o sucesso durante os últimos anos de sua vida. Martin correspondia bem à imagem que eu tinha do artista parisiense antes que viesse para cá: falido e refinado.

Então seu anticomunismo não incomodava seus outros amigos. O stalinismo deles também não incomodava você?

Na época, eu não era anticomunista, era antipolítico. Era mais que apolítico: recusava violentamente o político! Quando a conversa tocava o comunismo, eu dava um jeito para mudar de assunto. Eu me contentava em escarnecer desses franceses ingênuos e irresponsáveis quando falava com amigos provenientes dos países do Leste, poloneses, romenos ou húngaros... Devo dizer que frequentei muito poucos húngaros em Paris – meu desejo inicial de assimilação devia desempenhar um papel nesse fato. Além disso, não conhecia muitos deles. A única outra búlgara em meu meio era Julia Kristeva, que havia chegado de Sófia mais ou menos um ano depois de mim. Nossas relações sempre foram corretas, nada mais, não éramos verdadeiramente amigos. Para voltar à política, eu tinha a impressão de ter perdido tempo demais – os 24 primeiros anos de minha vida! – vivendo forçadamente com o comunismo. Agora que estava liberado de sua pressão, estava decidido a não lhe conceder nem mais um minuto de minha atenção.

Isso não significava permanecer no estado de espírito de seus anos búlgaros? Como perder esses hábitos adquiridos durante mais de vinte anos de formação sob o totalitarismo, essa aptidão para o duplo pensamento, essa forma de prudência, esse senso da dissimulação ou do segredo, essa maneira de administrar pequenas liberdades interiores, dado que não se pode tê-las publicamente?

A gente não se transforma do dia para a noite: a consciência acusa um atraso sobre a existência, como teriam dito meus professores de marxismo na Bulgária. O efeito mais claro do totalitarismo em mim foi o seguinte: durante anos estive persuadido de que todos os homens políticos eram demagogos e hipócritas, que toda fala pública era necessariamente uma mentira. Os jornais, idem. Depois disso, tornei-me um ávido consumidor de imprensa cotidiana, mas nos dez primeiros anos de minha vida na França, ou até mais, eu nem sequer lia o jornal. Eu tinha o sentimento de que se perdia tempo ao se interessar por um mundo sobre o qual não se tinha controle, em que as posições de uns e de outros eram a máscara que seus interesses revestiam, e não a expressão de uma convicção, e ainda menos de verdades eternas. Agindo assim, eu de fato perpetuava inconscientemente as regras de conduta que havia observado em torno de mim na Bulgária: é o autoritarismo que nos condena a este vaivém frustrante entre a retórica vazia dos discursos públicos e a avidez cínica dos desejos privados.

Será que um dia nos libertamos de nosso passado? Meus anos búlgaros seguramente continuam a influenciar minhas reações de hoje. Numa apreciação de meu último livro, um crítico reprovava meu "anticonformismo aplicado". Não creio ser um anticonformista sistemático, mas é verdade que não me privo de dizer o que penso, em quaisquer circunstâncias. Tenho o sentimento de que, de outra forma, trairia as convicções adquiridas durante minha existência búlgara: exigiam de nós, então, um conformismo aplicado. Um outro efeito retardado de meus anos búlgaros foi a sobrevivência do medo. Na rua, se precisasse falar com alguém sobre a política búlgara, primeiramente me certificava de que não estava sendo ouvido... Isso passou, mas suspeito de que minha tendência a fugir dos conflitos também seja herdada desses anos em que os desacordos de opinião podiam ter consequências policiais.

No entanto, você devia ferver por dentro ao ouvir os discursos de seus amigos estudantes franceses.

Os discursos comunistas ou paracomunistas, radicais ou revolucionários, muito ouvidos na época, me repugnavam, mas, enfim, eu não era obrigado a escutá-los – o que é uma grande diferença em relação à Bulgária! Também é preciso dizer que os comunistas, tomados individualmente, podiam ter um perfil que eu achava interessante. Por exemplo, Pierre Daix, redator-chefe das *Lettres Françaises*, dirigidas por Aragon, manifestou um vivo interesse pelos formalistas russos e, portanto, por minhas traduções. Ora, os formalistas haviam sido reprimidos na União Soviética, mesmo que nenhum dos autores principais tivesse sido assassinado.

Naquele momento eu não conhecia os tristes desentendimentos de Daix com David Rousset entre 1949 e 1950. Rousset havia lançado um apelo para que antigos deportados para os campos de concentração alemães denunciassem os outros campos, que continuavam em atividade, em particular os campos soviéticos.[1] Daix, que estivera em Mauthausen,[2] havia chamado Rousset de mentiroso e de agente do imperialismo. Na sequência, Rousset abriu um processo contra as *Lettres Françaises* por difamação e ganhou.

Daix geria um jornal que, em certos aspectos, era stalinista, mas que ao mesmo tempo dedicava inúmeras páginas à cultura, à literatura – o que eu só podia apreciar. Ele mesmo contou que, desde aqueles anos, a dúvida se instalara nele, mas isso não era visto em público. Eu o percebia mais como um desses comunistas "liberais" e cultivados que havia conhecido na Bulgária alguns anos antes, que buscavam provar, por sua abertura pessoal, a possibilidade de o comunismo se reformar a partir do interior. Daix acolheu então calorosamente a coletânea dos formalistas russos, organizou uma mesa-redonda no jornal e, em seguida, publicou sua transcrição. Sua rede de relações pessoais também o encorajava: Aragon e Elsa Triolet eram amigos de Jakobson...

Além desses personagens diretamente ligados ao PC, todo o debate político e intelectual na França era moldado, e até mesmo estruturado, em torno do marxismo. O ideal comunista havia recebido um formidável impulso em 1945, graças à vitória da União Soviética sobre a Alemanha nazista, que dava ao vencedor um brevê de respeitabilidade. A existência da coalizão antifascista legitimava a inclusão dos países comunistas e dos países democráticos numa entidade comum, da qual eles

1 Rousset, Rosenthal, Bernard, *Pour la Vérité sur les camps concentrationnaires*.

2 Complexo de campos de concentração na Áustria. Foi um dos primeiros campos de concentração da Alemanha nazista e o último a ser liberado pelos aliados ao fim da guerra. (N. T.)

eram simplesmente a versão radical e a versão moderada. Ora, os intelectuais, como é bem conhecido, sempre preferiram a audácia da radicalidade à prudência da moderação. A preparação da revolução dava um sentido a vidas que não o tinham, e representava uma esperança para os povos do mundo inteiro. Contudo, para mim, os Trinta Gloriosos[3] [anos] da economia francesa (1945-1975) sempre me pareceram os trinta desastrosos para o pensamento político. Ideologicamente, esses são anos de estagnação, de Cortina de Ferro intelectual, em que todo discurso era julgado sob a vara da *doxa* marxista-leninista. Essa ideologia sumária dominava o mundo intelectual e exercia verdadeiro poder e tutela, marginalizando todas as outras vozes. Não obstante, essas vozes não faltavam, seja a de Raymond Aron, que pregava no deserto, seja a de Camus, censurado por Sartre... seja ainda a de Romain Gary, que ninguém levava a sério, relegando-o à estante de autores comerciais, e que não somente era um romancista notável, de longe superior a Sartre, mas também um pensador cuja sabedoria política e humana ultrapassava a da maioria de seus contemporâneos.

Sartre, justamente, era a figura dominante da vida intelectual daqueles anos. Entretanto, nos livros que você escreve, e em suas falas, ele parece ausente da paisagem...

Sartre sempre me pareceu a encarnação de uma postura que eu respeitava muito pouco. Evidentemente, não o reduzo

3 A expressão "Trinta Gloriosos" designa o período de três décadas após o fim da Segunda Guerra Mundial, em 1945, até o primeiro choque petrolífero de 1973. Foi, para os países industrializados ocidentais, um período de excepcional prosperidade. (N. T.)

a isso: ele também escreveu páginas deslumbrantes, que nada têm a ver com suas gesticulações políticas. Como você sabe, ele mantinha, sem estar no PC, um discurso igualmente dogmático, que exercia um real poder paralisante sobre a reflexão, e mesmo sobre a pesquisa. As ciências humanas só puderam se desenvolver depois de afastada essa tutela marxista, e Lévi-Strauss precisou se opor a Sartre, no final do *Pensamento selvagem*, para legitimar seu próprio empreendimento.

Não me surpreendi ao ver mais tarde Sartre vender [o jornal] *A Causa do Povo* e se engajar no maoismo. Para simplificar, eu achava tudo aquilo patético ou grotesco, dependendo do dia. Um homem envelhecendo que adota a postura de um adolescente... Pior: que não percebe que imitar os adolescentes não é tão louvável quanto ele pensa! Certas inclinações, certas transgressões, são perdoáveis e até mesmo sedutoras quando se tem 20 anos, mas na idade dele, e com a experiência dele, são principalmente a prova de uma imensa (e censurável) imaturidade política.

A ambivalência de Maio de 1968

E então aconteceu Maio de 1968: aí você não podia mais ignorar a vida política...

Sim e não. Em 1967-1968, eu não estava na França. Haviam me convidado para um posto de professor na Yale University, nos Estados Unidos, no Departamento de Literatura Francesa, que aceitei com entusiasmo, atrasando um ano minha entrada no CNRS. Era uma experiência vivificante para mim, e eu diria até mesmo feliz. Pela primeira vez eu recebia um salário que me parecia fantástico, mesmo que ele estivesse no plano mais baixo da escala, e comprei meu primeiro carro, mesmo que ainda não tivesse minha carteira de habilitação... Eu experimentava a liberdade! E amava a sala de aula. Finalmente, lecionei mais nos Estados Unidos que na França; eu apreciava os estudantes norte-americanos, abertos e cheios de boa vontade.

No que diz respeito à vida política, o debate a que assistia lá me parecia mais concreto e, portanto, mais justificado que as divagações revolucionárias dos meus amigos parisienses. Na França, os jovens de esquerda se deixavam iludir por um sonho encarnado pela União Soviética, e mais tarde por Cuba ou pela China. A direita defendia essencialmente o privilégio dos notáveis. Por outro lado, nos Estados Unidos, mal se havia saído do grande debate político sobre os direitos cívicos, sobre o reconhecimento dos direitos dos negros no Sul. Os problemas raciais eram uma realidade muito presente. A efervescência política e intelectual que os acompanhava correspondia a necessidades reais, não era um combate longínquo, vivido por procuração! Em Yale, em particular, sob a influência do capelão local Bill Coffin, um personagem carismático, o engajamento em favor dos direitos cívicos dos negros era forte. Vários de meus colegas na universidade participavam ativamente do movimento. Os problemas raciais não faltavam em New Haven, a cidade da Yale: o grupo dos Panteras Negras havia sido ativo lá, e um processo tinha acontecido. A comunidade negra era importante e, por vezes, à noite, ia-se aos bairros negros para dançar ou ouvir música. Eu me apaixonava pelo jazz, música proibida na Bulgária. Tudo isso era novo para mim, eu descobria o mundo.

Um novo assunto controvertido havia aparecido depois da época pela luta dos direitos cívicos. De fato, na ocasião de minha chegada aos Estados Unidos, a Guerra do Vietnã estava em seu auge, e também a oposição interna à guerra. Frequentemente, eram os mesmos militantes que, depois de batalhar pelos direitos cívicos, lutavam contra a guerra. Nos câmpus, a maioria dos estudantes era antimilitarista, com argumentos fáceis de imaginar. Todavia, os partidários da *Victory in Vietnam*, isto é, pelo engajamento dos Estados Unidos, também formavam um grupo importante. Alguns professores, originários como eu dos países do Leste, intervinham nas reuniões – de maneira muito corajosa, devo dizer, porque estavam diante de um público hostil –, denunciando a invasão comunista que fluía sobre o Vietnã do Sul, explicando a esses estudantes bem-intencionados que era preciso ter a coragem de resistir ao mal, que isso se tratava de um dever: defender a democracia em todos os lugares do mundo.

Eu não participava desses debates – mais uma vez! –, mas observava-os com grande curiosidade. Penso que, desde então, não refletimos suficientemente sobre as apostas da Guerra do Vietnã em termos políticos, nem psicológicos. Muito se contou, filmou, examinou a experiência dos soldados americanos, muito se evocou o sofrimento das vítimas, mas pouco se debateu sobre o que pensamos atualmente a respeito do bem fundamentado da intervenção: seria necessário ou não reagir àquilo que era claramente uma invasão do Norte sobre o Sul? Era preciso defender seus aliados ou deixar acontecer a agressão comunista? É claro que aqueles que denunciavam as bombas de napalm tinham razão – a política norte-americana era brutal, excessiva; ao mesmo tempo, os movimentos pacifistas, servindo à causa do Vietnã do Norte, também contribuíram para instaurar a ditadura nesse país, onde ela continua a reinar. No fim, Ho Chi Minh fez mais mal que os dirigentes sul-vietnamitas. É um debate que hoje em dia encontramos sob o nome de "direito de ingerência". Será legítimo massacrar em nome da justiça?

Então, em maio de 1968, você estava longe da França. Você nada viu dos "acontecimentos"?

Estritamente falando, não, pois voltei a Paris em 31 desse mês. No início de maio, fiquei sabendo pela imprensa americana que os estudantes de Paris ocupavam a Sorbonne, que erguiam barricadas no Quartier Latin. Mesmo que o temperamento revolucionário não seja meu traço de caráter mais saliente, a ideia de ver isso me excitava: os acontecimentos históricos não ocorrem todos os dias, eu me dizia. Queria então voltar o mais rapidamente possível, assim que acabassem as aulas.

Isso não era simples: não somente a Air France estava em greve, mas os aeroportos de Paris estavam bloqueados, com todos os voos cancelados. Depois, a TWA obteve o direito de restabelecer a ligação, e tomei o primeiro voo, que aterrissou no Aeroporto Militar de Brétigny-sur-Orge. De lá fomos carregados num caminhão fechado até Montparnasse, onde ele parou num cruzamento. As ruas estavam lotadas de gente, com poucos carros, dado que faltava gasolina e o metrô não funcionava. O cenário era realmente pitoresco.

Depois de alguns dias, encontrei minhas referências, meus amigos, uma habitação, reinstalei-me e obtive minha reintegração no CNRS. Em junho, "Maio" continuava, apesar de o movimento já estar em sua curva descendente. Vi algumas manifestações – era difícil evitar todas – e ainda me lembro do odor acre das bombas de gás lacrimogêneo.

Retrospectivamente, que impressões você guarda de Maio de 1968 e do papel que esses acontecimentos desempenharam na França?

Mesmo na época, eu via dois componentes heterogêneos em ação, por isso o significado histórico me parece duplo. De maneira geral, eu diria que Maio de 1968 foi politicamente um fim, e socialmente, um começo. Luc Ferry e Alain Renaut, em *La Pensée 68*,[4] analisam bem a conjunção paradoxal de seu anti-individualismo programático e de um extraordinário impulso individualista. Uma combinação barroca e por vezes despropositada de desejos liberais e de fidelidade a um dogma – Cohn-Bendit era emblemático sobre esse ponto. Contudo, para mim, naquele momento, as duas facetas permaneciam bem distintas.

Por um lado, então, no plano social, engajava-se um movimento de liberação. É preciso dizer que a sociedade francesa havia evoluído em profundidade, mas preservando as formas antigas, que pareciam cada vez mais anacrônicas. A economia florescente, a generalização do ensino e a liberação sexual, com a pílula, tornavam cada vez mais insustentável essa sociedade hierárquica, confinada, advinda da Terceira República. Maio de 1968 constituiu uma ruptura na ordem estabelecida, e uma brisa fresca de primavera soprou pelas ruas: as pessoas se tra-

4 Ferry e Renaut, *La Pensée 68. Essai sur l'anti-humanisme contemporain.*

tavam por tu, olhavam-se nos olhos, prestavam-se favores. Na universidade, onde tudo havia começado, descartavam-se os cursos magistrais e se colocava em questão o poder dos caciques. Novas relações sociais eram criadas. Por isso, Maio de 1968 em geral foi tão alegre de ser vivido!

No entanto, ao mesmo tempo, no plano político, Maio de 1968 foi um movimento de submissão, e não de liberação. Os ideais políticos dos maoistas, dos trotskistas ou dos comunistas ortodoxos, únicas opiniões políticas ouvidas entre os estudantes, deixavam-me profundamente cético, a mim, que tinha familiaridade com as realidades encobertas por essas palavras. Piotr Rawicz, autor de origem judaico-polonesa – já morto –, escreveu um livro bem sarcástico sobre os "acontecimentos de maio", e eu não estava longe de compartilhar suas impressões.[5]

A violência, pelo menos a verbal, de que os jovens davam prova era extrema. Ao menos na teoria, eles estavam firmemente decididos a exterminar a "escória burguesa"... Ainda bem que as palavras sozinhas não matam ninguém! Aron conta, em suas *Mémoires*,[6] que Alexandre Kojève, esse filósofo um tanto quanto secreto, hegeliano radical e alto funcionário do Estado francês, defensor sutil da tirania, lhe dirigia esta questão, enquanto se desenvolviam os "acontecimentos de maio": "Quantos mortos?". "Nenhum", respondia Aron. "Então, nada aconteceu em maio de 1968 na França". Essa posição bem olímpica me parece excessiva. Aconteceu alguma coisa: uma mutação social.

5 Rawicz, *Bloc-Notes d'un contre-révolutionnaire, ou La Gueule de bois.*

6 Aron, *Mémoires.*

Mas, no plano político, é verdade, não aconteceu nada importante. A razão, sem dúvida, é que entre os dirigentes não havia nenhum Lênin capaz de, junto com um grupo bem organizado, tomar o poder. Lênin era tão minoritário na Rússia em 1917 quanto os maoistas na França em 1968!

Também é preciso mencionar que, para o advento da revolução comunista, a época havia passado – felizmente. Do ponto de vista político, tratava-se de qualquer coisa, exceto da inauguração de uma nova era. O movimento era até mesmo um tanto regressivo, como as últimas luzes de uma época passada. Era um jugo ideológico que culminou em 1968, antes de lentamente desmoronar. Politicamente, 1968 foi um movimento não de *avant-garde*, mas de *arrière-garde*, um último sobressalto que mal chegou a retardar a desagregação do ideal comunista (que na verdade explodiu em fragmentos alguns anos depois, em meados dos anos 1970), para preparar, a seu modo, o reino atual do pensamento liberal.

Maio na universidade

Quais foram os efeitos de Maio de 1968 no mundo universitário em que você estava inserido?

Voltando dos Estados Unidos, retornei aos Hautes Études, esse meio acolhedor, liberal e calmo – para também ali encontrar, com grande surpresa, uma forte agitação. A surpresa foi grande porque na minha opinião a reivindicação do movimento de maio sobre o plano universitário não era aplicável à École des Hautes Études. Eu compreendia que se quisesse acabar com o domínio dos caciques na Sorbonne, onde ele era efetivamente todo-poderoso, pesado, opressor. Mas a École des Hautes Études era precisamente a solução alternativa, o lugar em que esse peso não existia, em que as relações eram simples e até mesmo amigáveis entre professores e alunos: éramos todos pessoas engajadas em projetos individuais ou comuns. Em suma, teria sido preciso que a universidade se parecesse um pouco mais com a École des Hautes Études!

E bem, não, lá também a contestação se alastrava, sob a forma de uma grande missa demagógica, conduzida por personagens que não tinham nenhum mérito científico nem profissional, mas que se colocavam na primeira fila, esperando obter alguns privilégios duráveis no meio do tumulto ambiente. Assembleias gerais – as AG, como se dizia – eram organizadas a qualquer hora do dia, e durante essas reuniões se exortavam os professores a fazerem sua autocrítica! E meu pobre Barthes, que não era realmente um cacique nem, por outro lado, um revolucionário, ficava extremamente desconfortável – menos diante desses discursos (afinal, ele tinha o hábito dos discursos) do que frente a esse impulso, essa irrupção violenta de vulgaridade. Uma vulgaridade galopante, que invadia tudo. Era preciso que ele parecesse escutar bem a sério esses discursos ineptos, aderir quando esses personagens insignificantes nos diziam que, em nome da revolução, Barthes, Greimas e nem sei quem mais deveriam se engajar em público para instaurar práticas mais "democráticas". Todavia, será que ainda podíamos falar em democracia, se ela consagrava o reino da ignorância sobre a competência, como o triunfo da manipulação e, portanto, da força sobre o direito?

Apesar disso, sugeriu-se que o espírito de Mitologias, *de Barthes,*[7] *havia parcialmente preparado o movimento de maio. Como ele podia então ser considerado um inimigo da causa?*

Mas esse não era o problema! Os oradores das AG na Hautes Études teriam sido incapazes de produzir uma crítica dos estudos de Barthes, ou mesmo do conteúdo de seus ensinamentos. Eles criticavam o estatuto do professor, punham em questão a própria existência do educador, em nome dos princípios igualitários da democracia. Aí reside a demagogia: a democracia bem estabelece um quadro jurídico global, que implica a igualdade de direitos de todos os cidadãos, mas não nos obriga, de forma nenhuma, a eliminar todas as relações hierárquicas dentro da sociedade, o que, além de tudo, seria impossível. As crianças não podem cuidar dos pais: relação hierárquica. A própria existência da escola repousa sobre essa desigualdade: uns sabem, outros não. Podemos discutir as modalidades dessa hierarquia, mas querer aboli-la é uma falsidade intelectual!

Durante o verão de 1968, alguns amigos, em particular Genette, me convidaram para participar da criação de uma nova universidade. Já falamos de Vincennes quanto ao conteúdo do ensino literário. Mas esse era apenas um pequeno aspecto dessa aventura. O outro aspecto, muito mais importante que o plano público, era a agitação política. O desejo de Edgar Faure, novo ministro da Educação Nacional, era, se compreendi bem, criar em Vincennes uma universidade segundo as demandas dos contestatários, que serviria ao mesmo tempo de laboratório

7 Barthes, *Mythologies*, op. cit.

para as novas práticas pedagógicas e de ponto de atração para os amotinados de maio, de forma que eles deixariam tranquilas as outras universidades e ali fariam sua crítica entre si.

Essa estratégia funcionou bem: a criação de Vincennes contribuiu para diminuir a agitação em outros lugares. Precisamente porque era um novo estabelecimento muito livre, concentrou os cabeças de diversos movimentos políticos que haviam se manifestado em maio. O conflito ficou deslocado: ele não se encontrava mais entre a sociedade burguesa e a revolução, mas entre comunistas e os demais esquerdistas. Em Vincennes, o PC havia tomado as rédeas institucionais e fornecia a maioria dos quadros e dos professores. Ao lado deles – ou talvez dentro, essas sutilezas me escapavam – encontravam-se os discípulos de Althusser, que defendiam propostas bem trabalhadas, bem estruturadas. Ainda ouço Étienne Balibar, Jacques Rancière e alguns outros, que animavam com maestria as inúmeras AG. Em que pesem suas habilidades, seus discursos me pareciam delirantes no plano político. Intelectualmente, a retórica funcionava à perfeição, mas, no fundo, não se tratava de nada além de uma propaganda em favor da sociedade totalitária – como se ela já não houvesse causado tantos estragos!

Por outro lado, havia os maoistas. Estes militavam principalmente pela destruição de toda essa máquina burguesa que era a universidade. Estavam lá para impedir que ela girasse, diferentemente dos camaradas comunistas, que queriam que a máquina funcionasse à sua maneira. O grupo dos maoistas era animado por André Glucksmann e Judith Miller, e também por Alain Badiou.

Que partido você tomava nessa agitação política?

Nenhum, diretamente, mas não me privava de dizer o que pensava quando os desvarios me pareciam grandes demais. Grupelhos de extrema direita, excitadíssimos com a existência dessa extrema esquerda em Vincennes, buscavam lá se introduzir para vigiá-la e desafiá-la. Certo dia, um dos líderes desses grupelhos, François Duprat, veio ao câmpus. Ele não era nenhum coroinha, e morreu alguns anos mais tarde em circunstâncias que nunca foram esclarecidas – seu carro, lotado de explosivos, explodiu. No decorrer de uma AG, foi identificado, "desmascarado" e punido: tiraram sua roupa, cobriram-no de *ketchup* e de mostarda e o enxotaram da faculdade debaixo de apupos e vaias triunfantes dos atores desse ritual, com Glucksmann e Judith à frente. Empalideci de raiva ao ver que, em nome de bons princípios, ou que se acreditavam tais, se podia humilhar um ser humano a esse ponto. Era, para mim, a demonstração gritante de que o fim não justifica os meios, e até mesmo de que, naquele caso, nada justificava o fim. Eu fiquei ainda mais afetado por conhecer bem aquelas pessoas. Tomadas por uma espécie de delírio coletivo, eram capazes, como na Rússia soviética – exceto por não terem os meios –, de massacrar em nome do bem (nesse caso preciso, somente humilhar). No entanto, a humilhação infligida a uma pessoa degrada também aquele que a pratica, e seu triunfo fere nossa ideia daquilo que constitui a identidade humana. Em tempos passados eu havia sido próximo de André, entre 1966 e 1967, quando ele escrevia sua tese com Aron, e frequentava o seminário de Barthes. Naquele dia, expressei diante dele minha indignação. Ele me objetou calmamente: "É um fascista". Ao que respondi: "Creio que são vocês os fascistas". Era um linchamento – claro que simbólico, mas assim mesmo um linchamento. Para mim, o fato de Duprat ser um militante de extrema direita não mudava em nada a natureza desse ato.

Depois desses acontecimentos, quis "fazer uma ação" – na época, faziam-se muitas "ações"! Escrevi um opúsculo para condenar esse tipo de humilhação, contrário à minha ideia de ética. Vários de meus colegas do Departamento de Francês, entre os quais Michel Butor, subscreveram-no. Nós o mimeografamos, como bons pequenos militantes, e depois o divulgamos na faculdade. Ele sofreu imediatamente um contra-ataque que fustigava o "humanismo beato" de Michel Butor (por ser muito mais conhecido que eu, foi particularmente tomado como alvo) que, escrevia-se, "tinha sido mais inspirado na época do *Noveau Roman*". Pela primeira vez, perguntei-me se o *Noveau Roman* não havia sido, de fato, anti-humanista. Mais tarde, coloquei a mesma questão a respeito do estruturalismo.

Em todo caso, foi a primeira vez que tratavam você – indiretamente – como "humanista beato". Esse era apenas o começo...

Na época, eu não procurava uma família espiritual e não me senti concernido por essa etiqueta de "humanista". Todavia, senti um alívio real quando, alguns anos mais tarde, o ideal dos direitos humanos substituiu o farol comunista. Mudança que não fora provocada, mas, em todo caso, fora marcada pela publicação, na França, do *Arquipélago Gulag*, de Soljenítsin,[8] livro que, por sua vez, promoveu o despertar de consciência

8 Soljenitsyne, *L'Archipel du Goulag*.

dos "novos filósofos", dentre os quais meu ex-amigo Glucksmann, sempre tão dinâmico. Seria interessante que um homem como ele escrevesse um dia um relato de suas metamorfoses, de Aron a Mao, e depois do maoismo a uma espécie de intervencionismo moralizante. Muitos antigos comunistas o fizeram, contando sua paixão inicial e seu mais ou menos moroso esclarecimento. Os outros esquerdistas o fizeram menos. Alguns de meus amigos atuais sabem contar, frequentemente de maneira engraçada, seus anos maoistas – mas apenas privadamente.

"Sua vida é lá"

E qual foi sua reação às suas prevenções antipolíticas? Foi Maio de 1968 ou a publicação de Soljenítsin?

Nem uma coisa nem outra. Ao contrário, Maio de 1968 me confirmou meu desgosto pelos engajamentos políticos. Mais uma vez, não falo da transformação dos modos: esta me alegrava e eu tirava proveito dela. Na universidade, as relações humanas haviam perdido seu lado cerimonioso e engomado, tornando-se mais simples e cordiais. Também no mundo privado era possível sentir em torno de si um pouco mais de franqueza: um antigo conformismo havia desmoronado, e o novo ainda não havia se instalado. A generalização da contracepção tornava as relações sexuais mais fáceis. Mas os projetos políticos que eram suscitados me pareciam ou muito assustadores (esses futuros chefes não teriam hesitado em abrir campos de adestramento destinados aos "inimigos do povo"), ou puramente demagógicos, simples máscara por trás da qual se escondiam ambições pessoais. A proliferação de discursos vazios é, de fato, uma das marcas dos regimes totalitários.

A publicação do livro de Soljenítsin não teve então um efeito libertador sobre você?

Percebi o eco do livro, fiquei feliz em constatar seu impacto, vi Soljenítsin num programa de televisão impressionante. Eu admirava nele essa superioridade, não de inteligência, mas de densidade, de qualidade humana. Ao lado dele, os jornalistas que o entrevistavam tinham um ar tão sem importância, suas construções intelectuais pareciam bolhas de sabão que estouravam em contato com aquilo que se percebia imediatamente como a verdade de uma experiência. Tive a mesma impressão mais tarde, a respeito de algumas pessoas de convicções bem diferentes, como a irmã Emmanuelle ou Germaine Tillion: o sentimento, tão raro, de uma adequação total entre as diferentes facetas de um ser.

Você talvez não acredite, mas na época essa admiração não bastou para me motivar a ler *O Arquipélago Gulag*! Como já disse, eu considerava que já havia dado muito de meu tempo para o comunismo; não esperava nenhuma revelação desse livro. Essa falta de interesse durou muito tempo, até o fim dos anos 1980.

Isto é, até a queda do comunismo! Enquanto o comunismo durasse você não se sentiria livre para pensá-lo?

Isso não é tão simples. Em primeiro lugar, eu não estava de fato livre, pois o resto de minha família continuava a viver na Bulgária. Haveria grande possibilidade de que, se me tornasse um militante anticomunista na França, meus pais sofressem as consequências. Eu tinha sempre este pensamento: não tenho o direito de complicar a vida de meus pais e a de meu irmão; seria inadmissível militar em Paris se eles precisassem pagar um preço alto em Sófia. Eu sentia uma espécie de engajamento pessoal em relação aos meus...

Entretanto, mais profundamente, é verdade – só me dei conta *a posteriori* – que em parte eu continuava a ser um sujeito de país comunista, um tanto surdo em relação ao mundo que me cercava. Foi preciso que o Muro caísse, que Jivkov fosse derrubado, para que eu, apesar de viver na França há 26 anos, me sentisse liberto. Em todo caso, o interesse profissional pelo assunto só me veio nessa época, e comecei então a refletir e a escrever sobre o mundo totalitário. Foi naqueles anos que pude conceber *Diante do extremo*, um estudo da vida moral nos campos de concentração, e foi pelas necessidades desse livro que eu, enfim, li *O Arquipélago Gulag*. Logo depois, preparei uma coletânea de documentos sobre os campos de concentração na Bulgária, intitulada *Au Nom du peuple* [Em nome do povo]. Meu último livro, *Memória do mal, tentação do bem*, retoma ainda longamente o tema.

Veja como às vezes é preciso tempo para que o interior recupere seu atraso sobre a existência, para que as circunstâncias, os encontros, os acontecimentos, transformem você profundamente. No meu caso, tudo aconteceu como se o totalitarismo devesse morrer no mundo para renascer em meu espírito na qualidade de objeto de conhecimento.

Você descreve aí um dos efeitos do totalitarismo sobre os indivíduos. Ora, isso se assemelha a uma experiência traumática: as vezes podemos falar de um traumatismo grave somente 25 anos mais tarde, quando um dos pais morre, ou quando um outro acontecimento ocorre e liberta o passado...

Acontece o mesmo para muitos antigos deportados que puderam falar livremente, não em seu retorno, mas somente trinta anos depois. Para responder enfim à sua questão sobre *O Arquipélago Gulag*, teria sido um acontecimento libertador? Historicamente, sim, sem dúvida: ele acompanha na França a mudança ideológica mais importante dos anos do pós-guerra. Contudo, para minha pequena biografia, não. Nesses mesmos anos ocorreram acontecimentos pessoais muito mais decisivos para mim: em 1973, tornei-me cidadão francês, e em 1974, tornei-me pai. Foi isso que me levou a entrar plenamente no mundo.

Como esses dois eventos em sua vida pessoal mudaram sua forma de ver o mundo? Para começar, como o jovem estudante búlgaro, chegando a Paris naquela manhã de abril de 1963, tornou-se, em primeiro lugar, um verdadeiro imigrante e depois um cidadão francês?

No início, eu só tinha um visto temporário, que precisava ser renovado anualmente e que dependia da duração de meu passaporte. Então, a cada vez era preciso ir à embaixada da Bulgária para obter uma prolongação do passaporte. Em abril de 1964, um ano depois de ter chegado, pedi apenas três meses, pois estava convencido de voltar para a Bulgária quando houvesse terminado o ano escolar.

Nesse momento, recebi uma carta de meu pai que, sem dúvida, foi a mais decisiva para meu destino. Ele me dizia, de forma cabal: "Sua vida é aí, você não deve voltar". Essas palavras devem ter lhe custado muito, dado que eu era muito próximo a ele – por minha profissão, bastante vizinha da dele, mas também simplesmente porque ficávamos muito bem juntos. Além disso, ele tinha então 63 anos: encorajar-me a ficar em Paris era um pouco renunciar a seu filho. Minha mãe aprovava sua iniciativa. Acho que foi um gesto de abnegação. Dado o conteúdo da carta, ele não a havia confiado ao correio, mas enviado em mãos por alguém.

Isso também significa que ele tinha uma aguda consciência de que a liberdade política é um bem inestimável...

Mais aguda que a minha. Ele devia pensar que aquilo que contava enormemente para mim, isto é, as amizades, podia ser recriado em outro lugar, enquanto a vida pública e profissional sob o regime búlgaro, na profissão que seria a minha (o ensino, a escritura, as pesquisas em torno da literatura), corria o risco de ser envenenada para todo o sempre. Nesse sentido, ele era mais lúcido que eu. Na época, para mim, a ordem das prioridades era inversa.

Foi difícil receber essa carta! Pensei muito sobre ela, e depois aceitei o conselho de meu pai, que me transformava de visitante em imigrante. Então, ao final dos três meses, em junho de 1964, em vez de voltar para Sófia, pedi um prolongamento de um ano, primeiramente para minha tia, de quem eu era um "bolsista", em seguida para a embaixada da Bulgária, e por fim para a prefeitura de Paris.

Minha tia concordou de imediato. Ao todo, ela me manteve durante três anos, o que, mesmo que fosse um suporte mínimo, era um enorme presente. Eu podia contar com seu cheque todos os meses e não tinha o receio de me ver na rua. Em seguida, a embaixada da Bulgária. Ali, foi muito mais penoso. Eles me deram uma lição de moral: por que eu queria permanecer por mais um ano aqui, sendo que meu lugar era lá? Devia fazer o povo búlgaro tirar proveito da educação que eu havia recebido... Eles tergiversaram longamente, mas sem me opor uma recusa: se houvessem feito isso, eu poderia me declarar refugiado. Ora, um búlgaro tépido valia mais que um refugiado vociferante! No fim, cederam. Muito tempo depois, fiquei sabendo que na embaixada um funcionário tinha por trabalho unicamente coletar informações sobre mim, e seguir-me por todos os lugares. É possível que eu tenha um espesso dossiê nos arquivos da Segurança do Estado búlgaro. Se desejasse, eu poderia consultá-lo. Um de meus amigos o fez, com o resultado que se imagina: lá encontrou cartas de denúncia escritas por seus amigos... Mas, para mim, isso está muito distante, é um passado já superado e que não me interessa.

Por fim, a terceira etapa era a prefeitura, uma fase desgastante, mas não perigosa. Nos órgãos administrativos, frequentemente se é confrontado com uma xenofobia generalizada, e uma espécie de desprezo por todos aqueles que estão do outro lado do guichê. O desprezo do baixo funcionário pelo indivíduo que depende dele.

Mesmo você, que não estava numa situação precária, ainda parece revoltado por essa violência burocrática.

Digamos que essas experiências me sensibilizaram para um certo sofrimento dos estrangeiros. Essas pequenas humilhações lhes são infligidas por pessoas que, na realidade, têm pouquíssimo poder, mas que, justamente, querem usufruir dele o quanto podem: sublinhar a distância entre elas e você, precisamente porque ela é curta; fazer você sentir que está à mercê delas lhes dá o sentimento de existir – uma experiência necessária a todos, da qual os mais frágeis pagam o preço. Os estrangeiros, que não têm nenhum direito, amiúde se veem reduzidos ao papel de lacaios. Longas esperas no frio ou sob a chuva, enquanto seria tão fácil prover um lugar de acolhimento coberto. Atropelos. Falas lacônicas, frequentemente incompreensíveis, ditas muitas vezes em tom de desprezo. Como reação, isso cria uma certa solidariedade entre os estrangeiros. Cada um sabe que será maltratado. É claro que isso nada tem a ver com as verdadeiras perseguições, mas esses fenômenos de grupo, essas atitudes de chefetes, a indiferença da administração, a humilhação gratuita infligida àqueles que não podem protestar, tudo isso pode se tornar muito mais grave! Nenhum povo está imune ao aumento das discriminações, à pulsão de excluir os outros, e esses pequenos gestos podem levar a um grande mal.

Estrangeiro, assimilado, despaisado

Fora desse aspecto administrativo, qual foi sua experiência de recém-chegado? Como foi para você ser estrangeiro? Você ainda é?

Sofri pouco por ser um estrangeiro: muitas vezes, cheguei até mesmo a tirar proveito disso. Fui submetido a algumas humilhações aqui, alguns olhares de viés de zeladoras xenófobas acolá, mas, enfim, eu era branco, europeu, poliglota, diplomado, então não sofri um décimo dos preconceitos racistas ou sociais que os franceses reservam para os estrangeiros... No meio intelectual, o fato de ser estrangeiro era até mesmo um algo a mais. Ele me dava um pequeno toque de exotismo, o que devia me tornar mais interessante. Aliás, André Glucksmann me provocava dizendo: "Você às vezes diz banalidades que, graças ao seu sotaque, parecem bem profundas". Em todo caso, isso me dava a liberdade de viver com leveza meu estatuto de estrangeiro na França. Mas devo dizer que, em relação a isso, passei por diversos estágios.

No início, queria me tornar tão francês quanto possível, o que era ao mesmo tempo uma necessidade existencial e um desafio intelectual. Há um grande número de estrangeiros que, num primeiro momento, vivem segundo esta exigência: querer parecer tanto quanto possível com os "nativos", dominar todos os códigos, ser como o outro para se sentir aceitos. Ao final de um ano na França, eu me orgulhava de ter experimentado todos os queijos, de saber distinguir de olhos fechados um Bordeaux de um Borgonha, e até mesmo de opinar sobre o ano e o tipo de uva... Queria conhecer bem a geografia da França e aproveitava cada ocasião para visitar todas as suas regiões. Queria aprender a história da França (dado que a política contemporânea continuava a não me interessar), além de dominar também a língua em todas as suas sutilezas (o que não creio ter conseguido).

Era, portanto, uma imersão, um mimetismo total. Devo dizer que minha integração foi efetivamente muito rápida. A partir de 1964, eu publicava artigos (ruins) em francês, em 1966 defendi uma tese com Barthes, no mesmo ano me casei pela primeira vez – claro que com uma mulher francesa; em 1967 fui admitido no CNRS, onde trabalho até hoje. Já havia publicado a tradução dos formalistas russos, dirigira o primeiro número da revista *Langages*, intitulado "Pesquisas semânticas", e meu primeiro livro, *Literatura e significação*, derivado de minha tese, foi publicado no mesmo ano. Meu documento de residente havia mudado de cor: agora era verde, e não mais laranja. Eu o renovava agora menos frequentemente. Já não sentia uma saudade particular pela Bulgária, mesmo que não tivesse dela uma imagem negativa. Eu deplorava seu regime político, mas logo me dei conta de que minha educação búlgara era correta, pois ficava amplamente no nível dos estudantes, franceses ou estrangeiros, que podia encontrar nos cursos de Barthes ou nas outras disciplinas. Meu complexo búlgaro de inferioridade tinha estancado. Mas a Bulgária não me interessava mais.

Sua naturalização confirmou seu desejo de ser um francês como os outros?

Ao contrário, foi esse último passo para a integração que, paradoxalmente, me permitiu renunciar a esse desejo. Eu queria intensamente ser naturalizado para marcar minha integração na sociedade francesa e, ao mesmo tempo, para poder viajar mais livremente para fora da França. Você não faz ideia das chacotas que um búlgaro tinha de enfrentar caso desejasse ir a Roma a partir de Paris!

Nessa ocasião, descobri a grande desconfiança da administração francesa em relação às pessoas advindas dos países do Leste – tão grande que quase impediu minha naturalização. Então, aqui também foi preciso ir falar com o ministro... Como havia feito para meu passaporte na Bulgária, primeiramente enviei todos os papéis, depois esperei, sem obter resposta. Apesar disso, eu preenchia todas as condições: duração da estadia, casamento com uma francesa, diploma obtido na França. Certo dia, recebi uma convocação e fui me apresentar. O homem que me recebeu perguntou-me se eu sabia por que havia sido convocado. Eu disse que não. "Você está aqui na DST,[9] na contraespionagem francesa". Então, ele me perguntou: "Em tal data, você esteve em Orly para receber um búlgaro. Quem era ele? Sobre o que falaram?". Dei-me conta de que não somente a embaixada da Bulgária, mas os serviços secretos franceses tinham espessos dossiês sobre mim... bem vazios, todos eles, de real conteúdo, dado que na época eu preferia de longe a poética à política! Então eram dois a me espionar, o sujeito da DST e o da embaixada. Espero que ao menos eles tenham tomado algumas taças de vinho juntos, do contrário deveriam se entediar terrivelmente. Quando eu me virava na rua para ver se estava sendo seguido, não era paranoica...

Cá entre nós, eu nunca teria sido espião pela Bulgária; sentia-me inteiramente leal ao país que me havia acolhido. Porém, o funcionário diante de mim não se interessava pela minha psicologia; agarrava-se às suas categorias geopolíticas.

Num certo momento, a conversa tomou um rumo inesperado e, para mim, decididamente fantástico: meu interlocutor começou a insinuar que eu havia fomentado as revoltas de Maio de 1968. Isso era muito cômico, levando-se em conta aquilo que eu pensava: a revolução não era a minha praia; além

---

9 DST: Diréction de la Surveillance du Territoire, órgão de informação ligado ao Ministério do Interior. Ele é encarregado da contraespionagem, da proteção do patrimônio industrial, científico e tecnológico, e da luta contra o terrorismo. (N. T.)

disso, eu passara o ano escolar de 1967-1968 nos Estados Unidos, dando aulas. Como poderia ter preparado um levante popular? Mas meu funcionário se prendia à sua ideia, e eis o porquê: acontece que, por ocasião de minha partida, em setembro de 1967, eu havia cedido o pequeno apartamento em que morava com minha primeira mulher para uma jovem, Bénédicte, que conhecera no seminário de Barthes. Na época, eu não sabia que Bénédicte morava com um rapaz que dava aulas de sociologia em Nanterre, e menos ainda que esse sociólogo iria se tornar, nove meses depois, um dos líderes do movimento de Maio de 1968!

Eis-me então acusado primeiramente de ter praticado espionagem em favor da Bulgária e, em seguida, de haver liderado um complô revolucionário! Para minha grande decepção, via minha naturalização se afastar à medida que falava com esse funcionário da DST – e tudo por causa desse alojamento que eu já desocupara, aliás, com tristeza, porque ao mesmo tempo me separava de minha esposa. Protestei com veemência, mas meu interlocutor era inflexível: "Todos negam", ele observou, plácido. Era um mecanismo infernal, mesmo que sua aposta não fosse uma questão de vida ou morte: meus gritos de indignação eram logo interpretados como "denegações" por esse homem habituado a desmascarar os inimigos; quanto mais eu falava, mais me prostrava. Eu me tornara a ilustração viva de um personagem que normalmente é encontrado nos livros: a vítima de um mal-entendido. Eu me chocara com o muro das certezas da administração. Saí desse prédio da DST muito deprimido.

O imbróglio se desfez, devo dizer, de um modo bastante "búlgaro". Compartilhei minha tristeza com Barthes, que conhecia na escola uma pessoa com "bons relacionamentos". Essa pessoa interveio, não sei como, e meu dossiê saiu desse impasse absurdo. Certo dia, para minha grande alegria, recebi uma carta que anunciava minha naturalização. Como na Bulgária, foi a intervenção pessoal, não a lei impessoal, que permitiu desobstruir a situação.

No caso, foi o que se chama de "pistolão"?

Sim! E penso com compaixão naqueles que não têm ninguém que lhe sirva de "pistolão". Decididamente, nem todos são iguais perante a lei... Tive a confirmação, num epílogo bastante burlesco, de que sem essa intervenção "amigável", meu dossiê teria sido destinado à lixeira. Algumas semanas depois de ter recebido a carta de naturalização, a campainha de minha porta soou. Vi dois rapazes de blusão e tênis. Um deles disse: "Trabalhamos na prefeitura e sabemos que você fez um pedido de naturalização. Ela corre o risco de não sair, mas, se você quiser, podemos lhe dar uma mãozinha". Eu, como um imbecil, respondi: "Mas já faz um mês que consegui minha naturalização!". Eles se entreolharam e se lançaram escada abaixo, antes que eu pudesse pedir seus nomes e endereços...

Eram baixos funcionários que queriam arredondar seus vencimentos. Nesse ponto, eu estava na Bulgária! Guardadas as proporções, é claro. Na França, duas instâncias são claramente distintas: de um lado, a lei, do outro, o indivíduo que a encarna num dado momento. A autoridade abstrata e os detentores do poder. Pode haver interferências nisso, todos o sabemos, mas, quando a gente as descobre, as interferências são denunciadas e eliminadas. Na França é concebível, como vimos várias vezes no decorrer dos últimos anos, condenar um antigo ministro por razões jurídicas, e não políticas. Isso não ocorre na Bulgária totalitária, em que autoridade e poder são inteiramente confundidos.

Foi assim que aconteceu. Desde então, sou francês. Para ser exato, desde 5 de junho de 1973, dez anos depois de minha chegada.

O que mudou para você, em sua identidade íntima, essa nova carta de identidade nacional?

Em primeiro lugar, ela regularizou minha relação com a Bulgária. É como um divórcio. Geralmente, quando o divórcio é pronunciado, a separação já é efetiva desde muito tempo, os sentimentos estão mortos, e então se acredita que seja uma pura formalidade. Ora, isso é falso: esse gesto permite fazer o luto da relação, porque o vivido pessoal recebe uma sentença legal. Pode-se até mesmo restabelecer relações serenas com o ex-cônjuge, em novas bases, nas quais não se recrimina mais a falta de amor. Foi um pouco o que aconteceu comigo em relação à Bulgária: doravante, eu a havia deixado perante a lei.

E em sua relação com a França, o que esse papel mudou? Você mencionou o efeito paradoxal de sua naturalização...

Sim. Uma vez que havia adquirido a nacionalidade francesa, e por já haverem decorrido dez anos desde minha chegada a Paris, eu me dei conta de que jamais seria exatamente um francês como os outros. Eu sempre teria, em relação à identidade nacional, uma distância que as pessoas nascidas e educadas na França não terão. Não, o que digo é um pouco presunçoso: não se trata de uma qualidade pessoal, mas de um fato. Digamos que essa distância me foi oferecida pelo meu percurso biográfico, enquanto as pessoas que jamais deixaram sua cultura de origem precisam empenhar um esforço individual para descobrir o elemento arbitrário de seus hábitos. Quanto a mim, de nada teriam adiantado os esforços de integração, a diferença não se apagará jamais. O signo dessa diferença é o sotaque que em mim permaneceu. No fundo, é assim mesmo. Ao mesmo tempo, essa integração, essa segurança de ser semelhante às pessoas no meio das quais eu vivia, permitiu que melhor me desse conta de minha nova identidade francesa, de não mais reagir somente como um ex-sujeito de um país totalitário.

Foi assim que você se tornou um "homem despaisado", segundo o título de uma de suas obras. O que significa exatamente essa expressão?

No início eu era um estrangeiro e em seguida aspirei a ser um assimilado; uma vez adquirida minha naturalização e completada minha integração, de fato me descobri como um "homem despaisado". Prefiro essa expressão a "desenraizado", que acho inapropriada – para dizer a verdade um *non sense*, pois o homem não é uma planta. Sua flexibilidade, sua capacidade de adaptação a meio ambientes diversos é mesmo o que o caracteriza dentro das outras espécies viventes. Em "despaisado", entendo ao mesmo tempo a partida do país de origem e o olhar novo, diferente, surpreso, que dirigimos ao país de acolhimento – um efeito, desta vez, exótico. E vivo essa condição como uma riqueza, não como um empobrecimento.

No final de A conquista da América, *você cita uma fórmula de Hugues de Saint-Victor: "O homem que acha sua pátria suave é apenas um terno debutante; aquele para quem cada solo é como o seu próprio já é forte; mas só é perfeito aquele para quem o mundo inteiro é como um país estrangeiro". Qualquer que tenha sido o sentido original, podemos tomá-lo hoje como o credo do apátrida e do nômade. Você se reconhece aí? Ser um "homem despaisado" é isso?*

Hugues de Saint-Victor, no século XII, evoca, é claro, um afastamento de qualquer vida terrena. De fato, gosto dessa fórmula e acho sobretudo significativo o meio pela qual ela chegou a mim: eu a li num texto de Edward Saïd, um palestino exilado em Nova York que, por sua vez, a havia encontrado num estudo de Erich Auerbach, filólogo alemão de origem judaica, que durante o nazismo se isolara em Istambul... Então, ela convinha bem ao búlgaro de Paris! Mas não a levo ao pé da letra: hoje em dia tenho uma pátria, é a França, e sou feliz por isso. A situação de apátrida só é desejável no plano abstrato, não no mundo administrativo real, em que ela é essencialmente fonte de incômodos, se não for de algo pior. Outra vítima das perseguições nazistas contra os judeus, Stefan Zweig, fala bem sobre isso em seu livro de memórias, *O mundo de ontem*;[10] ele apreciava sonhar que era um personagem cosmopolita, um in-

10 Zweig, *Le Monde d'hier*.

divíduo habitando simplesmente o planeta Terra, até o dia em que perdeu seu passaporte austríaco e descobriu o sofrimento dos verdadeiros apátridas.

Não é somente no plano administrativo que a indiferença à pátria é enganosa. As culturas são, por definição, particulares, locais, e adquirir uma cultura toma tempo. Na duração da vida humana, podemos adquirir uma segunda cultura, talvez uma terceira, mas não mais que isso. Também nesse sentido, a França não é mais para mim um país estrangeiro, e é melhor assim.

O encontro das culturas

Você começou a escrever em francês enquanto ainda não tinha um domínio perfeito da língua. Como você aprecia o francês atualmente? Você estabeleceu uma espécie de hierarquia pessoal entre as cinco línguas que pratica ou se sente linguisticamente "despaisado"?

Nos meus primeiros escritos em francês, pedia que um amigo ou amiga lesse e corrigisse. Mas a facilidade chegou depressa: eu vivia inteiramente nessa língua e a prática ajudava. Cometo pequenos erros aqui e ali – e conto com você para suprimi-los na transcrição! No presente, sou incapaz de escrever em búlgaro corretamente, ainda que continue a falar sem nenhuma dificuldade (mas com um vocabulário que começa a ficar datado – não conheço a maneira de os jovens se expressarem hoje em dia). Se publico alguma coisa em búlgaro, devo pedir que outra pessoa o traduza a partir do francês. Também me sinto à vontade em inglês, mas ainda aí fico no oral – lamentavelmente, pois gosto do estilo de certas publicações em inglês e teria prazer em escrever diretamente para elas. Então a hierarquia se instalou sozinha, por força das circunstâncias.

Não tenho certeza de "amar" a língua francesa. Tento me servir dela tão bem quanto possível, expressar meus pensamentos ou meus sentimentos com o máximo de clareza e precisão, mas isso permanece um instrumento para mim, não um objeto de afeição. Sem dúvida, é nisso que não sou verdadeiramente um escritor. Apesar de tudo, conheço de perto alguns escritores franceses que na origem falavam outra língua, o que mostra que eu não era perfeito para me tornar um deles.

Foi também nos livros que, como todo intelectual, você encontrou com o que alimentar sua experiência da integração em outra cultura?

Sem dúvida! Durante esse mesmo período (fim dos anos 1970), li muito e estudei Mikhail Bakhtin, que provavelmente me influenciou, e que decerto me ajudou a ir além do formalismo nos estudos literários. Ora, justamente Bakhtin introduziu uma categoria, uma palavra em russo um pouco difícil de traduzir, *vnenakhodimost'* (optei por "exotopia"), que ajuda a pensar o que chamo de *dépaysement*.[11] Ele fala disso, em particular, quando descreve o trabalho de interpretação. O intérprete é, por definição, exterior ao texto que analisa, mas, segundo a concepção clássica, deve se aproximar tanto quanto possível de seu autor, imergir em seu universo, confundir-se com ele. Bakhtin sugere que essa exterioridade do leitor é uma vantagem, e não uma deficiência. Isso não quer dizer que todas as interpretações são igualmente justas, nem que forçosamente cometam

11 Bakhtin, *Esthétique de la création verbale*.

mal-entendidos, mas que, estando consciente daquilo que sou, passo a dialogar com a obra que leio. Ora, no diálogo, sempre se assiste a uma confrontação das diferenças.

Na época, engajei-me na obra de Bakhtin e em seu pensamento, pois queria entendê-lo um pouco mais claramente. É um autor de biografia caótica, por razões ao mesmo tempo políticas e pessoais. Ele formava seus discípulos à maneira de Sócrates, pela palavra, mais que pela escritura; foram então os discípulos que publicaram as primeiras obras que expunham seu pensamento – como se ele se escondesse por trás de pseudônimos. Em seguida, ele foi condenado pelo poder soviético e deportado, então continuou a refletir, mas sempre sem publicar. Seus textos só aparecerão décadas mais tarde, ou mesmo depois de sua morte. Tudo isso torna o acesso ao seu pensamento muito difícil, um verdadeiro desafio para o intérprete. Deixei-me apanhar no jogo e não saí ileso. Eu esperava integrá-lo a mim, mas foi Bakhtin que me atraiu para si. Menos por sua maneira de ler os textos que pelo próprio fato de ser ao mesmo tempo um sutil analista da escrita literária e um pensador. Por outro lado, seu pensamento me permitia formular mais claramente o que até então sentia de uma forma um pouco confusa.

O que o atraía nesse pensamento?

Não foi apenas a ideia de uma "exotopia" positiva. Foi também sua insistência sobre nossa dimensão social irredutível. O homem como um ser em diálogo – o qual toma formas muito diversas, com interlocutores presentes ou ausentes, individuais ou coletivos, que concordam ou são dissonantes. O diálogo aparece como o lugar por excelência em que se desenrola o sentido, e também é regulado pelo ideal de verdade, sem que essa verdade jamais possa nele se instalar. Ela é mais o horizonte último do diálogo: para que possamos falar, entrar em acordo ou discordar, é preciso postular a possibilidade de verdade. Mas esse horizonte jamais poderá ser apropriado – é, aliás, próprio de todo horizonte ser inatingível. Esse estudo sobre Bakhtin me levou também para trabalhos de uma nova natureza.

Antes de examinar as consequências dessa "exotopia" em seu trabalho, falemos um pouco mais da vida cotidiana. Em que circunstância você se ressente dessa "despaisação" [dépaysement] de que fala?

Em todo tipo de circunstância. Vejamos o mundo profissional. Na França se impôs um modelo de excelência intelectual muito poderoso, que os jovens franceses são incitados a imitar. Penso no aluno brilhante que sai de uma grande escola, capaz de absorver muitas informações em pouco tempo e de regurgitá-las sob a forma de "dissertação": bela retórica, mas que frequentemente substitui (mal) a observação direta, a experiência autêntica, a reflexão original. Ou esse gosto pelas fórmulas contundentes, um tanto quanto paradoxais, que subsistem tão mal ao teste da tradução... Sem falar do culto dos jogos de palavras! Não digo que esses são defeitos a evitar absolutamente, mas são escolhas que nada têm de obrigatório. É uma deficiência inerente a toda educação: o professor ensina o aluno a ser como ele, e a reprodução nos espreita. Se o aluno não repetir sempre o mestre, é porque está confrontado a múltiplas influências, de fontes diversas, e então deve recompô-las à sua maneira. Na França (ou deveria dizer: em Paris), o grau de autossatisfação é excessivo: não nos damos conta de que assim mantemos um discurso muito convencional, ronronante, marcado pelo sinete do conformismo.

A marginalidade, a singularidade, por vezes é uma fragilidade; mas ela pode também se tornar um trunfo para escapar do estereótipo, para encontrar o contato com o mundo, para além das fórmulas convencionais.

Você acha que a cultura francesa é particularmente espreitada pelo perigo do conformismo?

Talvez um pouco mais que as outras. Por causa, creio eu, da forte centralização deste país e da herança, raramente reivindicada, da monarquia. Os moralistas do século XVII, por exemplo La Bruyère, o tinham notado bem: a Corte cria um modelo que o resto da sociedade se apressa em imitar. Montesquieu fazia um de seus personagens dizer, nas *Cartas persas*: "O príncipe imprime o caráter de seu espírito à corte, a corte à cidade, a cidade às províncias".[12] Essa necessidade de parecer "como se deve" é favorecida num país que tem um único centro, como a França; ele então sobreviveu à Revolução e atualmente toma a forma de uma imitação desse modelo de excelência.

Você tentou mudar esse estado de coisas?

Faço disso um dos temas de minha pesquisa. Mas também participei de uma experiência coletiva interessante, a da revista *Lettre Internationale*, criada em 1984 em Paris por um imigrante tcheco, Antonin Liehm. A revista era duplamente internacio-

---

12 Montesquieu, *Lettres persannes*.

nal. Por um lado, tinha colaboradores de origens muito diversas; por outro, fervilhou em vários países, dando a cada vez lugar a uma edição nacional, com um conteúdo que em parte era comum, em parte autônomo, como na Itália, na Espanha, na Alemanha, nos países do Leste. Aproximei-me da *Lettre* em 1986 e, durante cinco anos, mantive uma rubrica regular, uma "correspondência", comentando os livros ou os acontecimentos correntes; algumas dessas crônicas foram retomadas em *L'Homme dépaysé*. O projeto de Liehm dá testemunho de uma grande abertura, os textos que se encontravam traduzidos na *Lettre* eram de alto nível e, em geral, desconhecidos na França. Apesar disso, a revista precisou parar alguns anos depois.

Não foi por falta de qualidade das contribuições. Foi, antes, acredito, porque Liehm havia subestimado o egocentrismo da cultura francesa e, mais especificamente, parisiense. Um jornal que não falava da vida aqui e de agora não tinha nenhuma chance de se enraizar. Os parisienses não se comportam como os habitantes de Praga, que ficam felizes em saber o que se faz neste vasto mundo. Seria preciso que a seção internacional fosse contrabalanceada por uma forte seção francesa – que nunca aconteceu. Tirei disso uma lição: raros são aqueles que se reconhecem no puro internacionalismo e escapam da preferência nacional.

Para você, é necessário viver a experiência do exílio para adquirir essa "despaisação" do olhar?

Claro que não: pode-se conhecer essa "despaisação" seguindo outras vias completamente diferentes. Quando falo de singularidade, não penso apenas no estatuto de estrangeiro. Ela pode ser resultado de uma superação das barreiras sociais, ou apenas de um percurso individual que, por razões diversas, o leva para fora da norma. Montesquieu era perfeitamente francês. Mas ele se deu ao trabalho, por meio de leituras e de viagens, de se colocar na pele de um outro, de se ver a partir de fora, e assim escreveu este livro tão refrescante, as *Cartas persas*. Portanto, ganhamos com esse distanciamento, porque ele nos permite tomar mais facilmente consciência de nós mesmos. Ora, a tomada de consciência é justamente o que, no mundo vivente, põe nossa espécie à parte.

Eu mesmo não sou totalmente búlgaro, não sou completamente um francês como os outros, sou um híbrido. Todavia, essa mescla não é própria somente dos exilados: você mesma opera em sua pessoa ajustes entre uma parte provinciana e outra parisiense, entre tradições femininas e masculinas, entre o meio social de seus pais e o seu. Somos todos mestiços culturais; simplesmente, alguns casos são mais visíveis e mais expressivos que outros.

Tomar consciência dessa condição deixou traços em minha vida pessoal. Nesses mesmos anos de 1978 e 1979, encontrei a mulher que seria minha esposa e que continua a sê-lo, Nancy Huston, canadense de língua inglesa. Poucos pontos ligam Calgary a Sófia. No entanto, como eu, ela se instalou na França há muitos anos, escreve em francês, participa da vida pública na França. Ainda que nos anos precedentes aparentemente eu só pudesse me apaixonar por mulheres francesas, desta vez escolhi viver com uma pessoa como eu, ao mesmo tempo fora e dentro: uma mulher "despaisada".

Esse encontro contribuiu para modificar o curso de minha vida, mais que a naturalização e a paternidade. Vivemos em grande cumplicidade intelectual, e não somente afetiva; nós nos influenciamos mutuamente, de modo que por vezes tenho dificuldade em saber o que pertence apenas a mim. Ela certamente contribuiu para me descolar do mundo universitário, para me fazer assumir a continuidade entre vida e pensamento, e me permitir dizer "eu" em meus escritos. A despaisação, o cotidiano, o cuidado maternal, a exigência moral, são alguns dos temas que nossos livros têm em comum, mesmo que os tratemos de maneiras bem diferentes. Cada um de nós retira sua força dessa cumplicidade.

Para voltarmos aos efeitos da mestiçagem cultural, nós percebemos que boa parte de nossos amigos, de nossos conhecidos, tem um estatuto semelhante: o de estrangeiros instalados na França. Mas não se engane: não se trata jamais de uma escolha consciente em função desses critérios. A amizade, o amor, não se decidem na pessoa por razões genéricas: é "porque é ele, porque sou eu". Simplesmente constatamos, *a posteriori*, que essas afinidades invisíveis devem ter desempenhado algum papel.

Mais uma vez, outros ressentem essa distância e essa diferença por razões completamente diferentes da imigração; estas apenas lhe oferecem o fato como um presente.

Entrar integralmente[13] no mundo

Você fala, para explicar a "virada" dos anos 1973-1974, sobre outro acontecimento, ainda mais pessoal, e que não se espera figurar como determinante na biografia de um homem público: o fato de ter se tornado pai. Como essa criança mudou você?

13 Em francês, *de plain-pied*. (N. T.)

De várias maneiras. Por diversas razões, eu me senti fortemente tocado pela chegada dessa criança e queria viver plenamente essa experiência. Uma criancinha, a menos que se tampem os ouvidos e se fechem os olhos, obriga você a viver aqui e agora. A criança não se deixa reduzir a uma abstração, ela chora e ri para você, exigindo uma resposta. Ela também o força a aceitar a continuidade entre vida material e vida do espírito. Amá-la com todo o coração deve ser traduzido também em lavar seu traseiro, trocar as fraldas, preparar suas mamadeiras – nem muito quentes, nem muito frias.

Diante dessa intrusão brutal de preocupações e de novos gestos, tão diferentes daqueles a que eu estava acostumado, duas atitudes eram possíveis. Ou bem compartimentava solidamente minha pessoa e minha vida, e nesse caso o fato de ter me tornado francês, de ter me tornado pai, não teria nenhuma incidência sobre minha maneira de pensar e, portanto, sobre o conteúdo de meu trabalho, dado que se tratava de um trabalho do pensamento. Ou então eu buscaria estabelecer, se não uma coerência perfeita, pelo menos uma comunicação. Ora, a primeira opção me repugnava, pois se parecia muito com a atitude desses búlgaros que haviam erigido a hipocrisia, e portanto também a descontinuidade, como regra de vida: bons companheiros de copo à noite, conformistas submissos durante o dia. Optei pela busca de continuidade, e minha maneira de pensar se viu transformada.

Nesse aspecto, senti-me em ruptura não só com meus antigos compatriotas, mas também com bom número de intelectuais franceses. Não me refiro apenas aos bons burgueses de discurso revolucionário que encontrei ao chegar à França. Você, assim como eu, conhece todos esses filósofos e escritores para quem somente existem a vida do espírito, a pesquisa ou a criação, e gostariam de reduzir sua presença física neste mundo a um mínimo ou, em todo caso, gostariam de não tomar conhecimento dela em seu trabalho. Da vida material, eles só retêm o "corpo", ele próprio reduzido à sexualidade. Ora, eu não creio, para falar como Mallarmé, que "tudo no mundo existe para finalizar num livro"...[14] A troca amigável e amorosa, a vida material, me importam muito. Adoro trabalhar com as mãos, arrumar uma casa, cozinhar para meus próximos, caminhar na floresta, sentir o cheiro da terra e, sobretudo, não quero isolar essas experiências do trabalho do espírito. Meu pensamento não deve ignorar os prazeres de meus sentidos.

Você vai achar que tenho contas a acertar com Sartre, o que não é o caso, mas é ele que me vem à mente como contraexemplo. Você sabe, esse lado "moro num hotel, não tenho filhos, as preocupações cotidianas não existem" etc. Muitos intelectuais menos célebres que ele adotam essa atitude, por vezes sem se dar conta. Eu me separo deles, então, em dois pontos: em primeiro lugar, acho que deixam de viver experiências essenciais (como lamento por todos os jovens que não viram seus filhos crescerem porque precisavam terminar sua tese!); depois, creio que nenhuma parede estanque deva separar a reflexão desses aspectos da existência. Do contrário, corre-se o risco de produzir, no trabalho, uma imagem do mundo sem relação com o mundo em que se habita.

Então você aprendeu a habitar o mundo em sua realidade concreta. Isso teria podido fazer sua maneira de abordar o trabalho evoluir, sem modifi-

14 Mallarmé, "Le Livre, instrument spirituel", in: *Œuvres complètes.*

car o conteúdo. Ora, foi precisamente naqueles anos que sua paixão pela análise estrutural da narrativa minguou. Que ligação você estabelece entre essas mudanças privadas e a evolução de sua obra?

Antes desta dupla mudança – naturalização e paternidade –, eu flutuava num mundo abstrato e imaginário, o de meu trabalho, ou então deixava minhas diversas existências evoluírem paralelamente, sem nenhuma interação. Meus pés não tocavam verdadeiramente o chão. Sem me dar conta, continuava a ser condicionado por meu passado búlgaro. O mundo público, na Bulgária, era "inabitável", então eu agia como se ele não existisse. O mundo público na França não sofria dos mesmos defeitos, mas eu conservava a mesma atitude de evitamento. O conteúdo de meu trabalho mudou no dia em que passei a levar em consideração o mundo que existia em torno a mim. Eu poderia ter-me apercebido mais cedo, é claro! Tomei consciência de que a reprovação que dirigia (silenciosamente) aos camaradas militantes franceses ou à vida política em geral, essa maneira de se contentar com palavras, essa inadequação entre falas e atos, eu também a merecia de uma outra maneira, por causa da distância que havia deixado se instalar entre meu trabalho profissional e a pessoa que eu era na esfera privada. Desde então, desejava estabelecer uma continuidade entre minha identidade e minhas ideias, aproximar meus temas de estudo de minhas preocupações existenciais. O "eu" que iria empregar em meus escritos não devia permanecer puramente retórico.

Depois dessa guinada, meus livros tomaram outra direção: a aprendizagem estava terminada. Eu não sabia então que, assim como Wilhelm Meister, da obra de Goethe, também me estava engajando nos meus "anos de peregrinação", ainda mais longos que os "anos de aprendizagem".

Você fala dessa evolução como de uma decisão clara, praticamente de uma escolha ética, como se o dilema houvesse se apresentado de fato. Sua entrada integral no mundo não seria antes motivada por fatores meramente psicológicos que escapavam ao seu controle? Ser naturalizado como francês, tornar-se pai, são dois acontecimentos que o tiravam do provisório e o inscreviam numa duração, num espaço, numa história. Ou, mais simplesmente, você tinha então a idade na qual, em geral, como se diz, a gente "constrói a casa"...

É verdade que na época nada disso havia tocado minha consciência. Não se tratava de uma livre escolha, eu não podia agir de outra maneira. Também sou adepto da ideia de que, a partir de certa idade, vamos dizer 40 anos, sua identidade se estabiliza, você já operou algumas grandes escolhas sobre as quais não se volta mais atrás: esse é meu caso. É também uma característica de nossa espécie: saber transformar o provisório em permanente, o relativo em absoluto. Todavia, por outro lado, não se pode estabelecer uma fronteira muito clara entre voluntário e involuntário, consciente e inconsciente. As decisões, em casos semelhantes, são antes meio conscientes... As determinações exteriores não explicam tudo: nem todos os homens de 40 anos reagem da mesma forma, nem todos os pais, nem todos os cidadãos dos países em que habitam. As circunstâncias o influenciam, mas não decidem por você. Eu buscava satisfazer exigências que já estavam em mim, mas de onde elas provinham? Em todo caso, a partir desse momento, minha vida é pobre em acontecimentos exteriores, mesmo que esses interesses continuem a evoluir (continuo a "viajar").

Em suma, sua biografia acaba a partir do momento em que começa sua autobiografia? Você concordaria em dizer que podemos, desde então, ler seus livros como sendo autobiográficos? De que maneira você está presente neles?

Justamente não de maneira autobiográfica! De forma alguma era isso que me atraía. De fato, são nossas entrevistas atuais o que mais se aproxima de uma autobiografia, mas, no final da década de 1970, eu não estava de forma nenhuma pronto para isso. Sempre senti uma forte desconfiança das atitudes narcisistas, em que a pessoa se compraz em falar de si mesma e, *a fortiori*, a falar bem de si. Você sabe, como essas personagens midiáticas que se questionam na televisão, a quem se fazem elogios e que, em resposta, explicam com volubilidade por que são tão formidáveis! Enrubesço por elas, por cederem ao desejo infantil de ser bajuladas. Não obstante, mesmo quando ninguém se vangloria, introduzir a narrativa autobiográfica numa pesquisa pode ser muito irritante: o conhecimento de si não substitui o conhecimento do mundo.

O que você entende então com aproximar seus temas de estudo de sua existência? Ainda aqui, se compreendi corretamente, você preconiza um entre dois: dentro-fora, presente-ausente...

Como sempre, deve-se evitar os dois extremos: tanto a separação estanque quanto a invasão da reflexão pela pessoa do autor. Claro que a autobiografia é legítima em si mesma. Simplesmente, sua qualidade se mede pelos acontecimentos que ela relata e pelos dons do escritor. Nas ciências humanas, na história, na filosofia, a intervenção do autor pode tomar formas mais discretas. Ela continua a ser o motor secreto da pesquisa, a motivação que preside à própria escolha do objeto de estudo, assim como da perspectiva que se adota sobre ela.

Não se progride de fato no conhecimento do humano sem nele se implicar profundamente, com todo o seu ser. Do contrário, corre-se o risco de produzir, no melhor dos casos, uma variação sobre aquilo que já existe, adicionando novas informações, ou uma apresentação mais brilhante. Gosto de citar uma formulação de Simone Weil, à qual subscrevo: "A aquisição de conhecimentos permite a aproximação da verdade quando se trata do conhecimento daquilo de que se gosta, e em nenhum outro caso".[15] A diferença é aqui descrita como aquela entre conhecimento e verdade, sendo que a pesquisa da segunda exige esta implicação total: é preciso pagar com sua própria pessoa. O pensamento é um combate contra seus próprios hábitos mentais; sua transformação modifica a própria identidade de nosso ser.

Não necessariamente se vê o resultado disso. A implicação do sujeito naquilo que escreve pode permanecer quase invisível, mas nem por isso deixa de ser essencial. Pode se tratar simplesmente de pequenas aparições do autor no texto. Quando François Furet nos indica, numa frase em seu *Le Passé d'une illusion* [O passado de uma ilusão], que ele mesmo compartilhou da esperança comunista antes de renunciar a ela, isso nos ajuda a ler melhor o livro. Nos meus escritos das últimas duas décadas, minhas intervenções pessoais geralmente se limitam a

15 Weil, *L'Enracinement*.

um prefácio ou a algumas vinhetas distribuídas aqui e ali, que servem para lembrar o leitor de que ele está diante de um indivíduo que tenta refletir, e não em face de um saber impessoal, como na física ou na biologia.

V
A diversidade humana

A conquista da América – Pluralidade das culturas, unidade da moral – Nós e os outros – Uma cultura que não muda, morre

A conquista da América

Catherine Portevin – A conquista da América, *publicado em 1982, é o primeiro livro em que você abandona os estudos literários para se "ocupar do mundo". Por meio da história e das narrativas (de Cortés, de Colombo e dos astecas), você no fundo aborda o tema do estrangeiro, do encontro das culturas, a "questão do outro". Um tema que estava, como vimos, diretamente inspirado em sua experiência... Foi uma coincidência que você buscou ou isso só apareceu mais tarde?*

Tzvetan Todorov – Não foi fortuitamente que tomei por objeto a história da descoberta e da conquista da América, o mais espetacular encontro entre duas partes da humanidade. Todas essas narrativas me falavam também de mim. Foi dessa forma que entrou em meu campo de interesse minha própria identidade, a de um "homem despaisado", às voltas com o encontro das culturas e, ao mesmo tempo, sensível à unidade do gênero humano. Desse ponto de vista, a conquista do México se tornava uma alegoria sublime, escrita em letras maiúsculas, de minha minúscula história!

Sobre esse mesmo tema, você poderia ter escolhido uma outra história, um outro lugar. Como nasceu seu interesse pelas narrativas dos conquistadores e dos astecas?

Foram as circunstâncias que suscitaram o interesse. Fui ao México na primavera de 1978. Lá eu dava cursos sobre a história da crítica, sobre gêneros literários, sobre o simbolismo na linguagem: aquilo que eu sabia fazer. Por me encontrar no México, quis saber mais sobre essa cultura envolvente, de uma intensidade como só raramente se encontra. Foi então um pouco por acaso que me caiu nas mãos a narrativa de um conquistador espanhol, Bernal Díaz, homem do povo, simples soldado que, com uma arte da narrativa sem igual, e com a ajuda de inúmeras histórias engraçadas e perturbadoras, conta suas impressões extravagantes da conquista desse país.[1] Experimente imaginar os soldados espanhóis descobrindo esse reino exótico, repleto de ouro e de magnificência, e onde ao mesmo tempo se pratica o sacrifício humano...

Eu não podia largar essa história. Li então as cartas de Cortés a Carlos V,[2] igualmente fascinantes. Em seguida, uma pequena antologia sobre a "visão dos vencidos", que juntava

---

1 Del Castillo, *Histoire véridique de la conquête de la Nouvelle Espagne.*

2 Cortés, *Lettres à Charles Quint.*

testemunhos dos astecas colhidos na própria época pelos missionários. Pouco a pouco, um projeto germinou em meu espírito. A matéria era inteiramente nova para mim, mas o objeto – o encontro das culturas – me atraía de modo irresistível. Quanto à maneira de abordá-lo, eu podia me servir dos conceitos que se tornaram familiares para mim no decorrer dos anos anteriores.

Mergulhei então no estudo dos textos que descreviam o encontro entre espanhóis e ameríndios no fim do século XV e início do XVI. Pude fazê-lo graças à flexibilidade que me era oferecida pelo CNRS, e dediquei três anos a esse trabalho. Li muitos textos em tradução, em inglês, francês ou alemão, e aprendi também um pouco de espanhol para poder decifrar os escritos que nunca haviam sido traduzidos, ou para controlar a presença de certos termos. Voltei ao México e pude trabalhar na biblioteca do Colegio de México, onde encontrei todos os textos que faltavam em outros lugares.

Em que seus conhecimentos sobre a linguagem e o símbolo podiam ajudá-lo nisso?

A princípio, guardei uma perspectiva semiótica. Num primeiro momento, pensei até em usar como subtítulo "Semiótica do outro", mas meu editor na Seuil achava isso muito obscuro; escolhi então algo que correspondia bem ao conteúdo, "A questão do outro". A perspectiva semiótica permitiu que eu adentrasse o tema; ela era a razão pela qual não me sentia por demais estrangeiro ao campo. Em particular, foi a semiótica que me ajudou a melhor responder a uma velha questão, aquela que todo leitor faz espontaneamente sobre essa narrativa: como Cortés pôde vencer Montezuma, sendo que tinha duzentos homens a seu serviço, contra 20 mil diante dele? É claro que os espanhóis eram bons soldados, munidos de fuzis, mas na época não eram metralhadoras e atiravam uma vez a cada meia hora... Somente essa superioridade tecnológica não bastava para explicar a vitória. Foi aqui que a perspectiva semiótica me foi útil. De fato, pode-se dizer que a vitória de Cortés se deveu em grande parte ao fato de que ele se comunicava melhor. Antes de escrever meu livro, eu havia publicado um texto que continha o germe dessa hipótese, a que tinha dado o título de "Cortés e Montezuma: da comunicação".

O que você quer dizer com "comunicar melhor"? Vai no mesmo sentido que a função dos assessores de comunicação para os políticos?

Não fica muito longe disso, você verá. É preciso introduzir aqui uma distinção geral entre comunicar com os homens e comunicar com o mundo. Comunicar com o mundo é uma coisa bizarra, já que este não é um sujeito, mas constitui um conjunto de signos a serem interpretados. E uma sociedade pode cultivar e favorecer uma forma ou outra de comunicação. Minha hipótese era a de que Cortés havia ganhado a confrontação graças à sua extraordinária habilidade na comunicação com os homens.

Se nos interessarmos por esse tipo de feitos e de comportamentos – o que nem sempre foi o caso dos historiadores dessa questão –, perceberemos, por exemplo, que sua expedição começa por um gesto significativo e bem original: a busca de um intérprete. Seus soldados querem ir imediatamente roubar o ouro, uma mercadoria eminentemente desejável na época; eles haviam compreendido que se encontrava ouro naquelas paragens. Cortés os impede. Por outro lado, certo dia ele ouve os indígenas pronunciarem algumas palavras em espanhol e deduz que alguns compatriotas naufragados vivem entre eles. Envia então seus homens em busca deles: desta vez, ele está interessado. Sua intuição se mostra justa: alguns dias mais tarde, aparece diante dele um espanhol vestido como os indígenas, e ele se tornará seu primeiro intérprete. Mais tarde, Cortés terá uma amante nativa, Malinche, que fala várias línguas locais e que rapidamente aprenderá o espanhol. Esses intérpretes desempenharão um papel decisivo na conquista. A diferença entre Cortés e outros conquistadores é que ele não quer tomar, mas sim compreender. Ou melhor: primeiramente bem compreender para em seguida melhor tomar!

Graças à boa compreensão daquilo que vê em torno de si, Cortés descobre o ponto fraco daquele império pré-colombiano: as dissensões internas entre populações e o descontentamento local contra a hegemonia asteca. Explorará isso de maneira eficaz, dado que aprendeu não somente a decifrar bem as mensagens dos outros, mas também a lhes transmitir os sinais que deseja, isto é, determinados pelo efeito que pretende obter.

O ponto culminante dessa manipulação semiótica, dessa guerra de signos, é a utilização que Cortés faz do mito de Quetzalcoatl. Segundo as narrativas tradicionais, esse deus do panteão asteca deixou o país prometendo voltar um dia. Quando os astecas ficam sabendo do aparecimento dos espanhóis no litoral, eles se perguntam, num primeiro momento, se não se trata do retorno de Quetzalcoatl. Longe de dissuadi-los, Cortés faz de tudo para confortá-los nessa interpretação e dar assim uma legitimidade local às suas aspirações de poder.

Como situar historicamente a maneira que Cortés tinha de praticar a comunicação?

Primeiramente, Cortés é um filho espiritual de Maquiavel e absorveu a grande lição: a ação política se emancipou da tutela religiosa e moral, e não deve permanecer em conformidade com uma regra anterior, mas se adaptar às circunstâncias para garantir seu sucesso. Sua maneira de comunicar é a ilustração disso: ele aprende a interpretar os signos para poder manejá-los e atingir assim suas finalidades. A vitória de Cortés foi então a da comunicação eficaz, da capacidade de compreender o outro, o estrangeiro, para melhor conduzi-lo aonde ele quiser. Uma arte consumada, na qual se encontra algo de nossas estratégias de comunicação modernas! O que caracteriza a comunicação humana de Cortés é o fato de que ela é unicamente estratégica. A todo momento, ele prevê as reações de seu interlocutor para poder adotar um comportamento que o ajudará a atingir sua finalidade. Em suma, uma atitude perfeitamente pragmática e utilitária.

Ao mesmo tempo, Cortés ilustra outro traço do homem do Renascimento: é sensível às diferenças individuais, às mudanças, e sabe então reconhecer a passagem do tempo, o aparecimento do novo e a morte do antigo. Ele não está enclausurado numa concepção repetitiva, cíclica, da história. Assim, por sua vez, ele também sabe inovar, improvisar diante do inesperado. A cultura europeia contemporânea dele, da qual era portador, tinha por característica primeira a capacidade de se adaptar ao novo. Os homens do Renascimento inauguraram um mundo que não era mais necessariamente o da reprodução: a novidade tinha pleno direito.

Cortés é um personagem bem moderno. Ele prefigura ao mesmo tempo o etnólogo, o colonialista, o dirigente e o turista moderno...

Antes de tudo, ele encarna a nova figura do homem político, bom discípulo do *Príncipe* de Maquiavel, possuindo também um quadro racional para interpretar sua experiência. Ele sabe então pôr a seu serviço tanto o missionário quanto o etnógrafo, e não negligencia seu lado homem de negócios.

Em comparação com essa comunicação com os homens praticada por Cortés, o que caracteriza aquela de Montezuma?

Numa sociedade dominada pelo ritual, como a dos astecas, o gesto não é condicionado apenas pelo efeito a ser obtido: ele está presente porque a regra o faz assim. Por isso, ele contribui para a integração na ordem cósmica. Os astecas haviam estabelecido uma relação harmoniosa com a natureza, com os deuses e consigo próprios. Contudo, a chegada dos espanhóis, que foi uma novidade absoluta, perturbou profundamente os nativos, que levaram dez anos para interiorizar essa informação. Por não estarem habituados a pensar o novo, tentaram encontrar um lugar para Cortés em seu sistema, identificá-lo com algo já conhecido: era um Quetzalcoatl retornando, ou algum outro deus... No decorrer desses dez anos, os espanhóis conseguiram submetê-los completamente.

De certo modo, Cristóvão Colombo, tal como você o apresenta, se parece mais com Montezuma que com Cortés.

De fato, a força de Colombo não está na comunicação com os homens – aliás, sua carreira política não é brilhante. A meu ver, continua a ser um homem supersticioso, crédulo, ingênuo, que nunca compreendeu o verdadeiro sentido de sua descoberta. Também como Montezuma, não sabe perceber o novo e o diferente: ele não só acredita estar na Ásia, como também, quando não compreende a língua de seus interlocutores, duvida de que aquilo seja uma língua. Por outro lado, esse homem profundamente crente sabe interpretar bem os sinais da natureza. De qualquer modo, ele conseguiu efetuar quatro vezes a travessia do Atlântico e, portanto, decifrar os mapas e os elementos. Poderíamos dizer que Colombo e Montezuma, cada um à sua maneira, sabiam praticar a comunicação com o mundo muito melhor que a comunicação com os homens.

E nós somos mais herdeiros de Cortés que de Montezuma?

Cortés foi bem-sucedido, além de qualquer expectativa, e seu modelo se impôs para nós. Não obstante, a vitória da modernidade tem um preço: Cortés esmagou os astecas, mas perdemos, ao menos em parte, a aptidão de viver em harmonia com o mundo, com nossa sociedade, conosco mesmos. Introduzimos no âmago da comunicação com os homens o modelo instrumental, que reduz tudo ao esquema ator-ações-efeito. Começando pela escola, em que somente a capacidade instrumental, a *performance*, é valorizada. Também é testemunha disso a imensa importância do modelo econômico entre nós, dado que a economia funciona tipicamente nesse esquema. Como se o essencial de nossas ações fosse produzir um efeito! Apesar disso, três quartos dentre elas escapam a esse modelo. Se visito meu amigo, não é com vistas a uma finalidade exterior, do contrário não seria amizade. Vou visitá-lo porque tenho prazer em estar com ele. A finalidade está no próprio ato, não além. Tenho a impressão de que meus próprios interesses profissionais evoluíram em função desses dois modelos: hoje em dia eu me interesso menos pelas obras e mais pelos processos de sua criação.

Ora, no discurso dominante em nosso entorno, as atividades "gratuitas", como a amizade, justamente, não têm um lugar de fato. Como se saber escutar, preocupar-se com seus próximos, ser um bom amigo, não contasse nada. Essa dimensão da existência, por não ser nomeada, permanece como ponto cego de nossa vida em sociedade. É claro que isso não impede cada um de nós de viver belas amizades, mas essas atividades estão ausentes de nossas representações comuns e, portanto, do discurso público.

Pluralidade das culturas, unidade da moral

O tema da comunicação não esgota suas pesquisas em A conquista da América. *Malinche, de quem acabamos de falar, não é apenas a intérprete de Cortés. É também, significativamente, uma asteca vendida como escrava para os maias e que, talvez em parte por vingança contra os seus, desposa a cultura espanhola... Você concordaria que Malinche é a personagem principal de "sua"* Conquista da América, *e talvez aquela em quem você mais se reconhece?*

O tema da mestiçagem cultural era novo para mim, e desta vez estava ligado à minha própria identidade. Quis tratá-lo por meio de uma galeria de retratos. É preciso dizer que na história da conquista do México encontramos personagens completamente extraordinários.

Malinche é então uma indígena que se aproxima dos espanhóis. Quando os mexicanos rejeitaram a tutela espanhola e o México se tornou independente, no século XIX, buscaram marginalizar a imagem dos conquistadores e estigmatizar ou recalcar a lembrança desses traidores da pátria que haviam facilitado a submissão dos astecas, tornando possível a comunicação entre as duas culturas. No México, valorizou-se em especial Cuauhtémoc, o sucessor de Montezuma, que lutou bravamente até a derrota final, ao contrário de seu antecessor, que permaneceu hesitante. Quanto a Malinche, preferiu-se manter silêncio sobre ela. Ora, para mim, Malinche era, se não a personagem principal (o livro não tem realmente uma), pelo menos uma de suas figuras mais atraentes. Além disso, ela está presente na capa de meu livro, numa gravura tirada de um manuscrito mexicano do século XVI, o *Lienzo de Tlascala*, em que ela é vista reinando entre Cortés e Montezuma: também para os indígenas da época, ela desempenhava um papel central. Escrevi esse livro com o sentimento de "reabilitar" Malinche. Devo acrescentar que Octavio Paz, em *O labirinto da solidão*,[3] dedicou um capítulo a ela. Ele já via nela não a traidora, a malvada da história, mas simplesmente a encarnação do que iria se tornar o povo mexicano: um povo sincrético, híbrido – como todos nós, mas de maneira mais visível.

Por outro lado, nessa época se veem no México numerosos espanhóis que, de maneira simétrica, se aproximaram das po-

---

3 Paz, *Le Labyrinthe de la solitude*.

pulações locais: alguns, em seus modos de viver, como os náufragos Gonzalo Guerrero ou Cabeza de Vaca; outros, em seu trabalho de conhecimento, como os monges Bernardino de Sahagun e Diego Durán. Diversas modalidades da mestiçagem cultural serão ilustradas com eloquência a partir das primeiras décadas que se seguiram à conquista do México.

Alguns anos depois, pude pagar uma parte de minha dívida para com esses textos que tanto me ensinaram: com Georges Baudot, o melhor especialista francês da cultura nahuatl (dos astecas), publiquei uma coletânea das "narrativas astecas da conquista". Esses textos, escritos tanto em espanhol como em nahuatl, nos oferecem uma visão única na história: os europeus vistos de fora por aqueles que nem sequer haviam suspeitado de sua existência. É um livro apaixonante, ilustrado com desenhos da época.

Por fim, encontramos na Conquista da América *um terceiro tema, o dos julgamentos éticos. Neste livro, ele aparece pela primeira vez – e não será a última!*

É principalmente por isso que esse livro representou uma virada para mim. Na *Conquista*, abordei as questões éticas em particular por meio do personagem de Las Casas, esse dominicano generoso e corajoso que se tornou célebre na defesa dos indígenas. Nem por isso a posição de Las Casas deixa de ser ambígua. Ele defende os indígenas contra os espanhóis porque os primeiros correspondem melhor que os segundos ao ideal cristão. A ideia de deixá-los de lado na cristandade não lhe passa pelo espírito. Ele demanda não sua autonomia, mas sua maior integração no império espanhol. Insisto sobre sua posição, pois ela me parece ilustrar bem a natureza geral das escolhas éticas: não se opta pelo negro ou pelo branco; os gestos mais bem-intencionados têm sua contrapartida negativa. É claro que Las Casas tinha razão de protestar com veemência contra as crueldades da conquista, mas seus protestos negligenciavam a própria identidade dos indígenas, o que é outra forma de violência. É verdade que, no final de sua vida, sua posição evolui para um reconhecimento maior da independência de cada tradição.

Quando da confrontação entre duas culturas, dois povos, não se pode enfatizar a igualdade de seus direitos e de sua dignidade, ou ainda as diferenças que os separam. A primeira categoria é ética e jurídica, e descreve aquilo que deve ser; a segunda é antropológica e histórica, e se refere àquilo que é. Mas nenhuma dessas duas posições é simples, o princípio de igualdade implica sub-repticiamente uma hipótese antropológica, a da identidade que, por sua vez, se traduz com frequência por uma política de assimilação. É um pouco a história da colonização francesa, feita em nome do ideal das Luzes. Condorcet, precursor na matéria, dizia: todos os homens têm os mesmos direitos, inclusive o de serem civilizados; ora, os franceses e os ingleses são os povos mais civilizados da Terra, então têm o direito, e mesmo o dever, de levar a civilização aos selvagens (um dever de ingerência). Se estes resistem, e persistem em sua ignorância, é preciso aprimorá-los pela força. "As populações europeias, ele escrevia, devem civilizar ou fazer desaparecer as nações selvagens".[4]

---

4 Condorcet, *Esquisse d'un tableau historique des progrès de l'esprit humain.*

A segunda atitude também não deixa de encontrar obstáculos: o interesse científico pela descrição das diferenças corre o risco de nos fazer esquecer nosso pertencimento comum à mesma espécie. Ora, toda população se toma como norma de comportamento social; o julgamento de valor, por sua vez, introduz-se então aqui e a diferença acaba por ser interpretada em termos de hierarquia, de superioridade e de inferioridade. É o perigo que ameaça todas as ideologias diferencialistas,[5] sejam de esquerda ou de direita: se as diferenças não são percebidas dentro de um quadro igualitário, o *apartheid* e a xenofobia se perfilam ao final do caminho. No fundo, o mesmo ocorre com a diferença entre os sexos.

Mas não é na filosofia que você trata as questões éticas. Faz isso antes como historiador, ainda que de um gênero um pouco particular...

Que profissão eu deveria colocar em meu cartão de visitas: historiador, antropólogo, filósofo? Prefiro não escolher. Não me reconheço na filosofia pura, não domino bem essa postura, não fico à vontade no discurso inteiramente abstrato. A antropologia filosófica me convém melhor, mas ela não existe como disciplina autônoma. Historiador, talvez, com a condição de in-

5 O *diferencialismo* considera que há uma diferença essencial, de natureza, entre grupos caracterizados por seu sexo, raça, etnia, espécie, cultura, gênero etc. Esse pressuposto leva a indicar um tratamento dos seres humanos prioritariamente em função de seu pertencimento a um grupo, e não por causa de suas características individuais. Vide Pierre Tevanian, *La Mécanique raciste*, Paris, La Découverte, 2008. (N. T.)

cluir no objeto da história a vida moral, a vida estética. Em certa época, eu dizia que queria buscar o "sentido moral" da história.

Mas essa leitura moral é também o que dá lugar à catequese!

A catequese é a doutrina reduzida a preceitos, a fórmulas que a gente retém. O "sentido moral" é outra coisa, provém de uma antiga doutrina exegética, que encontra sua origem em Santo Agostinho e que, em seguida, foi codificada no decorrer da Idade Média. Durante séculos, a Bíblia foi o único livro que se interpretava, então foi em torno dela que se constituiu uma doutrina da interpretação. Segundo essa doutrina, o texto bíblico possuía sempre quatro sentidos, um literal e três sentidos transpostos, a saber, o anagógico, concernindo aos fins últimos, o Julgamento Final, a vida eterna; o tipológico, ligado à relação entre Antigo e Novo Testamentos; e, por fim, o moral. Tratava-se então de compreender o que significava a mensagem bíblica em relação ao presente, à vida corrente, aos costumes dos crentes. Interpretar segundo o "sentido moral" é escolher um quadro de interpretação, e não formular interdições ou recomendações.

Você apresenta algumas de suas obras como "narrativas exemplares". Isso significa dizer narrativas edificantes?

Trata-se de uma maneira de escrever a história. Em primeiro lugar, os acontecimentos devem ser reconstituídos tão precisamente quanto possível (é a exigência da verdade factual, verdade de adequação). Em seguida, são questionados segundo seu "senso moral", como se dizia havia pouco, portanto, sem perder de vista o uso que o leitor desse texto poderá fazer em sua própria existência.

Essa forma me convém por várias razões. De fato, a narrativa, diferentemente da análise abstrata, é acessível a um público de não especialistas; além disso, ela propõe, e não impõe, deixando uma liberdade maior para o leitor. A história contada permanece no espírito do leitor, que em seguida pode voltar a ela à sua maneira; ela não se dirige somente à sua consciência viva, também age por intermédio de sua memória. Talvez o único meio de nos fazer viver uma experiência que não a nossa seja a narrativa – esse é seu grande poder. Podemos nos projetar nos personagens, reais ou imaginários, e sair transfigurados. Hannah Arendt dizia: "Nenhuma filosofia, nenhuma análise, nenhum aforismo, por mais profundo que seja, pode se comparar em intensidade e em plenitude com uma história bem contada".[6] Desse ponto de vista, parece-me, a narrativa histórica possui a mesma potência que o romance.

Acrescento "exemplar" para dizer que não me atenho somente à reconstituição dos acontecimentos: lembro o leitor de que o passado pode lhe ensinar alguma coisa sobre o presente. Lembrar, mas sem dar lição, levantar questões, mas sem engessar as respostas, o que por vezes é uma fronteira difícil de ser traçada com precisão.

Nós e os outros

A conquista da América *e, sete anos depois,* Nós e os outros *são obras ao mesmo tempo próximas e muito diferentes. Próximas pelo tema,*

6 Arendt, *Vies politiques.*

como mostram os subtítulos: "A questão do outro", "A diversidade humana"; diferentes pela matéria e também pela maneira de tratá-la.

As narrativas que fiz reviver na *Conquista da América* me agradavam (e ainda continuam a me agradar) porque desempenham bem seu papel de incitação à reflexão. Os personagens que habitam essas histórias continuam comigo. Entretanto, tinha o sentimento de que minha análise conceitual não estava bem afiada, que eu deveria ir mais longe. O meio que me pareceu mais apropriado foi me confrontar com a história do pensamento concernente a essa questão – de me aproveitar, de certo modo, do trabalho de meus predecessores. Isso me levou a me engajar numa "história dialógica do pensamento", meu segundo gênero favorito. *Nós e os outros* foi escrito dentro desse espírito, assim como *Crítica da crítica*, *As morais da história*, *O jardim imperfeito* e meus estudos sobre La Rochefoucauld, Rousseau, Goethe e Benjamin Constant.

Se qualifico essa história do pensamento como "dialógica" – um adjetivo herdado, como será fácil perceber, de Bakhtin –, é porque queria distingui-la de uma história submetida ao autor que se estuda, ou ao comentarista, que ignora então sua "exotopia" e tenta se tornar tão invisível quanto possível. Não se trata de falar sobre sua própria pessoa em vez de falar sobre Rousseau, mas de estabelecer um diálogo com ele, o que implica não se apagar inteiramente, condição necessária para que seu estudo seja uma pesquisa não somente de sentido, mas de verdade. É evidente que esse diálogo é assimétrico, dado que habitualmente o autor já morreu e não pode contradizê-lo! Mas pode-se ao menos ir bem longe nessa direção, permanecendo tão leal quanto possível ao autor, evitando impor-lhe as nossas próprias ideias.

Você diz "história do pensamento", e não "ideias". Qual é a nuança?

Prefiro falar de história do "pensamento" porque as "ideias" são desencarnadas, deslizam de um autor a outro, enquanto o "pensamento" remete sempre a um sujeito, uma pessoa com biografia, um corpo, um conjunto de interesses. Talvez essa seja uma das razões de minha afinidade com o estilo dos pensadores franceses. Não fico à vontade na filosofia universitária, na metafísica de estilo alemão, em que frequentemente se lida com "ideias" puras. Li bastante Kant, central na tradição que me interessa, e alguns outros, mas jamais poderia sentir esses autores como próximos, contrariamente aos franceses, que além de tudo se hesita em qualificar como "filósofos": pense em Montaigne, Pascal, La Rochefoucauld, Rousseau, Diderot, Constant... Além das etiquetas, é o pensamento que me atrai, e ele de longe transborda a tradição filosófica: também o encontramos entre os escritores, os cientistas, os políticos, os memorialistas...

Para *Nós e os outros*, teve então prosseguimento meu pendor que, já de partida, fez com que me limitasse aos autores franceses. Além disso, era uma forma de fazer avançar minha integração na cultura francesa, de conhecer melhor as tradições do país que me acolhera. Em suma, eu pagava uma dívida que havia contraído pela minha naturalização!

Candidamente, comecei a ler ou reler os "autores do programa", que haviam pensado essa questão da diversidade humana confrontada à universalidade: como "nós" se define quando se situa em relação aos "outros". Eu conduzia então um seminário na École Normale da rua d'Ulm e lemos, em ordem cronológica, todos os autores influentes de língua francesa, de Montaigne a Barrès e Lévi-Strauss... No fim de alguns anos, a problemática se pormenorizou e decidi não mais seguir a cronologia, organizando meu livro em torno de algumas grandes questões sobre as quais todos esses autores dialogaram ao longo dos séculos: o relativismo, as raças, a nação, o exotismo. Montesquieu é uma exceção a essa ordem – eu lhe dedico o capítulo de conclusão – porque ele me pareceu ser o pensador mais convincente de todo esse conjunto de temas. Também me senti muito ajudado, nessa ocasião, pela lucidez de Rousseau. Esses dois autores respondiam aos outros pensadores, anteriores ou posteriores, num diálogo imaginário ao qual por vezes eu ousava mesclar minha voz.

Você acredita que a leitura dos pensadores do passado pode verdadeiramente nos esclarecer sobre temas como os nacionalismos, a mestiçagem das culturas, o cosmopolitismo, a imigração, cuja apreensão atual depende tanto dos contextos sociais e políticos quanto de uma questão de conceitos?

Racismo, nacionalismo, são também práticas atuais, perigos que nos ameaçam em nossos dias – e é bem por isso que busco analisá-los. Não acho que se deva escolher entre conceito e contexto, entre abstrato e concreto: ambos são necessários se quisermos compreender os fatos sociais. Não fiz enquetes sociológicas, apenas trago minha contribuição no campo em que tenho alguma competência.

Essas paixões coletivas reapareceram recentemente, enquanto no século XX, na Europa, dominavam os movimentos ideológicos que finalizaram em regimes totalitários: o comunismo e o fascismo. O próprio racismo nazista era mais ideológico que "físico": os judeus não se distinguiam dos "arianos", e era bem por isso que era preciso lhes colar a estrela amarela. Esses movimentos tomavam a vez das antigas religiões: os homens se reconheciam num programa político, nos princípios morais, nas regras de vida social. Nacionalismo e racismo confirmam a necessidade de pertencimento coletivo, mas sob uma forma muito mais pobre: eles reagrupam aqueles que se parecem fisicamente conosco, aqueles que são como nós no plano linguístico ou administrativo, por oposição aos outros. Eu me pergunto se a nova situação é de fato preferível à antiga, aquela em que reinavam as paixões ideológicas.

Mas a nação é sempre "má"?

É claro que não! Em primeiro lugar, a nação tem um sentido "republicano", que a opõe não às outras nações, mas aos outros meios de legitimar uma política. Quando, durante a Revolução Francesa, se gritava "Viva a nação! ", era para preferir a escolha do povo à do rei ou à da tradição. Contudo, mesmo quando ela designa aquilo por meio do qual se distinguem os nacionais dos estrangeiros, a nação permanece completamente justificada. Ela está na base de uma solidariedade coletiva, como nos sistemas de seguridade social ou de aposentadoria, que desmoronariam se não fossem limitados aos residentes do país. Na Europa atual, todo governo privilegia seus cidadãos em detrimento daqueles que não o são. Enfim, a nação consolida nossa identidade coletiva, nossa cultura particular, e todos temos necessidade de ter pelo menos uma.

Ainda falta estabelecer critérios da nacionalidade. É claro que é no código que a define, e não em seu conceito, que a nação constitui um problema. Você diz "residentes", mas isso não é tão simples: muitos códigos da nacionalidade são mais restritivos, levando em conta critérios de sangue ou de religião...

Na ótica democrática, o Estado repousa sobre a vontade dos indivíduos, e não sobre a sua natureza. O francês, atualmente, não é definido nem pelo sangue, nem pela cor da pele, nem pela religião; é definido pela nacionalidade de seus pais, pelo solo sobre o qual nasceu e, no caso da naturalização, por sua escolha deliberada. O residente, mesmo estrangeiro, deveria compartilhar da vida local que desfruta, participar das eleições municipais. Ele não deseja a naturalização? Permanece, então, estrangeiro à vida política na escala nacional. Os problemas legais da nação não me parecem intransponíveis.

Então por que há um perigo nacionalista? Em outros termos, o que a referência à nação passa a ser quando ela é afirmada por um partido de extrema direita, como o Front National?

Primeiramente, os nacionalistas de extrema direita fingem não distinguir entre afeição privada e justiça pública. É perfeitamente legítimo amar e preferir seus próximos, mas somente os negócios públicos se regulam sobre a base da equidade, e não da simpatia. Amo mais os meus filhos do que os do vizinho, mas quando estes vêm à minha casa eu dou a todos uma parte igual do bolo. A política de discriminação praticada pelas prefeituras dirigidas pelo Front National é inadmissível, porque os estrangeiros em questão são tributados como os cidadãos franceses, pagam suas cotizações e deveriam, então, ter acesso a todos os direitos sociais, sem exceção: escola, moradia, cuidados médicos.

Esses nacionalistas de fato são apenas demagogos que buscam um bode expiatório. Todos os seus problemas, essencialmente, do desemprego à falta de segurança, ou mesmo da poluição ao aquecimento do planeta, são devidos a uma única causa: os imigrantes! O que é, ao mesmo tempo, falso e pernicioso.

A demagogia é a primeira característica dos movimentos de extrema direita hoje em dia. Ela geralmente consiste em identificar algumas feridas que são unanimidade – a insegurança, o desemprego, a corrupção – e propor remédios de aparência simples, que na realidade são ao mesmo tempo inaplicáveis e ineficazes. Expulsar todos os estrangeiros da França e fechar as fronteiras é a princípio impossível; se isso pudesse ser feito, o resultado seria catastrófico, tanto para a economia quanto para a cultura, tanto para a demografia quanto para a "grandeza da França" – para não dizer nada da moral.

Pode-se então defender a nação e criticar o nacionalismo. Por isso, adoto em meu livro uma posição crítica para com os nacionalistas que, apesar de tudo, têm a reputação de boa companhia, como Michelet ou Péguy. Por outro lado, não se deve demandar à nação aquilo que ela não pode dar. Ela deveria orientar a política, mas permanece muda diante da moral. Ela também não basta para fundamentar a justiça.

Há alguma coisa a ser defendida na ideia de raça?

A ideia de raça não é chocante em si mesma, e de todo modo ela diz respeito ao conhecimento, e não à moral ou à política.

Os biólogos contemporâneos estabelecem subdivisões na espécie humana, segundo a repartição de nossas características físicas. Note também que nos Estados Unidos as raças têm uma existência legal, dado que se reserva aos advindos de cada uma delas certa proporção de lugares nas administrações ou na universidade. Em contrapartida, o que os biólogos nunca conseguiram estabelecer é uma correlação estável entre essas características físicas e as capacidades mentais. Entretanto, supondo que a conexão seja confirmada, não haveria aí nenhum racismo, somente a constatação de um fato. O racismo começa a partir do momento em que, com base nas diferenças existentes, se estabelece certa política ou se adotam comportamentos moralmente marcados: submetem-se, maltratam-se, massacram-se as raças "inferiores". Ora, para nós a igualdade não é um fato, mas um valor: queremos que, quaisquer que sejam suas características, todos os indivíduos tenham os mesmos direitos dentro de um país.

Nenhuma descoberta na ordem do conhecimento pode abalar esse ideal. Não é porque a biologia provou que todas as raças são iguais que se deveria ser antirracista. Se houvesse sido esse o acontecimento, o caso contrário poderia se apresentar assim: imaginemos que amanhã os biólogos descubram que, afinal, as raças são efetivamente "desiguais"; muito bem, recolocaríamos os negros na escravidão? Veja a desigualdade dos sexos: como em todos os mamíferos, os machos humanos são, em média, fisicamente mais fortes que as fêmeas, mas isso de forma alguma justifica o domínio masculino – mesmo que ele tenha sido exercido durante séculos! O dever-ser não decorre do ser. A igualdade – em direitos e em dignidade – de todos os seres humanos é nosso ideal, porque podemos argumentar racionalmente que esse ideal é superior a qualquer outro, e não porque os homens são mesmo iguais.

No entanto, é preciso reconhecer que os homens – nossos concidadãos não constituem exceção – reagem geralmente às diferenças físicas visíveis, sem procurar saber se isso corresponde a uma categoria biológica ou não. Esse é um fato que não se deve ignorar sob o pretexto de que é "politicamente incorreto".

Nesse caso, seria vão – e talvez contraprodutivo? – valorizar as diferenças para defender esse ideal de igualdade?

Somente a defesa da universalidade permite respeitar as diferenças. Sem ela, nossos particularismos podem se tornar mortíferos. Apenas a lei que limita uns e outros permite afirmar nossa singularidade, sem que esta se torne uma razão de agressão. Defendamos então, em primeiro lugar, a igualdade dos direitos, o que inclui o direito de permanecer igual a si mesmo.

Hoje em dia ninguém invoca claramente o racismo, nem mesmo o nacionalismo, e apesar disso não faltam os comportamentos que os indicam. Longe disso. Se o combate antirracista tem atualidade e validade, quais são elas?

A via da compreensão é interditada, começando pela estigmatização moral. Não se explica nada dizendo para si mesmos: "Os franceses são racistas" (como dizem às vezes nas pesquisas). As reações de tensão e de exclusão que se observam aqui e ali não se explicam por uma enfermidade ou por uma maldade inata, mas por haver superposição dos grupos físicos ou grupos culturais, por um lado, e das práticas sociais, por outro. Se "africanos" esbarram em você três vezes em seguida no trem de subúrbio, você conclui apressadamente: "São todos uns brutos!". A resposta racial tende a esconder uma questão social, que não se tem o direito de afastar com um abanar de mãos.

O mesmo ocorre com o tema nacional e a imigração. Na condição pessoal de imigrante, estou mal colocado para permanecer imparcial. Apesar disso, penso que a desculturação[7] pode ser uma verdadeira deficiência e, além disso, fonte de condutas agressivas. A desculturação é a perda de uma primeira tradição porque seus pais não lhe transmitiram, sem haver a aquisição de uma segunda em seu lugar. Ora, quando o sujeito se sente excluído da sociedade, de seus códigos e de suas regulamentações correntes, só lhe resta a via da violência.

Fico bastante chocado em ver que, apesar de todos os nossos belos discursos antirracistas, há sempre pouquíssimos homens e mulheres políticos cujo rosto revele origem estrangeira, negros e norte-africanos. Ou jornalistas na televisão, no rádio e mesmo na "grande" imprensa escrita.

Ou universitários reconhecidos, ou intelectuais, ou chefes de grandes empresas! Será porque a "elite", sempre tão pronta para denunciar o ra-

7 A desculturação é a perda ou a alteração da identidade cultural de um povo em proveito de uma nova cultura (ou de um indivíduo desse povo que emigrou para outro país). Os antônimos desse termo são "aculturação" e "assimilação". Na etnologia, o termo é usado para falar do desaparecimento da cultura tradicional de uma população ou de uma etnia sob a influência de outra. Na política, é usado para exprimir o risco de ver a cultura de um país substituída por aquela provinda de uma onda importante de imigração. (N. T.)

cismo ordinário nos subúrbios, seria no fundo mais racista que o "povo", praticando uma discriminação racial sofisticada, jamais confessada como tal, não mortífera, mas nem por isso menos responsável pelas resistências mantidas contra a integração dos imigrantes (sobretudo dos magrebinos e dos muçulmanos), dado que é essa elite que molda a visão que a sociedade francesa pode ter dela mesma?

Estou completamente de acordo com você. Aqui você levanta uma lebre e tanto!

Uma cultura que não muda, morre

Em Nós e os outros, *você defende certo universalismo. Pode-se dizer que o homem cosmopolita representa seu ideal?*

Não. É verdade que passei por uma fase, no início dos anos 1970, em que apreciava me perceber como um cosmopolita, um cidadão do mundo. Eu estava à vontade na Bulgária, estou na França, e poderia estar nos Estados Unidos; estou em casa em todos os lugares, ou justamente em lugar nenhum, estou sempre de passagem, segure-me, deseje-me! Doravante habito o mundo inteiro! Mas isso não durou muito tempo. Compreendo essa atitude, mas ela me parece uma falta de lucidez, primeiramente porque subestima nossa necessidade de possuirmos uma cultura – que forçosamente é particular. Ninguém é neutro em relação a sua identidade cultural, ainda que fosse porque falamos uma língua. É claro, pode-se mudar de língua, sou a prova disso, mas sempre se fala uma língua de cada vez! A língua universal jamais existirá, em que pesem os devaneios de certos filósofos... e ela não seria a garantia da concordância universal entre os homens, longe disso!

No plano político, o cosmopolitismo também é pura ficção. Nossos direitos humanos não valem grande coisa se não forem garantidos e defendidos por um Estado particular. É claro que todos temos um lado universal, simplesmente humano, que nos é precioso, mas ele não funciona nesse plano. Enfim, desconfio do cosmopolitismo de um *jet-set* feito de legisladores econômicos, de *stars* da mídia ou de autores célebres. A poesia dos saguões de aeroporto e dos palácios internacionais é muito pouco para mim.

Apesar disso, reivindico o universalismo, é verdade, ao mesmo tempo no sentido evidente da unidade da espécie humana e naquele, mais problemático, do entendimento universal: concórdia sobre o que é o mundo, e mesmo sobre o que ele deveria ser. Mas esse universalismo, eu o qualifico, em *Nós e os outros*, como universalismo "de percurso", e não "de chegada". Dito de outra maneira: mais que glorificar a unificação e a uniformização, trata-se de postular a possibilidade de se comunicar e de dialogar. Posso confrontar minha visão de mundo com a de um ser humano muito diferente de mim, e podemos nos compreender – e compreender também por que somos diferentes. O que é fecundo é o encontro das culturas, e não o ecletismo cultural. Essa via para o universal implica que imerjamos profundamente no particular – ainda aqui, eu me separo do que habitualmente se chama de cosmopolitismo. É o mais russo dos russos, Dostoiévski, que é também seu escritor mais universal.

Sua visão do diálogo não seria um tanto ideal? Você não tende a subestimar as relações de dominação que tornam esse diálogo, qualquer que seja a boa vontade dos participantes, de fato desigual? Em outras palavras, não seria confortável e sem grande risco louvar o diálogo das culturas quando se pertence à cultura dominante?

Não ignoro as relações de dominação porque, ao mesmo tempo, provenho de uma cultura relativamente menor, a da Bulgária, e porque as estudei, por exemplo no caso de Cortés, partidário de um diálogo fortemente orientado. Mas, se a alternativa é o isolamento, a tentação (e a ilusão) de se bastar, prefiro ainda correr os riscos do diálogo. Que jamais se reduz a uma pura dominação. Mesmo no caso da colônia: o colonizador tem necessidade dos colonizados, depende deles, e os colonizados sabem se apropriar daquilo que lhes convém na cultura do colonizador.

Como você julga o que atualmente se chama de "globalização"?

Não posso deplorar a globalização, se compreendermos por esse termo a comunicação ampliada entre os povos. Nisso eu também me afasto de Lévi-Strauss, que pensa que a aceleração dos contatos é perigosa.[8] Como ser contra a abertura das fronteiras, a multiplicação dos encontros? Alegro-me por ter se tornado mais fácil a circulação das pessoas, das ideias, das informações. Penso que os excessos que observamos nesse campo serão reabsorvidos por si mesmos. Se atualmente sofremos com certos efeitos nefastos da globalização econômica, é porque infringimos um grande princípio democrático, o do pluralismo. Não se deve submeter o político ao econômico, assim como não se deve fazer o contrário, como o faziam os

8 Lévi-Strauss, *Le Regard éloigné*.

países comunistas. As instâncias políticas do país ou do grupo de países, tal como a União Europeia, devem corrigir os efeitos perversos da globalização econômica – elas estão aí justamente para isso. No entanto, hoje emprega-se a palavra "globalização" como um sinônimo de "capitalismo".

Se você não disser como corrigir esses efeitos, isso se assemelha a uma fé!

Aqui você me demanda uma polivalência que não tenho, devo admitir. Mas a colaboração é feita para isso: filósofos, antropólogos ou historiadores deveriam cooperar com juristas, economistas, políticos, para buscar, sempre, a resposta adequada. A cada um, sua parte do trabalho.

Você distingue a universalidade dos julgamentos e a particularidade das culturas. Mas, no fundo, o que você entende por "cultura"?

A natureza dos homens é ter uma cultura. É então uma natureza bem paradoxal: a identidade da espécie reside no fato de que podemos ser diferentes! Para mim, a cultura, sempre coletiva, é uma maneira de conceber o mundo, de organizar o caos no qual estamos todos mergulhados. Então, ela também impõe um código de conduta. A cultura não necessariamente é feita de livros ou de espetáculos, mesmo que em nossas sociedades dificilmente possamos abrir mão deles. "Podemos ser homens sem ser eruditos",[9] diz assertivamente Rousseau, mas sem cultura somos incompletos como homens. A esse respeito,

9 Rousseau, *Émile*.

o filósofo Marcel Conche fala de "cultura essencial",[10] aquela que vem antes dos saberes particulares, a que nos permite perceber o mundo e designá-lo, reconhecer nossos sentimentos e expressá-los.

A língua é um ingrediente essencial da cultura e seu domínio é indispensável para quem deseja navegar com sucesso na sociedade – a menos que possua outra forma de interação, visual, corporal, com o mundo. As tradições não verbais do grupo, as maneiras de ser e de fazer, também constituem parte da cultura. Mas também, é claro, as obras do espírito. Desse ponto de vista, a herança cristã é evidentemente um ingrediente essencial da cultura dos europeus.

Ao insistir assim sobre a necessidade da cultura, não se correria o risco de engessar os indivíduos, cada um na sua tradição, na sua "comunidade", como se diz atualmente, cada vez mais? E de ver a "cultura" desempenhar o mesmo papel que outrora cabia à "raça"?

A cultura tem duas características que deveriam impedir para sempre esse amálgama: em primeiro lugar, todo indivíduo é portador de várias culturas; em segundo, toda cultura se transforma continuamente.

Várias culturas: eu lhe dizia que todos nós somos híbridos e mestiços culturais. Os diferentes estratos que constituem o ser humano e os grupamentos humanos não coincidem entre si. Você tem certas reações que se devem a sua educação, outras ao fato de ser mulher, ou de ser jornalista, ou de ser francesa, ou-

10 Conche, *Vivre et philosopher*.

tras ligadas à sua idade ou à sua história pessoal... todos esses pertencimentos não se superpõem de forma rigorosa.

Acho inquietante a retomada do velho sonho de homogeneidade na atual divisão da ex-Iugoslávia, em que cada pequeno território busca ser independente por uma ou outra diferença cultural. Alguns porque falam albanês, outros porque são muçulmanos, outros ainda porque sua história no século XIX era diferente. Ora, esse velho sonho – um Estado, um povo, um território – jamais foi uma realidade e, se acaso se tornasse, seria antes um pesadelo. Esse movimento vai na contracorrente de toda a história contemporânea, e eu o acho lamentável.

A solução dos conflitos desse tipo não está no exercício de um pretenso direito dos povos à autodeterminação, na criação de pequenos Estados homogêneos, mas na proteção do estatuto das minorias. Este deveria ser o grande princípio político do século XXI: ao respeitar e proteger suas minorias, um povo trabalha para seu próprio bem. Por quê? Porque as minorias são um elemento particularmente dinâmico de cada sociedade: elas têm necessidade de sê-lo para poder sobreviver e se afirmar. Veja, na França, o lugar que ocupam as minorias protestante e judaica, desproporcionais em relação a sua importância numérica: elas contribuíram poderosamente para o desenvolvimento da cultura e da sociedade francesas.

Toda cultura é móvel: essa é outra evidência que muito frequentemente se esquece. Uma cultura que não muda é uma cultura morta, como chamamos de "línguas mortas" aquelas que não podem mais mudar – caso do latim. O que é a cultura francesa? A continuidade é incontestável, e de qualquer modo nenhum elemento permaneceu intacto. A língua mudou, assim como a religião, como os costumes e, ademais, como o tipo físico. Os nacionalistas de extrema direita gritam contra a invasão, querem provocar pânico diante dos imigrantes. Mas os cristãos são invasores, os francos também, os gauleses muito certamente, sem falar dos romanos! Não há nenhum motivo para se deixar impressionar pela existência de movimentos de populações ou de novas influências.

Mudança e pluralidade se condicionam mutuamente. Muda-se no interior de um país porque ele é feito de culturas múltiplas, porque suas hierarquias, suas articulações, se movimentam, e também porque o contato com outras culturas é inevitável. Uma cultura é como o navio Argo, da lenda: entre a partida e o retorno, todas as tábuas precisaram ser trocadas – apesar disso, é o mesmo navio que volta ao porto.

Se é assim, por que os indivíduos se agarram a sua cultura, chegando a estar prontos a morrer por ela, como vemos há alguns anos em nosso entorno?

É preciso dizer que as lutas pelo poder são muitas vezes camufladas em conflitos de culturas, um pouco como as dificuldades sociais de que falávamos anteriormente, que são disfarçadas em "problemas de imigração". Mas também é verdade que a história das últimas décadas nos mostrou o caráter ilusório de certa visão individualista do mundo. Em sua grande maioria, os seres humanos têm necessidade de ter uma identidade coletiva, de se saber pertencentes a um grupo reconhecível. Enquanto o grupo não é ameaçado, não se percebe isso e se acredita até mesmo poder ignorá-lo. Quando o grupo é discriminado, ou perseguido, ou apenas obrigado a mudar rapidamente, seus membros se sentem em perigo e buscam se proteger – atacando os outros. Ninguém está ao abrigo dessas derivas.

Acrescento que o recurso a essa forma de reconhecimento – o sentimento de pertencimento coletivo – é inelutável quando todas as outras vias estão fechadas. Vemos claramente isto nos Bálcãs: como todos nós, essa gente também gostaria de viver com tranquilidade, enriquecer, ter lazer, e não se matar mutuamente por obscuras identidades coletivas, mas essa opção não lhes é oferecida. Quando não se tem nenhuma outra perspectiva, resigna-se a esse último recurso. Suspeito que o mesmo ocorra na Argélia: a ascensão do islamismo que o poder pretende combater é, na verdade, alimentada por esse mesmo poder, que priva sua população dos meios de viver decentemente. Esses indivíduos não são de uma espécie diferente da nossa. Apenas são postos numa situação sem saída.

É possível segui-lo facilmente no que toca aos princípios. Mas a aceleração dos movimentos de migração, o aumento do número de refugiados em todo canto do mundo, não correm o risco de transformar essas mesclas de culturas (para as quais é preciso tempo) em choques das culturas?

Não se deveria proceder, por medo de ser politicamente incorreto, como se a imigração não tivesse consequências sobre a vida da sociedade, ou postular que essas consequências são forçosamente positivas. Elas o são sob certos aspectos, e não o são sob outros. O deslocamento atual das populações, mais importante que em qualquer período anterior da história, pode colocar as estruturas sociais em perigo. Em seu novo país, os pais se mostram subqualificados e, assim, não demoram a perder o prestígio e a autoridade junto aos seus filhos; as mães, confinadas a casa, têm grande dificuldade em dominar os códigos da nova sociedade e em controlar esses mesmos filhos; os vizinhos rejeitam os recém-chegados ou seus descendentes, deixando-se envolver pela xenofobia. O resultado é o transtorno dos "velhos" e a revolta dos "jovens", aquela que atualmente aparece nas notícias. A família de origem não pode mais desempenhar seu papel de regulação e esses jovens têm o sentimento de que a sociedade ao redor – da qual eles conhecem as seduções graças à televisão – os rejeita. Não querem então respeitar suas regras e as transgridem sem hesitar. No lugar das normas sociais instáveis, vem o único "respeito": a submissão diante da força ou a admiração frente aos sinais exteriores de riqueza, tais como os carros. No lugar da religião tradicional, ignorada, identificada com a humilhação dos pais, vêm a doutrinação fanática, a submissão cega a alguns *slogans* aprendidos de cor, cuja simplicidade lhes confere efeito calmante; aí se recrutarão os futuros mártires e combatentes da guerra santa. Em seguida, é o círculo vicioso: uma situação marginal leva cada vez mais longe dentro da marginalidade.

Essa situação é grave; a violência é apenas o sintoma visível. Se quisermos tratar as causas, é preciso agir em profundidade: ajudar a restaurar a autoridade dos pais (ou dos "tios", ou dos "irmãos mais velhos"), reparar pacientemente o tecido social, para que os indivíduos valorizem o ambiente no qual habitam e o protejam ao invés de destruí-lo.

Para alguém que se definia como antipolítico no momento de sua chegada na França, você mudou bastante: aqui estamos em pleno debate político.

Graças à democracia!

VI
O barco humanista

Um universalismo bem temperado – De Tocqueville a Dumont – O que é o humanismo? – Amar os homens? – Afinidades eletivas – Entre terrorismo da verdade e egoísmo da liberdade

Um universalismo bem temperado

Catherine Portevin – *Depois de ter abandonado o estruturalismo, você embarcou numa árdua tarefa: tornar-se humanista... Um jornalista chegou mesmo a lhe atribuir o título de "apóstolo do humanismo"! Apesar disso, nessa mesma época (final dos anos 1970), aprendia-se na universidade que o humanismo estava morto – aliás, que o homem também – e que se deveria festejar isso. Foi também seu anticonformismo que o incitou a querer reanimar esse cadáver?*

Tzvetan Todorov – De fato, tenho receio de que seja ainda um lapso do camponês do Danúbio. Nos anos 1960 e 1970, os debates sobre a morte do homem não me interessavam, isso não entrava em meu campo de visão. Teria sido então incapaz de definir ao que correspondia o rótulo "humanista". Porém, lendo os "autores do programa" para preparar *Nós e os outros*, senti a maior admiração pelo pensamento de Montesquieu e de Rousseau, encontrando neles muitas de minhas próprias intuições. Foi então que descobri o nome dado a esse pensamento nos manuais: "humanismo". Assim, eu me descobri "humanista". No início dos anos 1980, conheci Luc Ferry, um brilhante e jovem filósofo, de quem me tornei amigo. Ele me sensibilizou pela crítica do "anti-humanismo" francês dos anos 1960.

A que você se refere, mais exatamente?

De um ponto de vista filosófico, pode-se reunir sob esse rótulo procedimentos muito diversos, como os de Foucault e Derrida na filosofia, de Bourdieu na sociologia, de Lacan na psicanálise. São variantes francesas de teorias nascidas em sua maior parte na Alemanha, em Nietzsche e Heidegger, Marx e Freud. Elas têm em comum uma parte crítica: a recusa a ver um sujeito responsável por trás das ações humanas (estas seriam efeito do pertencimento de classe ou das estruturas inconscientes), a recusa à universalidade (esta é forçosamente uma máscara do etnocentrismo), recusa à distinção entre os fatos e os discursos sobre os fatos, entre verdade e interpretação. Ora, o humanismo de fato opta a cada vez pelo partido inverso.

Seria preciso adicionar bem depressa que cada um dos autores "anti-humanistas" produziu uma obra que não se reduz a essas posições. Lévi-Strauss, por exemplo, liga-se a esse pensamento por duas declarações gerais, mas sua descrição dos sistemas de parentesco ou dos mitos americanos não depende de forma alguma delas.

A história do pensamento se parece com um movimento em zigue-zague: cada gesto corrige os excessos do precedente. Os "anti-humanistas" tinham razão ao criticar a segurança ingênua, o discurso triunfalista de alguns de seus predecessores, mas seu discurso, por sua vez, tornava-se excessivo.

O tema humanista, em Nós e os outros, *é a universalidade, da qual já falamos. Mas isso basta para caracterizar o humanismo? A ideia universal não estaria presente na cultura europeia muito tempo antes do que podemos chamar historicamente de "humanismo"?*

É verdade que a ideia de universalidade, de unidade do gênero humano e da igual dignidade de todos os seus membros não foi lançada pela primeira vez pelos defensores das Luzes, no século XVIII, nem mesmo pelos humanistas da Renascença. Na tradição europeia, nós já a encontramos formulada pelos estoicos, e depois pela religião cristã. Também a encontramos fora da Europa, em particular na China.

Não obstante, os humanistas europeus transformarão e especificarão essa ideia geral. Por um lado, eles a estenderão ao conjunto da vida humana, e não somente à relação do homem com Deus; eles a tornarão, assim, independente do quadro religioso. De fato, o universalismo cristão significava essencialmente que todos os homens têm acesso ao mesmo Deus; a perspectiva humanista pretende que eles tenham também os mesmos direitos aos olhos dos homens. Por outro lado, e não menos importante, esses humanistas quererão articular a ideia da unidade dos homens com a constatação de sua extrema diversidade. A afirmação da unidade, como vimos, pode se transformar sub-repticiamente em afirmação da identidade de todos os homens. Em meados do século XVI, encontramos em Las Casas, por exemplo, magníficas declarações sobre a unidade de todas as nações e de todos os seres humanos, mas ele entende essas fórmulas no antigo sentido cristão, que lhe permite, como vimos, ignorar ou, em todo caso, negligenciar suas diferenças.

Ora, a partir do Renascimento, várias mutações tornaram essa interpretação impossível: as grandes descobertas geográficas, a multiplicação das viagens para regiões longínquas, e também a Reforma, essa divisão da cristandade ocidental em duas, e as guerras religiosas. Tornava-se cada vez mais urgente para alguns grandes espíritos tolerantes pensar a universalidade sem obliterar a diversidade.

Trata-se então de um universalismo mais problemático porque ele não é mais um princípio puro: é posto à prova do real – do "mundo", como você gosta de dizer. Mas sem por isso cair no relativismo?

De fato, é um perigo, ou talvez seja uma tentação: insistir sobre as diferenças a tal ponto que se renuncia à unidade. Os pensadores da tolerância religiosa, Spinoza, Locke, Pierre Bayle, receberão essa reprovação por parte dos guardiões da ortodoxia católica. Aceitar que cada um reze à sua maneira, ou até mesmo que se dirija ao seu próprio deus, não é aceitar a pluralidade dos deuses e, portanto, dos ideais? Como imaginar, a partir de então, que os homens são semelhantes em todos os lugares? A pluralidade dos deuses se explicaria pela pluralidade dos grupos humanos, por suas diferenças, por aquilo que se chamava de poligênese.

Aqueles que lutavam pela tolerância religiosa não chegavam até aí, mas a posição relativista tem seus defensores atuais, que nem por isso são racistas. Ela consiste em dizer, por exemplo, que os homens pensam diferentemente porque recorrem à ajuda da linguagem. Ora, as línguas são múltiplas, recortam e organizam o mundo de maneiras diferentes. Ou então porque percebem mundos diferentes, por estar condicionadas por seus costumes específicos, pela organização social própria de cada povo. Nesse caso não se nega a unidade da espécie, mas ela é alojada no biológico; ao mesmo tempo, afirma-se que é a cultura que produz a identidade de cada um. Então, não pode haver valores universais, não existe sequer um mundo comum, uma vez que cada cultura constrói o mundo à sua maneira.

Apesar disso, sentimos que há alguma coisa justa no relativismo, no reconhecimento das diferenças para resistir à uniformidade imposta. Como você interpreta esse "desejo" de relativismo?

Ele se impõe a partir do instante em que os dogmatismos ambientes se veem abalados. Porque, no fundo, o dado imediato da existência é sempre a diversidade: diversidade de indivíduos, dos percursos, desejos, julgamentos, culturas, destinos históricos, escolhas impostas pela língua, pela história de cada país... A recusa de uma unidade é uma atitude espontânea. Ora, na Europa, essa atitude foi reprimida durante muito tempo pela existência de um sistema teológico-político que reunia numa estrutura única a exigência espiritual e a exigência material. Ou, se preferir, confundiam-se poder temporal e poder espiritual. Isso terminava, mais que no universalismo, no dogmatismo. Assim, o relativismo é uma reivindicação dessa diversidade humana diante do dogma. Desde então, é tentador, em nome da tolerância por essa diversidade, o combate não somente ao dogma, mas a qualquer outra forma de absoluto, de princípio abrangente e unificador.

Em suma, universalidade e tolerância não se casam muito bem.

Sua coabitação constitui um verdadeiro desafio: como praticar a tolerância sem cair na indiferença, sem renunciar ao quadro universal? Dei-me o prazer, em *Nós e os outros*, de analisar as dificuldades encontradas pelos pensadores do passado. É Montesquieu que consegue a melhor síntese dessas exigências. Apesar disso, aos olhos de seus contemporâneos, ele aparece como um relativista. É preciso dizer que ele mostrou o exemplo em *Cartas persas*, obra que havia sido interpretada como uma demonstração da relatividade dos pontos de vista: os persas são ridículos aos olhos dos parisienses, assim como os parisienses aos olhos dos persas. Sua grande obra, *Do espírito das leis*, apresentava-se como uma soma dos conhecimentos sobre os diferentes países do mundo, em particular sobre suas leis, sem que por isso estas fossem julgadas a partir de um ponto de vista único: Montesquieu diz que busca revelar os motivos de cada uso, e não condená-los ou justificá-los. É bem por essa razão que se pôde ver nele o fundador da sociologia moderna.

Mas ele não é realmente relativista, você afirma, porque toda sua análise é dirigida por princípios absolutos, em particular a noção de "moderação". Em que a moderação, no sentido que lhe dá Montesquieu, lhe permite pensar conjuntamente o universal e a diversidade e, no fundo, defender um universalismo bem temperado?

Em Montesquieu, a presença dessas noções absolutas é discreta, de fato, mas constitui realmente o quadro de sua análise. O caso da *moderação* é o mais interessante. Ela jamais se torna objeto de um exame direto, e sequer aparece nas grandes articulações. Apesar disso, é ela que se encontra na base de seu estudo dos regimes políticos, e ele a usa como uma categoria universal. O bom regime, ele afirma, não é necessariamente republicano, nem monárquico, nem aristocrático, mas sim necessariamente "moderado". O que isso quer dizer? No fundo, é moderado todo regime no qual o poder não é ilimitado, mas compartilhado. "Moderado" se opõe a "tirânico": o tirano concentra todos os poderes em suas mãos. O termo que empregaríamos atualmente seria, de preferência, "pluralista". Daí vem a ideia da separação dos poderes – à qual nos aferramos –, poderes que são desprezados pelos regimes totalitários, "monistas" e não "pluralistas".

A lição de Montesquieu aqui é dupla. Em primeiro lugar, ele mostra como podemos aceitar a diversidade em certo nível – monarquia ou república, por exemplo, cada uso tem suas razões, sua coerência – e recusá-la em outro: a tirania deve ser proscrita em todos os cantos. Além disso, é a própria diversidade que ele erige como categoria universal: é porque cada sociedade é, em si mesma, plural, múltipla, feita de ingredientes e de interesses divergentes, que a moderação é inexorável. O equilíbrio dos poderes preservará os interesses de cada indivíduo.

Numa democracia moderna, esse pluralismo se exerce em múltiplos níveis e não somente entre Legislativo, Executivo e Judiciário, como demandava Montesquieu. A razão política não se confunde com a moral e a religião; a política e a economia devem permanecer independentes, às quais se adicionam a separação do privado e do público, a pluralidade dos partidos políticos, das mídias, e assim por diante.

Assim, você trouxe Montesquieu para o gosto de hoje, no qual ele não estava mais: dentre os "filósofos" do século XVIII, Montesquieu raramente é uma referência obrigatória. A ele, prefere-se Diderot, mais artista, ou Rousseau, mais apaixonante, mais paradoxal também, que convém adequadamente à nossa época...

A despeito disso, Montesquieu teve uma posteridade importante – o grande pensamento liberal –, mas esta foi ocultada na França do pós-guerra por causa da hegemonia da doutrina marxista. Pensadores como Benjamin Constant e Alexis de Tocqueville lhe devem muito.

E você, ao escolher esse pensamento liberal como referência, renuncia a condenar o liberalismo nas formas que ele tomou hoje em dia?

Tenho a impressão de que a palavra nem sempre designa bem aquilo de que se trata. O pensamento liberal me é caro; na França, é Montesquieu, Constant, Tocqueville, é a afirmação da autonomia individual; como você quer que eu seja contra? O liberalismo é político, antes de ser econômico. Atualmente, tem-se a tendência de inverter a hierarquia formada por esses dois sentidos do termo, o que podemos lamentar, mas esse lamento não concerne aos autores clássicos. Podemos também reprovar o liberalismo atual por esquecer o outro ingrediente da estrutura democrática: o pertencimento comum, a vontade geral, a lei universal. Não se pode defender a liberdade sozinha, pôr a autonomia do indivíduo acima de todos os outros valores. Liberdade e autonomia devem permanecer coordenadas com a preocupação do bem comum.

Às vezes, a palavra "liberalismo" é empregada em um outro sentido, ainda mais estendido, para designar o combate da força contra o direito – um combate eterno! Os poderosos deste mundo, seja no poder militar, seja no econômico ou no cultural, sempre buscaram se isentar das restrições do direito, reduzir as regras comuns ao papel de folha de parreira, pudica camuflagem de seus apetites desmedidos. As democracias são uma exceção em relação a isso; os homens ricos que desejam se tornar ainda mais ricos transformam as democracias em plutocracias. Em nossos dias, poderia um homem de poucas posses se tornar o presidente dos Estados Unidos? Compartilho da indignação diante da arrogância da força, mas me recuso a reduzir o liberalismo a isso.

De Tocqueville a Dumont

A obra de Tocqueville é a América vista por um francês. Seria, mais uma vez, a experiência do despaisamento que o seduz na obra dele?

De fato, Tocqueville realiza no mundo real aquilo que Montesquieu esboçava no plano da ficção, nas *Cartas persas*: ver um mundo através do prisma de outro. Para mim, isso torna a *Democracia na América* a obra-prima da "exotopia".[1] Ele prova a que

1 Tocqueville, *De la Démocratie en Amérique*.

ponto esse procedimento pode ser fecundo, já que continuamos atualmente, 170 anos depois da publicação do livro, impressionados pela justeza de suas descrições. Mas a obra não é somente a "América vista por um francês": para Tocqueville, a América passa a ser a encarnação ou, se preferir, um laboratório do regime democrático. Ele pode descobrir essa nova ordem com surpresa, pois está familiarizado com as categorias do regime aristocrático, do Antigo Regime – a França contemporânea estava mais a meio caminho entre os dois. Assim, Tocqueville compreende perfeitamente a lógica do processo democrático, e ilustra a possibilidade de aceitar a diferença sem renunciar à unidade: ele vê cada um desses dois mundos do ponto de vista do outro, mas seus julgamentos permanecem coerentes. Seu livro esboça uma verdadeira tipologia dos regimes políticos e, para além disso, das concepções do mundo.

Entretanto, você não é suave com Tocqueville em Nós e os outros, *pois lembra que ele também defendia seus sentimentos nacionalistas e que foi* "um dos primeiros ideólogos franceses da colonização".

Tocqueville não se contentou em escrever análises teóricas. Também foi, em certa época, um homem de ação, deputado e até mesmo ministro. A respeito disso, refletiu bastante sobre as relações da França com a Argélia,[2] pois sua atividade política se situa no momento da conquista e da colonização deste país. Em seus escritos sobre a colonização, de fato descobrimos um outro Tocqueville: a submissão de um povo por outro não lhe acarreta nenhum problema; tudo que é do interesse da França

2 Id., *De la Colonie en Algérie*.

lhe parece digno de aprovação. Os princípios humanitários – a filantropia, como se dizia na época – são postos de lado. Isso levanta um outro grande problema: a relação entre teoria e prática, considerações abstratas e ação política. Podemos nos perguntar, lendo Tocqueville, se é possível conduzir uma política estrangeira de acordo com as grandes ideias democráticas. Tocqueville, em todo caso, não conseguiu. Lição um tanto amarga: o intelectual, a bela alma, estaria condenado a escolher entre a inação e a traição aos seus próprios ideais?

Podemos voltar a essa grave lição. Mas, para finalizar com Tocqueville, seus textos sobre a colonização são menos conhecidos que seus grandes livros. Como você se familiarizou com seu pensamento?

Mesmo seus grandes livros estavam pouco presentes no debate de ideias dos anos 1960, por causa da onipresença do quadro de pensamento marxista, que marginalizava essa reflexão em profundidade sobre as estruturas políticas. Desde então, as coisas mudaram, principalmente sob o impulso de Raymond Aron e também de Louis Dumont.

O encontro com a obra de Dumont foi importante para mim. No campo das ciências humanas, nos anos 1960, o nome de Lévi-Strauss era o mais prestigioso, mas, para mim e para alguns outros, o trabalho de Dumont foi mais determinante. Seu primeiro grande livro, *Homo hierarchicus*, foi publicado nessa época e já me impressionou. Ele tratava do sistema de castas na Índia, um tema que, apesar de tudo, estava bem distante de meus interesses, mas sua visão era mais geral. Dumont nos mostrava a coerência interior do modelo hierárquico, levado ao extremo na Índia, mas presente em menor grau em todos os lugares do mundo. Pelo mesmo motivo, podíamos conceber nossa própria sociedade, fundamentada no princípio de igualdade e não da hierarquia, como sendo apenas um outro modelo, também coerente, mas não necessariamente melhor sob todos os aspectos. Como dizia Dumont na introdução de seu livro, ele retomava as coisas no ponto em que Tocqueville as havia deixado: como este descrevera a democracia a partir da aristocracia, Dumont descrevia a hierarquia a partir da igualdade – deixando entrever a possibilidade de descrever nosso mundo, nossa sociedade europeia, vista de fora: a igualdade percebida e analisada a partir da hierarquia.

Ele iniciou este segundo projeto – descrever a tradição ocidental a partir de fora –, mas evidentemente não podia conduzi-lo ao termo: a tarefa era imensa, demais para um único homem! Ele apenas inseriu algumas marcas, em *Homo aequalis*, em seus ensaios sobre a história do individualismo[3] ou sobre as tradições alemã e francesa.

No fundo, toda etnologia nos dá esta lição: a de que podemos ser humanos de várias maneiras, que nossos hábitos nada têm de natural, dado que a população vizinha tem outros completamente diferentes. Apenas quando a sociedade que o etnólogo estuda é muito afastada de nós – microssociedades de caçadores e coletores, ágrafas, tecnologicamente na idade da pedra... –, é difícil, e além disso talvez inútil, escapar da projeção do espaço sobre o tempo. Em outras palavras, ver alhures o que foram outros tempos para nós, estabelecer uma linha de evolução deles a nós. Comparar-nos aos índios da Amazônia pode ser chocante, mas teríamos dificuldades em percebê-los

---

3 Dumont, *Essais sur l'individualism.*

como um caminho que se abre diante de nós, como uma linha de desenvolvimento possível. Inversamente, partindo da tradição indiana, Dumont podia nos oferecer um espelho, um tanto quanto deformador, mas revelador, que permitia que nos compreendêssemos melhor: a Índia era realmente diferente de nós e, ao mesmo tempo, ainda era nós.

Em que a contribuição de Dumont para o conhecimento das sociedades foi útil para você?

Foi realmente na obra de Louis Dumont que aprendi a pensar a diversidade na unidade. Ele não se contentava em colocar os dois grandes modelos, hierárquico e igualitário, mas também se questionava sobre sua interação e sobre as escolhas que nós, europeus da atualidade, podíamos ser levados a fazer. Ele dizia que o modelo igualitário e universalista deveria continuar a ser nosso quadro global, mas que, no interior, inúmeros setores de nossa existência social continuariam a depender do princípio hierárquico. Era preciso a cada vez refletir sobre a articulação dos dois. Nós havíamos evocado esse tema a propósito da atitude demagógica que reinava em 1968 e que consistia em pensar o ensino em termos igualitários. Dumont havia, por exemplo, analisado o totalitarismo como uma combinação monstruosa dos dois modelos, que ele também chamava de "individualismo" e "holista".

Graças a Dumont, pude me dedicar à história, renunciar aos restos de um egocentrismo ingênuo que nos faz perceber nossos predecessores como simples patamares que conduzem à nossa sabedoria. Eu jamais poderia ter escrito *Teorias do símbolo* sem ter interiorizado essas bases do pensamento tipológico. O que chamo assim é precisamente essa aceitação da pluralidade, a recusa de alinhar todas as formas de sociedade sobre um único eixo, indo do mais primitivo ao mais evoluído. Recusa também de conferir um julgamento de valor a toda constatação de diferença e, por fim, o agenciamento das formas particulares em conjuntos coerentes.

Você ainda lê Louis Dumont hoje em dia?

Seu pensamento continua a me habitar. Eu sempre me inspiro nele para uma certa maneira de abordar a complexidade do mundo, de admitir a impossibilidade de reunir tudo numa perspectiva única. Dumont ficava muito irritado, por exemplo, com a facilidade com que os militantes antirracistas do início dos anos 1980 usavam a "diferença na igualdade", e se recusavam a compreender que nossas escolhas sempre têm um preço, que não se pode ter a manteiga e o dinheiro da manteiga... Ele mostrava bem como com frequência se é levado a escolher entre hierarquia e guerra, e que se pode legitimamente preferir a hierarquia – pois o princípio da igualdade, é preciso ousar reconhecer, é amiúde gerador de concorrência e de conflitos. Dito de outra forma, e para voltar ao nosso ponto de partida: universalidade e tolerância nem sempre fazem um bom casamento. Mas é assim mesmo que se apresenta a universalidade dos humanistas: temperada por uma consideração sobre a heterogeneidade de cada sociedade e a diferença entre sociedades.

O que é o humanismo?

Universalidade moderada, então, para retomar a categoria de Montesquieu. Mas volto à minha questão: isso basta para definir o humanismo?

Aliás, antes de precisar o fundo da doutrina, talvez fosse oportuno se entender sobre sua história. Os humanistas aos quais você se refere – Montesquieu, Rousseau... – são do século XVIII. Ora, o humanismo, tal como é ensinado, nasce no Renascimento. Qual é então, para você, a certidão de nascimento do humanismo?

Em matéria de história do pensamento, a resposta precisa à questão "quando" é difícil, pois cada pensamento tem premissas num pensamento precedente. No entanto, partamos do que define essa visão do mundo. Como afinal o rótulo indica, os "humanistas" são aqueles que atribuem ao homem um papel mais importante do que aquele que tinha anteriormente. Em particular, mais relevante que o papel que lhe era atribuído na visão cristã do mundo.

Mas os primeiros humanistas, no Renascimento, não eram antes de tudo especialistas nos autores gregos e latinos?

É verdade que, no início, são chamados de "humanistas" aqueles que se ocupam das "humanidades", que redescobrem então a herança greco-latina, que se especializam na tradução e nos comentários desses textos. Entretanto, essa orientação implica uma escolha mais radical. Esses textos, esses monumentos, eram exteriores à tradição cristã. Dedicando-se exclusivamente à leitura de Platão e de Aristóteles, dos estoicos e mesmo dos subversivos epicuristas, fazendo-lhes elogios, aberta ou indiretamente, os primeiros humanistas defendiam o direito de valorizar uma parte do passado para seu interesse estritamente humano, e de forma alguma submetido ao serviço de Deus. Eles já proclamavam então, a seu modo, a autonomia do humano. Essa autonomia tomará, a seguir, duas formas distintas: a importância do homem como *fonte* de seus conhecimentos e de sua ação; e sua importância como *finalidade*, como destinatário de nossos atos. O homem se torna ponto de partida e ponto de chegada. Além disso, graças aos seus estudos, os humanistas do Renascimento descobriam a pluralidade das formas que a civilização humana podia tomar. Dessa maneira, também participavam da abordagem humanista da universalidade.

Foi somente há pouco, em 1998, que você sentiu a necessidade de dedicar um livro, O jardim imperfeito, *à história do humanismo francês e europeu. Essa obra parece fechar, para você, um ciclo aberto com* Nós e os outros, *estendido com seus estudos sobre Rousseau, Benjamin Constant, Tocqueville..., em suma, ele absorve, completa e sintetiza pesquisas publicadas no decorrer dos anos precedentes. Temos a impressão, com* O jardim imperfeito, *de que você reconstitui a tradição da qual havia saído.*

Eu sabia, desde *Nós e os outros*, que me reconhecia no pensamento humanista. Quis compreendê-lo melhor e, dez anos depois, finalizei no *Jardim imperfeito*, dedicado aos mesmos autores franceses do "programa", mas desta vez limitado à tradição humanista, deixando de lado, para não me repetir, a questão do universal e do relativo.

Para mim, a categoria mais geral, da qual o humanismo é uma das variantes, é a "modernidade". Mas o que é a modernidade? O teste crucial aqui é saber se, no próprio plano material, mundo humano e mundo divino perfazem um. Para os antigos gregos e romanos, eles não o formavam ou, em todo caso, não eram assim inteiramente estruturados. No Império Romano, apesar de tudo, as convicções religiosas não eram uma tarefa do Estado. Para os primeiros cristãos também não. Lembre: "*Meu reino não é deste mundo*", afirmava Cristo. Para o Evangelho, a ideia de ligar poder espiritual e poder temporal é mesmo atribuída ao diabo, dado que é ele que tentará Jesus no deserto, prometendo-lhe todas os reinos da Terra. A despeito disso, é o que os primeiros imperadores cristãos irão realizar, a partir de Constantino, no século IV, uma unificação das coisas humanas e divinas, a instauração de uma ordem unitária teológico-política. O Estado se põe a serviço da religião, ou até mesmo o contrário.

No entanto, o preceito original de Cristo não é inteiramente esquecido: o papa não se torna imperador, nem o inverso. É essa dualidade que permitirá a emancipação das restrições advindas do céu. O primeiro pensador que afirmará, novamente com força, a autonomia do mundo material, será Guilherme de Ocam. No século XIV, ele se engajará ao lado do imperador em seu combate contra o papa e defenderá a autonomia do temporal em relação ao espiritual.

A modernidade é essa separação dos dois?

Sim. Nesse sentido, tratava-se bem de um Renascimento, visto que se voltava a encontrar aquilo que havia existido antes. Mas, em outro sentido, é uma inovação. Nas sociedades tradicionais, holistas, como diria Dumont, persiste a ideia de uma ordem imposta aos homens a partir de fora. Se ela não for ditada pela palavra divina, ela o é pela própria natureza. O conhecimento dessa ordem constitui justamente a tradição e se transmite ao longo de gerações. A novidade consistirá no fato de que os próprios homens terão doravante a tarefa de decifrar o mundo e decidir seus destinos. Na brecha aberta por Guilherme de Ocam e alguns outros, comprimem-se tanto a ideia de ciência moderna, emancipada das tutelas da religião e da moral, quanto a de soberania popular.

Você começa O jardim imperfeito *por uma pequena fábula, versão moderna da tentação de Cristo no deserto, na qual o diabo não oferece ao homem nem o poder (como para Cristo), nem o saber (como para Fausto), mas o querer. Seria esta a certidão de nascimento da modernidade – a afirmação da liberdade humana, a liberdade de julgamento, a autonomia da vontade, quaisquer que sejam as leis dos deuses?*

A emancipação conhece vários graus. A ideia de que o homem é responsável por seu destino, de que não é um simples pedaço de argila nas mãos de seu Criador, ideia que já estava presente entre os primeiros cristãos, afirma-se novamente a partir do século XVI. Vêm em seguida a revolução científica, Bacon, Galileu, Descartes: a ideia de que a verdade relativa ao mundo não é necessariamente o que a tradição me transmitiu, mas sim o que minha experiência e minha razão me ensinam.

Literalmente: a verdade não cai do céu?

Aí está: cabe a nós descobri-la. Enfim, aspira-se também à autonomia política, à soberania popular, afirma-se que as leis têm seu fundamento na vontade coletiva. Ideia também mais antiga, mas que encontrará sua realização no pensamento do século XVIII, principalmente em Rousseau, e que servirá de fermento tanto para a revolução americana quanto para a Revolução Francesa.

Poderíamos de fato dizer que a modernidade consiste numa conquista da liberdade. Liberdade da razão, liberdade da vontade, liberdade de se autogovernar.

Em sua fábula, com efeito, você sugere que o diabo poderia um dia nos cobrar por todos os seus favores, ou mesmo que ele já tenha pego o que é seu. Em suma, que haveria um preço a pagar pela liberdade. É uma visão muito sacrificial...

Não sou eu quem sugere, são todos os críticos da modernidade, que reuni em meu livro sob o nome de "conservadores". Além disso, não há nada de injúria em minha escrita: penso que tomos somos, em algum momento, conservadores, ao menos sob alguns aspectos. O essencial é saber qual hierarquia nossos valores formam, o que triunfa: se é a afirmação da modernidade ou se é sua crítica. Os próprios conservadores são modernos, mas a contragosto. Quando um problema se apresenta, evocam de bom grado as soluções do passado. O presente, estimam essas vozes de Cassandra,[4] começa mal: nós nos dirigimos para o pior, mas antes tudo ia tão bem! O passado a que se referem é muito diferente, de acordo com cada caso: para alguns, é a Terceira República, para outros, o Antigo Regime, para terceiros, ainda, a Grécia Antiga.

Segundo os conservadores, o diabo impôs ao homem um triplo tributo: privou-o de seu sentido social e condenou-o à solidão (a modernidade é necessariamente "individualista");

---

4 Expressão inspirada no mito grego de Cassandra para significar "arautos do pessimismo", que preveem e anunciam eventos trágicos, mas sem ser acreditados. (N. T.)

privou-o de valores, obrigando-o a viver sem ideais nem religião, na perseguição exclusiva de seus interesses materiais (a modernidade é "materialista"); por fim, privou-o de seu eu estável e sólido, que acreditava reinar como mestre sobre o mundo: o homem, na realidade, está à mercê de forças subterrâneas, de pulsões inconscientes, sobre as quais ele não tem nenhum controle.

Dentre todos os modernos, os humanistas são, mais especificamente, aqueles que se recusam a admitir que, para preservar a liberdade, é preciso renunciar à sociabilidade, aos valores ou ao eu. Eles acreditam que a dimensão social do homem pode ser transformada, mas não erradicada; que é preciso preservar valores comuns, mesmo que não sejam mais fundamentados em Deus ou na estrutura do universo; por fim, que o eu, se não é capaz de tudo controlar, permanece entretanto livre, como dizia Rousseau, "para aquiescer ou para resistir".[5]

Amar os homens?

Você dizia que a autonomia do humano era dupla: o homem se tornava ao mesmo tempo a fonte de seus conhecimentos, de seus atos, de suas leis, e também seu destinatário. Em que sentido se deve compreender esta segunda exigência?

Também encontramos essas primeiras formulações na época medieval. Contudo, desta vez, não é um monge como

5 Rousseau, Discours sur l'origine de l'inégalité, in: *Œuvres complètes*, t.III.

Guilherme de Ocam que nos auxilia, mas uma mulher que levou um clérigo religioso para o pecado: trata-se, é claro, da célebre Heloísa, apaixonada por Abelardo e amada por ele. Em sua correspondência (da qual é impossível saber se é autêntica ou uma obra de ficção),[6] Heloísa vai longe neste caminho: fazer do ser humano a finalidade última de nossas ações. As cartas, é bom lembrar, são trocadas depois da separação dos amantes e têm por finalidade principal dar um sentido à aventura passada. Abelardo, que depois da catástrofe se curvou à regra cristã oficial, queria que o amor da criatura, amor terrestre, fosse uma simples via do amor do Criador, amor celeste. Heloísa voltará ao assunto várias vezes, insistindo: "Não, não é Deus nem Jesus que eu amava e ainda amo em você; é você mesmo, seu ser, sua pessoa individual, insubstituível, única". Nesse sentido, pode-se dizer que o humanismo é uma maneira de assumir aquilo que, desde sempre, o amor humano nos ensina.

Nisso, a ruptura com o cristianismo é inevitável. Este poderia aceitar a autonomia da vontade, sobretudo sob uma forma moderada (do contrário, temia-se a acusação de "pelagianismo". Pelágio era um monge do século IV que afirmava que o homem pode atingir a salvação sozinho, sem a ajuda de Deus. O mesmo ocorre com Erasmo, pensador cristão, mas que reserva um lugar para a vontade; ou, mais tarde, com os jesuítas. Mas a ideia de que o ser humano particular seja o fim último de nossas ações, e que esse fim possa ser posto sobre o mesmo plano que os fins que nos são habitualmente atribuídos, ou até

6 Abélard e Heloïse, *Correspondance*.

mesmo num plano superior, é, na ótica cristã, assim como em qualquer outra ótica religiosa, uma idolatria.

Então os cristãos autênticos não podem ser humanistas? Apesar disso, são inúmeros os cristãos que reivindicam ser humanistas...

Se compreendermos a expressão no sentido que lhe dão os autores que precedem a emancipação do humanismo, como Nicolas de Cues ou Erasmo, sim. Mas, se falarmos das doutrinas acabadas, a incompatibilidade é patente. Sobre esse ponto, os pensadores cristãos lúcidos são claros. Pascal era um autor anti-humanista, o que é coerente com sua posição geral: ele só ama os homens como uma forma de amar a Deus e quer banir toda afeição puramente humana. Também conhecemos cartas eloquentes de François de Sales a esse respeito: aquele que ama a Deus deve renunciar aos seus amigos, aos seus filhos, isso sem falar do amor carnal. Outro autor jansenista, Nicole, dizia que nenhuma criatura deve se tornar a finalidade dos homens: aqui não há lugar para a escolha de Heloísa.

É claro que isso não impede que o cristão individual se ligue aos indivíduos, mas Deus continua a ser, aos seus olhos, a justificativa última. São Paulo dizia: "Amar a Deus nada mais é que amar aos seus próximos". Essa equivalência pode ser entendida nos dois sentidos: pensar só em Deus ou pensar só no próximo, ajudar as pessoas, fazer obra de caridade – o que é ainda uma forma de amor.

Desse ponto de vista, o humanismo é necessariamente laico, dado que se recusa a buscar uma justificativa que não seja o amor dos homens ou o do indivíduo. O fim último é o ser humano, e não Deus, nem a harmonia do cosmos... nem a vitória do proletariado!

Mas amar os seres humanos em nome de quê? Por que são "formidáveis"? Saberíamos isso! Simplesmente porque são seres humanos? Então é efetivamente um tipo de idolatria! Esse lado dos "bons sentimentos" é o que me perturba no humanismo...

De forma alguma os humanistas afirmam que os homens são "formidáveis"! Tropeçamos aqui num desvio do sentido da palavra, quando se entende por "humanismo" aquele que acha que os todos os homens são bons, que podemos ter confiança neles – de certa forma, uma doutrina de perfumaria. Durante muito tempo se atribuiu a Rousseau, de maneira equivocada, uma visão do homem original como sendo "o bom selvagem". Isso fazia Baudelaire zombar: "Ah, o ingênuo Rousseau, que acredita na existência da bondade!" (essa é a prova de que ele nunca o leu).

Não, os humanistas têm consciência de todo o mal que o homem pode fazer ao homem, e que efetivamente faz. Na época contemporânea, além disso, inúmeros humanistas foram vítimas dele nos episódios mais negros de nossa história: Auschwitz para Primo Levi, Babi Yar e Kolyma para Vassili Grossman, a Segunda Guerra Mundial para Romain Gary. Observe, eles também não se resignam a dizer, mesmo que a tentação seja grande, que o homem é o lobo do homem. O humanismo não é uma ideologia de perfumaria, mas também não pode se fundamentar numa antropologia radicalmente pessimista. Sua ideia sobre o homem é antes a de que este é um ser indeterminado no plano da moral: que, tendo constantemente necessidade dos outros para afirmar sua própria existência, pode contribuir tanto para a felicidade deles quanto para sua desgraça, que possui uma margem de liberdade em suas escolhas, e que então é responsável pelo bem e pelo mal que faz. Ademais, é bem por isso que os humanistas sempre se interessaram pela educação: se os homens fossem de todas as formas bons (ou maus), não haveria nenhum sentido em educá-los.

Quando os humanistas valorizam o amor, não é porque seu objeto é sempre perfeito, mas porque amar alguém é o que se pode fazer de melhor. No amor da mãe pelo filho, não é a criança que é admirável, mas sim o amor.

Você acredita que os valores humanistas estão mais em conformidade com a razão que outros? Ou que eles nos tornariam melhores?

Max Weber falava de um "politeísmo" dos valores, ou de uma "guerra dos deuses", para designar a impossibilidade de escolher entre diferentes sistemas de valores.[7] No comentário que faz dele, Raymond Aron observa que certos valores não são mais racionais, são antes mais próximos da razão no fato de que, assim como ela, podem ser compartilhados por todos, tais como a paz, e não a guerra, a igualdade, e não a submissão. Que fique claro: certos indivíduos, certas culturas, preferem a guerra e aspiram à vitória. Nem todos podem ser vitoriosos ao mesmo tempo, mas todos podem viver em paz: esse valor é então universalizável, diferentemente da aspiração à supremacia.

Dito de outra forma, o que conta não é a racionalidade, mas a universalidade. Nesse sentido, diz Aron, "Dois e dois são

---

7 Weber, *Le Savant et le politique*.

quatro" e "Não matarás" participam do mesmo movimento, pois são parcialmente aceitáveis por todos e sempre. O humanismo não é mais verdadeiro ou mais lógico, mas tem uma vocação mais universal e se dirige a todos os homens.

Qual é, para você, o primeiro verdadeiro humanista na tradição francesa?

Incontestavelmente, Montaigne. Por significativa coincidência, parece ter sido ele quem introduziu o termo em seu sentido atual. Ele o faz dentro de um contexto revelador. Fiel à tradição de Guilherme de Ocam, quis delimitar dois territórios: um, reservado aos teólogos, que se ocupam de tudo o que tem a ver com Deus e a religião; o outro, justamente, destinado aos "humanistas", especialistas nas coisas puramente humanas, que eles devem tratar, segundo ele, "de uma maneira laica, não clerical". Seus *Ensaios* são um exemplo dessa nova atitude.[8] O que conta, aqui, é a própria possibilidade de tratar separadamente o conhecimento do homem.

Nele encontramos todos os ingredientes da nova doutrina. O universalismo articulado com a tolerância (para meu gosto, ele concede a melhor parte para a tolerância, roçando muitas vezes um relativismo excessivo). Uma preferência pelos atos realizados em liberdade, por nossa vontade e por nossa escolha. Enfim, a afirmação de que o indivíduo como tal constitui uma finalidade respeitável de nossa ação. Não somente para o amor carnal, como em Heloísa: Montaigne também entoa louvores à amizade, recusando qualquer justificativa para seus sentimentos além da pessoa do amigo – "porque era ele, porque

8 Montaigne, *Essais*.

era eu!", mas também no próprio empreendimento dos *Ensaios*: ele acha legítimo analisar em extensão seus próprios humores e pensamentos – "porque sou eu".

Todos esses autores que você lia e admirava são escritores, homens que viveram retirados, longe da ação da política: Montaigne em sua torre, Descartes no anonimato de Amsterdã, Rousseau escondido no fundo das propriedades de seus amigos. São todos, de certa forma, exilados – exteriores ou interiores. Será esse o destino de todo humanista?

Em todo caso, isso aconteceu com os grandes humanistas de antes da Revolução. Eles não buscam provocar perturbações sociais e chegam mesmo a ser conservadores no plano político: almejam educar o indivíduo, e para tal é preferível que a ordem reine no país. Montaigne diz simplesmente: "Dobro meus joelhos, mas não a razão". Liberdade interior, submissão exterior: essa separação tem um sentido – é bom deixar claro: num regime não totalitário. Descartes, assustado com a condenação de Galileu, tranca numa gaveta seu *Tratado do mundo*, inspirado pelo mesmo princípio, isto é, na liberdade da razão em busca do conhecimento, e abre mão de publicá-lo enquanto era vivo; como sabemos, a primeira regra de sua moral é obedecer às leis de seu país. O próprio Rousseau, estritamente falando, nada tem de revolucionário – e foi o primeiro a ficar escandalizado ao ver o uso que Robespierre iria fazer de suas teorias. Em seguida, as coisas mudam. Isso não quer dizer que o pensamento humanista não tenha relação com a prática política. As democracias modernas adotaram o princípio de universalidade e de igualdade diante da lei e protegem a autonomia do indivíduo, prova de que a doutrina pode surgir como ação.

Afinidades eletivas

Dentre os humanistas franceses posteriores a Montaigne, você manifestamente prefere Rousseau e Benjamin Constant. Em que eles lhe são próximos?

De fato, meus humanistas franceses preferidos são... dois suíços protestantes (pelo menos no início).

Hoje em dia não há nenhuma originalidade em admirar Rousseau. As *Confissões* são realmente como a descoberta de um novo continente, o da vida pessoal de cada um. Antes de Rousseau, não as julgávamos dignas de atenção, porém, depois dele, nós as achamos do mais alto interesse (veja a produção literária atual...). Montaigne se questiona sobre seu ser profundo. Na realidade, encontramos poucas histórias, poucas revelações pessoais nos *Ensaios*. Rousseau conta em detalhes sua existência. Também admiro nele a justeza fulgurante de certas frases, nas quais condensa em poucas palavras uma reflexão profunda, exigente: "O ferro e o trigo civilizaram os homens e perderam o gênero humano", "O homem nasce livre e fica preso aos ferros em toda parte", "Gostaríamos de não ser, na mesma medida em que gostaríamos de não ser olhados".

É claro que temos aí com o que apreciar Rousseau, mas você foi realmente "capturado" por ele. Como e por quê?

O que me atraiu em Rousseau foi, em primeiro lugar, a potência de seu pensamento. Um pensamento sem concessões, sem subserviência, que não fecha os olhos diante dos aspectos trágicos da existência, a mil léguas de qualquer ingenuidade.

Outra razão de minha atração, mais superficial, era a própria dificuldade de interpretar seu pensamento. Então, um pouco como aconteceu para determinar o sentido preciso de Bakhtin, mas em outro nível, eu o percebia como um desafio. Como eu dizia, as obras consideráveis e múltiplas constituem sempre uma tentação para o intérprete, ou antes uma facilidade: a de concluir "Aqui, X se contradiz" e permanecer nessa constatação. Ora, essa questão de coerência é um velho problema na interpretação do pensamento de Rousseau: como reconciliar as teses dos escritos políticos com o que se retira dos textos autobiográficos, o *Contrato social* com as *Confissões* – sem falar dos outros livros: *A nova Heloísa*, *Emílio*? Muitos artigos sobre Rousseau portam em seu título a palavra "unidade", frequentemente sob a forma interrogativa: ela é buscada, anuncia-se sua ausência aparente ou sua presença secreta... Por minha vez, então, lancei-me a essa tarefa num pequeno livro sobre o pensamento de Rousseau, *Frêle Bonheur* [Frágil felicidade], que me serviu também de trabalho preparatório para o *Jardim imperfeito*. Pareceu-me principalmente que Rousseau explorava soluções alternativas, sucessivas, ao que lhe aparecia como o único problema, o grande problema da existência humana: a reconciliação das exigências individuais e sociais.

Justamente, seu Rousseau é muito mais "social" que aquele a que estamos habituados. Você tem certeza de que não infere dele um tanto demais, no sentido que lhe convém?

Eu me contento em lê-lo com atenção! Habitualmente se dá um lugar grande demais às lamúrias de Rousseau, em que ele lamenta que ninguém o ama e que, aliás, isso cai bem, dado que ele não precisa de ninguém! Não se deve confundir sua mania de perseguição que, diga-se de passagem, tem justificativas concretas – ele é de fato perseguido –, com seu pensamento sobre o homem; ele próprio faz muito claramente a diferença. Enganamo-nos também em algumas fórmulas do *Discurso sobre a origem da desigualdade*, em que Rousseau imagina o início da humanidade e afirma que no começo os homens eram sós. Em primeiro lugar, não se trata de uma história propriamente dita, mas de uma construção hipotética para analisar a identidade humana; sobretudo, significa que, sem a interação social, os homens não seriam o que são.

Segundo Rousseau, nossa identidade se afirma somente a partir do instante em que percebemos a existência dos outros, o olhar que lançam sobre nós, o instante em que se adquire consciência. O homem que se pensa sozinho ainda não é inteiramente um homem. Aquele que, ao contrário, reconhece a existência dos outros, entra ao mesmo tempo no mundo da moral, já que ele pode fazer o bem ou o mal, noções que só têm sentido nas relações entre indivíduos. Então, simultaneamente, ele se engaja no mundo da liberdade, pois a prática do bem e do mal pressupõe que se seja livre para escolher; e entra também no mundo da linguagem e da cultura, compartilhados com outros homens como ele. Para Rousseau, o indivíduo sem consciência de si e de outrem, sem moral nem liberdade, sem linguagem nem cultura, em suma, sem vida social, não é verdadeiramente humano.

Essa insistência sobre nossa natureza social é decisiva na doutrina humanista – é o que permite distinguir o humanismo do individualismo. Uma diferença que os críticos conservadores, de que falava havia pouco, não queriam ver (nesse ponto me afasto das hipóteses históricas de Louis Dumont). Ora, para os humanistas, "os outros" são como o oxigênio da existência, é impossível concebê-la sem eles. O indivíduo pode *viver* sem os outros, mas não pode *existir* sozinho, sem seus olhares, que ele interioriza. Essa é a lição de Rousseau.

Por que escolher, como título de sua obra sobre Rousseau, Frêle Bonheur, *como se você visse, na fórmula que pertence a ele, sua "mensagem" principal?*

O raciocínio de Rousseau é que, dado que nossa felicidade depende dos outros, jamais podemos ficar completamente seguros. Se nosso desenvolvimento vital dependesse somente da ordem natural, tudo estaria bem, dado que esta seria sempre a mesma, e bastaria conhecê-la para a ela se conformar. Se ela dependesse de Deus, tudo também estaria bem, pois Ele está sempre presente, infinitamente misericordioso. Se ela só dependesse de si mesma, ainda assim tudo estaria bem: o "amor de si", a necessária defesa de seu ser, seguramente conduziriam o indivíduo no sentido de seu maior interesse. Infelizmente, temos necessidade dos outros para ser felizes, e essa incompletude congênita define nossa própria identidade: nossa necessidade dos outros, diz Rousseau, nasceu de nossa "enfermidade". "Se cada um de nós não tivesse nenhuma necessidade dos outros, nem sequer pensaria em se unir a eles", escreve. Tendo necessidade dos outros, nossa felicidade só pode ser aleatória; ou, como conclui Rousseau: "Assim, de nossa enfermidade, nasce nossa frágil felicidade".[9]

---

9 Rousseau, *Émile*, op. cit.

É preciso então aceitar esse lado trágico da condição humana. Não podemos ter a garantia de que os outros nos concederão sempre esse amor, esse respeito, esse reconhecimento. Os juramentos de nada servem aqui: os seres mudam, os amores morrem. Aquele que nossos filhos nos dedicam, um dos sentimentos mais intensos que existem, está destinado a se transformar, ou até mesmo a desaparecer. Aquele que nós lhes dedicamos não tem um destino menos diferente: se nós os amamos realmente, devemos aceitar a distância que pouco a pouco se instaura entre eles e nós, e para finalizar, devemos deixar de cuidar deles. Juramos amor eterno aos nossos parceiros e parceiras, sabendo que esse amor pode se debilitar. Envelhecendo, não serei mais o ser amável que era para uns e outros (você conhece o célebre fragmento de Pascal que trata desse tema). Ora, essa atenção que me davam uns e outros constituía minha própria vida.

Eis por que o amor é "frágil", mas isso não significa "desprezível". A finitude humana é um dos grandes temas dos humanistas, visto que renunciaram ao expediente da vida eterna. Apesar disso, eles não negligenciam a busca da felicidade; simplesmente lembram-nos de sua fragilidade. Sabem também que nossa consciência descobriu o infinito; e é assim que, de minha parte, compreendo a condição humana: inadequação trágica entre nossa necessidade de infinito e nossa finitude de fato, mas também respeito que mereceriam nossas tentativas para remediar a isso.

Sua ligação com Benjamin Constant é mais surpreendente, pois, não sei por que, ele de fato não figura no panteão dos "grandes autores". Lemos

Adolphe em certo momento da escolaridade, mas, de resto, creio que o achamos um pouco... inconstante. Apesar disso, você tem por ele um interesse indefectível, diríamos mesmo uma afeição...

Por Rousseau, meu sentimento dominante é de admiração. Por Constant, sinto de fato uma verdadeira simpatia, quase uma ligação pessoal. Diferentemente de Rousseau, Constant não faz a exposição de sua vulnerabilidade, não se orgulha disso, não se impacienta – e se contenta em admiti-la. Sua melancolia me toca.

Isso não significa que eu não o admire. Ele não é menos rico e múltiplo que Rousseau: grande teórico político, notável erudito historiador do religioso, autor de análises penetrantes da vida sentimental, tanto a dos outros quanto a sua própria. Ele jamais esteve realmente na moda, talvez porque não gostasse de se colocar sobre um pedestal. Ele também foi perseguido durante muito tempo pela agressividade de alguns espíritos medíocres, provavelmente incomodados com aquilo que Stendhal, ao contrário, admirava nele, e a que chamava de sua "extrema verdade".[10]

Em que consiste a contribuição dele para a teoria política?

O primeiro traço que o distingue é o fato de não ser realmente um teórico: é também um homem de ação, que intervém com energia na vida política de seu país, sob Napoleão e durante a Restauração. Contrariamente a Tocqueville, observamos nele uma bela continuidade entre teoria e prática: esta

10 Stendhal, *Courrier anglais*.

alimenta e corrige aquela, as ideias abstratas realimentam as escolhas particulares.

Sua grande contribuição para o pensamento político vem precisamente de sua observação da prática. A Revolução acontece em nome de um princípio ao qual ele mesmo adere – a soberania popular – e, constata, os indivíduos não vivem mais livremente; o Terror é de fato pior do que tudo que o precedeu. Como explicar esse descarrilamento? É então que ele descobre que a política do Estado justo, aquele a que chamamos de "democracia liberal", não repousa apenas sobre uma única exigência, mas sim sobre duas: ao lado da soberania do povo, vem a liberdade do indivíduo. Seu grande livro político, que na época permaneceu inédito, se chama *Princípios de política aplicáveis a todos os governos*,[11] no plural. A própria relação entre teoria e prática é significativa: o exemplo de Constant mostra que o pensador humanista não é obrigado a estar sempre em retirada, como se fosse um exílio. De qualquer modo, acredito que ele é melhor pensador que homem político.

Também poderíamos dizer que sua contribuição consiste em ter realizado a síntese de Montesquieu e de Rousseau. O bom regime político deve ser legitimado, segundo ele, ao mesmo tempo pela maneira como é instituído (pela vontade geral do povo, herança de Rousseau) e pela maneira pela qual é exercido (herança de Montesquieu). Todos nós, no Ocidente, vivemos em democracias liberais, conformes, em grandes linhas, ao ideal de Constant.

---

11 Benjamin Constant, *Princípios de política aplicáveis a todos os governos*, trad. Joubert de Oliveira Brízida, Rio de Janeiro, Topbooks, 2007. (N. T.)

Em suma, Rousseau propunha, em sua "Profissão de fé do vigário saboiano",[12] *uma nova religião no lugar daquela comumente praticada em torno dele. Constant, por sua vez, trabalhou durante toda a vida numa obra dedicada à religião, mas é antes um estudo que uma profissão de fé. Você prefaciou a nova edição deste livro.*[13] *Isso o faz se sentir mais próximo de Constant que de Rousseau sobre esse assunto?*

Fico muito contente por ter contribuído com essa reedição, a primeira desde a publicação original. Significa que a obra, apesar de apaixonante, não conheceu um grande sucesso! É porque Constant pareceu incrédulo demais para os defensores do cristianismo, e religioso demais para os combatentes anticlericais.

Sua posição nesse livro não é a de um crente de fato, mas antes a de um antropólogo e de um historiador. E sem deixar de pensar que a experiência religiosa é uma das mais importantes que existem, tanto na história dos povos quanto na vida dos indivíduos. Primeiramente, sua atitude confirma a separação do teológico e do político ou, em outras palavras, reserva a experiência religiosa à vida pessoal de cada um. Por outro lado, ele se questiona sobre a natureza do sentimento religioso e nele vê uma forma de contato com o absoluto, com o ilimitado, o qual é indispensável ao ser humano, se este quer ter o sentimento de que sua existência vale a pena ser vivida. Só que esse contato também pode tomar outras formas: a contemplação da natureza, o êxtase diante do belo...

---

12 In: *Emílio ou da educação*, trad. Sérgio Milliet, Rio de Janeiro, Bertrand Brasil, 1995. (N. T.)

13 Constant, *De la Religion*.

Essa exigência de espiritualidade – da qual a religião é apenas uma das variantes – de fato me parece bastante justa. Como Constant, acredito que ela corresponda a uma dimensão irredutível de nossa existência sobre a Terra. Como ele, em certos momentos tenho a impressão de me abrir a uma dimensão da experiência que está acima do cotidiano. Isso só acontece esporadicamente, esses momentos escapam da vontade e, apesar disso, seu papel é essencial. Não sei o que é falar com Deus, mas reconheço esse contato com o absoluto diante da beleza, a beleza de uma paisagem ou de uma obra de arte, uma *Crucificação* de Grünewald ou de Ticiano, um gesto de Suzanne Farrell nos balés de Balanchine, uma melodia simples de Schubert que me sufoca. E também no amor, no afeto, na ternura por meus próximos.

O que você acaba de dizer sobre Constant ainda não permite adivinhar a vulnerabilidade de que falava.

Ela está presente em particular nos escritos íntimos, mas também se deixa entrever por meio de seu romance *Adolphe*. Constant faz parte destas pessoas, muito numerosas na época, que sofreram um choque violento no início de sua existência: a morte da mãe num parto. É também o que acontece com Rousseau, mas no caso deste o trauma foi atenuado por um pai amoroso e por outros entes próximos; isso não aconteceu na vida de Constant. Em certo sentido, ele nunca se recompôs desse deletério início de vida. Nosso ser interior se constrói – é uma banalidade reconhecê-lo atualmente – com o auxílio do amor e da atenção que recebemos daqueles que nos cercam no decorrer de nossa primeira infância, especialmente de nossos pais. Uma criança que foi amada durante esses anos enfrenta a vida bem armada, bem protegida. Constant entra na idade adulta com um buraco enorme em sua armadura, que nada pode preencher, nem o amor das mulheres que encontra, nem o sucesso mundano. É então um eterno insatisfeito que não se ama, que sempre tem a impressão de roçar levemente o nada. Isso o torna, ao mesmo tempo, particularmente lúcido sobre si mesmo e sobre os outros. *Adolphe* pode ser lido como um tratado sobre a impossibilidade do amor. Não compartilho desses sentimentos nem dessa visão do mundo, mas acho sua expressão em Constant realmente emocionante.

Entre terrorismo da verdade e egoísmo da liberdade

Você dizia que a modernidade é uma noção muito mais ampla que o humanismo. Que relações o humanismo mantém com seus vizinhos, os outros "modernos"?

Na "modernidade" assim circunscrita, encontramos várias famílias de pensamento. Falo de famílias porque não são filosofias nem mesmo ideologias perfeitamente coerentes, mas conjunção de ideias. E, entre essas famílias, frequentemente há casamentos! Os grandes pensadores não podem ser enclausurados numa categoria única – Montaigne, Rousseau, ultrapassam qualquer rótulo. Os rótulos são úteis apenas para compreender as orientações do conjunto.

Já evoquei a família dos conservadores, que só a contragosto participa da modernidade. Fora dela encontramos, sobretudo na época moderna, duas grandes famílias, a dos cientificistas e a dos individualistas, que se opõem, tanto uma quanto a outra, ao humanismo, mas não da mesma maneira. De modo que os humanistas se encontram engajados simultaneamente em dois combates opostos. Vimos isso na ideia de universalidade: era preciso se distinguir tanto de um universalismo dogmático quanto de um relativismo generalizado. O humanista é um pouco como o cavaleiro Bayard:[14] ele se defende ao mesmo tempo à esquerda e à direita.

O termo "cientificismo", em sua proximidade com "ciência", poderia induzir a erro. Você poderia explicar o que é o cientificismo e em que ele se distingue da ciência... mesmo que aconteça de os cientistas serem cientificistas?

O cientificismo corresponde a uma visão do mundo, muito difundida e muito influente em nossa sociedade, mesmo que a palavra apareça raramente. Seu ponto de partida é a ideia de que o universo já é conhecido de maneira integral, exaustiva: é o postulado da "transparência do real". O passo seguinte consiste em dizer: "Dado que escrutinei o segredo de todos os processos naturais, posso reproduzi-los à minha maneira, orientando-os na direção desejada. Conheço o segredo do vivente, então posso criar novas espécies; conheço o segredo do átomo, então posso pô-lo tanto a serviço da guerra quanto da paz". Ainda há um passo seguinte: esse conhecimento funda não somente a técnica, meio de transformar o mundo, como

14 Pierre Terrail, senhor de Bayard, nobre francês nascido no Dauphiné e que encarna o personagem do *chevalier sans peur et sans reproche* [cavaleiro sem medo e sem máculas]. Exímio guerreiro, dotado de grande habilidade, ele simboliza os valores da cavalaria francesa do final da Idade Média. (N. T.)

também a moral e a política, por permitir estabelecer o justo e o injusto, os fins legítimos e ilegítimos.

Enfim, há uma última consequência: como se conhece a verdade, não há dificuldades para demandar a cada um sua opinião sobre o tema. Se o cientificismo se modifica em projeto político, culmina no totalitarismo, no qual, em nome das "leis" históricas, exterminam-se os burgueses e os *kulaks*, ou ainda, em nome das "leis" biológicas, exterminam-se os judeus. Se o cientificismo permanece apenas como uma força dentre outras, sem se tornar ideologia de Estado, tolera-se durante algum tempo o desvario daqueles que não estão de acordo... No entanto, no fim das contas, mesmo na democracia, as escolhas políticas que podem se revestir do prestígio da ciência acabam por se impor. Em nossas sociedades, os cientistas reencontraram a aura que tinham, em tempos pretéritos, os representantes da religião ou da nobreza. Quando tomam a palavra, todos nós temos a tendência a nos inclinar – sejam eles biólogos, físicos ou economistas...

Apesar de tudo, você não é contra a ciência!

Ocorre que, como você sugeria na questão precedente, o cientificismo não é a ciência. Tenho vontade de dizer: é o contrário. Comecemos pelo início: a hipótese preliminar, a da transparência do real, da possibilidade de um conhecimento integral do mundo, não tem em si mesma nada de científico. Essa hipótese é puro ato de fé, de um espírito estrangeiro àquele da ciência. Os cientificistas não diferenciam entre "tudo é cognoscível" e "tudo é conhecido", eles confundem o princípio abstrato com o estado atual da ciência – um conhecimento que os cientistas sabem ser provisório e incompleto. É a religião, é a ideologia, é em rigor a filosofia que pretende poder explicar tudo. A ciência jamais propõe algo além de um saber parcial e provisório, e ela é consciente disso. A ciência começa fazendo abstração, delimitando, excluindo, e não englobando tudo.

Estou de acordo com o fato de que a técnica se fundamenta na ciência, de que a transformação do mundo segue seu conhecimento. Mas acreditar que os ideais decorrem do conhecimento já é mistificação. Ernest Renan, um dos pensadores do cientificismo no século XIX, dizia: "A grande obra se realizará pela ciência, e não pela democracia".[15] Penso exatamente o contrário: a democracia, e portanto a vontade popular e os grandes princípios aos quais esta adere, é que devem orientar a vida pública, e não a ciência. Um ideal, um valor, jamais podem ser verdadeiros (ou falsos), somente elevados em maior ou menor medida. Jogando com o prestígio da ciência, busca-se dissimular escolhas que permanecem estritamente políticas. Não são os físicos que decidem bombardear Hiroshima e Nagasaki, não são os biólogos que escolhem investir enormes quantias para conseguir executar a clonagem humana.

Entretanto, são as descobertas deles que definem o possível...

Sim, e uma escarpa perigosa se esboça nas nossas sociedades: *poder* se torna *querer*, o que, por sua vez, se transforma em *dever*. Posso fazer uma coisa, então quero fazê-la; disponho de um instrumento, então me sirvo dele. O conformismo social ajudando, eis-nos aqui submetidos à técnica e ao pensamento técnico. Mas não é à ciência que devemos criticar por aquilo

15 Renan, *Dialogues philosophiques*, in: *Œuvres complètes*, t.I.

que chamamos de "terrorismo da verdade". A ciência favorece o espírito crítico, o questionamento dos dogmas, o debate aberto. Aliás, é por essa razão que os regimes totalitários, que se pretendiam científicos e na realidade não passavam de cientificistas, sufocavam a ciência. Na Alemanha nazista, estigmatizava-se a "física judaica" de Einstein, então bania-se a teoria da relatividade e a física quântica. Na Rússia, condenava-se a biologia "burguesa" de Mendel, preferindo antes as elucubrações de Lyssenko – como ainda falar, aqui, de um regime inspirado pela ciência? Pela mesma razão, os soviéticos perderam a revolução da informática.

Insisto nisso porque adoto simultânea ou sucessivamente duas atitudes: aspiro ao conhecimento do mundo humano e afirmo a superioridade de certos valores. Mas há solução de continuidade entre as duas. Não há, e não existirá jamais, uma política ou uma moral científica. A moral e a política são conduzidas pela vontade, e não pelo conhecimento. Devemos atentar, quando praticamos uma ou outra, para não colocar nossos desejos no lugar de nossas percepções. As ciências humanas têm de estudar o homem tal como ele é, e não tal como elas gostariam que fosse. O saber pode esclarecer a vontade, mas não saberia lhe ditar suas decisões.

O que você pensa então da composição do Comitê Nacional de Ética? Primeiramente os cientistas (médicos, biólogos, geneticistas), em seguida filósofos, porém na maior parte reconhecidos por seu pertencimento religioso. Isto é, para retomar uma expressão provocativa, "eruditos e padres"...

Só posso deplorá-la. Entenda-se: quando se fala de aborto, de embriões, de procriação medicamente assistida, é preciso compreender o que choca, mas creio que isso está ao alcance de qualquer bom colegial, não se precisa de um prêmio Nobel para isso. Ora, em matéria de ética, os eruditos não estão mais bem armados que os outros cidadãos – a menos que se suponha que a moral decorra automaticamente da ciência ou, dito de outra forma, que se pratique o cientificismo. Quanto à tendência que consiste em chamar o padre a cada vez que se trata de uma questão de moral, convenhamos, é de transformar qualquer sujeito num militante anticlerical! Nossa ética humanista, implicitamente presente no projeto democrático, estabelece a universalidade dos homens, valoriza a liberdade dos sujeitos, recusa-se a reduzir os indivíduos ao papel de instrumentos – nenhuma dessas escolhas exige a fé em Deus nem uma doutrina religiosa constituída. Deploro então essa tendência, tanto mais que a própria existência desse comitê me parece, ao contrário, uma boa coisa, bem dentro do espírito das democracias: uma instância respeitada por todos, que produz opiniões esclarecidas.

Se seguirmos você nessa forte demarcação do humanismo em relação ao cientificismo, podemos perguntar se as acusações correntes do humanismo hoje em dia não se baseiam numa falsa ideia: o humanismo compreendido como a onipotência do homem sobre a natureza, potência baseada na ciência. Será que então o anti-humanismo critica o humanismo por algo que ele não é?

O sonho do domínio total não é um sonho humanista: além disso, torno a dizer, também não é o sonho dos cientistas. Na ótica dos humanistas, permanece sempre uma parte que escapa às determinações, uma parte de caos, de mistério, de liberdade.

É, de modo resumido, o que a fórmula de Montaigne que escolhi como título de meu livro, o *Jardim imperfeito*, exprime: a existência humana é assim, o jardim se deixa cuidar, mas não saberia se transformar no Éden. A perfectibilidade existe, mas não a perfeição. É um rochedo de Sísifo, que degringola constantemente. Esta é a condição humana: é preciso recomeçar sempre, tudo deve ser retomado, nada fica jamais adquirido.

Esse sonho de perfeição impregna a mentalidade de nossos contemporâneos. Vejo um exemplo disso, um tanto marginal, na tendência de hoje (mais forte ainda nos Estados Unidos que na França) de buscar uma responsabilidade por trás de cada acontecimento e, portanto, a possibilidade de abrir um processo. Se a avalanche se desencadeia e engole qualquer um, é culpa dos fiscais do parque natural, que não a previram. Se você quebrar a perna ao andar por uma calçada, é culpa da prefeitura, que não fez manutenção em suas vias. Quando um plátano cai sobre uma barraca e mata doze campistas, em vez de ver nisso o efeito do acaso, de uma infeliz concorrência de circunstâncias, as pessoas se perguntam imediatamente: de quem é a culpa? A quem se pode condenar por esse acidente? Dado que tudo pode ser controlado, tudo corre o risco de ser desgarrado. Essa atitude nada tem de científica, e mais se aproxima de uma visão mágica do mundo. Eu me pergunto se não estávamos mais perto da ciência quando imputávamos esse gênero de acontecimentos à impenetrável providência divina.

De qualquer modo, o humanismo é atacado hoje pelos progressos das biotecnologias, pois, com a clonagem, a possibilidade de fabricar viventes fora da procriação sexuada, é a própria definição do ser humano que está em questão. Você compartilha da inquietação daqueles que temem a ameaça de um novo eugenismo?

O que há de preocupante em qualquer projeto de melhorar fisicamente o indivíduo e depois a espécie inteira é que a transformação em questão é irreversível e independente do futuro sujeito. A educação tem por objetivo nos tornar melhores, mais eruditos, mais humanos, porém essa é uma prática que se pode voltar a questionar a qualquer momento e na qual o sujeito educado toma, com o tempo, uma responsabilidade crescente. O eugenismo decide sobre o futuro sem consultar aqueles que irão vivê-lo, é claro, e sem mesmo consultar realmente os pais, que são obrigados a ter confiança nos detentores do saber.

Os humanistas aceitam os seres humanos como eles são, não participam de uma utopia política ou biológica, de uma pesquisa da perfeição. Para simplificar as coisas, eles reconhecem a parte da natureza. Um ser humano nasce naturalmente com um pênis ou uma vagina, uma criança é produzida naturalmente por um casal sexuado. Pode-se mudar de sexo, pode-se fabricar uma criança de modo artificial, mas não se pode fazer como se a norma natural não existisse. Às vezes tenho a impressão de que caminhamos para uma inversão dos preceitos estritos da moral católica: antes nos diziam "Não à sexualidade sem a procriação"; em breve se proclamará "Não à procriação com sexualidade!". Não quero dizer que seja preciso impedir uma escolha individual diferente, mas que é necessário hesitar antes de engajar fundos públicos nessa direção. Não consigo esquecer que o mundo atual está mais ameaçado por excesso de crianças do que atemorizado por escassez delas.

Admitir que a natureza existe não significa que convém cruzar os braços diante do já existente. Não se está condenado a escolher entre o utopismo e o conservadorismo. Como não se alegrar quando essas mesmas biotecnologias permitem observar as malformações e eliminá-las, curar as doenças genéticas? Mas seria preciso se ater a esse papel, e não se lançar numa melhoria geral da espécie. Em matéria de biologia, parece-me difícil renunciar a qualquer ideia de norma – saber como estabelecê-la é outra questão. O esforço coletivo deve pretender reparar o que é inferior à norma, e não substituí-la por uma norma superior: curar crianças doentes, em vez de produzir crianças mais inteligentes. É outra lição de Montesquieu: o poder limitado é o único legítimo.

Refletir sobre os perigos do pensamento cientificista é importante porque suas consequências são potencialmente graves: submissão da economia ao que se pretende ser suas próprias leis – como se ela não devesse estar a serviço dos homens –, contaminação nuclear, eugenismo.

Defenda-se à esquerda, então... e defenda-se à direita: a outra vertente na qual o humanismo deve defender sua posição diz respeito a sua concepção do indivíduo diante do individualismo ambiental. O combate, aqui, não é mais inofensivo que aquele com o cientificismo?

Ele não se situa no mesmo plano: passa-se da vida das sociedades à das pessoas, mas as consequências são igualmente onipresentes. Antes de tudo, o que distingue os individualistas é o fato de conceberem o indivíduo como uma entidade autossuficiente, é porem entre parênteses a vida necessariamente social dos homens, tanto nosso pertencimento a uma comunidade quanto nossa dependência em relação aos nossos próximos. Segundo essa concepção, o indivíduo – que também podemos chamar de sujeito, o eu, o si, o ser – existe para e por si mesmo, e só facultativamente entra em contato com os outros. A família é um entrave, útil somente enquanto não se ganha a vida; a comunidade é boa na medida em que favorece o desenvolvimento do indivíduo. O que se deve contestar aqui não são tanto os valores defendidos quanto a antropologia subjacente, inteiramente fantasista. Pois a autonomia do ser humano não é um ponto de partida, mas uma aquisição tardia e, além disso, facultativa. A relação precede o indivíduo: a criança tem necessidade de seus pais, ou de outros adultos, não só para sobreviver, mas também para adquirir uma consciência; portanto, para se tornar verdadeiramente um ser humano. Ela nasce no interior de uma língua; portanto, de uma comunidade, cercada de regras de vida estabelecidas anteriormente à sua aparição. A ficção de ser autossuficiente é perigosa, pois alimenta ações destrutivas do laço social e, portanto, potencialmente suicidas.

Por princípio, o individualista não aceita nenhum entrave a sua liberdade.

Então vocês, humanistas, são a favor da censura?

Aqui vamos nós! E você, é a favor do "é proibido proibir"? Sejamos sérios: não há sociedade sem proibições, sem normas, sem regras, o que não significa automaticamente a criação dessa instituição bem particular que é a censura. A autonomia do indivíduo é uma coisa boa, faz parte do programa humanista, mas não é ilimitada. Em primeiro lugar, porque existe ao seu lado a autonomia coletiva – a vontade geral, se você preferir –, e o interesse comum impõe restrições aos desejos de cada um. Além disso, queremos respeitar certos princípios gerais, independentemente de qualquer vontade coletiva ou individual; por exemplo, a pena de morte é uma barbárie, mesmo quando corresponde ao desejo da maioria.

"Tenho o direito de dizer (ou escrever) tudo": sob essa forma, a reivindicação me parece insustentável. Seria preciso em seguida explicitar: onde, quando, a quem, como. A lei pune a difamação, assim como pune a propaganda racista: por que não? Não se fala com as crianças como com os adultos, tanto na grande imprensa quanto nas publicações especializadas, tanto na ficção quanto num artigo, tanto no rádio quanto em casa. Minha liberdade é limitada pela liberdade dos outros em meu entorno: é preciso que eles tenham a liberdade de não me ouvir. É nisso que a pornografia pública, por exemplo, é condenável: porque sou obrigado a consumi-la, por pouco que eu saia na rua. Dizer isso não deveria provocar um alçar de escudos. É inútil gritar: "Os vigários estão voltando!" – tradição bem francesa.

O cientificismo nos priva de toda liberdade, o individualismo a fornece demais. Como os humanistas encontram a justa medida?

Eles não a conhecem previamente, apenas querem ter o direito de procurá-la. Por isso recusam as decisões absolutas, incontestáveis: é justa porque é verdade; é justa porque eu quero. Esse tipo de réplica fecha a discussão; seria preciso, ao contrário, mantê-la aberta.

Na sua opinião, o que o pensamento humanista é realmente incapaz de abordar? Dito de outra forma, quais são os limites do humanismo?

O humanismo apresenta um quadro, mas não nos diz como preenchê-lo. Ele nos ensina que atualmente é melhor viver numa sociedade que oferece direitos iguais a todos os seus membros, que favorece a expressão de sua vontade e impede que o indivíduo seja conduzido ao papel de instrumento, de parafuso numa máquina. Contudo, assim como isso não define uma política, conformar-se a essas exigências não garante uma vida feliz e realizada. O humanismo não nos ensina por que certas experiências são perturbadoras e outras não, por que o amor é possível ou impossível, por que uma paisagem ou uma peça musical podem nos levar ao êxtase. O humanismo não dá sentido a cada vida individual, não a preenche de beleza; ora, é isso que constitui o preço de uma existência: o contato com o sentido e a beleza, a comunhão com os seres e a natureza. Ele não faz isso, mas também não nos promete isso. Aceitemo-lo, então, como ele é.

Em matéria de barco, o humanismo é então uma canoa muito frágil para se embarcar no mundo!

Frágil canoa que só saberia conduzir-nos a uma frágil felicidade... Mas as outras soluções me parecem ou concebidas para uma raça de super-heróis, o que não somos (é preciso suspeitar de nossa tendência a confundir bem e verdade, nosso ideal da humanidade com o que sabemos dela), ou pesadamente carregadas de ilusões, de promessas que jamais serão cumpridas. Confio mais no barco humanista.

VII
O humanismo: práticas e obras

Dos princípios à ação – Pensar/agir –
Obedecer à sua consciência – A arte pode ser humanista?

Dos princípios à ação

Catherine Portevin – *Sua reflexão sobre o humanismo alimentou-se da leitura de autores clássicos, de Montaigne a Constant e Tocqueville. Atualmente pode-se ser humanista da mesma maneira?*

Tzvetan Todorov – Sim e não. A história nos forneceu conhecimentos de que os grandes ancestrais não dispunham. Em relação a Montaigne, Montesquieu ou mesmo Constant, o saber sobre as civilizações diferentes da nossa aumentou muito; portanto, mudou também a ideia que tínhamos sobre o que é universal e o que é particular de cada cultura. Antes de ter observado as nocividades do colonialismo do século XIX, não se imaginava que a ação de "civilizar os selvagens" pudesse ter tantos efeitos perversos. Inclusive até a época de Rousseau, não se poderia adivinhar que os projetos racionalistas de melhorar a ordem social corressem o risco de produzir o Terror, ou até mesmo se transformar no pesadelo totalitário. Em relação a isso, somos muito mais desconfiados que nossos predecessores. Se amanhã a Terra também for povoada por homens clonados, nossa própria ideia de homem será mudada. Isso não impede que as grandes lições dos humanistas clássicos, por menos que se faça esforço para compreender o que queriam dizer, permaneçam pertinentes. Esta é a aposta que faço: acredito que os pensamentos desses autores do passado são mais atuais que o jornal da manhã. Eles nos permitem sacudir nossos automatismos, ir além das aparências, no mais profundo do presente. Para isso, é preciso não os enclausurar em seu contexto histórico específico, mas acreditar em nossa humanidade comum, e, portanto, em nossa capacidade de dialogar com eles acima da distância dos séculos. Anões, podemos nos colocar sobre os ombros dos gigantes: esse é nosso privilégio de leitores.

No fundo, os princípios do humanismo não seriam uma versão laica dos mandamentos evangélicos, no sentido em que, como dizia Simone Weil, o Evangelho contém mais uma concepção da vida humana (teoria do homem) do que uma teologia (teoria de Deus)?[1]

Em certos aspectos, nós, europeus, crentes ou não, somos todos cristãos: somos formados segundo essa tradição, mesmo

---

1 Weil, *La Connaissance surnaturelle*, apud Girard, *Et je vois Satan tomber comme l'éclair*.

que seja para nos opor a ela. Já falamos de diferentes filiações que ligam o humanismo ao cristianismo. A presença de um homem-deus, de uma divindade encarnada, torna também essa religião próxima da ótica humanista. No entanto, a ruptura me parece decisiva: o humanismo não é uma religião, ele não implica um ato de fé. Também não é uma teoria científica. É um conjunto de princípios que nos permite compreender melhor e julgar as questões humanas.

Não seria jogar um pouco com as palavras, opor a fé religiosa ao que você chama de "aposta humanista"? Nos dois casos, não sabemos, não temos certeza, portanto solicitamos uma forma de crença. Afinal, Pascal já falava de uma aposta...

Quando se adere a um ideal em nome do qual se age sobre o real, faz-se uma aposta: nesse sentido, o parentesco está aí. Uns e outros acreditam na transcendência, na necessidade de conceber um "para além" ou um "acima" de nossa existência particular. Uns e outros consideram que o sacrifício de si pode ser legítimo, em nome de um valor mais precioso que sua própria vida. Mas o conteúdo desse ideal, aquilo em que ele nos engaja, não é o mesmo. Os humanistas não nos pedem para acreditar que o homem deve se dirigir ao Deus infinito e todo-poderoso, sem o qual ele não passa de poeira: tomam o homem como é, qualquer que seja ele. E não lhe prometem montanhas e maravilhas: nem a vida eterna, nem uma recompensa no Além pelos seus sofrimentos na Terra. É uma aposta sobre a perfectibilidade dos homens (muito diferente de uma crença na salvação final ou, aliás, no progresso linear) e sobre a possibilidade da felicidade que, apesar de tudo, sabemos ser bem frágil. E o sacrifício que se imagina aqui teria por beneficiários outros seres humanos, não Deus, não a Igreja, assim como também não a Revolução ou a Justiça universal.

Então você não é um cristão que não ousa sair do armário?

O comunismo apresentava-se como um inimigo da religião, então eu poderia, por reação, ter-me tornado cristão. Mas cresci numa família agnóstica, e creio que meus avós já o eram. Então, não conhecia nada do cristianismo enquanto vivia na Bulgária. Em contrapartida, como historiador do pensamento, não podia mais ignorá-lo. Os debates entre pelagianistas e agostinianos, realistas e nominalistas, Erasmo e Lutero, jesuítas e jansenistas, conservaram sua atualidade até nossos dias, prosseguindo sob outros rótulos. Leio Pascal e Dostoiévski com grande admiração. Mas só conheço a fé cristã a partir do exterior. A experiência espiritual me apaixona, a atitude religiosa continua a ser estrangeira para mim.

Com o que se parece, concretamente, a ação de um "humanista" hoje em dia? Nas décadas passadas podíamos pensar que sua principal figura fosse o que se chamou de "humanitário". Você se reconhece nisso?

A ação humanitária parte de uma ideia humanista: a unidade da espécie, portanto, da solidariedade que liga todos os seus membros. Ela é igualmente herdeira da caridade cristã: aqui, como lá, ajuda-se a quem sofre, aos doentes, aos pobres. Só que, desta vez, a justificativa pela humanidade se pôs no lugar da justificativa por Deus. O humanitário entra, assim, no quadro humanista, mesmo que ocupe apenas uma parte dele.

Compreendo que, numa época de desilusão em relação aos grandes projetos políticos – depois de Maio de 1968, depois do refluxo da ideologia comunista –, o humanitário apareça como uma alternativa desejável. Nada tenho a objetar, aqui, à ideologia dos direitos humanos, nem à satisfação que se pode experimentar em transformar suas convicções em atos... mesmo que a ação humanitária nem sempre escape à instrumentalização política. Espero que os humanitários não mudem seu modo de agir. Simplesmente, a experiência destes últimos anos nos ensinou que essa ação também possui suas armadilhas, sobre as quais atualmente já se tem bastante repertório. Uma delas concerne à midiatização: indispensável para chamar a atenção dos governos e para recolher fundos, ela pode facilmente virar um tributo ao macabro ou mesmo uma autopromoção. O agente humanitário deve suspeitar também dos efeitos perversos que advêm do fato de ocupar uma posição tão vantajosa: ele ajuda os outros de maneira desinteressada, sacrifica seu tempo e suas forças (armadilha bem repertoriada na história cristã da caridade: o orgulho do doador). A posição de beneficiário da ação humanitária também não é a melhor do mundo: ele é condenado a endossar o papel da vítima impotente; como ensina o ditado, uma boca que come não fala. A palavra trocada implica a reciprocidade dos dois parceiros, e não a comida dada por um ao outro.

Você vê uma vitória do humanismo no fato de que atualmente as ações políticas reivindiquem para si o humanitário, como aconteceu na intervenção no Kosovo em 1999? Você considera que o "dever de ingerência" seja uma tradução dos princípios humanistas em matéria de política estrangeira, de relações entre países?[2]

Ao contrário: vejo um desvio da ação humanitária. Nada revela isso melhor que esta fórmula: as "bombas humanitárias", que se presumiam misericordiosas, lançadas pelas forças da Otan sobre a população iugoslava. A expressão foi empregada numa apologia à intervenção por Vaclav Havel, presidente da República Tcheca, de quem eu havia admirado os escritos no tempo em que ele era dissidente. Que demonstração eloquente a deste caso típico: o meio utilizado impede de atingir o fim proclamado. Bombas humanitárias!

Não sou um pacifista e estou convencido de que a guerra pode ser legítima, ou até mesmo necessária. A meu ver, esse não era o caso em 1999 no Kosovo: a intervenção da Otan não se justificava. Contudo, supondo que o fosse, essa não teria sido em nada uma intervenção humanitária. No caso, tratava-se de uma simples máscara cômoda para uma ação política, um jogo de poderes. As guerras coloniais também eram feitas em nome de belos princípios. Não se deve comprometer a ideia humanitária dessa maneira. Eu o mato para lhe dar uma lição: essa não é minha concepção da filantropia! A guerra nunca é humanitária, o humanitário nunca é violento.

Além do mais, essa guerra contribuiu para aquilo que pretendia combater, a saber, a purificação étnica. Agora, todos os sérvios estão de um lado, todos os albaneses, de outro, com rancores acumulados por dezenas ou centenas de anos. Não há do que se orgulhar.

---

2 Ver Havel, "Moi aussi, je me sens albanais", *Le Monde*, 29 abr. 1999.

Então se deve deixar as pessoas morrerem sem mexer o dedo mindinho, apenas porque o caso se passa fora de nossas fronteiras? Você não está sendo levado a tolerar o fato de que os crimes permaneçam impunes?

O que me interessa, antes de mais nada, é que os crimes sejam impedidos; sua punição é um outro caso. Impedir que a população albanófona do Kosovo seja discriminada e perseguida pelo poder iugoslavo me parece uma finalidade legítima; continuo persuadido de que se poderia alcançar isso exercendo pressões que não sejam militares. Apesar de tudo, não se é obrigado a escolher entre Munique e Dresden, entre a capitulação diante da arrogância do inimigo e seu aniquilamento, aí incluída a população civil. Naquele caso, os homens políticos demonstraram uma singular falta de imaginação – ou de boa vontade. Não esqueçamos de que a cenoura é tão eficaz quanto o porrete. Se é preciso matar uns para salvar outros, deve-se admitir que o resultado é mitigado. Por isso prefiro falar não de um direito de ingerência, mas de um dever de assistência: um dever moral que exclui o recurso às bombas.

Quanto à punição, continuo mais reservado. No caso de Kosovo, as responsabilidades me parecem mais compartilhadas do que se disse. A situação parecia mais uma guerra civil, interétnica, do que uma perseguição em sentido único. Os excessos do Exército sérvio eram, em geral, uma resposta às provocações do Exército pró-albaneses, a UCK. Vemos isso bem na Macedônia, onde o mesmo cenário está se repetindo: provocações, repressão, movimento de solidariedade pelas vítimas. Nessas condições, punir uns, mas não outros, me parece não honrar os princípios da justiça.

Já lhe falei sobre minha reticência geral diante dos processos políticos, quando o vencedor não quer se contentar com sua vitória, mas se apega à ideia de que o vencido seja além de tudo um culpado. Essa dissimulação da política em justiça me é odiosa, é aproveitar-se de sua força para humilhar ou até mesmo eliminar o adversário. A própria possibilidade dessa perversão, que frequentemente é real, deveria nos fazer renunciar *a priori* a tais processos. E não é porque dirigentes são trocados que o povo deve renegar sua escolha precedente. Para um político, perder o poder já é uma punição suficiente. Não defendo uma imunidade absoluta dos políticos, que continuam a ser passíveis de um processo como os outros indivíduos. Mas condená-los penalmente porque praticaram uma política diferente do que aquela que prevalece hoje me parece indecente.

Além do mais, no momento em que eram chefes de Estado, os culpados de hoje com frequência eram apoiados pela maioria de sua população; então, esta é igualmente culpada? E como se pretende punir toda a população de um país? Para tanto, isso se parece menos com uma política humanista que com a justiça de Deus, ao enviar a desolação a Sodoma e Gomorra.

Você não teme que seus belos princípios humanistas sejam percebidos como boas intenções, com as quais só se pode estar de acordo, mas que permanecem impotentes diante da realidade? Dito de outra forma, você não corre o risco de ser reduzido ao papel da "boa alma"?

A impotência diante da realidade é efetivamente o primeiro sentimento que se apodera de mim quando leio o jornal. Passo de um país a outro, do Oriente Próximo à Indonésia, da Chechênia ao Texas, e só posso constatar: não, decididamente o mundo não anda bem. E não tenho a esperança de que isso mude daqui até minha morte, não confio na nova ordem mundial! Você conhece um meio rápido para melhorar o mundo?

Isso não quer dizer que eu ignore as mudanças globais realmente positivas. Por exemplo, os seres humanos têm uma esperança de vida maior hoje do que há cem anos. Tarefas físicas exaustivas que antigamente eram feitas pelos humanos hoje em dia são executadas por máquinas. A escravidão e a discriminação racial diminuíram. O que não melhorou foram os próprios indivíduos.

Nem por isso defendo a resignação, mesmo vivida em serenidade. A perfeição não pertence a este mundo, mas o melhor e o pior existem, disso tenho certeza. Não alimentar grandes ilusões não significa cruzar os braços. Minha própria ação sobre o mundo passa pelo verbo: escrevo para buscar a verdade, mas também para agir sobre o espírito de meus contemporâneos.

O pensamento humanista não define uma política; ele preferencialmente insere algumas marcas que permitem julgar as diferentes políticas. Dizer que todos os seres humanos desfrutam da mesma dignidade, que é preciso respeitar a autonomia da vontade, que as pessoas devem ser a finalidade última de nossas ações, isso não basta como programa de um partido. Dizer que o direito é preferível à força, porque a lei é universal, não basta para explicar por que o Estado democrático se baseia ao mesmo tempo no direito *e* na força – por exemplo, para gerir suas relações com outros Estados, ou mesmo para se tornar uma realidade (a Revolução Francesa não é em si mesma um ato democrático, nem especialmente em conformidade com o humanismo). Os princípios humanistas também não permitem determinar as escolhas e as estratégias econômicas, mesmo que sejam capazes de erigir algumas balizas. Cabe aos homens políticos esta difícil e, no fim de contas, nobre tarefa: converter os princípios em medidas concretas, traduzir o quadro geral em ações, hierarquizar as exigências, encontrar os bons compromissos entre os interesses em conflito. A cada um, seu papel.

Seria eu uma "boa alma" porque não trabalho num gabinete ministerial, nem faço manifestações na praça da Bastilha, com uma bandeira nas mãos, nem assino cotidianamente petições? Não acho que teria ajudado mais a transformar o mundo escolhendo essas outras vias.

Apesar disso, você se engaja em certos temas: penso, por exemplo, em sua coluna no Le Monde *a respeito das "Leis Debré", em 1997, em que cita longamente seu caro Benjamin Constant. Aquela foi uma intervenção humanista?*[3]

De fato, citei uma bela passagem de Constant, que funda o direito à desobediência civil quando se julga que a lei vai de encontro aos próprios princípios do direito ou da ética universal. As leis em questão concerniam ao estatuto dos estrangeiros na França; tratava-se de um projeto, e expressar-se sobre ele poderia influenciar – ademais, a proposta de lei foi modificada. O texto inicial previa punir todos aqueles que não denunciassem a presença de um estrangeiro ilegal. Ali estava uma invasão flagrante do controle público sobre a esfera privada: em primeiro lugar, ao receber um amigo estrangeiro, não lhe pergunto se seus papéis estão regularizados; em seguida, mesmo que eu

3 Institutions et xénophobie, *Le Monde*, Paris, 19 fev. 1997.

saiba que eles não estão, não vou denunciá-lo, pois ser estrangeiro não é, afinal de contas, um crime! Então podemos dizer que, sim, protestar contra esse projeto de lei era uma forma de julgar a ação política sob a égide dos princípios humanistas, assinalar uma inadequação entre os dois. Não obstante, o humanismo é mais uma educação dos espíritos que um aguilhão para intervir na vida política do dia a dia.

Finalmente: você tem confiança no homem?

Não particularmente. Acredito que somos capazes das maiores vilanias e que, além de tudo, elas não são muito inteligentes. A maneira pela qual a população francesa tomou por favas contadas o que as mídias e o governo lhe diziam, tanto a respeito de Chernobyl quanto do Iraque ou do Kosovo, me deixou pensativo. Como, depois disso, ficar surpreso com o fato de que a propaganda totalitária tenha funcionado tão bem? Não, eu não tenho confiança. Mas tenho ternura. Somos seres tão desajeitados, tão ingênuos, que merecemos um pouco de compaixão.

Pensar/agir

Insisto sobre o que atualmente poderia ser "agir como humanista", pois compatibilizar as ideias e os atos, a identidade e o trabalho, o discurso e o mundo, como se pensa e como se vive, é, precisamente, sua preocupação principal. Assim sendo, qual é sua posição sobre o engajamento dos intelectuais? Intervir no debate público – o que você pratica pouco – é para você, intelectual, um dever?

Gostaria de partir de uma distinção, aquela entre "engajado" e "responsável". Sempre se questionam os intelectuais: você é engajado? É preciso ser engajado? Contudo, isso não tem interesse: o engajamento é a coisa mais fácil do mundo, todos se engajam por uma causa ou por outra, é a prosa de Monsieur Jourdain,[4] cada um fica contente em pôr suas capacidades e seu entusiasmo a serviço de seus ideais, e o intelectual nada tem de específico em relação a isso. A responsabilidade é algo completamente distinto disso. Diferentemente dos simples mortais, o intelectual – escritor, erudito, filósofo – propõe, em seus dizeres e escritos, uma interpretação do mundo. Quando ele se torna um homem de ação, tem a obrigação moral – é sua *responsabilidade* – de permanecer coerente com suas teorias. Um intelectual irresponsável é aquele que faz uma coisa diferente daquilo que diz, que simplesmente tira proveito de sua notoriedade para atrair outros, que não ele, sobre a via que lhe convém em um momento ou outro. Sendo sua profissão refletir, suas obrigações são mais pesadas que as dos outros.

Quando, após a Liberação, Robert Brasillach[5] foi condenado à morte, homens de letras fizeram circular uma petição deman-

---

4 *Faire de la prose sans le savoir*, locução proverbial que se tornou uma expressão corrente francesa para significar o sucesso numa atividade sem sabê-lo. Ela tem origem na célebre peça de Molière, *O burguês fidalgo*, na qual o personagem Monsieur Jourdain (no Ato II, cena IV) fica sabendo que toda linguagem seria classificada segundo a maneira de dizer, como poesia ou prosa, e fica exultante ao constatar que fazia prosa o tempo todo sem sabê-lo. (N. T.)

5 Robert Brasillach foi um escritor, jornalista e crítico de cinema francês, que abraçou o fascismo a partir de 1930. Sob a Ocupação, tornou-se redator-chefe do jornal colaboracionista e antissemita *Je*

dando sua graça. François Mauriac, que havia tomado corajosamente o partido da Resistência durante a guerra, foi um dos iniciadores. Camus assinou, adicionando um pequeno comentário judicioso: ele assinalava que, segundo qualquer probabilidade, Brasillach jamais teria assinado uma petição caso ele, Camus, tivesse sido condenado à morte pelos alemães! Mas De Gaulle recusou a graça e Brasillach foi fuzilado. Nessa ocasião, De Gaulle disse: "Pecado de intelectual". Então, pecado particularmente pesado, constituindo um agravante o fato de ser intelectual. Ele, que se presumia conhecer e esclarecer os outros, conduziu-os ao desastre. Arendt desenvolveu esse mesmo tema num belo ensaio dedicado à carreira política de Brecht. No texto, ela relembra o provérbio romano: "O que é permitido ao boi (isto é, ao indivíduo, ao homem do povo), não é permitido a Júpiter".[6] Quanto mais se tem poder (político, intelectual, simbólico), maiores são suas responsabilidades.

Qual seria, para você, a figura de um intelectual responsável?

Tomemos o caso de Albert Camus. O que me atrai nele não é o fato de que suas escolhas me convenham mais que, por exemplo, as de Sartre, mas sim porque ele mudou de convicções políticas e de ligações afetivas em função daquilo que considerava ser a verdade. Podemos lembrar o grande tema dos anos 1940 e 1950: a atitude em relação ao comunismo soviético. Ligado ao meio da Resistência, Camus era próximo dos comunistas, da

---

Suis Partout. Por seus escritos políticos, foi julgado, preso e fuzilado durante o expurgo. (N. T.)

6 Arendt, *Vies politiques*, op. cit.

esquerda francesa, que era mais ou menos pró-soviética. Pouco a pouco ele se deu conta de que a "pátria do socialismo" era uma mentira; rompeu então com seus antigos amigos, correndo assim o risco do ostracismo, e de ser alvo dos sarcasmos, da hostilidade deles. Assim fazendo, assumia suas responsabilidades de escritor, de homem de letras, de pensador: ele se sentia obrigado a dizer a seus leitores o que julgava ser a verdade.

Pensemos agora em Raymond Aron, que, em relação ao totalitarismo, tomou posições semelhantes às de Camus, mas compreendendo sua responsabilidade de outra maneira. O paralelo Camus-Aron me parece, desse ponto de vista, mais interessante que aquele que se faz habitualmente, entre Sartre e Aron.

A responsabilidade é sempre uma coerência entre o discurso que se produz e o mundo. Mas de que mundo se trata? Para Camus, o indivíduo devia antes de tudo permanecer fiel a si mesmo, ao seu ser profundo, à sua consciência, e jamais mentir para si, ser rigorosamente honesto, mesmo que nada tivesse a ganhar com isso. Para Aron, a responsabilidade consiste primeiramente em se dedicar ao estudo meticuloso do mundo, para só formar suas opiniões com conhecimento de causa. De um lado, uma correspondência subjetiva, entre o discurso e o sujeito que fala; de outro, uma adequação objetiva, entre o discurso e o mundo de que se fala. E talvez: uma responsabilidade de escritor, de um lado, e uma responsabilidade de erudito, de outro.

Você se encontrou com Raymond Aron?

Não, ele morreu antes que eu começasse a me interessar pelo campo em que ele adquiriu excelência. Ele nada dizia ao especialista em teoria literária, mas eu conhecia suas tomadas de posição em relação ao totalitarismo, e as aprovava. Diferentemente dos jovens simpáticos, mas irrealistas, que eu frequentava na minha chegada à França, ele sabia do que falava. Ele havia conservado a "cabeça fria", como sempre se dizia dele, e insistia em levantar as realidades por trás dos belos discursos. Nos anos seguintes, em contrapartida, estudei muito sua obra.

A meu ver, Aron alia de maneira notável a extensão da informação com o rigor do raciocínio, pois, de partida, era de fato muito erudito – infinitamente mais que Sartre, e também mais que a maior parte de seus colegas universitários. Ele conhecia bem a história política, a sociologia, a economia, mas também a história das ideias e a filosofia. Ora, esse saber não era para ele uma finalidade em si, como muitas vezes ocorre para os especialistas, esmagados por sua erudição; ele o utilizava a serviço do raciocínio, do diálogo com o leitor – de qualquer leitor, além disso, pois escrevia num jornal. Assumia maravilhosamente seu papel, que consiste em pôr nas mãos de todos o saber necessário para que cada um possa refletir por si mesmo. E sugeria uma solução, mas sem afirmá-la, sem apagar os pontos de interrogação. É privilégio das melhores inteligências poder nos conduzir assim, pela mão. Só tive a mesma sensação, creio eu, lendo Isaïah Berlin. Ainda hoje, se vou escrever sobre um tema, vejo antes se Aron já não o tratou, se ele não o desnudou para mim.

Você não fica incomodado pela espécie de aridez que podia haver nele, por esse virtuosismo no pragmatismo?

Que ele seja árido? Se ele diz a verdade, eu aceito. Em geral, não o acho seco, gosto de seu rigor e de sua probidade; algumas de suas páginas são mesmo deslumbrantes. Isso não impede que por vezes eu não concorde com ele, e não deixo de dizê-lo: essas diferenças entre mim e um autor que admiro me parecem mais interessantes que aquelas entre mim e Hitler... Isso ocorre em meu último livro, *Memória do mal, tentação do bem*, em que aproveito, é claro, a análise de Aron sobre o totalitarismo, e o critico também, quando não me sinto convencido. É mesmo o único autor que critico, o que é um pouco paradoxal, mas é justamente porque me sinto próximo dele: isso me permite formular melhor meu próprio pensamento.

Voltemos ao paralelo Camus-Aron. O que diziam um do outro?

Não sei se Camus escreveu sobre Aron, mas este falou várias vezes sobre Camus, e nem sempre foi lisonjeiro. No fundo, tinham concepções bem diferentes acerca de seu papel. Desde antes da guerra, Aron tinha decidido não se permitir condenar de maneira peremptória uma ação política, a menos que fosse capaz de propor uma solução melhor no lugar dela. Suas intervenções estavam então intimamente ligadas à atualidade política, e ele queria afirmar, com todas as letras, as consequências de suas escolhas fundamentais. Por exemplo, dado que defendia a democracia, ia apoiar a entrada da França no Tratado do Atlântico Norte e renunciar ao floreado gaullista da busca de uma terceira via entre russos e norte-americanos. Esse tipo de implicação na política no dia a dia era estranho a Camus, que assumia a posição mais tradicional do comentador independente, discutindo sobre o bem e o mal, sem propor receitas para a ação presente. Aron o reprovava um pouco, pois achava que

Camus permanecia por demais um intelectual à moda francesa, uma "boa alma".

Em relação ao conflito argelino, eles também não tiveram a mesma atitude...

Aron analisa antes de tudo a situação econômica, vê que a colônia é um desastre para a França e disso tira uma conclusão: é preciso frear a guerra, conceder a independência. Ele não apela para princípios morais – que só convenceriam aqueles que acreditavam nisso – e se dirige aos dirigentes políticos, àqueles que deveriam lutar com todas as forças pelos interesses da França, e lhes prova que, economicamente, a guerra e a vitória seriam uma catástrofe. Camus, ele próprio um *pied-noir*, permanece mergulhado num dilema moral. Ele fica dilacerado entre suas ligações afetivas – por essa terra, por sua família, por seus amigos de infância – e os princípios de justiça nos quais acredita, que o levaram a aprovar a descolonização. Durante certo tempo, ele busca soluções de compromisso – e nisso é próximo de Germaine Tillion –, e depois, quando a guerra se torna muito intensa, toma uma decisão forte: busca permanecer calado. Continua a intervir em casos individuais para salvar vidas, porém não mais se expressa publicamente. Aron julga essa atitude de maneira muito severa: é aquela, ele diz inicialmente, do "colonizador de boa vontade"; em seguida, reprova-o por sua abdicação. Em outras palavras, ele não compreende a responsabilidade subjetiva de Camus, sua exigência de verdade para consigo próprio, e queria que aquele autor assumisse uma responsabilidade objetiva, que agisse em função daquilo que sabia ser a verdade do mundo.

Talvez Aron não tivesse subjetividade, ou melhor, talvez julgasse como uma fraqueza o fato de Camus levar em conta seus afetos, suas ligações pessoais, sua identidade...

Por vezes, seria possível acreditar nisso, mas nem sempre. Por ocasião da Guerra dos Seis Dias entre Israel e os países árabes, ele tem uma reação diferente. Ele se sente em solidariedade afetiva com Israel e está pronto a roubar (metaforicamente) para ajudar esse país, sem buscar se informar nem analisar a situação previamente. Essa diferença de atitude choca ele mesmo, quando redige suas *Memórias*.[7] Nessa ocasião, fato curioso, ele volta a evocar a reação de Camus diante da guerra da Argélia, mas desta vez para reivindicá-la. Ele não percebe que, cem páginas antes, havia condenado esse gesto; agora, é ele que demanda o direito a uma verdade pessoal. Para dizê-lo, recorre a uma fórmula interessante: em certos momentos, explica, o intelectual deve renunciar aos argumentos lógicos e à análise racional, e reagir com seu ser, "ele se cala ou obedece ao seu demônio".

Essa frase me deixa pensativo. Digo a mim mesmo que, diante dessa escolha, Camus escolheu se calar, e Aron, obedecer ao seu demônio. Admiro mais o gesto de Camus que o de Aron. Fazendo uma exceção no caso em que sua solidariedade estivesse engajada, Aron abre uma brecha em sua própria posição e justifica antecipadamente todas as cegueiras, pois podemos invocar uma solidariedade irreprimível. Nesse momento, ele está no engajamento e não na responsabilidade. A responsabilidade objetiva de Aron ficou arranhada quando se tratou

7 Aron, *Mémoires*, op. cit.

de uma situação à qual não reagiu pela razão, mas pelo afeto (seu "demônio"). Camus calou-se porque compreendeu que não poderia, sem renegar a si mesmo, escolher; permaneceu fiel à via da responsabilidade subjetiva que lhe era própria.

Outra diferença entre os dois é que, mesmo que ambos escrevam livros, um é escritor, e o outro, não.

Nesse sentido da palavra, o escritor não é aquele que redige belas frases – e elas não faltam a Aron –, mas aquele que se coloca pessoalmente em sua escritura. Aron fez bem aquilo que fazia – o jornalismo, os livros de história ou de filosofia –, mas não está pessoalmente presente em sua obra. Nem mesmo em suas *Memórias*, e só um pouco nas entrevistas do *Spectateur engagé* [Espectador envolvido]. Isso seguramente se deve a razões pessoais – sua educação, as tradições familiares, o meio dos estudantes, os reflexos do jornalista; mas pode lamentar que, na maior parte do tempo, manteve seu "demônio" velado. Talvez fosse severo demais consigo mesmo. Nesse sentido, ele não criou uma obra, apesar de ter tido tantas boas ideias: uma obra é o encontro de um pensamento com um destino, carregado pela paixão desencadeada pela forma. Camus produziu uma obra.

Obedecer à sua consciência

E você, em qual dessas duas figuras se reconhece mais?

Em primeiro lugar, reconheço em ambos um talento amplamente superior ao meu. Quanto à questão, fico dividido. Evidentemente pratico um gênero de escritura mais próximo do gênero de Aron: não escrevo ficção nem peças de teatro, como Camus; e me interesso, como Aron, pela história das ideias, pela história política. Por outro lado, vejo as críticas que ele fazia a Camus: não participo da vida política no dia a dia, não proponho soluções concretas e me contento em comentar os acontecimentos de longe, sem correr riscos. Sou, portanto, uma via que combina os inconvenientes de um e de outro... Digamos que tento não esquecer de quem sou quando escrevo, buscando também me informar tanto quanto possível. Deixo a você a tarefa de escolher o rótulo.

Suspendo minha escolha para voltar à minha questão inicial: na sua opinião, que relação se estabelece entre saber e pensamento, por um lado, e ação, por outro? Seus estudos sobre a história do humanismo o tornaram mais... humano?

Continuo a ser um discípulo das Luzes, por acreditar que a educação, o saber, a cultura, podem nos tornar melhores, podem fazer de nós seres mais autônomos, permitem-nos realizar uma das vocações do gênero humano. Mas essa convicção global, sem a qual eu não escreveria livros nem trabalharia para a Educação Nacional, deve ser acompanhada por todos os tipos de restrições e de precisões. Em seu tempo, Rousseau já havia se encarregado disso: o progresso moral não segue de maneira automática a acumulação dos conhecimentos, contrariamente ao que pressupõe o pensamento cientificista. Não se deve ficar surpreso demais, como aconteceu com os juízes de Nuremberg, com o fato de que os homens que comandavam o extermínio dos judeus haviam feito estudos superiores.

Vimos também que Tocqueville, homem instruído dentre os eruditos, que analisava com lucidez e compaixão o extermínio dos índios na América, não hesitava em encorajar a conquista da Argélia e a subordinação de seus habitantes. Esses contraexemplos, é claro, não comprometem toda a ideia de educação. Para tomar um exemplo diferente, uma relação direta se estabelece entre o controle de nascimentos – que é algo mais que uma boa coisa, é uma necessidade – e o nível de alfabetização das mulheres. Nesse caso preciso, a educação é absolutamente necessária para a humanidade – se esta, em todo caso, quiser sobreviver em boas condições.

Sabemos bem que a razão, o saber, a alta cultura, não são a garantia do progresso moral. Mas então o que é que nos faz agir de maneira justa?

Não é o saber ou, em todo caso, não é o saber de maneira mecânica. Também não é o que chamamos de razão. Esta, como dizia Benjamin Constant, é um instrumento infinitamente vergável, flexível, ao qual se pode fazer dizer qualquer coisa: "Em nome da razão infalível, ele escrevia, entregaram-se os cristãos às feras e enviaram-se os judeus para a fogueira".[8] Podemos argumentar logicamente qualquer tese, pois o mundo é suficientemente complexo para fornecer argumentos em favor de qualquer coisa.

Se você não possuir, em seu interior, uma certeza ligada ao sentimento do justo e do injusto, então todas as balizas morais podem desmoronar. É talvez o que Rousseau, por sua vez, chamava de "consciência". Eis como compreendo sua ideia:

8 Constant, *De la Religion*, op. cit.

cada um de nós interioriza certas experiências fundamentais, ligadas antes de tudo à infância e ao amor de nossos pais. Daí nascem reações sobre as quais não temos necessidade de refletir. Mencius, um sábio chinês do século V antes de nossa era, dizia algo como: "Se vejo uma criança cair no poço, em primeiro lugar precipito-me para salvá-la, raciocino depois". Sem essas intuições de base, de nada vale a razão: pode-se fazê-la obedecer a qualquer objetivo. Todos os grandes criminosos da história, principalmente no mundo totalitário, tinham um problema quanto às experiências fundamentais – portanto, da consciência. Todavia, não podemos ficar nisso: às vezes, nossas intuições são mudas, outras vezes, contraditórias; é preciso poder confrontar nossas certezas pessoais às dos outros. Certas solidariedades, como acabamos de falar, são mais legítimas que outras; espontaneamente, sou levado a simpatizar com os "meus" ("certo ou errado, é meu país", diz um famoso provérbio inglês), o que pode me levar a cometer grandes injustiças. É preciso poder questionar a consciência. É aqui que intervêm a razão, os argumentos racionais, o diálogo com os outros: tento colocar-me em seu lugar e admito o princípio de reciprocidade. A esse respeito, Rousseau fala também da "alma esclarecida pela razão", o que me parece uma fórmula sugestiva.[9]

No que me diz respeito, procuro esses argumentos lendo os outros, dos quais, por minha vez, em seguida me sirvo para tentar convencer meus leitores. Mas a força que me motiva seguramente provém de alguns episódios minúsculos, como aqueles que já lhe contei. Daí advém uma ligação quase visceral com os grandes princípios da democracia liberal. Mesmo

9 Rousseau, *Émile*, op. cit.

que eu possa criticar suas fraquezas, não suporto vê-la recolocada em questão.

Entretanto, além disso, não fica algo de inexplicável, de imprevisível... como é, depois de tudo, característico da humanidade? Falávamos da grande Germaine Tillion: ela tinha ideias claras, um saber, um senso de julgamento, ou até mesmo convicções, mas não foi por isso que entrou imediatamente na Resistência, em junho de 1940; ela mesma fala desse engajamento como de um reflexo que vinha das entranhas...[10]

É claro que outros eruditos, outros etnólogos, outras francesas de sua idade, não fizeram isso. Ela mesma, se lhe houvéssemos feito a questão antes de 15 de junho de 1940, não teria sabido o que responder. Ela estava pronta a arriscar sua vida para defender a pátria? Ela não sabia, mas entendeu imediatamente no dia em que Pétain declarou o armistício. Ela não reagiu raciocinando, mas "porque era ela"– como na escolha de um amigo por Montaigne. Todavia, logo após, começou a raciocinar. E seu primeiro texto não etnológico – um texto de 1941, como acabo de descobrir em seus papéis, destinado a um jornal clandestino que deixou de ser publicado antes que o artigo aparecesse – era sobre a causa da verdade. Nele, afirma que nossas solidariedades instintivas, nosso engajamento pela causa da pátria, jamais devem nos levar a manipular a verdade. No que me diz respeito, enquanto a questão não me é posta pelas circunstâncias, a resposta que poderia lhe dar não tem interesse. Meu conhecimento e meu trabalho me permitem – espero! – compreender o mundo melhor, mas eles não

10 Tillion, *À la Recherche du vrai et du juste*.

fornecem nenhuma garantia de meu comportamento diante do extremo. Talvez, em meu medo, eu traísse minhas convicções. Não creio que a firmeza de alma requerida dependa então dos livros que lemos ou escrevemos; no entanto, o que pensamos do mundo, sim.

A arte pode ser humanista?

O humanismo, então, não saberia ser uma política, mas será que pode se tornar uma estética? O que seria, para você, uma literatura humanista?

É preciso escolher aqui a maneira de interpretar essa expressão.

Em primeiro lugar, um sentido bem geral: a literatura é quase necessariamente "humanista", na própria medida em que, obra de linguagem, ela se dirige aos outros homens e reconhece assim nosso pertencimento comum à mesma espécie. Nesse sentido, toda literatura é universal, desde Homero até Beckett; ela adiciona sentido e forma à vida de todos os homens. De nada adianta a mensagem de Beckett, admitamos como hipótese, anti-humanista, pois a limpidez de seu estilo, o rigor de suas construções, seu humor irresistível, dão testemunho de um cuidado e de um respeito pelo leitor. Seus textos são, eu diria, profundamente fraternais, mesmo quando descrevem a ausência de qualquer fraternidade. Somente se a literatura entravasse a compreensão ela escaparia a essa vocação – não inteiramente, pois a linguagem sempre traz um sentido, mas digamos que ela lhe imporia resistência. Penso aqui em certa poesia experimental, feita de sons linguísticos, mas não de palavras ou, mais geralmente, de tendência ao hermetismo.

Ao contrário, num sentido bem particular, seriam "humanistas" certos livros que expressam, pela palavra do autor ou dos personagens, assim como pelo desenrolar da intriga, um pensamento humanista. Às vezes, esses autores publicam, ao lado de seus romances, alguns ensaios, ou entrevistas, ou artigos, nos quais apresentam diretamente suas convicções humanistas. Estudo alguns exemplos em *Memória do mal*: Vassili Grossman, Romain Gary. A literatura é também ideologia, apesar de não se reduzir a ela, e pode ser a ideologia humanista.

Enfim, um terceiro sentido, sem dúvida o mais interessante: não mais condição geral da literatura, nem mensagem particular da obra, mas escolha das próprias formas literárias. Estas mudam, e o advento do pensamento humanista provocou também uma perturbação na evolução da arte.

Essa análise do sentido das formas (isto é: como as formas pensam?) corresponde a um procedimento que, pelo que sei, você não praticou muito com a literatura...

É verdade que, na época em que eu analisava obras literárias, essa perspectiva não me era prioritária, mas a pratiquei ocasionalmente; por exemplo, a respeito das narrativas de Dostoiévski ou de Henry James. Desde então, a oportunidade não se apresentou. Outros, que não eu, a fizeram; conheço seu trabalho e o admiro. Por exemplo, fiz traduzir na *Poétique* o primeiro capítulo de um notável livro de Ian Watt, historiador da literatura de quem já falamos, sobre o nascimento do romance.[11] Nessa obra, Watt mostra justamente como a nova ideologia individualista e empirista, que abre um caminho no século XVII, transforma a prosa narrativa nisso que chamamos de "romance". Como aparecem os indivíduos, como será reconhecida sua irredutível diversidade, como o mundo fenomenal, concreto, imprevisível, se põe no lugar do antigo universo povoado por alegorias, por essências personificadas.

Em contrapartida, você analisou a pintura sob esse ângulo em dois livros de arte, dedicados à pintura flamenga do século XV e à pintura holandesa do século XVII, Éloge de l'individu *[Elogio do indivíduo] e* Éloge du quotidien *[Elogio do cotidiano]. Por que escolher essa arte e esses períodos?*

Fazia tempo que eu me sentia emocionado com a pintura – já lhe falei sobre meus amigos pintores do tempo em que era estudante e de minhas primeiras visitas a museus estrangeiros, na Rússia ou em Budapeste. A partir de certo momento, percebi que minha emoção me levava para os pintores do Norte, flamengos e holandeses. Foi assim, depois de tudo, que a identidade se construiu: ao questionar-me sobre meus próprios gostos espontâneos, descobri progressivamente quem eu era.

Utilizei a palavra "elogio" no título de meus dois livros sobre a pintura porque acredito que a imagem é sempre o elogio daquilo que ela mostra. O quadro, em geral, não contém uma afirmação clara, tal como a produzida pela linguagem, ou então a abriga somente nos gêneros didáticos bem codificados. Mas a própria presença daquilo que é mostrado, e a maneira pela qual o é, constitui uma espécie de afirmação primeira: isso

11 Watt, *The Rise of the Novel.*

existe, é digno de ser representado, e desta maneira particular. É como uma frase que só teria um sujeito, e não um predicado; ela diz: "É José", "É a Virgem", "É uma leiteira", "É uma criança doente", mas sempre adicionando: "e merece ser vista". Mostrar é pensar, e também na pintura é o pensamento que me apaixona. Isso é particularmente verdadeiro para a pintura figurativa, pela qual tenho predileção. É para melhor compreender essa pintura e porque ela me era tão próxima que escrevi esses dois livros – eu aprendo escrevendo.

Como, então, você pensa a pintura flamenga do século XV?

Van Eyck, na primeira metade do século XV, será o primeiro a representar um objeto cortado pela moldura do quadro. Puro capricho, uma "coisa" feita para se distinguir, diriam. De forma alguma. Se os objetos nos forem mostrados sempre por inteiro, é porque existem assim em si mesmos, independentemente de qualquer olhar. Não deixar que coincidam a moldura do quadro e as fronteiras dos objetos é reservar o quadro àquilo que é visto por qualquer um, e não àquilo que existe em si; ou, dito de outra forma, é reconhecer a subjetividade do pintor. Para nós, é óbvio que o pintor representativo mostra aquilo que vê: é bem por isso que ele se instala diante da Notre-Dame ou da Sacré-Cœur com seu cavalete! Mas isso não é evidente, e durante um longo período a pintura mostrou o que são as coisas e os seres, e não a visão que alguém pôde ter. Toda a introdução da perspectiva é cúmplice dessa subjetividade reconhecida do pintor e, por isso mesmo, do espectador, portanto, do indivíduo.

Ou tome a ideia do tempo... Numa iluminura do início do século XV, se verá pela primeira vez que os objetos lançam uma sombra. O que significa essa inovação? É que o visível habita o tempo, com uma sombra longa pela manhã e curta ao meio-dia; portanto, pintando a sombra, mostra-se também a hora. Antigamente, os objetos não tinham sombra, porque existiam na eternidade, sob o olhar de Deus, e não dos homens. Também não era praxe mostrar os signos do envelhecimento: buscava-se apreender a essência do objeto ou do ser. Outra imagem dos mesmos irmãos Limbourg, os ilustradores de *Très Riches Heures du duc de Berry* [As riquíssimas horas do duque de Berry], mostra a primeira neve na história da pintura ocidental, pois a neve é passageira, um estado provisório do mundo, nem essencial, nem imutável. Outra iluminura exibe dois homens sorrindo. É claro que os homens sempre sorriram, mas, na arte cristã anterior ao século XV, não se procurava representar o fugidio, o transitório, o instantâneo; ora, claro que o sorriso não é um estado permanente. Essas eram ideias inconcebíveis alguns séculos atrás, ideias não menos importantes que "Proletários de todos os países, uni-vos".

Elogio do indivíduo, elogio do cotidiano: não podemos nos impedir de notar que os temas que você distingue na pintura replicam aqueles de seus outros trabalhos. Que relações essas ideias mantêm com o pensamento humanista?

Evidentemente, o laço não é fortuito. O procedimento que adotei com a pintura coincide com uma tomada de consciência de minhas escolhas em outros campos. *Diante do extremo*, meu ensaio sobre a vida moral nos campos de concentração –

um universo completamente diferente da Holanda do século XVII! – era uma reflexão sobre os valores heroicos e os valores cotidianos; o laço com *Éloge du quotidien* estava aí, para mim, em linha reta. E *O jardim imperfeito*, em que desenvolvo a concepção humanista do indivíduo, está em continuidade com *Éloge de l'individu*. De fato, vejo uma relação muito direta entre o pensamento dos pintores flamengos do século XV e o humanismo. Isto que Montaigne formulará no final do século XVI – justificar a amizade pela identidade individual de seu amigo, justificar o valor de seus *Ensaios* por sua própria identidade –, Robert Campin e Jan van Eyck já haviam concebido 150 anos antes. Eles pintaram os primeiros quadros modernos, os que mostram a pessoa engajada na existência; e uma pessoa cuja representação não se justifica por sua função, como no caso de um rei ou de um príncipe, mas simplesmente porque essa pessoa demandou, porque ela ou seus próximos queriam guardar um traço de sua aparência. Notemos também que essa pintura, mesmo que não conteste as hierarquias sociais, valoriza os seres humildes, prefigurando assim um tema da Reforma, lembrando a dignidade igual de todos aos olhos de Deus.

Ao mesmo tempo, a unicidade e o valor do indivíduo são afirmados pela visão subjetiva do pintor (o indivíduo-sujeito e não mais o indivíduo-objeto). Enfim, o pintor-indivíduo é doravante apreciado por suas capacidades de inovar, e não somente por dominar a tradição – em outras palavras, por sua autonomia. Assim, encontramos diversos motivos humanistas nessa pintura – e, note-se bem, nem tanto nos títulos dos quadros ou nos comentários inscritos na moldura, como se fazia às vezes, quanto nas próprias maneiras de representar.

Nesse plano, o que o século XVII holandês traz de novo?

Robert Campin, no início do século XV, representa a Virgem com a Criança como uma de suas vizinhas flamengas. Pieter de Hooch, dois séculos mais tarde, mostra suas vizinhas como se fossem deusas ou santas. Passa-se então da humanização do divino para a divinização do humano: a dimensão religiosa recua para o segundo plano. A dimensão moral também. No início, certas cenas frequentemente representadas costumavam mostrar o que não se deveria fazer, a perniciosidade das paixões. Mas, quando Gerard Ter Borch mostra algumas moças lendo ou escrevendo cartas, jovens ocupados em tocar música, mas só pensando em trocar longos olhares lânguidos, não faz mais nenhum julgamento negativo, e por isso sua representação se torna um elogio do amor humano, e não de uma virtude teológica.

Valorizar o cotidiano é, então, valorizar o humano naquilo que ele tem de absolutamente profano. É assim que o elogio do cotidiano replica os valores humanistas?

Aí também, como no século XV, o pensamento dos pintores precede o dos poetas e dos filósofos. Até aquela época, o mundo público é o único valorizado. Ora, ele não é mais o do cotidiano, é o mundo das ações de brilho, dos heróis, de seres que saem do ordinário: santos, reis, nobres. Essa repartição coincide, em ampla medida, com a do masculino e do feminino: o mundo específico das mulheres não é tido em alta conta, e por esse motivo não é objeto de representação. Note-se, na vida, o cotidiano não é em si mesmo admirável e pode até ser muito tedioso, ou mesmo deprimente: todas essas tarefas que devem ser feitas, dia após dia, lavar, coser, cozinhar. Mas também se pode escolher valorizar esse mundo – o mundo das virtudes femininas, e não o das masculinas –, buscar a beleza e mostrá-la. O movimento existe bem no protestantismo da época, mas onde se cristaliza, onde explode à luz, é na pintura de gênero. Seus representantes mais característicos não são os pintores que hoje em dia desfrutam da mais alta reputação, como Rembrandt (que permanece na humanização do divino) ou Vermeer (que retoma os motivos da pintura de gênero, mas os transforma em objetos de pura contemplação estética), e sim aqueles que vêm imediatamente abaixo, pintores como Pieter de Hooch e Gerard Ter Borch.

Dito de outra forma, eles negligenciam as virtudes canônicas para apresentar as ações mais humildes como sendo virtudes... correndo o risco de ser considerados pintores menores?

Sim. Esse será o caso, por exemplo, da mãe que procura piolhos em seu filho, da mulher que descasca nabos, da leiteira, da peixeira... Claro, essas imagens não se pretendem heréticas: a moral tradicional ordena à mulher que assuma o cuidado com seus filhos, que limpe bem sua casa, que prepare as refeições. Mas ela não diz que essas ações são belas. Ora, é isso que os pintores descobrem, é por isso que as representam. De Hooch pintou duas cenas exatamente no mesmo lugar: o pátio de uma casa holandesa, bem limpo, as plantas graciosas, a luz difusa – um idílio! Só que numa se vê uma mãe cuidando de sua filha, e noutra, uma jovem – a mesma, sem dúvida, só que agora ela deixou a garotinha se divertir com seu cão – embebedando-se na companhia de soldados. A "virtude" de um lado, o "vício" de outro. Apesar disso, é a mesma paz que reina, a mesma felicidade, o mesmo desfrute do instante, o sol brilha sempre com o mesmo esplendor. Então, agora é o pintor que se torna o legislador da virtude, louva esse mundo "porque é ele, porque sou eu".

E nisso ele está em acordo com a mensagem humanista?

Sim, no sentido de que é preciso viver o absoluto no cotidiano, sem recorrer ao sobrenatural e ao além. Um quadro de Gabriel Metsu mostra uma mulher idosa, sem dúvida uma serva, que penteia sua jovem senhora. Uma situação bem cotidiana! Apesar disso, o gesto atento, cuidadoso, de uma e o olhar sonhador da outra, que escapa pela janela aberta, nos fazem tocar com o dedo o absoluto. É uma maneira de descobrir sentido e beleza na vida cá na Terra, que de imediato se torna digna de ser vivida – pois a verdadeira vida não está em outro lugar ou mais tarde, ela está aqui e agora. Penso que essa pintura nos ajuda a viver.

VIII
O sentido moral da história

Diante do extremo – O heroico e o cotidiano – Elogio dos salvadores – O mal: uma abordagem política – O mal totalitário – Não há mal sem razão, nem bem sem mescla – Da Milícia aos maquis[1]

Diante do extremo

Catherine Portevin – *No início dos anos 1990, você publicou* Diante do extremo, *um ensaio sobre a vida moral nos campos de concentração (comunistas e nazistas). Prosseguindo em sua abordagem ética da história – inaugurada, como você nos lembrou, com* A conquista da América –, *você toca, com esse livro, e pela primeira vez, de frente na política. E, na política, o tema que replica de perto sua experiência: o totalitarismo. Você já contou como a queda do Muro de Berlim havia causado o desmoronamento desta outra barreira (mental) que o impedia de refletir sobre o comunismo. Contudo, mais concretamente, qual foi a*

1 Sob a Ocupação, lugar clandestino e pouco acessível, esconderijo onde se agrupavam os resistentes, que também eram conhecidos como *maquisards*. (N. T.)

gênese de Diante do extremo? *Como se formou esse projeto, bastante preciso, de: 1) abordar o totalitarismo por seus efeitos extremos (os campos de concentração); e 2) abordar os campos sob o ângulo dos valores morais?*

Tzvetan Todorov – Concretamente, *Diante do extremo*, assim como já havia ocorrido com *A conquista da América*, nasceu de uma viagem ao exterior. Em 1987, minha mulher e eu fomos convidados para um colóquio em Varsóvia, para onde eu já tinha ido em 1961. O país estava então em estado de guerra, o sindicato Solidariedade estava proibido, os opositores – que sempre existiram na Polônia – eram demitidos de seus trabalhos ou jogados em prisões. Fomos também à igreja do padre Popieluszko,[2] que havia sido assassinado, sempre superlotada. Ao encontrar alguns intelectuais marginalizados pelo poder, senti-me tomado de empatia. Vi-me de volta a uma situação que conhecia bem, a do indivíduo diante do Estado totalitário.

Também descobri um país onde era difícil ignorar os traços da Segunda Guerra Mundial. Ficamos particularmente impressionados com a visita ao cemitério judeu de Varsóvia. Ali estão enterrados os mortos de antes do genocídio, é claro; mas o que esse cemitério tem de particular é o fato de os descendentes dos mortos também haverem desaparecido. Então, o cemitério, apesar de se encontrar no centro de Varsóvia, não é mais conservado. Está invadido pelo mato e transmite uma impressão de irrealidade.

---

2 Jerzy Popielusko foi um padre católico polonês, associado ao sindicato Solidariedade de Lech Walesa, em Gdansk, que se tornou uma figura emblemática na luta contra o regime comunista na Polônia, tendo sido assassinado no governo de Jaruselski. Em junho de 2010, foi canonizado em Varsóvia. (N. T.)

Tudo isso agiu fortemente sobre mim. De volta a Paris, para melhor decifrar meus próprios sentimentos, li alguns livros sobre a história da Polônia, e tive a impressão de me reconhecer e de melhor me compreender. Mais uma vez, vi-me preso no jogo. Passei três anos explorando esse sombrio universo.

A partir de qual experiência você escolheu se debruçar sobre o universo concentracionário? Você me falou de sua visita a Auschwitz em 1961, mas não dos campos em geral. O que exatamente você sabia sobre eles quando vivia em Sófia? Você conhecia a existência dos campos soviéticos, dos campos búlgaros?

A visita a Auschwitz foi para mim uma experiência inesquecível, mas não creio que tenha desempenhado um papel direto na escritura de *Diante do extremo*. O fator determinante foi antes essa confrontação renovada com o sistema totalitário, que continuava a ser vívido na Polônia em 1987 – pior: que parecia, então, eterno. Em 1961, por mais surpreendente que possa parecer, eu nada sabia dos campos soviéticos. Ocorre que, num Estado totalitário, o controle da informação é quase total – sobretudo nessa época pré-histórica, de antes da internet, antes do correio eletrônico, dos computadores, dos faxes, das fotocópias... Todas as fontes públicas de informação estavam nas mãos do poder. Restavam as narrativas dos indivíduos. No entanto, primeiramente, para nós, búlgaros, a Rússia estava longe; em seguida, as testemunhas, aterrorizadas, evitavam falar; por fim, nunca se sabe se a narrativa que se ouve é verídica ou é a fabricação de um indivíduo, amargurado por não se sabe qual razão. Mesmo os russos comuns, antes do *Arquipélago*

Gulag, tinham muita dificuldade para ter uma ideia do conjunto; os búlgaros, com mais forte motivo.

Em contrapartida, conhecíamos bem a existência de um grande campo de trabalho, uma colônia penitenciária, na própria Bulgária, em Béléné, numa ilha no meio do Danúbio. Béléné havia mesmo se tornado um substantivo comum da língua búlgara da época: "Você vai acabar em Béléné", dizia-se a cada pessoa que tivesse um comportamento que saísse das normas, de uma maneira ou de outra – por ela se vestir de modo excêntrico ou exagerasse nas anedotas anticomunistas. Béléné existia, mas isso não nos incomodava. Aí está um traço característico da vida sob o totalitarismo (e talvez da vida *tout court*, dado que o costume é uma segunda natureza): o que se torna um hábito não é mais nem surpreendente, nem escandaloso. Havia um lugar em que se trancafiavam os que do ponto de vista psíquico eram considerados anormais, a "casa dos loucos" em Karloukovtsi, e um lugar em que se aprisionavam os anormais no plano social, Béléné. Era "normal"...

O que, exatamente, você sabia desse campo bem "normal"? Da vida que lá acontecia?

Não sabia grande coisa, sem dúvida porque não conhecia pessoalmente nenhum ex-detento de Béléné – os jornais, é claro, nada diziam. Só fiquei sabendo como tinha sido a vida nesse campo muito mais tarde, quando, uma vez na França, li alguns testemunhos publicados. Principalmente, muito mais tarde mesmo, quando preparava uma coletânea de testemunhos de antigos deportados dos campos comunistas, publicada na

França em 1992, sob o título *Au Nom du peuple* [Em nome do povo]. Fiquei sabendo então que Béléné havia sido (provisoriamente) fechado em 1959, para ser substituído por um campo de condições não menos duras, situado numa pedreira perto de Lovetch. Esse campo atroz também havia sido fechado em 1962, mas Béléné havia reaberto suas portas. Trinta anos depois, em seguida à queda do poder comunista, as línguas se soltaram. Os testemunhos que recolhi nessa coletânea são de partir o coração.

Entretanto, em 1961, 1962, 1963, os últimos anos de minha vida na Bulgária, eu ignorava tudo. Apesar disso, os deportados que contam suas experiências nesse livro têm a minha idade, e a maior parte vivia em Sófia, como eu. Eles só não viviam no mesmo meio. Sem estar muito consciente, eu estava protegido por meu pertencimento à *intelligentsia*, pela minha proximidade com ex-comunistas caídos em desgraça, mas apesar de tudo privilegiados, ou ainda com os filhos dos dirigentes do momento. Eu não tinha problemas com a Milícia e não me sentia pessoalmente ameaçado. Retrospectivamente, poderia acrescentar: eu pouco procurava saber o que me teria perturbado; minha vida me era apaixonante, então evitava de maneira inconsciente qualquer informação que pudesse estragá-la.

Ninguém de seu conhecimento nunca foi incomodado pela Milícia?

Ninguém havia sido mandado para Béléné. Entretanto, havia formas de perseguição um pouco menos violentas, sobretudo a internação, o banimento, o confisco domiciliar – sobre isso eu estava bem informado. O confisco domiciliar consistia no banimento de Sófia e na obrigação de fazer a pessoa morar num buraco perdido, geralmente num vilarejo nos confins do país. A Bulgária é um país pequeno e os confins não ficam muito distantes de Sófia, mas na época, com os carros velhos que tínhamos, precisava-se de um dia inteiro para percorrer 300 quilômetros, era uma expedição... e o banimento, um verdadeiro exílio! Muitas vezes, esses vilarejos eram habitados pelos turcos, população essencialmente agrícola e deserdada. Para lá mandavam-se as pessoas recentemente saídas dos campos, ou aquelas que não eram julgadas suficientemente culpadas para ser neles internadas. Em geral, tratava-se de habitantes das cidades, de sofiotas, que não tinham a menor noção do trabalho agrícola. Lá estavam então contadores, professores do secundário, artistas, que eram despachados para aquele lugar para a partir de então levar uma vida sem família nem amigos, e que deveriam encontrar um novo trabalho, sem se esquecer de comparecer todas as noites à Milícia. Não era um doce exílio, longe disso; era um banimento muito brutal, que durava anos.

Eu conhecia bem essas pessoas, algumas eram da nossa família, tanto do lado de minha mãe quanto de meu pai – tios, primos. Logo depois da guerra, eu me lembro, nós lhes enviávamos encomendas. Mas, enfim, eles não estavam no campo de concentração.

Lendo Diante do extremo, *contudo, temos a impressão de que o tema o tocava pessoalmente, e não apenas na condição de antigo cidadão de um país totalitário...*

A redação desse livro coincidiu com alguns acontecimentos de minha vida privada, cujo eco é perceptível em meu texto. Minha mãe morreu em 1989. Ela tinha a doença de Alzheimer havia alguns anos; eu a visitava uma vez por ano e ela me reconhecia, mas não entendia grande coisa além disso. Ela ficava em casa, e era meu pai, também com 80 anos, quem cuidava dela – os cuidados médicos públicos na Bulgária eram gratuitos, mas de péssima qualidade! Esse novo papel tornava meu pai infeliz, e o ambiente da casa era pesado. Quando ela morreu, eu estava fora da França e só fiquei sabendo depois do enterro. Alguns meses mais tarde, meu pai, desde então só e desamparado, veio morar comigo em Paris. Ele estava com boa saúde em geral, mas tinha um duplo problema: não enxergava mais suficientemente para ler ou escrever e não falava francês. Então, tornei-me o intermediário quase exclusivo entre ele e o mundo. Tudo isso reacendeu minhas lembranças de infância, tanto do regime quanto da célula familiar.

De fato, seus pais são evocados nesse livro por meio de curtos textos em itálico que ligam o resto de sua reflexão, como se esta se apoiasse sobre a figura deles. Figuras bem diferentes uma da outra...

De maneira bem tradicional – sobre a qual já falei numa de nossas primeiras entrevistas –, a vida de minha mãe era orientada para o mundo privado, e a de meu pai, para o mundo público. Apesar disso, minha mãe tinha estudos superiores e havia trabalhado como bibliotecária antes da guerra. Contudo, no momento do conflito, na sequência das privações e dos esforços suplementares que ela precisava desenvolver para continuar a viver decentemente, ela ficou doente, com tuberculose. Conseguiu curar-se depois do fim das hostilidades, mas foi aposentada por invalidez. Então, investiu-se totalmente no mundo privado, tomando conta de seus próximos e da casa, pondo nisso uma grande energia. A finalidade de sua vida não podia mais ser separada de sua própria vida, pois não tinha nenhum projeto pessoal, ou de instituição, ou de manifestação, a ser implementado: seu objetivo era viver em estado de afeto. Em certo sentido, ela se "sacrificou" pelos outros, mas nunca fez com que ninguém sentisse que deveria lhe dar algo em troca, nem que estaria sentida pela falta de reciprocidade. Nós também tomávamos essa atitude como óbvia, dado que ela nos habituara a receber. Ela não sabia ficar feliz por si mesma, mas somente por intermédio dos seres que ela cercava com sua afeição. Também não agia assim para caminhar no bem, para se conformar ao seu dever, mas porque essa era sua tendência. O que fazia era, para ela, a coisa mais natural do mundo. Não era virtuosa, era boa. Pelo menos, era assim que eu a percebia.

Meu pai era essencialmente um homem público. Ele dirigia instituições – o que, no início, foi para ele uma fonte de euforia, mas, em seguida, de aborrecimentos sem fim –, dava aulas na universidade, onde angariava a admiração dos estudantes, publicava livros, participava de diversos comitês. Na vida privada, dedicava um amplo lugar para a amizade; sempre se cercou de bons amigos, com quem adorava conversar, debater política, contar histórias.

Então podemos reconhecer, nesses dois papéis contrastantes de sua mãe e de seu pai, a distinção entre o cotidiano e o heroico sobre a qual é construída a primeira parte de Diante do extremo?

Digamos que seja uma transposição, ainda que indireta, é claro, e reconhecível apenas por mim mesmo, dos valores que, à sua maneira, meu pai e minha mãe encarnavam. De forma mais precisa: eu estava tão profundamente tocado pelo desaparecimento de minha mãe, que acontecera tão longe de mim, que gostaria de trazer pelas palavras, e mesmo pelos conceitos, aquilo que nela era simples prática. Sempre fiquei irritado com intelectuais, escritores, filósofos, que falam das pessoas com desprezo ou condescendência (trata-se habitualmente de mulheres) por não terem deixado uma "obra", que "se contentaram", dizem nesses casos, em criar seus filhos e amar seu marido. Isso é negar a via que minha mãe ilustra, um dos seres mais admiráveis que conheci! Eu queria nomear e mostrar os valores que ela simbolizava e me dizia que esses gestos de cuidado e de bondade eram, muito mais que os grandes projetos revolucionários, o que se poderia fazer de melhor por nossa pobre humanidade. Eu me reconheço na oposição traçada por Vassili Grossman, em *Vida e destino*, entre bondade e bem, o autor priorizando a primeira, também representada por ele de maneira exemplar pelo amor maternal.

Seguramente, essa é a origem de minha predileção ao que agora chamo de valores cotidianos, valores do mundo privado, valores reservados (ou abandonados) durante séculos à metade feminina da humanidade. Esse interesse nada tinha a ver então com os campos de concentração! A prova: depois de *Diante do extremo*, prossegui explorando o mesmo tema num contexto completamente diferente, o da pintura de gênero na Holanda no século XVII. Nesse sentido, como eu lhe dizia, *Elogio do cotidiano* e *Diante do extremo* estão estreitamente ligados.

Mas por que querer buscar esses valores cotidianos nos campos de concentração? Por que, para compreender o comum, você foi diante do extremo?

Elaborei a hipótese de que as circunstâncias extremas agem, se posso assim dizer, como uma lupa: o que permanece dissimulado na vida ordinária por respeito às convenções, por polidez, por hipocrisia, vem à luz na situação extraordinária dos campos. Aí tudo é mais intenso, mais visível, mais eloquente. Além disso, para esse livro eu tinha uma segunda grande motivação, que você notou ao começar: estudar o totalitarismo. De certo modo, busquei conciliar esses dois eixos de reflexão, aparentemente muito díspares.

O heroico e o cotidiano

É então, mais uma vez, na qualidade de moralista que você interroga a história. No caso, você aborda os campos de concentração sob um ângulo inédito: o da vida moral. Comecemos pelo início: o que você chama de "vida moral"?

Entra-se no mundo dos valores morais a partir do momento em que não se age em seu próprio interesse, mas pelo interesse de outra pessoa, ou em nome de um princípio. Essa fórmula pode se prestar a discussões, é claro. Poderia ser objetado, primeiramente, que se age sempre em interesse próprio, dado que, mesmo ajudando os outros, tira-se disso uma vantagem para si, a da boa consciência. Mas essa extensão da noção de interesse me parece desconcertante; ela apaga a diferença entre atos claramente distintos. Poderíamos esclarecer: casos em que não se age *diretamente* em seu próprio interesse. Outra objeção: alguns, entre os quais Rousseau (e creio que ele tem razão), pensam que todo ato moral é realizado em relação a uma pessoa. Entretanto, o "princípio" que evoco pode ainda se referir às pessoas, mas de maneira oblíqua: se, por exemplo, dou minha vida por minha religião, ou por minha pátria, ou pela ciência.

Admitamos então este ponto de partida: a moral começa no momento em que não é mais somente o egoísmo o instinto de conservação que comanda. No momento em que estou pronto a sacrificar minha vida – ou, no caso menos extremo, meus bens e meus interesses preciosos – em nome de algo que me é exterior. Se admitirmos, com Rousseau, que a humanidade começa a partir do instante em que se entra no espaço da moral, podemos dizer que nos tornamos humanos a partir do momento em que estamos prontos a sacrificar nossas vidas. Para dizer a verdade, os animais já conhecem essa atitude: a mãe se expõe ao perigo para salvar seus filhotes ameaçados, e o indivíduo se sacrifica para que o grupo viva. Nessas ocasiões, achamos que os animais se comportam justamente como humanos. A especificidade humana, nesse aspecto, talvez fosse uma característica biológica da espécie: ocorre que, durante um período particularmente longo, o filho do homem não pode sobreviver sozinho. Para que a espécie se perpetue, os pais devem se ocupar de seus filhos – em pura perda no plano individual, poderíamos dizer, sem nada receber em troca. É tal a duração dessa vulnerabilidade da criança, do cuidado interiorizado no adulto, que ela nos marca a partir do interior. A origem de nossas mais belas qualidades estaria em nossa própria fraqueza.

A humanidade – e em especial seus mais ilustres representantes, poetas e filósofos – tem tendência a se caluniar, a declarar que somos uma espécie inteiramente egoísta. Não creio em nada disso. Sem a possibilidade de sacrifício, os homens não seriam mais homens. Os motivos do sacrifício mudaram, é certo, mas mesmo hoje em dia, eles não faltam. Qual pai não estaria pronto a se sacrificar para salvar seu filho? Ou, se não o faz, qual seria o pai que não experimentaria até o final de sua vida um sentimento ardente de vergonha – o que bastaria para provar que nossa humanidade depende disso?

Tomo aqui o sacrifício de si mesmo como emblema de uma atitude, porque ele representa a forma mais extrema. Isso de modo algum significa que as ações julgadas por nossas morais são percebidas, por aquele que as pratica, como uma perda daquilo que ele possuía anteriormente. Ao contrário, esses gestos são frequentemente vividos na alegria e dão a sensação de um enriquecimento. Eu nada sacrifico quando brinco com meu filho: nem meu tempo, nem meu espírito.

Muitos sobreviventes dos campos de concentração se lembram cruelmente do quanto, nos campos, diante do extremo, toda vida moral se apagara: era por necessidade, cada um por si...

Esta era uma das primeiras apostas de *Diante do extremo*: ir contra essa ideia preconcebida, segundo a qual os campos eram um mundo puramente hobbesiano, como se diz, aquele da guerra de todos contra todos, em que o homem é o lobo do homem. Essa é a ideia que se encontra, devo mesmo constatar, nos escritos de inúmeros sobreviventes. No livro, lembro a fórmula de uma mulher judia, médica em Auschwitz, que frequentemente é citada: "Meu princípio: sou eu quem vem primeiro, em segundo e em terceiro. Em seguida, nada. Depois eu ainda, e depois todos os outros".[3] Mas creio que não devemos

3 Ena Weiss apud Lingens-Reiner, *Prisioners of Fear*.

tomar essas declarações ao pé da letra. Por razões que podemos examinar, os sobreviventes buscaram realçar a degradação das relações humanas normais. É compreensível: eles se lembram primeiramente do mais anormal, do mais cruel. Todavia, se lermos atentamente seus escritos, perceberemos que ao longo de suas experiências subsistem também ações que devem ser qualificadas de morais, ações de entreajuda, de cuidado com o outro. Fica claro que as regras de polidez desapareceram, que as fronteiras da generosidade se deslocaram, mas não é menos claro que, sem as mãos socorristas, seria ainda menor o número de deportados a sobreviver nos campos. O que torna essas experiências morais tão preciosas é justamente o fato de elas se preservarem, mesmo "diante do extremo".

Que distinção você faz, dentro das ações morais, entre o heroico e o cotidiano?

A pedra de toque, aqui, é saber qual é o destinatário de nosso ato: uma abstração ou um indivíduo? Os heróis agem em nome de entidades abstratas. Eles se batem, se sacrificam pela humanidade, ou pela pátria, ou por seu vilarejo. Ou ainda por uma ideia, pela honra, pela glória, pela liberdade, pela justiça. No mundo do cotidiano, em contrapartida, age-se pelo benefício de outra pessoa, geralmente próxima: um amado ou uma amada, criança ou os pais. Ora, o mesmo gesto toma um sentido diferente segundo o contexto no qual é realizado. O herói se sacrifica para defender a pátria. Uma mãe se sacrifica porque seu filho caiu na areia movediça, na baía do Mont Saint-Michel, e será engolido; ela se lança e o salva, mas morre em seu lugar.

Na doutrina kantiana, tal gesto não teria nenhum valor moral, pois a mãe age por inclinação, por instinto, e defende o que lhe é mais caro. De fato, na ótica de Kant a moral começa a partir do momento em que se ultrapassam essas inclinações e que não se encontra mais prazer naquilo que se faz. Nessa perspectiva, minha mãe também teria sido uma pessoa amoral? Isso me leva a pôr em dúvida a pertinência do quadro kantiano. Mais uma vez, sinto-me convencido por uma fórmula de Rousseau, que diz que podemos ser virtuosos "por dever ou por deleite",[4] ultrapassando nossas inclinações ou, ao contrário, cedendo a elas – pois o homem não é um ser inteiramente mau. Preocupar-se com aqueles que amamos é, ao mesmo tempo, deleite e virtude.

Nessa oposição entre heroico e cotidiano, sente-se bem que sua preferência vai para o segundo. O questionamento do heroísmo não deixou de habitar seus trabalhos. Isso significa que você condena qualquer ação que coloca os ideais acima dos seres?

Se faço abstração de minhas próprias inclinações, devo afirmar que cada conjunto de valores convém a um contexto particular. O heroísmo adquire todo seu valor nas situações de crise. Para os europeus, a última crise data da Segunda Guerra Mundial. Contra a invasão nazista, era não somente legítimo, mas admirável, estar pronto a sacrificar a vida por seu país, pela liberdade e pela democracia. Mesmo que isso implicasse con-

4 Rousseau, carta a Sophie d'Houdetot de 17 dez. 1757, in: *Correspondence complète.*

denar à morte os indivíduos, os soldados alemães. Contra os tanques de Hitler, outros tanques deviam ser lançados.

Primo Levi evoca esse dilema no único romance que dedica ao destino dos judeus durante a guerra, *Se não agora, quando?*.[5] Um dos personagens principais, um *partisan* judeu, se questiona: é preciso matar para salvar outros indivíduos da morte? Em outros termos, é preciso usar as armas do inimigo contra o inimigo? A resposta é sim, porque é o único meio de interromper o mal. A coragem física, a capacidade de correr riscos (sem que por isso se busque a vida perigosa por si mesma), são então qualidades indispensáveis. Mas elas são excepcionais, e não são dadas a todo mundo. Em contrapartida, as virtudes cotidianas estão ao alcance de todos, e precisamos delas tanto nos momentos de crise quanto em situações normais.

Em Diante do extremo, *você tem uma mensagem encorajadora: "Não se culpem por não ser um herói ou um santo, pois outros gestos mais ordinários são também estimáveis"... se não ainda mais!*

Não fique desolado, pois gestos muito mais humildes e decerto mais fáceis também contribuem, e até mesmo mais seguramente, para a felicidade da humanidade. O ato heroico pode ser desviado de sua destinação: pensa-se em servir ao bem, e no fim das contas se contribui para o mal – pensemos em todos aqueles que combateram pela vitória do comunismo. A ação que consiste em fazer alguém feliz, ou simplesmente menos

5 Levi, *Maintenant ou jamais*.

infeliz, não pode ser desviada nem posta a serviço de um objetivo superior.

Quais são essas virtudes cotidianas e como você procedeu para identificá-las nos campos de concentração?

Não deduzi essas virtudes cotidianas de um princípio abstrato. Li um grande número de relatos de sobreviventes, realçando todos os atos que intuitivamente atribuo a essa categoria. Eu os reagrupei em seguida por afinidades e tentei compreendê-los. A virtude central é, que fique claro, o simples cuidado com o outro. A ela se junta a dignidade, que no fundo é uma maneira de permanecer coerente consigo mesmo. E talvez a vida do espírito, a produção ou a contemplação artística e intelectual, que dá à vida mais sentido e mais beleza.

Mesmo diante do extremo, essas qualidades são indispensáveis. Em meu livro, demoro-me sobre o destino de uma jovem, habitante do gueto de Varsóvia, chamada Pola Lyfszyc. Certo dia, ela decide subir por vontade própria no trem que leva a Treblinka os judeus presos durante uma batida – uma viagem sem volta. Ela faz isso porque sua mãe está entre os judeus presos. Ela sabe que essa viagem deve significar a morte, mas apesar disso não desiste, pois a ideia de deixar sua mãe ir sozinha lhe é insuportável. Acho esse gesto admirável, mesmo que em nada contribua para a queda de Hitler – ao contrário, mesmo, ele ajuda na realização de seus planos, porque termina com a morte de mais um judeu. Acho que o fato não é menos admirável que o combate em que se engaja Mordehai Anielewicz, o dirigente da insurreição no gueto, que pretende matar o máximo de nazistas. Aliás, é possível que os dois se conhecessem, pois Marek Edelman, o insurgente que sobreviveu, frequentava ambos – e é ele que conta suas histórias.[6]

Detenhamo-nos um pouco sobre uma das "virtudes" que você descreve: a vida do espírito. Em que essa virtude é... uma virtude por deleite?

As criações artísticas, para tomar esse exemplo da vida do espírito, não ilustram uma moral qualquer. O artista se submete a outras exigências: ele aspira a dizer a verdade do mundo, a nele introduzir – emprego propositadamente esta fórmula bem geral – mais sentido e mais beleza. Mozart não se preocupou com a moral quando escreveu seus quintetos ou mesmo suas óperas, assim como Michelangelo também não, quando esculpiu suas obras, ou Shakespeare, quando escreveu uma cena (eles talvez se preocupassem, mas não é isso que faz sua grandeza). Desse ponto de vista, pouco nos importa saber se esses artistas eram pios ou ímpios, virtuosos ou corrompidos.

Mas nem todos são artistas – eu mesmo o sou pouquíssimo. Felizmente, a vida do espírito não se limita à criação artística; o conhecimento, a reflexão, são uma parte não menos essencial, inclusive quando não somos seus iniciadores. Ler, aprender, receber um pensamento forte, contemplar uma obra, são experiências que, por sua vez, tornam o mundo em torno de nós um pouco melhor. Inclusive no campo de concentração; eu relato inúmeros exemplos dessa aspiração espiritual e do efeito benéfico que ela produz. Charlotte Delbo, deportada para

6 Edelman e Krall, *Mémoires du ghetto de Varsovie.*

Auschwitz, troca sua preciosa ração de pão por um exemplar do *Misantropo*;[7] ela jamais o lamentará. Um mundo em que se lê Molière é preferível àquele em que não se faz isso. Esse enriquecimento do mundo é então um valor, mas não exatamente um ato moral, já que se dirige a nós mesmos: por isso emprego o termo "virtude", mais neutro. Ao lado da interação com os outros, há também a realização de si: as duas são necessárias.

Apesar disso, vem imediatamente ao espírito uma objeção comum: Eichmann era um fervoroso amante de música de câmara, tocava violino, mas isso não o impediu de organizar a deportação de judeus. Sem mesmo tomar esse exemplo extremo, sabemos também que os mais finos dos filósofos podem ser humanamente medíocres... como o próprio Rousseau...

É verdade que a conclusão é um pouco paradoxal: a vida do espírito torna o mundo melhor, não o indivíduo que dela participa. E quanto aos artistas, os eruditos, os filósofos, são sempre as obras que devemos admirar, não sua vida ou sua pessoa. Bruno Bettelheim, que escreveu páginas penetrantes sobre as experiências extremas,[8] conta em algum lugar a história do sobrinho de Beethoven, um pobre garoto a quem o tio genial se dedicava a torturar. Pense também em todas as esposas que sofreram um martírio enquanto seus maridos penavam engendrando sua grande obra!

Aliás, era uma das lições de Rousseau, que já mencionei de passagem. Enquanto seus amigos enciclopedistas defendiam a

7 Delbo, *Aucun de nous ne reviendra*.

8 Bettelheim, *Survivre*.

educação e a cultura, acreditando que o progresso moral e político decorreria delas automaticamente, Rousseau, a partir de seu *Discurso sobre as ciências e as artes*, constata com amargura e lucidez: não, os homens não se tornam individualmente melhores porque vão com frequência ao teatro ou porque leem mais livros. Seu universo se amplia, suas possibilidades crescem em número, mas não seu senso do justo e do injusto; nada garante que esses novos conhecimentos não serão postos a serviço do egoísmo e do desfrute do poder. Apesar disso, essa lição tem dificuldades em ser assimilada, principalmente pelos próprios artistas. Joseph Brodsky, o poeta russo, dizia acreditar nas virtudes redentoras da beleza e afirmava que aquele que leu Dickens não pode realmente ser um mau homem.[9] Não estou convencido disso. Dizem que Mao escrevia uma bela poesia clássica, o que não o impediu de exterminar milhões de chineses.

Tendo compreendido o fato, nem por isso Rousseau deixou de escrever. E felizmente: ler seus textos hoje em dia nos permite compreender melhor o mundo. Ora, um mundo mais inteligível é um mundo melhor, no sentido de que cada vida individual, enriquecida por essas experiências, nos aproxima um pouco mais da vocação do gênero humano: dar forma e sentido aos gestos da vida.

Em todo caso, qual é o ponto comum entre a experiência com a beleza de Eichmann e de Charlotte Delbo? Molière para uma, Schumann para o outro: é por aí que tanto de um lado quanto do outro, qualquer que seja o escândalo desse paralelo, eles permaneceram seres humanos?

---

9 Brodsky, Discours à Stockholm, *Lettre internationale*, 16.

Em nenhum momento Eichmann deixa de ser um homem – tanto quando despacha os trens carregados de judeus quanto no momento em que se entrega à música de câmara. O humano inclui o inumano, como Romain Gary gostava de lembrar.[10] E todo ser humano acede, ao menos esporadicamente, à vida do espírito. Em seguida, as experiências de Delbo e de Eichmann se separam. Ele fragmenta sua existência e separa seu amor pela música de suas outras experiências: não vemos nenhum outro traço fora dessas sessões dedicadas a Schumann. Ela introduz a experiência literária em sua vida em Auschwitz e talvez não tivesse sobrevivido sem Molière. O *Misantropo* se torna seu companheiro, mais real que os guardas e os *kapos*. Ela não se evade na literatura, ao contrário: a literatura se torna parte integrante de sua vida.

Você apresentou as virtudes heroicas e cotidianas como apropriadas a contextos diferentes e, portanto, em princípio, igualmente estimáveis. De que então é feita – volto a isso – sua inclinação por esses valores que se cultivam na vida de todo dia: dignidade, cuidado, vida do espírito? E, por conseguinte, sua relativa reserva em relação ao heroísmo?

Além das razões que acabamos de ver, em particular a facilidade de desvio, seria preciso notar a proximidade das virtudes heroicas com os hábitos mentais e sociais do passado. Elas têm afinidade com o código cavalheiresco e também com uma visão hierárquica da humanidade. Ainda aqui, julgo a partir de mim mesmo: não tenho nenhuma certeza, se um dia as circunstân-

---

10 Gary, *Les Cerfs-volants*.

cias me pedirem isso, de poder me conduzir heroicamente; os valores cotidianos me são familiares, mesmo que nem sempre consiga praticá-los... O livro de entrevistas de Marek Edelman com Hanna Krall, que é um dos pontos de partida de *Diante do extremo*, me fez refletir sobre esse ponto: o próprio Edelman, insurgente corajoso no gueto, aderia aos valores heroicos, assim como seu amigo Anielewicz; contudo, quando se lembra desses acontecimentos, quarenta anos depois, é o gesto de Pola Lifszyc, a jovem que acompanhou sua mãe a Treblinka, que se impõe ao seu espírito.

Mas por que precisamos de heróis? Necessidade de admirar? Necessidade de acreditar?

Talvez devêssemos distinguir entre heróis e modelos. Creio que, efetivamente, temos necessidade de modelos, de seres humanos que admiramos e com os quais gostaríamos de nos parecer: é um efeito de nossa própria humanidade, de nossa capacidade de aspirar ao que acreditamos estar acima de nós. Ora, o destino individual é muito mais expressivo que os princípios abstratos. Foi por isso que apresentei, em *Memória do mal, tentação do bem*, uma série de retratos de seres admiráveis, de Vassili Grossman a Germaine Tillion. Apesar disso, esses seres não encarnam as virtudes heroicas. Para eles, retomarei a fórmula de Brecht: "Feliz do povo que não precisa de heróis"![11] Hoje em dia, em nosso mundo, essa necessidade só excepcionalmente se faz sentir.

11 Brecht, *Vie de Galilée*.

Elogio dos salvadores

Em seu livro, você reserva um lugar privilegiado àqueles a quem chama de "salvadores", isto é, àqueles que, mais que combater pela vitória de seu partido, dedicam-se a salvar vidas.

De fato, os salvadores não são combatentes, não lutam por uma causa, mas se contentam em proteger indivíduos. Mais que lutar contra o inimigo, eles tentam limitar os desgastes e introduzem um momento de humanidade neste mundo em que ela tanto faz falta. Durante a guerra, o grupo mais perseguido era o dos judeus; portanto, era ele que se tratava de salvar. A ação dos salvadores se situa a meio caminho entre virtudes cotidianas e heroicas. Como nas primeiras, o beneficiado é um indivíduo, e não uma abstração; como nas segundas, ele não é um próximo, mas um desconhecido. Como nas primeiras, os atos que se efetuam são simples – oferecer um abrigo, encontrar comida ou roupas; como nas segundas, esse ato é perigoso – qualquer um que esconde um judeu corre o risco de ser deportado como um judeu.

Durante a guerra, os salvadores e os *maquisards* tinham o mesmo inimigo, as forças de ocupação alemãs, mas não entravam menos em conflito de tempos em tempos uns com os outros, tamanha era a diferença entre seus interesses. Em Chambon-sur-Lignon, vilarejo onde a proteção dos refugiados judeus era bem organizada, o pastor André Trocmé e sua mulher Magda nem sempre viam com bons olhos a intervenção dos *maquisards*, porque esta punha em perigo a vida de seus protegidos.

Aliás, notei que os salvadores agiam frequentemente em casais, e não creio que esse seja um efeito do acaso. O homem e a mulher, ou às vezes dois homens ou duas mulheres, repartiam as exigências desse papel de maneira complementar. É em dois, se assim podemos dizer, que eles formam o ser moral completo.

Isso significa que é difícil requisitar as duas prioridades ao mesmo tempo? Em suma, que não se pode simultaneamente combater pelas ideias e cuidar dos seres um a um?

Talvez... Em contrapartida, nada impede que se favoreça ora uma prioridade, ora outra. Germaine Tillion, cujo percurso me pareceu, à medida que eu o descobria, a encarnação daquilo que mais estimo, praticou justamente os dois. Durante a Segunda Guerra Mundial, ela se engaja de imediato no combate frontal, ajudando a criar uma das primeiras redes de resistência, a do Museu do Homem, como ela o chamará mais tarde. Nesse momento, ela está no mundo dos valores heroicos: arrisca sua vida e está ela mesma pronta para matar, enquanto seus camaradas são fuzilados pelos alemães. Quinze anos mais tarde, ela se encontra envolvida com a guerra na Argélia. Lá, sua atitude se aparenta à dos salvadores: faz o que pode para impedir a tortura, as execuções capitais, mas também os atentados terroristas. A prioridade, então, jamais é a pátria, mas as vidas individuais.

Essa mudança corresponde ao mesmo tempo a uma diferença de contexto – os dois conflitos não se assemelham – e a uma evolução pessoal dela. Penso que, em 1940, as exigências da justiça arrebatavam-na mais que as da compaixão; em 2000, mas também já em 1955, o inverso é que é verdadeiro.

Em 1994, por ocasião da segunda edição, você modificou ligeiramente Diante do extremo. *Por quê?*

A redação desse livro me perturbava interiormente, e eu trabalhava num estado um tanto quanto febril. Quando o reli, um ano mais tarde, encontrei diversos pontos que deviam ser esclarecidos ou retificados. Aquele que tocava mais fundo no tema do livro concernia ao pensamento e ao destino de Etty Hillesum, essa maravilhosa jovem que, em meio às detenções e deportações, escolheu aceitar tudo e tudo amar, viver até mesmo a pior infelicidade dentro da serenidade, porque decidiu, de uma vez por todas, dizer "sim" à vida.[12] Etty Hillesum é admirável, mas não adiro ao seu sistema de valores, à sua não resistência ao mal. Podemos respeitar sua pessoa, mas me absterei de recomendar a qualquer um que sofre neste mundo a aceitar seus males ao invés de lhes resistir e de tentar eliminá-los. Sua capacidade de converter o sofrimento em fonte de alegria é por demais excepcional para poder servir de exemplo. Eu não dizia isso claramente na primeira edição do livro, e percebi que isso poderia levar a um mal-entendido. Também desloquei certos desenvolvimentos para tornar o todo mais coerente. Por fim, retirei algumas fórmulas hiperbólicas que não eram necessárias e que poderiam provocar polêmicas, o que me parecia deslocado nesse contexto. De resto, é o mesmo livro.

O mal: uma abordagem política

Diante do extremo *dedica o mesmo espaço tanto ao exame dos "vícios" quanto ao das "virtudes". Sempre partindo das condições extremas*

12 Hillesum, *Une Vie bouleversée*; *Lettres de Westerbork*.

dos campos de concentração, você tenta descrever como advém o mal e busca explicá-lo. Com muitas precauções, você afirma várias vezes que querer compreender não significa absolver. Você temeu ser criticado por buscar desculpas para os carrascos?

Se eu tivesse seguido minha inclinação pessoal, teria me mantido na primeira parte do livro, em que mostro a manutenção da moral, inclusive no universo dos campos de concentração. Prefiro pensar mais nas formas do bem a pensar nas modalidades do mal! No entanto, pareceu-me que o quadro ficaria por demais desequilibrado. Afinal, os campos constituem um lugar em que o mal feito ao homem pelo homem atingiu graus raramente vistos no passado. Ignorá-lo teria sido no mínimo estranho, então tentei confrontá-lo.

Como pensar o mal? Uma primeira reação, muito difundida, consiste em erigir um muro intransponível entre si e os indivíduos responsáveis pelo mal, esses assassinos, esses torturadores, e estigmatizar sua monstruosidade. Essa reação é bem compreensível, mas me parece ser de pouca utilidade. Em relação a si, ela consiste antes de tudo em se defender, em não querer reconhecer suas próprias pulsões agressivas e violentas. Em relação aos malfeitores, ela constitui uma espécie à parte, que bastaria condenar. Ora, é preciso buscar compreender o mal, não para absolvê-lo, é claro, mas para impedir que ele retorne, ao menos sob essa forma. Declarar o crime incompreensível (alegando que é indesculpável) é uma posição cujas premissas são muito contestáveis, por significar a negação da unidade do gênero humano: encontraríamos de um lado os monstros e, do outro, as pessoas normais. É, contudo, o que reprovamos nesses mesmos criminosos: ter afastado da humanidade um de seus ramos, ter decidido que podíamos eliminá-lo...

Nessas situações de violência, o carrasco é mesmo o único que provoca verdadeiramente um problema. Ele tinha escolha, sua vontade era livre pelo menos até certo ponto, e ele escolheu torturar e matar: por quê? Não há nada a "compreender", nesse sentido do termo, sobre a atitude da vítima. Ela era obrigada, só podia receber a ação, assim como uma mulher estuprada. As vítimas demandam compaixão, não a compreensão. Por outro lado, o que se precisa tentar compreender e explicar é o comportamento do agente da violência, do estuprador.

Disso decorre que as antigas vítimas não estão bem situadas para conduzir esse trabalho. E é cruel pedir-lhes isso: será que pedimos à vítima do estupro que se debruce sobre a psicologia de seu agressor? Primo Levi foi longe nessa via, longe demais, na minha opinião, se penso nos sofrimentos a que ele se submeteu, não mais nos campos, mas nos anos que se seguiram, quando tentou compreender as motivações de seus carrascos. Sentimos bem isso, sobretudo em seu último livro, *Os afogados e os sobreviventes*.[13] Essa experiência de imersão no mal é dolorosa e ele poderia ter-se poupado dela – mas sua honestidade escrupulosa o impediu...

Essa imersão sem dúvida é insuportável para as vítimas, mas me pergunto se, nos outros, ela não corresponde a um fascínio pelo mal. Você mesmo – um homem de paz, ao menos na aparência! – dedicou muito tempo a escrutinar a violência e as pilhas de cadáveres – já na Conquista da América, *e mesmo antes, na* Introdução à literatura fantástica... *Como explica para si próprio essa atração?*

13 Levi, *Les Naufragés et les rescapés*, op. cit.

Todo interesse pelo mal presente em nosso entorno seguramente não se explica por um fascínio pelo mal; pense no trabalho realizado cotidianamente pelos policiais, pelos juízes, pelos educadores. Apesar disso, essa atração também existe, e seguramente em mim também, dado que meus livros são testemunha disso. Por que ficamos tão impressionados pelos atos ditos "monstruosos", seja eles relativos às notícias dos jornais, seja sobre a história dos povos? É claro que as grandes infelicidades produzem os relatos mais pungentes, mas por quê? Porque, penso eu, vemos aumentado aquilo de que não reconhecemos a presença em nós, mesmo que a sintamos: esses atos não nos são totalmente estrangeiros. O fascínio proviria do encontro desses dois sentimentos contraditórios. Então, nós os observamos com avidez nos outros, lemos com curiosidade e desgosto, ao mesmo tempo, as confissões dos grandes assassinos, e não podemos desviar o olhar desses corpos sofredores. Sentimos que essas situações que saem do humano revelam uma parte secreta do humano.

Acrescento imediatamente que não se poderia confundir essa perspectiva antropológica sobre o mal – todos nós somos capazes disso – com uma perspectiva jurídica ou moral – todos nós somos culpados disso. Alguns passam ao ato, outros não: a diferença é enorme!

Uma vez admitido o caráter bem humano da desumanidade, o que você aprendeu?

De início fui levado a uma direção, a mesma explorada por Germaine Tillion num capítulo de seu *Ravensbrück*, intitulado "Pessoas ordinárias", ou ainda Hannah Arendt, em seu *Eichmann em Jerusalém*, esse relatório sobre a "banalidade do mal". Será um puro acaso que sejam duas mulheres a escrever sobre esse tema? Os homens talvez sejam mais levados, devido às suas próprias tradições, a ver os conflitos em termos de forças mutuamente exclusivas: aqui os bons, lá os malvados.

De minha parte, estava convencido de que as análises de Tillion e de Arendt eram um bom ponto de partida, mesmo que eu não empregasse a fórmula "banalidade do mal". Não somente porque esse mal nada tinha de banal (Arendt também pensava isso e visava à banalidade dos malfeitores, porém sua fórmula poderia dar margem à confusão), mas também porque Eichmann e Hoess, o comandante de Auschwitz, assim como os outros carrascos de massa, também nada tinham de banal no momento em que realizavam seus crimes. No início, é claro, eram homens como os outros. Apesar disso, conseguiram sufocar em si qualquer sentimento de compaixão, a um ponto pouco comum. Mesmo que não intervenhamos ativamente para melhorar a sorte da humanidade, todos nós sentimos um aperto no coração diante da miséria e da decadência humana: eis o que é banal. Afastar-se a esse ponto de qualquer sentimento de humanidade é pouco banal... mesmo que os carrascos nazistas não detenham a exclusividade disso.

Tentei desenvolver essa posição de princípio de Arendt e de Tillion, e examinar o que alimentava um mal assim, simultaneamente ordinário e extraordinário.

Em que consistia então essa desumanidade?

A desumanidade aqui nasceu do encontro entre o extraordinário e o ordinário. De um lado, um projeto de transformação violenta da sociedade; de outro, o que poderíamos chamar de "vícios cotidianos", encontráveis em qualquer sociedade moderna. O projeto prometia felicidade a todos, exceto aos inimigos, designados como causa das infelicidades presentes. Ora, tal esperança torna os homens fanáticos, capazes de sacrificar tudo para atingir seu ideal. É nesse contexto que os "vícios cotidianos", que aliás são bem familiares a todos, se tornam perigosos. Para identificá-los, procedi, aqui também, como no caso das "virtudes cotidianas": por recortes, lendo os relatos de vida nos campos de concentração. Falo então de "fragmentação", essa capacidade que temos de dividir nossa existência, ou até mesmo nossa consciência, em compartimentos estanques, cada um deles regido por leis particulares. Ou ainda de "despersonalização", essa maneira de tratar os seres humanos como puros instrumentos, como representantes de uma categoria, sem reconhecer-lhes o estatuto de sujeitos individuais providos de uma vontade. Por fim, discorro sobre o "gozo do poder", essa posição que reforça nosso sentimento de existir – isso de que todos sentimos a maior necessidade. Essas atitudes não são de forma alguma reservadas aos campos de concentração: já dissemos que basta se aproximar do guichê da delegacia de polícia para observar os efeitos do "gozo do poder"... Mas nas condições extremas dos campos, esses "vícios cotidianos" se tornam a fonte de uma infelicidade intensa.

De certa forma, você também praticou a fragmentação, quando vivia na Bulgária: para se defender do Estado totalitário, dividia a existência em duas partes, uma pública e submetida, outra privada e livre. Essa fragmentação era eficaz, e foi a partir dessa experiência que pôde compreender, guardadas as proporções, a fragmentação mental de um Eichmann, zeloso servidor de Hitler?

Em tempos ordinários, todos temos personalidades múltiplas. Você se lembra de Montaigne: dobro meus joelhos, mas não minha razão. Ele não pensa apenas na coação vinda de fora: em sua existência pública, o indivíduo é obrigado a compor um personagem que adota certas posturas, que responde a um tipo de questões, que se repete forçosamente. Cada um de nós tem, assim, várias máscaras. No entanto, em geral, cada uma das facetas de uma mesma personalidade se comunica com as outras; e, mesmo elas sendo distintas, permanecem compatíveis. Ora, a separação, concebível e mesmo legítima num regime ordinário, não se mantinha em nosso caso, o de sujeitos de um Estado totalitário, porque este penetrava muito insidiosamente nossa razão: a fragmentação, cuja função normal era de defender o indivíduo, era ineficaz. Montaigne não poderia imaginar o controle totalitário sobre a vida de cada um.

Em contrapartida, a fragmentação praticada por Eichmann, ou Hoess, ou Stangl, o comandante de Treblinka, tinha por função adormecer a consciência: ela deveria permitir que suas vítimas fossem levadas à morte durante o dia e que, à noite, voltassem a ser bons pais de família, esposos dedicados, amantes da bela música e da grande literatura. São então duas formas de fragmentação: o Estado totalitário encoraja uma (pois ela lhe assegura servidores que não hesitam diante de nenhuma tarefa) e torna impossível a outra (seus sujeitos não podem se refugiar em seu universo privado). Tudo depende da estratégia do momento.

Então, "banalidade do bem", "banalidade do mal": essa é a natureza humana?

Voltamos então ao postulado humanista: os seres humanos são moralmente indeterminados, e é por isso que a educação conta, e também os sistemas sociais e políticos nos quais eles vivem, que alimentam ou fazem periclitar sua humanidade.

Disso decorre que nosso maior inimigo não deveriam ser os indivíduos, mas o regime que os encoraja a agir assim. No momento, o regime se encarna sempre em indivíduos particulares, e são eles que precisamos combater: por exemplo, os ocupantes alemães na França. Contudo, uma vez obtida a vitória, o essencial não é punir cada indivíduo, mas fazer de tal forma que o regime criminoso não possa mais renascer.

Então, ainda aqui, você está de acordo com Germaine Tillion, quando ela se declara a favor de uma condenação oficial da tortura durante a Guerra da Argélia, mas contra os processos dos antigos torturadores.

Ela sempre foi sensível ao que chama de "trágica facilidade com a qual as 'valorosas pessoas' podem se tornar carrascos sem mesmo perceber". Ela escreveu essa frase a respeito de Ravensbrück, e não da Argélia, mas vale para essa nova situação também. Neste último caso, o "tornar-se carrasco" aconteceu num país democrático – a França –, mas em tempo de crise, a Guerra da Argélia. Isso permite entrever a dificuldade de julgar os indivíduos num país totalitário, no qual a crise é, de certo modo, permanente. Os antigos beneficiários do regime se comportaram mal, certo, e não têm do que se orgulhar, mas é fácil demais bancar o herói *a posteriori*, fazer julgamentos categóricos e se indignar com o fato de que nem todos tenham ficado à altura.

O mal totalitário

Para você, a encarnação do mal político é o totalitarismo. Você poderia explicar em quê?

O totalitarismo é um regime que nega o indivíduo como valor. É a ciência que, pretende ele, define os objetivos a serem atingidos e os meios que precisam ser empregados para consegui-los: a sociedade sem classes e a eliminação da burguesia, a sociedade sem "raças inferiores" e a eliminação dos judeus. É o Partido que controla a sociedade, é o guia, o *Führer*, que toma as decisões. O que chamo de despersonalização está inscrito no próprio programa dos totalitários. Já falamos da fragmentação imposta pelo sistema: aquela que ele inflige aos indivíduos para sufocar qualquer protesto, aquela que estes praticam para proteger um canto de sua existência.

Quanto ao gozo do poder, na época em que eu vivia num país totalitário, foi o que mais me chocou. Minha experiência do totalitarismo não está ligada, como já disse, aos seus momentos de paroxismo. Eu não estava presente nos vilarejos ucranianos em 1933, quando toda a população morria de fome, quando os pais chegavam a comer seus próprios filhos. Eu não estava em Auschwitz em 1944, quando trens inteiros despejavam judeus húngaros para que fossem imediatamente exterminados. Na Bulgária dos anos 1950 e 1960, que conheci pessoalmente, o que dominava era esse reino da vontade de poder, do gozo do poder. Todos os objetivos orgulhosamente proclamados se tornaram simples camuflagens hipócritas. Os detentores do poder falavam de paz, de igualdade, de liberdade, de justiça, e víamos em nosso entorno seus contrários. Era também então o reino da mentira generalizada. O que se encontrava por trás das grandes palavras vazias era a paixão pelo poder, o egoísmo cínico, a máxima "encho meus bolsos obrigando-os a fazer de conta que é para seu bem". Uma vez que se tenha renunciado à utopia, isso é tudo o que resta num país totalitário. E o mal político produz o mal moral, esses seres pusilânimes e preocupados exclusivamente com seus interesses. Não todos, que fique claro, mas a maioria.

Você considera os habitantes dos países totalitários como vítimas, quaisquer que sejam os atos que tenham realizado? Em que sentido você mesmo era uma vítima?

O regime totalitário não lhe deixa nenhuma liberdade de escolha, ou melhor, essa liberdade existe ainda, mas todas as escolhas, salvo uma, são consideradas criminosas. Você pode tentar fugir do país, mas corre o risco de ser caçado pelos cães da polícia de fronteira e jogado na prisão. Você pode praticar o exílio interior, a resistência silenciosa, mas rapidamente será marginalizado ou mesmo enviado a um campo reformatório. Por isso minha condenação desses regimes é absoluta, mas a de seus cidadãos é somente relativa. Eu mesmo saí antes de ter tido tempo de me comprometer profundamente. Apesar disso, dar-se conta de que se é capaz de pequenas covardias para preservar seu conforto é uma experiência que marca a pessoa. Saber que se é capaz do pior, porque o Estado disse que é um bem. Talvez todo o meu interesse pela moral venha daí.

Acrescento que condenar o totalitarismo sem hesitação não equivale a percebê-lo como a encarnação do mal absoluto. Um ato isolado pode sê-lo, mas não um regime, entidade infinitamente mais complexa. Por outro lado, imaginar um projeto do mal não nos ajuda a compreender o totalitarismo: seus agentes sempre acreditaram agir com vistas ao bem e se percebiam como benfeitores da humanidade. Não creio que os homens ajam para agradar ao diabo, tendo o projeto de fazer o mal reinar; talvez seja porque nem todos os deuses são bons para os homens.

Você não tem então o sentimento de que falta um livro ao seu catálogo, aquele que, tão perto quanto possível de sua experiência, examinasse a vida moral sob o totalitarismo nessas condições ordinárias?

Acho que já dediquei tempo suficiente a escrutinar o mal sob suas diferentes formas. Prefiro me dedicar, nos anos próximos, a melhor compreender aquilo que admiro: os impulsos do espírito, a criação do belo.

Você acha que é só o totalitarismo que corrompe a esse ponto o uso da liberdade e da moral? Em outros lugares é a Igreja, uma religião, uma seita, um guru, ou mesmo simplesmente uma elite social (midiático-política, como se diz!) o que define esse famoso "bem" ao qual devemos nos conformar...

Cada um fala daquilo que conhece, é claro. Dizemos, por exemplo, que hoje toda nossa sociedade, na França, evoluiu para um totalitarismo *soft*, submetida como está à publicidade, às modas, aos clichês veiculados pela mídia. A meu ver, somente aqueles que não viveram a experiência totalitária podem praticar esse amálgama, apagando assim a diferença entre determinação social e restrição policial. Mesmo se tomarmos os casos mais particulares, como o das seitas, em que o espírito se torna efetivamente prisioneiro e aceita de bom grado submeter-se a regras suplementares, pois a seita é uma célula que existe no seio da sociedade que, por sua vez, obedece a outros princípios – aos quais sempre se pode voltar no dia em que os olhos se abrirem. Outras pessoas, que não são membros da seita, podem pronunciar outros discursos para promover uma mudança de opinião. Tudo isso é impossível na sociedade totalitária, que coincide em sua extensão com o país inteiro, onde todos os discursos autorizados vão no mesmo sentido, e onde o poder facilmente usa a força física, a polícia ou o Exército.

Desse ponto de vista, como você sugere em sua análise dos campos de concentração, os regimes nazista e comunista são igualmente totalitários. Você sabe o quanto esse paralelo é tabu, mas não hesita em estabelecê-lo, mesmo correndo o risco de se tornar suspeito, por sua vez, de praticar o amálgama. Como você interpreta esse tabu e como leva em conta os argumentos daqueles que defendem o caráter único e, portanto, incomparável dos crimes nazistas contra os judeus?

Não vejo por que seria preciso respeitar um tabu relacionado a esse paralelo. Ou melhor, vejo as razões, mas não me sinto convencido. Os defensores do comunismo ficam chocados pela aproximação porque o personagem de Hitler veio a simbolizar o mal absoluto, mas os dois regimes têm propriedades estruturais semelhantes, engendraram sofrimentos comparáveis e durante um tempo, entre 1939-1941, uniram forças para compartilhar a Europa. É claro que estabelecer um paralelo não significa confundi-los: as diferenças também são inúmeras e até sobressaem sobre um fundo de elementos comuns.

A condenação é semelhante, na medida em que é total. Certas distinções justificadas em seu contexto se apagam no plano do julgamento. Por exemplo, fala-se de três genocídios no século XX: o dos armênios na Turquia, o dos judeus na Europa e o dos tutsis em Ruanda. Omite-se então o dos camponeses ucranianos em 1932-1933: 5 a 6 milhões de mortos; e o dos cidadãos cambojanos: mais de 1 milhão, ou seja, um sétimo da população. O argumento que exclui esses crimes dos regimes comunistas da categoria dos genocídios é que se exterminava não uma etnia, mas uma classe, um grupo social. Distinção válida, mas que não deveria influir em nossa condenação: tanto em um como em outro caso, matam-se os indivíduos por seu pertencimento a um grupo, e não em razão de seus atos. Ser um "kulak", um "burguês", um "intelectual", era considerado, nesses regimes comunistas, como uma tara tão indelével, quase genética, quanto ser um armênio, ou um judeu, ou um tutsi: os filhos dos kulaks eram, por sua vez, perseguidos na qualidade de kulaks.

Não há mal sem razão, nem bem sem mescla

Você publicou dois livros que tratam de episódios particulares da história do século, A fragilidade do bem, *sobre o salvamento dos judeus búlgaros durante a Segunda Guerra Mundial, e* Uma tragédia francesa, *sobre um episódio pouco conhecido que você chama de "guerra civil" na França, os combates entre Milícia e* maquis *em 1944. Nos dois casos, você mostra como o desenrolar da história depende da ação de um indivíduo particular; também nos dois casos, você prossegue no elogio dos salvadores, iniciado em* Diante do extremo*. O que você busca demonstrar por meio dessas histórias?*

Podemos analisar a história de um país escolhendo diferentes perspectivas: o que me atrai são os problemas de moral e de política que encenam essa história. Ainda mais precisamente, eu me interesso pelos casos em que o bem e o mal não foram distribuídos de maneira previsível, mas em que se encontram um no outro, em que um envolve o outro. As situações talhadas, monolíticas, não me ensinam nada. Tenho o sentimento de que elas não me permitem penetrar verdadeiramente no segredo das condutas humanas. Creio que todo mal é acompanhado por uma razão que não é necessariamente um mal. De forma recíproca, a ideia de um bem sem mistura me parece dizer respeito à ilusão. Esse bem sempre tem um preço, tem consequências imprevistas e indesejáveis, que não podemos nos permitir negligenciar sob o pretexto de que o objetivo é nobre.

Essa talvez seja a mensagem principal que desejo transmitir aos meus leitores, essa recusa do maniqueísmo, por isso me sinto atraído, na história, por episódios ambivalentes, indecisos, complexos. Diante de qualquer afirmação, tenho vontade de me perguntar por que seu contrário não é inteiramente falso. Inclusive esta aqui! É certo que essa tendência me ocorre devido ao fato de que a política totalitária é fundamentada numa visão maniqueísta do mundo, que divide a humanidade em amigos e inimigos – uns devendo ser defendidos em qualquer circunstância, e os outros devendo ser eliminados a qualquer preço. Nem por isso ver o mal no bem, e o bem no mal, significa que todos os valores se confundam, nem que todas as escolhas se equivalham. Isso seria cair no excesso contrário, o do niilismo, da recusa de julgar. Eu gostaria de continuar a exercer meu julgamento, mas evitando a facilidade das certezas agradáveis.

Tomemos o caso de A fragilidade do bem. *Como você veio a se interessar por esse episódio da história búlgara?*

Como todo búlgaro, desde sempre conhecia as grandes linhas da história: os judeus do país não haviam sido deportados durante a guerra. Contudo, não se fazia grande caso na minha infância na Bulgária, sem dúvida porque os responsáveis por esse salvamento não eram os bravos comunistas, vinculados ao papel de benfeitores, mas personagens menos "recomendáveis". Em outros termos, essa página da história não entrava bem nos esquemas maniqueístas ambientes, então era mencionada, mas sem se demorar sobre ela. Alguns anos depois de minha partida para a França, fiquei sabendo que os dirigentes comunistas haviam mudado de atitude sobre esse assunto: eles perceberam que poderiam obter prestígio internacional desse momento glorioso do passado, e quiseram reivindicar para si o mérito da ação. Foi o chefe supremo do Partido e do país, Jivkov, que se viu revestido de um novo papel, o de ter organizado as manifestações que frearam as deportações. As organizações judaicas do país, submetidas ao Partido, chegaram a propor Jivkov para o prêmio Nobel da paz! Essa demanda – felizmente – não foi atendida.

Tal visão do passado começou a se modificar com a queda do Muro, em 1989, e a abertura dos arquivos. Um jornalista italiano, Gabriele Nissim, foi à Bulgária investigar esses acontecimentos e descobriu, nos Arquivos Nacionais, um manuscrito redigido por um dos principais protagonistas do caso, Dimitar Péchev. Ele pesquisou e escreveu um livro sobre o tema.[14] Nesse meio-tempo, nós nos encontramos numa comemoração em torno da obra de Primo Levi, e ele me falou sobre o assunto. De minha parte, procurei o texto dessas memórias e nele achei material para uma reflexão moral e política, como já havia praticado em outras ocasiões.

A fragilidade do bem não é verdadeiramente um livro meu; é antes uma coletânea de documentos que escolhi e apresentei: as memórias de Péchev, mas também de outros protagonistas, e principalmente documentos redigidos na época dos fatos, cartas abertas, resoluções, artigos de jornal. Adoro essa forma de trabalho histórico, que também pratiquei nos textos de *Em nome do povo*, ou ainda em *Guerra e paz sob a Ocupação*: assim, o próprio leitor tem acesso aos documentos e pode confrontar suas impressões com as interpretações do historiador.

Em que a ação de Péchev escapa dos esquemas maniqueístas?

Em primeiro lugar, é preciso dizer que nem todo o mérito se deve exclusivamente a Péchev. Essa é uma das lições de minha pesquisa, e é por isso que falo de "fragilidade". O salvamento dos judeus exigia a intervenção de inúmeras pessoas, em diferentes níveis, desde o rei Boris até a população anônima, passando por algumas figuras públicas cuja voz podia ser ouvida. Uma falha em qualquer um desses níveis teria levado ao fracasso de toda a operação.

14 Nissim, *L'uomo che fermò Hitler*.

Dado isso, Péchev era um dos personagens mais ativos; o metropolita (bispo ortodoxo) de Sófia, Stéphane, era outro. Péchev era o vice-presidente da Assembleia Nacional, num país dominado por uma coalizão conservadora, associada, em termos de política estrangeira, à Alemanha nazista. Ele mesmo era um conservador autêntico, que não hesitou em votar as leis antijudaicas em 1940. Contudo, em 1943, no momento em que se configura o projeto de deportação, conduzido por esse mesmo Dannecker, que organizou a deportação dos judeus na França, Péchev vê concretamente quais seriam as consequências da medida: sofrimento e morte de milhares de pessoas. Então, ele tem um sobressalto e decide agir seguindo sua consciência, e não as ordens do governo. E sua ação provoca a paralisação das deportações: os judeus da Trácia e da Macedônia, territórios então controlados pela Bulgária, mas que dela não faziam parte, perecerão em Treblinka, mas não os judeus búlgaros.

Ao mesmo tempo, Péchev parece agir com certo pragmatismo, por colocar antes de tudo o interesse dos próprios búlgaros. Isso significa que a indignação sem o sentido político não vale nada?

O que acho muito interessante nesse capítulo da história é precisamente a maneira que Péchev adota para ter sucesso. Ele não é o único a se indignar na época, pois outras figuras públicas fazem o mesmo, mas seus gritos em nada mudam a situação. Ele, efetivamente, é o único a encontrar uma resposta política. Sua finalidade é salvar os judeus ameaçados de deportação. Ele analisa lucidamente a situação, pesa as paixões de uns e outros e encontra a solução: redige uma resolução que 42 outros deputados assinarão, todos pertencentes – exigência imposta por Péchev – à maioria governamental. Dessa maneira, sua ação não pode ser interpretada como uma oposição global ao governo, mas somente como contestação de uma medida particular. Na sequência, ele consegue dar uma ampla publicidade ao seu gesto. 42 é bastante, um terço da Assembleia, e é essa divisão da maioria que convence o rei Boris, detentor do poder supremo, a frear as deportações.

Péchev teve sucesso não porque tinha uma consciência moral superior à dos outros, mas por ter uma compreensão melhor do jogo político. Foi antes seu senso político, mais que sua generosidade de alma, que lhe permitiu salvar da deportação imediata 9 mil judeus. Eis como o bem pôde advir: para mim, essa é uma lição que merece ser ouvida... e meditada.

Péchev agiu um pouco como Raymond Aron, que, por ocasião da Guerra da Argélia, soube falar aos governantes franceses a linguagem do próprio interesse deles.[15]

Se quisermos nos engajar no mundo da ação política, é preciso buscar o sucesso, e não sua própria elevação moral. Não tenho certeza de que os argumentos de Aron tenham realmente acelerado o fim da Guerra da Argélia, mas em todo caso ele tinha razão de agir assim. Os protestos piedosos, infelizmente, não mudam grande coisa no mundo – limitam-se a dar boa consciência àqueles que o proferem.

Da Milícia aos *maquis*

Em Uma tragédia francesa, *você se liga novamente aos salvadores, dentre os quais, aliás, um se assemelha a Péchev: é René Sadrin, o prefeito*

15 Aron, *La Tragédie algérienne*.

vichysta de Saint-Amand-Montrond, de quem, como no caso de Péchev, você publicou as memórias.

Descobri a história que conto em *Uma tragédia francesa* de maneira puramente fortuita, devido a um deslocamento – percebo que as viagens contam muito nas minhas escolhas de temas! Dessa vez, o deslocamento era menos importante: eu passava o ano, com minha família, na região de Saint-Amand, no centro da França. Com uma amiga, Annick Jacquet, concebemos o projeto que em seguida culminou em *Guerra e paz sob a Ocupação*: interrogar pessoas comuns sobre suas lembranças do tempo da guerra. No decorrer de uma dessas visitas, nosso interlocutor nos pôs entre as mãos um texto datilografado – "Já que vocês se interessam por esse tipo de coisas!". Eram as memórias de René Sadrin, antigo prefeito de Saint-Amand, dedicadas essencialmente a um episódio do verão de 1944, entre o Desembarque e a Liberação. Em seguida ao Desembarque, os *maquisards* ocupam a cidade. No dia seguinte, eles se veem obrigados a partir, mas levam com eles reféns – milicianos ou membros de suas famílias. Em represália, a Milícia ameaça aniquilar a cidade e toma como reféns as famílias dos resistentes. No final das contas, ocorre uma troca de reféns, mas os milicianos e a Gestapo se vingam da afronta sofrida assassinando todos os judeus da região que conseguiram prender, e jogando-os nos poços de Guerry.[16]

---

16 29 homens e oito mulheres, em grupos de seis, são lançados vivos em poços profundos na fazenda de Guerry; em seguida, sobre eles são jogadas pedras enormes e sacos de cimento, para esconder o massacre. Um dos prisioneiros, Charles Krameisen, consegue fugir e se esconder até o fim da guerra na fazenda da família Guil-

Essa história atroz me chocou demais. Busquei informações sobre o fato, li os testemunhos já publicados, trabalhei muito tempo nos Arquivos Departamentais e interrogamos outras testemunhas. Essa ainda é uma história de salvadores, é verdade, mas cuja saída é menos feliz. Foi de fato uma tragédia.

Em que consistia exatamente a complexidade desse caso? De qualquer modo, entre a Milícia e os maquis, *a escolha é clara, não?*

De fato, a escolha é clara, ao menos para mim, no plano político. Mas o engajamento político não exclui nenhuma outra consideração – senão, seria preciso decretar que o fim justifica todos os meios, e que uma vez estabelecido um fim respeitável, estamos obrigados a admirar tudo o que com ele se relaciona. Se todos os resistentes se conduzissem como santos, e todos os milicianos como agentes do diabo, a história só teria nos confortado em nossas boas certezas. Ela nos teria adormecido, em vez de nos fazer refletir. Mas, se houvesse sido esse o caso, eu não teria escrito *Uma tragédia francesa*.

O que eu queria mostrar aqui, entre outras coisas, era precisamente que as obediências ideológicas não decidem inteiramente a qualidade humana dos indivíduos. Podemos estar do bom lado da barricada e, no entanto, comportar-nos de maneira irresponsável ou cruel; da mesma forma, mesmo estando engajado sob um estandarte duvidoso, podemos ser capazes de um gesto que proteja a vida e a dignidade dos perseguidos. Veja o

---

laumin. Depois da Liberação, ele denuncia o massacre e os corpos são encontrados e identificados, sendo que os das mulheres, além de tudo, mostravam traços de violência sádica. (N. T.)

exemplo de Sadrin, que é um homem de certa idade, um prefeito colocado pelo regime de Vichy e, portanto, considerado próximo do ocupante, que jamais entrará para a Resistência. Apesar disso, ele se preocupa ativamente em preservar o bem-estar de seus administrados, e o consegue, em circunstâncias por vezes dramáticas. Ele também não deixa de ajudar um ou outro a conseguir documentos ou cupons de alimentação, e tenta mesmo, nessa ocasião precisa, ser o mediador entre a Milícia e os *maquis*, antes de machucar o tornozelo...

Durante esse tempo, os outros mediadores continuam a trilhar as estradinhas do centro da França, dos Departamentos da Creuse, do Indre e do Cher, até obter o acordo dos adversários.

Os adversários, *maquis* e Milícia, ameaçam executar seus reféns se os outros não soltarem primeiramente os seus. Uma situação, como você vê, que favorece a ascensão das bravatas e do machismo: "Se você não ceder, farei uma desgraça!". Você objetará: uma das causas é justa, a outra, não, a Liberação vale mais que a colaboração. Certo, mas os reféns mortos por uma boa causa não estariam menos mortos. É nesse contexto que os salvadores intervêm, tentando convencer cada um a relaxar, a ceder um pouco em sua intransigência, para que os reféns sejam poupados. São, em particular, dois excêntricos, intrépidos e generosos, que se lançam a bordo de um velho carro para levar as mensagens de uns para os outros, correndo a todo instante o risco de serem abatidos por combatentes de um lado ou de outro – atirava-se muito, nos campos franceses, no verão de 1944! Eles teriam podido se contentar em escolher um lado – para alguém normalmente constituído, não deveria ser muito difícil adivinhar quem iria ganhar. Mas não, em vez de bancar os heróis-combatentes, eles preferiram salvar os outros. Eles conseguiram, para os reféns em questão, mas outros massacres aconteceram, sempre ligados a esses mesmos eventos.

Esse livro, mais que os outros, afeta o destino de pessoas que ainda estão vivas, e próximas a você, no espaço. Qual foi a reação ao livro em Berry ou, de forma mais geral, entre aqueles que se sentiam diretamente tocados por essa história?

As reações foram muito variadas, segundo a natureza de cada grupo. Primeiramente, um caso um pouco à parte: o das famílias dos judeus massacrados nos poços de Guerry, em represália à ação dos resistentes (uma situação típica de bode expiatório). Essas pessoas se lembravam do massacre como um puro absurdo, essa ação lhes parecia totalmente arbitrária. O livro, creio eu, a recolocou dentro de uma sequência coerente de acontecimentos e a tornou inteligível. O fato de terem compreendido a racionalidade do que acontecera – mesmo que fosse uma racionalidade atroz, revoltante – lhes ofereceu um certo apaziguamento. É bem por isso que penso que temos como dever buscar compreender e explicar.

Também tive reações igualmente positivas de alguns especialistas em história de Vichy – dentre os quais certos antigos resistentes, ou pessoas como Robert Paxton, o grande historiador norte-americano, que escreveu uma resenha elogiosa do livro.[17]

A reação dos antigos resistentes em Saint-Amand era mais nuançada. Eu os havia encontrado, entrevistado e, antes de pu-

---

17 Paxton, "Before St-Amand Was Liberated", *Times Literary Supplement*, 2 maio 1997.

blicar o livro, enviado o manuscrito a muitos deles. Eles o aprovaram, sugerindo pequenas correções, que integrei. Foi depois da publicação, quando as resenhas veiculadas na imprensa local disseram que a Resistência não saía engrandecida do livro, que eles se sentiram em desacordo com sua visão global. Mas ficaram aí.

A reação de rejeição mais forte veio de onde eu não esperava: de um grupo de antigos resistentes de uma região vizinha, a Creuse, com os quais não havia mantido contato. É bom dizer que eles pertenciam às tropas do personagem chamado no livro de "François", de quem, de fato, não dou uma imagem muito positiva. O chefe desse grupo levou a família de "François", que havia morrido no momento da publicação do livro, a abrir um processo de difamação contra mim, em 1996, dois anos depois. Outros resistentes da Creuse me escreveram para, ao contrário, felicitar-me: as divergências de interpretação já haviam ocorrido entre eles.

O que, exatamente, eles lhe reprovavam?

Por falar mal de "François" e, principalmente, por comparar seu comportamento, no caso dos reféns, ao do chefe miliciano. Objetavam-me que "François" era um companheiro da Liberação, e que o general De Gaulle, adicionava a carta dos querelantes, possuía seguramente um julgamento melhor que o senhor Todorov, que na época dos fatos devia ainda andar de calças curtas – e na Bulgária, além de tudo!

O tribunal acabou fazendo um julgamento ambíguo. Ele não seguiu o pedido inicial e não nos obrigou a suprimir nem a modificar passagens do livro, e ainda rejeitou a demanda de uma enorme soma de dinheiro a título de reparação. Mas nos condenou, ao meu editor e a mim, a uma quantia simbólica e ao pagamento de algumas taxas. O raciocínio do tribunal era, como ocorre com frequência na justiça, puramente formal: os juízes não procuram saber se o que foi escrito é verdadeiro, mas se as regras foram respeitadas. Ora, eu não só falava mal de "François", como também não havia entrevistado seus companheiros de combate, nem sua família, e aí estava uma falta.

Os querelantes também não diziam que minhas descrições eram falsas. Eles não contestavam os fatos; além disso, eu os recolhera de documentos publicados enquanto "François" estava vivo, e ele próprio não os havia contestado. Eles me negavam o direito de falar mal de um companheiro da Liberação. Em suma, é um conflito clássico entre militantes da memória e historiadores. Os primeiros são animados pelo desejo de manter um culto; os segundos buscam, na medida de seus meios, a verdade. Mas é certo que, ao formular julgamentos, eu saía do papel tradicional do historiador. Eu me dava conta de que esses julgamentos poderiam não agradar aos próximos de "François", mas também pensava que, na medida em que se tratava de um personagem público, podia-se falar dele livremente. Nem o partido gaullista, nem a família De Gaulle, irão nos questionar na justiça caso se fale mal do General.

Ao escrever, você tinha consciência de realizar um gesto politicamente incorreto, por mostrar que o resistente poderia não ser um puro herói?

Para dizer a verdade, não. Pior: eu imaginava que isso era óbvio, que ninguém me pedia para escrever uma história piedosa. Compreendo que no momento do combate não se deva desencorajar as tropas; mas... cinquenta anos depois? Aderir de modo geral aos valores da Resistência, o que é meu caso, não obriga a aprovar qualquer ato realizado em seu nome, ou qualquer pessoa que lhe for associada. A responsabilidade do indivíduo se mantém, não é aniquilada por um engajamento geral. Romain Gary já havia dito tudo isso, muito claramente, mal terminada a guerra, em *Éducation européenne* [Educação europeia], e em *Le Grand Vestiaire* [O grande vestiário]. É verdade que ele próprio havia sido companheiro da Liberação, enquanto que eu não participei da Resistência...

Resta a ofensa à pessoa. Eu pensava tê-la suficientemente protegido, usando somente seu nome de guerra. Teria eu podido utilizar um pseudônimo? Não tenho certeza de ter encontrado a boa fórmula. Entretanto, sobre o fundo, continuo a pensar naquilo que escrevi: naquele momento, esse resistente não se conduziu de maneira admirável. Depois da guerra, Gary dizia que era preciso "rezar pelos vencedores".[18] Os vencidos, queiram ou não, serão obrigados a refletir sobre seus erros. Quanto aos vencedores, correm o risco de se tomar por uma encarnação do bem, crença bastante perigosa.

Uma tragédia francesa também me trouxe, paradoxalmente, uma experiência estética: o livro me fez descobrir a obra do escultor Georges Jeanclos, sobrinho de um casal assassinado em Guerry. Ele elaborou um monumento comemorativo que lá se encontra hoje em dia e que admirei muito. Em seguida, descobri seus demais trabalhos, igualmente notáveis. Por duas vezes, consegui utilizar uma imagem de suas esculturas na capa de meus livros: na tradução em inglês de *Uma tragédia francesa*

---

18 Gary, *Tulipe*.

e, mais recentemente, na de *Memória do mal*. Esse artista, hoje falecido, e a quem jamais encontrei, tornou-se singularmente próximo para mim. O que me toca particularmente em sua obra é sua capacidade de mostrar a fragilidade humana, sem que por isso jamais caia na afetação. É, por excelência, o artista da compaixão, o que tem alguma coisa de paradoxal: a compaixão passa por uma virtude especificamente cristã, enquanto Jeanclos praticava o judaísmo. Entretanto, sua obra transcendia os pertencimentos particulares e também se inspirava no budismo ou na arte dita "primitiva". Pediram-lhe que fizesse um monumento dedicado à glória de Jean Moulin – ele representou o sofrimento, e não o combate: as virtudes cotidianas lhe eram mais próximas que as virtudes heroicas.

IX
Memória e justiça

Estratégias da memória – As derivas da justiça – Justiça histórica, justiça internacional

Estratégias da memória

Catherine Portevin – *Em todos os seus livros, a partir de* Diante do extremo, *você não deixou de voltar à memória e às suas apostas políticas. Vamos partir desta famosa frase de George Santayana: "Aqueles que não se lembram do passado estão condenados a repeti-lo",*[1] *sobre a qual você parece ter evoluído: ela é a base de sua convicção para escrever* Diante do extremo *– algo que você afirma em sua introdução –, depois você volta a essa fórmula no decorrer de outros livros, até recusá-la. Por quê?*

Tzvetan Todorov – Recuso o sentido que se dá a essa frase, que é frequentemente citada, mas sem ignorar a parte da ver-

1 Santayana, *The Life of Reason*.

dade que ela contém. A fórmula é insuficiente, porque se poderia entendê-la no sentido positivo: se conhecermos o passado, temos a segurança de não repeti-lo – fica subentendido "não repetir os erros do passado". Ora, isso não é verdade. O sentido não está nos acontecimentos, como também não está nos processos naturais. Sentido e valor lhe vêm dos seres humanos que questionam uns e outros. Além disso, podemos conhecer o passado e justamente desejar repeti-lo: porque, de algum ponto de vista, é um exemplo positivo, mesmo que outros tenham sofrido por causa dele. O torturador do presente pode encontrar sua inspiração no exemplo dos verdugos do passado. Sabe-se que Hitler gostava de lembrar do genocídio dos armênios: "Vejam", dizia ele aos seus próximos, "pode-se exterminar impunemente um povo inteiro. Vamos fazer isso com os judeus!".

Encontramos de tudo no passado! Por isso, fazer um elogio incondicional da memória, isto é, da preservação e da restituição do passado, me parece desprovido de sentido. A memória é um instrumento em si mesmo neutro, que pode servir a fins nobres ou ignóbeis. Ela é como a língua, na fábula de Esopo: ao mesmo tempo, a melhor e a pior coisa do mundo. Em nome do passado, portanto, da memória que preservamos, pode-se matar, como podem-se salvar vidas humanas. Por conseguinte, não adiro à fórmula "dever de memória", que implica que o simples fato de guardar os traços do passado garante nossa virtude. Fiquei contente ao ver que Paul Ricœur também a criticou em seu último livro, dedicado à memória.[2]

2 Ricœur, *La Mémoire, l'histoire, l'oubli.*

Ele, aliás, reconhece sua paternidade desta expressão, "os abusos da memória", uma formulação que choca alguns, como se você estivesse cometendo um sacrilégio...

Conquanto se trate, uma vez mais, de uma evidência: não é a memória, isto é, a lembrança do passado, que deve ser sagrada, mas os valores que dela poderíamos tirar.

Como você explica a multiplicação dos apelos "à memória" nestes últimos anos?

Por um movimento de mais longa duração. A sociedade moderna se afirmou no Renascimento por uma ruptura com a sociedade tradicional – isto é, a sociedade que venerava as tradições. Nós o vimos no decorrer do conflito que opunha Cortés a Montezuma. A esse mundo em que o passado controla o presente, em que os antigos dirigem a tribo, opõe-se a sociedade moderna, em que são os novos valores que se veem em primeiro plano. Descartes dizia: "Não precisamos da memória para todas as ciências" – ou seja, a razão e a observação bastam.[3] Ele se enganava, mas a declaração é significativa; essa atitude permitia romper com a atitude escolástica. Também podemos tomar o princípio democrático: aqui, uma lei é boa não porque é antiga, porque corresponde à tradição, mas porque o povo – por meio de seus representantes – a quis. Assim, o mundo moderno se tornou esquecido, tendendo para o futuro. Em reação a essa tendência, que evidentemente é excessiva, vêm o culto do passado, o dever de memória, a mania das

3 Descartes. "Cogitations privatae".

comemorações. É um pouco como as crispações identitárias que podemos observar em torno de nós, reação ao que a sociedade moderna nos intima sem cessar: sejam mais suaves, mais ativos, mais flexíveis, adaptem-se a qualquer nova situação, qualquer que seja ela.

Compreendo esse movimento de reação, mas não posso aprová-lo totalmente. Quando leio, nos muros da cidade, como em certo momento do conflito irlandês, "Nem esquecimento, nem perdão", digo a mim mesmo que estamos dando alguns passos para a barbárie. Não se engane, não prego nem o perdão, nem o esquecimento: o primeiro me parece frequentemente indesejável, e o segundo impossível de ordenar (o esquecimento não depende da vontade). Mas o sentido da fórmula, mesmo que a palavra não seja pronunciada, é que a vingança deve ser realizada. Ora, o grande movimento de nossa civilização consiste justamente, como visto em *Oréstia*, de Ésquilo, em substituir a justiça pela vingança, instaurar as leis no lugar da ação ditada diretamente pela memória. É nisso que a vida da cidade é preferível à da tribo: pelo fato de as determinações da lei prevalecerem sobre as da memória. A violência não pode ser inteiramente eliminada – por isso a paz é sempre frágil; contudo, de qualquer modo, ela é circunscrita.

Ao mesmo tempo, a memória não necessariamente leva à vingança. O passado pode permanecer em mim como uma ferida sempre aberta, determinando inteiramente minha conduta presente; também pode, sem desaparecer, mudar de estatuto, como ocorre no luto de uma pessoa querida: nós não esquecemos, mas ele se aparta de nosso presente. Por sua vez, a história não é nem esquecimento, nem perdão, mas também não é um ajuste de contas.

O dever de memória não parece se aplicar a qualquer coisa. Os últimos debates aos quais assistimos envolviam principalmente o passado vergonhoso do Estado francês. Pode-se então dizer que o dever de memória se inscreve sempre numa relação entre vítimas e carrascos?

Ele é menos evocado pelas antigas vítimas e mais por seus representantes, que muitas vezes são seus descendentes. De fato, as próprias vítimas, quando têm a chance de sobreviver, buscam mais afastar essas lembranças dolorosas, tentam se furtar ao passado: não necessariamente esquecê-lo, mas pô-lo de lado, para que ele não entrave demais o presente. Em contrapartida, para aqueles que se identificam simbolicamente com eles, essa lembrança é vivida como uma necessidade imperiosa, e isso é compreensível: a dor moral mais viva nos vem do sofrimento de nossos próximos. Pensar na humilhação dos pais, sendo que eles são, aos olhos de todos, a encarnação da força protetora, é insuportável. Nesse caso, e tão paradoxal quanto possa parecer à primeira vista, a identificação com a vítima é tão desejável quanto a identificação com o herói: dois papéis vantajosos para o sujeito.

Ao mesmo tempo, isso não torna irrepreensível a atitude desses representantes das vítimas. Em primeiro lugar, esse papel nem sempre é proveitoso para aquele que o assume. Conhecemos bem o problema dos negros da América: ao se beneficiar de diversas "discriminações positivas", eles também sofrem as consequências negativas dessa imagem, que não os impulsiona a assumir eles mesmos seu destino. Esse papel de vítima pode se tornar uma armadilha: aproveita-se de certas vantagens imediatas, e ao mesmo tempo se tem dificuldade em conduzir a própria existência.

Além disso, a antiga vítima não está de nenhuma forma imune contra a tentação de se tornar ela mesma um carrasco, numa nova situação – de praticar, então, uma espécie de vingança por deslocamento. A maioria dos pais carrascos, é bem sabido, foram crianças espancadas. Bem sei que não há aí nenhum determinismo rígido, e Boris Cyrulnik tem razão de evidenciar os casos de "resiliência", aqueles em que se supera a pressão do passado.[4] Mas se trata justamente de uma resistência bem-sucedida; se não ficarmos atentos, repetimos o traumatismo de outrora, contentando-nos em mudar de papel. O fato de termos sofrido não nos vacina contra o mal. Também podemos constatá-lo no caso de grupos ou de povos inteiros. Os franceses foram vítimas dos alemães durante a Segunda Guerra Mundial, o que não os impediu, depois da guerra, de reprimirem, perseguirem e torturarem os "inimigos" na Argélia – que, apesar de tudo, lutavam, como eles, pela independência. Mesmo atualmente, a memória do passado de vítima pode servir, em Israel, para justificar os maus-tratos infligidos aos palestinos no presente.

O historiador Henry Rousso disse, numa entrevista recente: "O único dever de memória é o testemunho que o sobrevivente impõe a si mesmo por aqueles que não voltaram".[5] Você concorda?

É uma concepção muito diferente daquela que prevalece hoje, e muito mais respeitável; seria então um dever para com os mortos, de uma exigência que se dirige a si, em vez de im-

4 Cyrulnik, *Un Merveilleux Malheur*.

5 Rousso apud Portevin, "Encombrante mémoire".

pô-la aos outros. De fato, muitos sobreviventes viveram assim sua situação, e testemunharam.

Poderíamos ir mais longe e falar de um dever do sobrevivente em relação aos viventes que, nesse mesmo momento, sofrem como ele sofreu no passado. Não, o termo "dever" seria excessivo, mas digamos que haveria nisso uma virtude particularmente apreciável. Foi assim, como vimos, que se conduziu David Rousset, sobrevivente de Buchenwald, alguns anos depois de seu retorno do campo de concentração. Nem todos o seguiram nessa via – longe disso. Germaine Tillion o fez, mas os deportados comunistas, Daix e muitos outros, preferiram a fidelidade ao Partido – portanto, preferiram a defesa de sua identidade à causa da justiça.

A lembrança do passado leva a estas duas reações bem diferentes: testemunhar e demandar reparações. O testemunho sempre é legítimo, mesmo que depois se possa utilizá-lo equivocadamente. As reparações se justificam em certos casos, e não em outros. A demanda de reparações formulada por certos chefes de Estado africanos, em nome da escravidão no século XVIII, me parece mal fundamentada: não vejo por que os Estados modernos seriam responsáveis pelos malfeitos de seus longínquos predecessores, nem por que os descendentes atuais dos vizinhos dos escravos, ou os próprios escravos, deveriam se beneficiar dessas reparações. Guardadas as proporções, é como reprovar os judeus por serem um povo deicida. É também deslizar sem tradição dos indivíduos (vítimas ou culpados) para as instituições (Estados, organismos públicos, empresas) que os representam ao longo dos séculos; é confundir a culpabilidade legal de uns e a responsabilidade histórica de outros.

Também é preciso admitir que certos atos são propriamente irreparáveis. É em vão que os pais de crianças assassinadas demandem a pena de morte para os assassinos: nenhuma nova morte conseguiria diminuir sua dor. A decisão de justiça não visa a reparar o desastre individual, ela não é uma terapia: sua finalidade é restaurar e proteger a ordem pública. Nenhuma reparação atual apagará a escravidão de outrora ou o genocídio do passado: a história não pode ser reescrita de acordo com as normas de hoje.

Finalmente, na sua opinião, os "abusos da memória" são anacronismos que negam o tempo que passa e a história?

De certo modo, sim. Em *Memória do mal, tentação do bem*, identifico dois obstáculos complementares, os Cila e Caríbdis[6] do trabalho de memória, a que chamo de "sacralização" e "banalização". A sacralização é a recusa de deixar inscrever o acontecimento no curso da história, de contextualizá-lo, de analisá-lo, de buscar paralelos e contrastes. O passado é então solidificado, provocando uma atitude quase religiosa. A banalização, provavelmente mais perigosa ainda, consiste em sobrepor o acontecimento antigo àquele que ocorre no momento, e agir em consequência disso.

O exemplo mais comum de banalização é o uso da figura de Hitler desde a Segunda Guerra Mundial. Dado que ele é

6 Estar entre Cila e Caríbdis – dois monstros marinhos da mitologia grega, situados um de cada lado de um estreito – é uma expressão que significa "escolher entre dois males" ou "ir de mal a pior". (N. T.)

o emblema do mal absoluto, é preciso associar a ele o inimigo do momento. Na Rússia, os conservadores acusam os reformadores de solapar a potência do país como novos Hitler. No Oriente Próximo, Nasser foi proclamado sósia de Hitler, seguido por Saddam Hussein, e agora, Arafat. Ora, ver em Arafat um novo Hitler não é somente um profundo absurdo; isso também prejudica a resolução do conflito atual. Para não ficar devendo, os próprios palestinos acusam os dirigentes israelenses de terem tomado o mesmo caminho que Hitler. De tanto olhar o presente pelo prisma do passado, acaba-se por desconhecê-lo. Se esse presente é ameaçador, as consequências podem ser graves. Gritar "CRS-SS" é estúpido, mas não acarreta nenhuma catástrofe. Confundir a extrema direita atual com os movimentos fascistas ou nazistas do entreguerras é perigoso: a comparação serve para confortar aqueles que a lançam, mas não convence os hesitantes ou os neutros. Ao contrário, não se sentindo concernidos por essa reprovação, os eleitores de extrema direita, por sua vez, tranquilizam sua consciência.

Como fazer para evitar Caríbdis e Cila?

Para que o passado possa nos esclarecer sobre o presente, é preciso que dele se extraia uma regra geral, um princípio de ação; é preciso universalizar a lição. Esse princípio pode então ser julgado e avaliado no decorrer de um debate, com argumentos racionais, que apelam aos valores que nos são comuns. Não é porque meu povo sofreu no passado que tenho o direito de cometer injustiças hoje em dia. A memória pode ser boa, com a condição de se submeter à pesquisa da verdade e do justo, e não a de se arrogar direitos intangíveis. Germaine Tillion não fala em dever da memória, mas em dever de verdade, dever de justiça. São belas finalidades, para as quais se pode encaminhar pela memória – mas não somente por ela.

Justamente. Você mencionou que Germaine Tillion interviera de maneira diferente na Segunda Guerra Mundial e na Guerra da Argélia. Você diria que ela deu um bom exemplo do uso da memória?

Certamente. Germaine Tillion não era a única antiga resistente a se ver envolvida na Guerra da Argélia. Esses resistentes eram mesmo bem numerosos. Os quadros superiores do Exército francês nos anos 1950 – portanto, no momento das guerras coloniais – advinham das Forças Francesas Livres de Londres e das fileiras da Resistência. Leia as memórias do general Aussaresses, o chefe torturador durante a "Batalha de Argel": só se trata de antigos resistentes, de antigos combatentes da boa causa.[7] Ele mesmo era um deles. O "François" de que falo em *Uma tragédia francesa* tornou-se o chefe de um regimento de paraquedistas coloniais, na primeira linha na Batalha de Argel – do qual atualmente sabemos que tinha por fundamento a extorsão de informações, ou seja, a tortura sistemática. Todos esses antigos heróis contra os alemães raciocinaram da seguinte maneira: assim como em 1940, sua pátria estava ameaçada, mas desta vez eles saberiam defendê-la melhor. Neste caso, o dever de memória os aconselhou mal: eles pecaram por aquilo que

7 Aussaresses, *Services spéciaux*.

chamo de banalização, e assimilaram duas situações que em nada se assemelhavam.

Da mesma ocasião, Germaine Tillion tirou consequências radicalmente diferentes. Deve-se dizer que sua profissão, etnóloga, já a incitava a observar e compreender antes de agir. Ela estava convencida de que o combate dos argelinos era legítimo, de que a independência da Argélia havia se tornado inevitável. Ao mesmo tempo, não ignorava que os franceses da Argélia se sentiam em casa naquele país, dado que eram nascidos lá, assim como frequentemente o eram seus pais e seus avós, e que tinham razão em temer por seus bens e até mesmo por suas vidas. É claro que isso não lhes dava o direito de humilhar e de explorar os outros argelinos, no quadro de um Estado colonial, mas não havia simplesmente, como quiseram acreditar os "carregadores de malas",[8] de um lado os bons, de outro os maus.

Em um primeiro momento, Germaine Tillion tenta reformar a Argélia no quadro existente, promover a educação, neutralizar os efeitos negativos da colonização. Depois, quando o conflito se torna agudo demais, e qualquer reconciliação local se verifica impossível, ela dá o melhor de si para combater a violência. Uma atitude, como você vê, bem diferente daquela que ela teve durante a Segunda Guerra Mundial, quando se lançou na luta contra o inimigo. Na Argélia, ela agiu em razão de um dever de justiça, herança de sua primeira experiência, e não de

8 Em francês, *porteurs de valises*, apelido dado aos militantes franceses que participavam de uma rede clandestina de ajuda à FLN – Front de Libération National. Chefiados por Francis Jeanson, um antigo resistente e jornalista, diretor da revista *Temps Modernes*, eles coletavam e transportavam dinheiro e documentos falsos para apoiar os insurgentes durante a Guerra da Argélia. (N. T.)

um dever de memória. Ela salvou inúmeras vidas – o que não bastou para prevenir o que Aron chamou de "tragédia argelina". Esta ocorreu, entre outras razões, porque vozes como a de Germaine Tillion não foram suficientemente ouvidas.

Há pouco tempo, estive numa cerimônia em homenagem a Germaine Tillion. Na sala, viam-se antigos membros da FLN, *harkis*,[9] *pieds-noirs*, metropolitanos, pessoas de todos os horizontes. Creio que o nome de Germaine Tillion era o único que poderia reunir todas essas pessoas. Toda a Argélia e toda a França. Essa mulher havia escolhido um caminho que consistia em privilegiar não uma política em detrimento de outra, mas a vida e a dignidade das pessoas.

Aí está um belo uso da memória.

Como você explica que, apesar da quantidade de livros, de filmes, de programas de televisão dedicados à Segunda Guerra Mundial, e particularmente ao genocídio dos judeus, esse acontecimento hoje em dia permaneça ao mesmo tempo o mais sacralizado e o mais banalizado de todos, e que nós também não façamos progressos no bom uso dessa memória? Como dar sentido ao passado, se toda uma biblioteca não basta?

É verdade que esses acontecimentos suscitaram uma vasta literatura. São provavelmente os fatos mais conhecidos, os mais comentados do século XX.

Se não fazemos mais progresso é porque tudo o que diz respeito à nossa identidade e, portanto, ao passado, que restitui nossa memória, nos faz reagir muito mais pelas entranhas

9 Militar específico da Guerra da Argélia. (N. T.)

que pela cabeça. Se penso que os seus mataram meus pais, fizeram minha mãe sofrer, não tenho vontade de refletir em termos gerais, de buscar os motivos, de analisar o contexto. Desse ponto de vista, a biblioteca não tem muito peso, e eu sempre teria tendência a submeter o passado às minhas paixões. Nossas escolhas afetivas não são ditadas por argumentos lógicos, mas por processos de identificação, que em seguida contentamos em revestir de racionalidade. Escolho meu campo porque é aquele das pessoas que falam a mesma língua que eu, ou praticam a mesma religião, ou provêm das mesmas terras, ou possuem a mesma aparência física. Não há do que se orgulhar por isso, mas é bem assim que as coisas acontecem. Nossa única chance de ultrapassar essa reação de defesa identitária é substituir a conduta guiada unicamente pelo afeto pela argumentação e pelo debate público.

Também não esqueçamos que a experiência é sempre e somente individual; ela não é nem hereditária, nem contagiosa. Um indivíduo pode ser mudado pela experiência: um jovem alemão que foi SS aos 20 anos pode ser transformado interiormente e lamentar com amargura sua escolha de então, para finalmente levar uma vida em nome de valores completamente diferentes. Na experiência dos indivíduos, certas coisas marcam a vida e são irreversíveis. No entanto, essa experiência, em geral amarga, não servirá para o vizinho ao lado, que poderá crer que, tendo mudado as circunstâncias vinte anos depois, pode agir como se nada tivesse acontecido. O que devemos aprender das perseguições antissemitas do passado, já que agora o antissemitismo não é mais uma das graves ameaças que pesam sobre a Europa? A proteger os perseguidos, qualquer que seja a origem ou a religião, quaisquer que sejam também seus perseguidores.

As derivas da justiça

De tanto falar do bem e do mal, de fazer julgamentos, mesmo que nuançados, sobre os acontecimentos do passado, você não teme ser percebido como um moralizador, um aplicador de lições?

Na minha opinião, uma fronteira clara separa a moral do moralismo. Tento não a ultrapassar, mas talvez nem sempre consiga. Interessar-se pela vida moral dos homens não é realmente excepcional – é o mesmo que dizer que nos interessamos pela vida dos homens *tout court* –, o que não prejulga a posição que tomamos em relação às questões de moral. Este era o antigo sentido da palavra "moralista": o moralista é um explorador da vida moral, e não um aplicador de lições. La Rochefoucauld era um moralista, mesmo que seus primeiros leitores o tenham percebido (erradamente) como imoral.

Quanto à prática da moral, ela tem uma curiosa particularidade: suas injunções podem enunciar que, na primeira pessoa, elas só se dirigem a si mesma. Assim que nos dirigimos a outrem, deixamos a moral para entrar, justamente, no moralismo. "Sejamos generosos": aquele que o diz não cumpre nenhuma ação moral, limita-se a recomendar a moral aos outros. "Tentarei ser um pouco mais generoso": é a única forma possível de imperativo moral.

Podemos então praticar a moral sem moralismo. Mas na minha vida pública eu tento, mais que praticar a moral, analisá-

-la. Eu gostaria que se constituíssem uma antropologia e uma história da vida moral.

O moralismo é também aquilo que você chama de "moralmente correto"?

Evidentemente, minha fórmula é calcada sobre o "politicamente correto". Este nos vem, como é sabido, dos Estados Unidos, onde eu o conheci bem, pois tem forte representação na universidade. O "politicamente correto" (abreviado como "PC") deve ser distinguido do conformismo, um fenômeno muito mais geral – e, para dizer a verdade, inseparável da vida dos democratas modernos. O "PC" é mais recente e mais particular. No conformismo, imita-se o modelo dominante; portanto, o conformista se põe do lado dos fortes, dos vencedores. O "PC", ao contrário, valoriza os antigos vencidos, isto é, os grupos que foram vítimas de discriminação no passado, grupos étnicos, como os negros ou os indianos, mas também grupos sociais: as mulheres, os homossexuais, ou ainda os deficientes físicos. Por conseguinte, essa atitude se distingue, também pelo seu conteúdo, daquilo que poderíamos chamar, de maneira anacrônica, de "teologicamente correto", e que cometeu sevícias durante séculos (a perseguição das heresias). Os valores em nome dos quais atualmente fazemos julgamentos morais são laicos, "de esquerda": são a igualdade e a justiça, o direito ao mesmo respeito.

Para reparar essa injustiça do passado, recorremos a uma série de medidas: primeiramente, impõe-se um código de linguagem (não se deve mais dizer "negros", mas sim "afro-americanos"), não há mais "inválidos", mas "diferentemente válidos" etc.), bane-se qualquer julgamento pejorativo sobre esses grupos e funda-se aqui também uma política social. Por exemplo, a "discriminação positiva" (favorecer os grupos anteriormente maltratados), as cotas no recrutamento de pessoal, ou ainda as intervenções na vida íntima dos casais, justificadas pela luta contra o assédio sexual. Pela forma, todas essas ações são políticas, mas seu conteúdo é moralizador, diferentemente de seu precursor, o macarthismo dos anos 1950, quando a caça às bruxas visava os simpatizantes comunistas. Por isso, prefiro falar de "moralmente correto".

E na França?

Suas formas são diferentes, mas sua intensidade não é menor. Aqui, o "moralmente correto" não é em essência representado na universidade ou na administração, mas na imprensa e em outras mídias, em que dá lugar ao que se chamou de "vigilância" ou, com menos simpatia, de "linchamento midiático". Não são mais as fogueiras da Inquisição, felizmente, mas também não é pouco: uma acusação moral regularmente repetida em público vale por uma condenação. O conteúdo também é um pouco diferente: os grupos sociais (mulheres, homossexuais etc.) têm menos peso na França, e os grupos étnicos pesam mais. A pior acusação é a de racismo ou de antissemitismo. É o núcleo duro, a partir do qual extrapola-se por contiguidade ou por semelhança.

A moral não é o moralismo, como você disse. Em sua opinião, ela está associada com a justiça? Você não tem a impressão de que atualmente se demanda aos juízes que desempenhem o papel outrora reservado aos padres?

De fato, creio que hoje em dia se confia à justiça todos os tipos de tarefas que não são as suas, e para as quais ela não está bem equipada. Não tenho certeza de que os recentes processos por crimes contra a humanidade, que marcaram a sociedade francesa, tenham desempenhado bem esse papel – supondo que esse seja o papel da justiça. Para que a educação seja eficaz, é preciso que as pessoas sintam-se concernidas pelo processo, o que significa se identificar não somente com o acusador, mas também com o acusado, que se permaneça exigente consigo próprio, e não apenas com os outros. É muito fácil dizer: o mal são os outros, seres que em nada se parecem comigo. Ora, como você quer que o público francês se identifique com Klaus Barbie, policial alemão do tempo da guerra? Seu processo, em rigor, poderia ter efeitos pedagógicos se tivesse ocorrido na Alemanha; na França, ele só podia confortar os franceses no sentimento de terem sido heróis ou vítimas. Touvier[10] e Papon[11], apesar de serem franceses, também não permitiam

10 Paul Claude Marie Touvier, antigo colaboracionista do regime de Vichy, chefe da Milícia lionesa, condenado, por crime contra a humanidade (execução de judeus), à prisão perpétua, na qual morreu aos 81 anos. (N. T.)

11 Maurice Papon foi um alto funcionário e um político francês. Foi também um oficial do governo de Vichy e colaborou com o regime nazista durante a Segunda Guerra Mundial. Acabou condenado por crimes contra a humanidade que, desde 1964, na França, são imprescritíveis. Foi absolvido por se considerar que, à época, ele não sabia sobre o extermínio de judeus nos campos de concentração. Em 1981, contudo, um artigo do jornal *Le Canard Enchaîné* mostrou seu

a identificação: tempo demais havia se passado, e os jovens franceses não podiam mais se reconhecer neles. As sondagens mostravam que a maioria da população aprovava os processos; para mim, é o sinal de que ela não se sentia realmente visada por meio da pessoa dos acusados, e que buscava tranquilizar a consciência sem pagar caro por isso.

Eu diria a mesma coisa dos processos atuais dos políticos e militares das guerras da Bósnia ou do Kosovo: se realmente se quisesse educar os próprios povos, sérvio, croata, bósnio ou kosovar, esses processos, essas investigações, deveriam ter ocorrido na terra deles, entre eles. Como querer que os sérvios se tornem mais morais com um tribunal que paga milhões de dólares pela capitulação de seu antigo chefe de governo? Isso mais parece a justiça do faroeste: toma lá, dá cá. E, de uma outra maneira, pela justiça divina, realizada sem cuidado com as circunstâncias, nem com o efeito do julgamento, mais que pela justiça humana, sempre relativa, como teria dito Rousseau, sempre ligada a um contexto, a um grupo humano.

Outras características desses processos franceses me pareceram igualmente pouco edificantes. A própria noção de "crimes contra a humanidade" foi a cada vez redefinida para poder convir ao novo acusado. O poder político e as mídias intervieram maciçamente durante o julgamento; tornou-se quase impossível que os jurados não tenham sido influenciados. Visto que esses acusados eram os únicos a serem julgados, sendo que

---

desempenho na deportação de 1.600 judeus da região de Bordeaux para Drancy, e depois para Auschwitz, onde foram exterminados. O fato desencadeou dezessete anos de batalhas jurídicas que culminaram em sua condenação e prisão. Em 2002, foi libertado por razões humanitárias e de saúde, e morreu em 2007, aos 97 anos. (N. T.)

outros haviam feito a mesma coisa, induzia-se dessa maneira a ideia de punir o indivíduo porque o grupo era culpado, apesar de essa ser uma ideia que nos era tão odiosa quando o ocupante nazista fuzilava os reféns. "Absolver Papon seria isentar Vichy!", dizia-se na véspera do veredito: por meio de um homem, era então o regime que seria julgado.

Para dizer a verdade, é o próprio princípio dos processos educativos, ou mesmo edificantes, que me parece duvidoso. Eles me fazem pensar nos processos dos desertores em tempo de guerra, fuzilados para dar o exemplo, e não por serem culpados. A justiça deve buscar estabelecer a verdade factual e depois aplicar as leis, isso é tudo. Se o cuidado educativo toma a dianteira, há ensejo para trapacear os fatos e contornar as leis a fim de "não desesperar Billancourt!".[12]

Os crimes contra a humanidade têm a particularidade de ser os únicos imprescritíveis. Dessa forma, os autores de certos atos particularmente revoltantes jamais podem escapar da justiça. Isso, ao menos, é algo positivo, não é?

Não tenho certeza. Primeiramente, a própria ideia de imprescritibilidade não me convence. Ela implica que o ser humano em julgamento permaneceu idêntico a si mesmo durante

12 Segundo o *Le Monde*, essa frase foi atribuída (talvez erroneamente) a Sartre para significar que se tem o direito de não dizer toda a verdade (no caso dele, sobre os campos de concentração na URSS), a fim de não desesperar aqueles que creem no progresso histórico encarnado pela pátria da revolução. "Billancourt" é uma metáfora do proletariado, dado que a usina da Renault dessa cidade foi durante muito tempo a maior concentração operária da França. (N. T.)

cinquenta anos, o que contradiz os dados da biologia, da psicologia e, o que é ainda mais grave na minha opinião, os princípios humanistas: os homens são perfectíveis e podem mudar. Nada prova antecipadamente que aquele que cometeu um crime aos 20 anos é o mesmo que aquele julgado aos 70 anos. Ainda aqui, essa escolha convém mais à justiça de Deus que à dos homens. Será que devemos ir ao outro extremo e declarar que todo julgamento é impossível, dado que jamais se julgam os homens no próprio momento de sua má ação? Não, é claro! Uma certa continuidade entre o eu de ontem e o de hoje se mantém. É preciso então arbitrar em algum lugar esse *continuum*. Que fique claro, o limite de vinte ou trinta anos, para impor a prescrição, é arbitrário: por que tanto, e não mais ou menos? Nem por isso, ele é menos necessário: é preciso que o tempo passe, que as crianças possam ter se tornado pais.

Também não me sinto convencido por essa maneira de instaurar um abismo entre crimes contra a humanidade, imprescritíveis, e todos os outros crimes, por exemplo os crimes de guerra, que prescrevem depois de certo tempo. Se quisermos ter todas as chances de compreender como se comete um crime contra a humanidade – com a esperança de também encontrar um meio de preveni-lo no futuro –, não se deveria cortar todos os laços entre ele e os outros crimes, coletivos ou mesmo individuais. Declarar que certos seres agem dessa maneira simplesmente porque "são assim" é o mesmo que acreditar que uma parte da humanidade obedece às ordens do diabo, o que não nos leva a lugar nenhum.

Então a justiça não deveria se confundir com a escola, nem com os outros lugares de educação. Você seria mais indulgente, devido à sua tendência atual de produzir uma versão definitiva, enfim intangível, da história, ou até mesmo de corrigir o passado?

Não muito. Entenda-se: a justiça dispõe de investigadores, da polícia, o que lhe permite estabelecer a verdade dos fatos. Quando trabalhei em *Uma tragédia francesa*, tive acesso ao dossiê de um processo de um colaborador francês que havia servido na Gestapo. Os interrogatórios, os depoimentos das testemunhas, me foram de grande auxílio. Mas é completamente diferente do que ocorreu durante os recentes processos por crimes contra a humanidade. Não era a verdade factual que se queria estabelecer, e por uma razão evidente: tempo demais havia passado, as testemunhas haviam morrido, ou sua memória podia enganá-las. Buscava-se o sentido dos acontecimentos – uma atividade para a qual os juízes não estão especialmente qualificados – e esse sentido era imediatamente instrumentalizado para as necessidades da acusação ou da defesa. Era então muito menos imparcial que aquele a que aspiram os historiadores. Na ocasião do processo Papon, vimos ressurgir versões simplistas da história recente da França, Pétain-escudo[13] ou Pétain-colaborador, há muito tempo ultrapassadas pelos trabalhos especializados.

---

13 *Pétain-bouclier* – como se este marechal agisse em parceria com o general De Gaulle para preservar a França, esperando que o presidente no exílio se fortalecesse para ser a *glaive* (espada) que venceria a Alemanha nazista – foi uma tese (veementemente desmentida pelo general) usada pela defesa do colaboracionista por ocasião do processo em que foi acusado de alta traição, de indignação nacional (crime caracterizado depois da Segunda Guerra Mundial, em que se retiram todas as patentes e honrarias, o que inclui sua cadeira na Academia Francesa de Letras) e condenado à prisão perpétua. (N. T.)

De maneira mais geral, o tribunal só conhece duas cores, preto e branco, sim-não, culpado-inocente. O mundo possui muitas outras – a ampla "zona cinza" de Primo Levi – e os historiadores estão mais bem posicionados para restituir essa complexidade.

Então você não quer que as leis afirmem a verdade histórica, como nossa Lei Gayssot, que pune a negação do genocídio judeu?

Mesmo que parta de incontestáveis boas intenções, essa lei me parece inoportuna. Aí saímos um pouco do quadro da justiça, uma vez que foi o Parlamento, a representação política, que votou essa lei. Entretanto, assim como os juízes, os deputados não estão qualificados para escrever a história. A própria ideia de fixar o sentido dos acontecimentos por uma lei, de proibir todo questionamento de uma interpretação, é contrária ao espírito que anima os historiadores. Além disso, imagine o número de leis que seria necessário votar para cobrir outros acontecimentos que suscitam paixões! O Parlamento francês já votou para reconhecer o genocídio armênio: será esse de fato o seu papel? Quantos deputados são suficientemente *experts* ao mesmo tempo em história turca e em definições legais para poder se pronunciar com competência e distinguir entre grande massacre e genocídio? Se quisessem executar um ato político, exigir da Turquia uma outra atitude antes que ela entrasse na União Europeia, muito bem; mas inscrever as conclusões históricas na lei? Haverá em breve uma lei que proíba contestar ou afirmar a existência de tortura na Argélia? Que nos imponha jamais criticar um resistente? São os países totalitários que submetem a busca da verdade à razão do Estado;

essa assimilação é decididamente incompatível com o espírito da democracia liberal.

Você diria que, nos dias de hoje, a justiça toma o lugar não somente da escola ou da história, mas também da política tout court?

A palavra "política", a imagem que a sociedade produz de si mesma, está se enfraquecendo sob o impulso do individualismo, com sua predileção pelo mundo privado. Apesar disso, é um dos papéis dos homens (e mulheres) políticos produzir essa representação. É porque eles não desempenham mais esse papel que nos voltamos mais para as instâncias jurídicas, como se o Judiciário tivesse se tornado o último refúgio da palavra pública, do mundo comum. Enunciar os valores comuns, dirigir uma queixa, expressar um pesar, formular uma sanção, pode ser necessário à vida de uma comunidade, mas não precisamos, para tanto, passar pelos tribunais. É o papel da escola, das mídias, das personalidades prestigiosas, em outro nível dos diferentes comitês de sapientes. O chefe de Estado pode fazer esse papel em alguns momentos, na medida em que não é somente uma figura política, mas encarna também a autoridade moral. Lembre-se de Willy Brandt ajoelhando-se diante do gueto de Varsóvia: eis um gesto que convém ao homem político. O papel dessas pessoas, dessas instituições, não é o de produzir o conhecimento, mas o de dar um reconhecimento àqueles que o merecem.

Remete-se à justiça as demandas de reparação e também esse desejo de faltas confessadas, de arrependimento e de perdão... O que você pensa de todos esses termos, muito cristãos, que invadiram a justiça e a sociedade?

Não sou suficientemente competente para julgar o arrependimento formulado há pouco pela Igreja católica. Em todo caso, gostaria que ele fosse acompanhado por uma abertura dos arquivos do Vaticano... O perdão também tem um sentido no quadro cristão, que permanece estrangeiro para mim. Entendo que o perdão é uma coisa privada daquele que sofreu a ofensa. Nesse sentido, vindo dos mortos, não há perdão possível, dado que não estão mais presentes para concedê-lo. Tudo o que podemos desejar para as pessoas próximas das vítimas é que superem o ressentimento e o rancor que lhes envenenam a vida, mas esse tipo de coisa não se decide por decreto. Se alguém matasse minha mãe ou meu filho, não acredito que eu pudesse perdoá-lo.

Os atos políticos e públicos nos quais penso não têm necessidade desse quadro cristão; eles são assumidos por pessoas democraticamente eleitas, e não pelos servidores de Deus. É importante ver, em primeiro lugar, que qualquer sociedade tem necessidade de valores comuns, portanto, de uma moral pública; e em seguida, que essa moral não precisa ser enunciada pelos representantes da Igreja. Se não aceitarmos essa conclusão, assimilamos todos os laicos a seres imorais, o que evidentemente é falso. Se recusamos a admitir a primeira parte da afirmação, abrimos a porta ao "moralmente correto" de que falávamos, uma espécie de consenso presumido sobre aquilo que se deve ou não dizer. O lugar deixado vazio pelos políticos é ocupado de maneira sub-reptícia pelos aplicadores de lições habituais, por procuradores medíocres, sem envergadura, orgulhosos por denunciar o mal nos outros e por indicar a todos o bom caminho. É uma característica das democracias modernas – em relação à qual se precisaria ficar atento – essa tendência a corrigir os erros dos outros, a exigir que todos se conformem ao bem. É isso que designo como a "tentação do bem".

Justiça histórica, justiça internacional

O que você pensa de um eventual processo, por crimes contra a humanidade ou outros, envolvendo a tortura praticada pelo Exército francês na Argélia? Muito se falou disso, por ocasião da publicação de Services spéciaux,[14] *esse livro que você mencionou do general Aussaresses, no qual ele conta em minúcias, e sem o menor remorso, as sevícias muito especiais às quais ele se entregava.*

Primeiramente, no que diz respeito a essa guerra, a anistia geral foi declarada, e eu acharia inquietante ver o Estado francês voltar atrás em suas próprias decisões. Tanto mais que a anistia estava justificada pelas circunstâncias. Na França, temos o precedente do Édito de Nantes, que proíbe acusar os atos cometidos no quadro das guerras religiosas. Isso sempre acontece nas guerras civis: os culpados são por demais numerosos, de um lado e de outro, e todos acreditam ter a legitimidade política e moral a seu lado; como é impossível – e injusto – punir todos, é melhor anistiar.

Caso se renuncie a anular a anistia, resta a possibilidade de processar Aussaresses por seu próprio livro, e não pelo que conta nele. Foi o caminho seguido pelos queixosos, e o processo está sendo instruído. Acho essa escolha lamentável. Atualmente, sobre esse tema, temos mais necessidade de verdade que

14 Paul Aussaresses, *Services spéciaux Algérie 1955-1957: mon témoignage sur la torture*, Paris, Éditions Perrin, 2001. (N. T.)

de justiça. Com isso, quero dizer: antes de condenar um ou outro, que necessariamente aparecerá como um bode expiatório, como vítima do processo, por exemplo, a França tem necessidade de olhar seu passado de frente, sem nada esconder de si mesma. Bem sabemos que as tensões atuais em torno da população magrebina imigrada são parcialmente ligadas aos rancores do período colonial. Ora, e é importante constatar, não saberíamos conduzir de frente as duas ações – busca da verdade, busca da justiça. Não se pode esperar que os antigos oficiais, soldados, ou simplesmente habitantes do país, digam a verdade, revelem o passado soterrado, se sabem que um processo os ameaça pelo que fizeram outrora. Você não pode demandar que as pessoas digam tudo, que se interroguem sobre si mesmas, se uma das saídas possíveis dessa pesquisa é a prisão. Aussaresses era um torturador dentre outros; o que o distingue, num primeiro momento, é o fato de ele haver falado, enquanto outros se calaram. Ele seria então punido pela única de suas ações que merece ser encorajada.

A indignação virtuosa levantada por suas declarações escamoteia também a questão que ele chega a formular, apesar de tudo: pode um Estado recusar-se a certos meios quando busca preservar a vida de seus cidadãos? Se amanhã os atentados ameaçassem Paris, concordaríamos em não pôr em ação todos os meios, incluindo a tortura, para impedi-los? E isso num contexto de guerra, quando matar o inimigo é considerado um ato não somente lícito, mas digno de elogios! A questão merece ao menos ser colocada. A resposta que o livro de Aussaresses me sugere é que a tortura deve ser proscrita; ele pensa o contrário.

Como você julga então a posição dele?

Eu faria uma diferença entre o passado e o presente. A tortura, durante a Guerra da Argélia, foi decidida em alto nível: foram os primeiros-ministros, os ministros da Justiça, do Exército, do Interior, que a impuseram a partir do momento em que demandaram ao Exército trazer a vitória "por qualquer meio". Sua responsabilidade é muito maior que a dos torturadores de base, que fizeram o que lhes fora ordenado. Os oficiais mais corajosos, aqueles que tinham fortes convicções, é claro, se recusaram a torturar; entretanto, não se pode, hoje em dia, trazer os outros à justiça porque se submeteram às leis e às ordens. Os militares não têm nem o tempo, nem a vocação, de analisar em profundidade uma situação, e distinguir por si próprios o justo e o injusto. Eles foram enviados para a Argélia para acabar com os *fellaghas*,[15] como se dizia na época, e eles os mataram na maior quantidade possível. Já os políticos tiveram tempo de refletir; portanto, são eles os responsáveis pelo aviltamento moral da França durante aqueles anos. Se é preciso condenar alguém, os culpados são primeiramente aquelas pessoas, e não os militares executores.

Mas Aussaresses revela, em seu livro, que ele era muito mais que um executor de ordens.

E como! Para ele, o estado de guerra suspendia todas as regras de justiça, em todos os lugares, o que corresponde a uma

15 Esse termo é utilizado para designar um combatente tunisiano ou argelino em sua luta pela independência. Em árabe, tem carga pejorativa, significando "bandido de estrada" ou ainda "assassino". No contexto da Guerra da Argélia, aplica-se aos combatentes ligados à FLN. (N. T.)

sedição, como aquela que mais tarde os generais de Argel iriam conduzir. Ele estava pronto para executar os prisioneiros que intervinham na França em favor da FLN, ou mesmo simplesmente contra a violência. Se Germaine Tillion lhe caísse nas mãos, ele não hesitaria um só instante em liquidá-la. É um comportamento criminoso (mesmo que esteja atualmente coberto pela anistia).

De minha parte, não desaprovo o fato de que Aussaresses conte o que cometeu e que contribua para estabelecer a verdade. No entanto, fico impressionado por sua falta de compreensão do mundo e de si mesmo. Ele escreve hoje em dia como se ainda esperasse ganhar a Guerra da Argélia – ah, se somente certos políticos sentimentais não houvessem interferido, assim como esses norte-americanos anticolonialistas! Ele me faz pensar nesses guerreiros japoneses descobertos numa ilha selvagem, quarenta anos depois da Segunda Guerra, que acreditavam que as batalhas ainda acontecessem. Sua total falta de compaixão ou de remorso, mesmo quarenta anos mais tarde, faz de Aussaresses um caso pouco banal. Mas seu livro é um documento do qual não se pode lamentar a existência: é raro que torturadores e assassinos se entreguem com tanta candura.

No que diz respeito à tortura na Argélia, viram-se todos os tipos de casos: aqueles que a admitem e não a lamentam (Aussaresses), aqueles que a admitem e lamentam (Massu), aqueles que não a admitem e não a lamentam (Bigeard).

Então você acha que a justiça não deve se imiscuir: que o caso deva ser deixado exclusivamente aos historiadores?

Aos historiadores, é claro, tornando mais fáceis suas pesquisas, encorajando a criação de cátedras de história colonial, abrindo todos os arquivos e levantando todos os tabus, tanto do patriotismo mal compreendido quanto do moralmente correto. Mas também aos políticos. Eu veria com bons olhos os deputados da Assembleia – em vez de elaborarem uma nova lei codificando a verdade histórica– submetendo-se a um grande debate público sobre essa página recente e dolorosa do passado francês. Não para produzir uma versão oficial da história, mas para que se expressem publicamente, e sob uma forma argumentada, as diferentes reações diante desse drama: que o vivido seja dito e reconhecido. Isso tornaria mais fácil para o resto da população a tarefa de assumir esse passado. E poderíamos propor a seguinte pergunta: o que seria preciso fazer no futuro, em caso de fatalidade?

Você acha que a justiça internacional, por sua vez, esteja ameaçada pelo "moralmente correto"?

Sabemos que, diferentemente da vida dentro de um país, que pelo menos em princípio obedece às leis, as relações entre países são regidas pela força. Não existe uma "sociedade geral" que englobe os países; entre eles, é mais o reino de "estado de natureza", para falar como os filósofos dos séculos XVII e XVIII. Que fique claro: há grupos de países, como na União Europeia, para os quais isso não é mais verdade, e também certos regulamentos que são respeitados por todos, mas, para o resto, é sempre uma guerra de gangues (exagero um pouco). Nesse contexto, o que podem fazer os tribunais internacionais?

De duas, uma: a primeira alternativa seria sacrificarem a eficácia à equidade e enunciarem uma justiça absoluta e geral, mas sem ser capazes de aplicá-la. Esse já é o caso dos crimes cometidos pelas grandes potências – intangíveis, e por uma razão evidente: de onde viriam a Força Pública, o Exército capaz de prender os chefes de Estado russo, norte-americano e chinês? Isso significa imediatamente que estamos desejando desencadear a Terceira Guerra Mundial. Deixamos então o Exército russo matar na Chechênia, ou as polícias norte-americanas derrubarem governos na América Latina.

A outra seria sacrificar a equidade pela eficácia: para que as decisões tenham efeito, alinhamo-nos do lado dos mais fortes. É a justiça seletiva atual do Tribunal Penal Internacional, o TPI, que levou a acusar Milosevic de crimes contra a humanidade no próprio momento em que as bombas da Otan caíam sobre seu país: os militares ocidentais não poderiam esperar um presente melhor, dado que ele legitimava sua ação.

Na minha opinião, mais valeria não camuflar com um verniz jurídico aquilo que é uma simples relação de forças, sem a qual a própria ideia de justiça se encontraria comprometida.

Também poderíamos imaginar, num espírito utópico, uma outra situação: aquela em que o Tribunal disporia de seu próprio Exército, mais poderoso que os outros. Além de me parecer improvável, essa solução teria o inconveniente de nos levar ao Estado universal, total, em que os destinos de toda a humanidade seriam decididos pelas mesmas pessoas. De minha parte, prefiro permanecer no mundo pluralista.

Para um moralista, você parece bem realista e pragmático!

Na verdade, eu me recuso a separar as duas posturas. Um idealismo cego, ignorante do mundo, só serve para lisonjear a boa consciência daqueles que o professam. Um realismo limitado a si mesmo não vê a diferença entre tortura e interrogatório, entre guerra e justiça. Não se pode ir longe com essa oposição dos realistas que sujam as mãos e dos nobres espíritos que defendem a moral. Isso me lembra dos debates estéreis entre especialistas econômicos e almas generosas: uns dizem como as coisas são, os outros, como elas deveriam ser. Um diálogo de surdos. É preciso partir do mundo tal como ele é, para torná-lo tal como queremos que ele seja.

Sonhar com uma justiça absoluta me parece não somente vão, mas nefasto: a existência humana, como vimos, é um jardim imperfeito. As derivas moralizadoras são prejudiciais. Mas um caminho desprovido de qualquer ideia de justiça não constitui mais uma vida humana. Não há por que nos ruborizarmos por seguir no caminho do meio.

X
A contiguidade dos contrários

Uma extrema moderação – Superar as oposições –
Uma vocação de passeur*– Os outros em mim –*
Deixar o século XX

Uma extrema moderação

Catherine Portevin – *Podemos ler sua obra como uma tentativa de reconciliar os contrários, e mesmo – talvez seja sua única inclinação militante – como uma luta contra as separações estanques (as cortinas de ferro!), contra as clivagens, contra o inconciliável: entre as disciplinas universitárias, mas também entre as ideias e os atos, o espiritual e o material, o bem e o mal, nós e os outros... Essa escolha estaria ligada à sua experiência do totalitarismo?*

Tzvetan Todorov – Toda vida é uma confrontação com as diferenças, para as quais as doutrinas – políticas, religiosas, filosóficas – propõem concepções diferentes... A do totalitarismo é uma das mais extremas. Nesse caso, toda diferença é interpretada imediatamente como uma oposição, toda oposição como um combate, e todo combate deve terminar por uma condenação à morte! O totalitarismo favorece o pensamento binário, tudo se reduz às escolhas entre dois termos, dos quais um deve ser venerado e o outro, execrado, até que chegue o reino último da unidade. Nele não há lugar para o que se chama de "alteridade", isto é, a diferença sem julgamento de valor.

A democracia reserva outro estatuto às diferenças, dado que tem origem no reconhecimento do pluralismo – aquilo que Montesquieu, como você sabe, chamava de "moderação". Como na democracia se reconhece que a sociedade é heterogênea, que vários pontos de vista são legítimos, inventam-se formas que facilitam a coexistência das diferenças. Favorecem-se a mediação, os compromissos, as concessões e as relações contratuais com obrigações recíprocas, louvam-se as virtudes do diálogo... Não é nada surpreendente, portanto, que eu me situe desse lado.

No entanto, você não se torna um pouco totalitário ao opor de maneira tão exclusiva totalitarismo e democracia? Você vive essa diferença no modo democrático ou no modo totalitário?

Minha condenação categórica dos regimes totalitários não me impede nem de constatar que eles pertencem ao mesmo "gênero próximo" que a democracia – o que chamamos de "modernidade" –, nem de criticar o que não funciona nas democracias, e nem, por fim, de ver que a sociedade totalitária não é inteiramente sombria. Voltemos a um exemplo mencionado em nossa primeira entrevista: na Bulgária comunista, forneciam-se aos artistas, aos criadores, meios aos quais eles não têm mais nenhum acesso na Bulgária pós-comunista. Era, é claro, uma maneira de submeter a cultura à vontade do regime, mas nem por isso o resultado era menos palpável: inúmeros teatros subvencionados, com autores assalariados o ano todo, orquestras em todas as grandes cidades, óperas, bom número de filmes produzidos a cada ano, tiragens importantes para os livros e, em consequência, direitos autorais substanciais.

Podemos então opor totalitarismo e democracia sem colocar todo o bem de um lado. É certo que Bulgákov e Grossman tiveram vidas trágicas, despedaçadas, mesmo que não tenham sido deportados, e sem a menor garantia de que, depois de sua morte, suas obras fossem publicadas – o que pode haver de mais desesperador para um escritor? Contudo, se sob o comunismo os autores podiam ser presos por suas obras, isso queria dizer justamente que esses escritos eram suscetíveis de transformar a sociedade, e que os poderosos do dia os temiam. Quando o secretário do Partido, Suslov, recebeu Grossman, ele lhe disse: "Sua obra *Vida e destino* causaria mais desgastes que uma bomba atômica, então não há como publicá-la". Que cumprimento! Os livros de Soljenítsin foram um dos golpes mais duros contra o regime soviético. Na França, pode-se publicar tudo e qualquer coisa, nada leva a consequências, isso não conta. Aqui, para dar prova de audácia, conta-se a própria vida sexual, de preferência escandalosa. É um pouco fútil, não?

Claro que os artistas puderam tirar alguma vantagem da concepção comunista da cultura, mas e o resto da população? Muitas vezes se afirma – é ainda o caso entre os defensores do regime de Castro em Cuba – que o nível cultural dos países comunistas é globalmente mais elevado. Era esse o caso na Bulgária – e como você explica isso?

Poderíamos falar de uma educação em negativo, indireta, que de forma alguma constitui um mérito intrínseco dos regimes comunistas, mas antes uma de suas consequências paradoxais. Veja, as distrações públicas não existiam, ou então eram realmente nulas! Você não podia passar seus dias a cantar as canções patrióticas ou a olhar quadros conformistas; o jornal lhe caía das mãos. Dessa forma, via-se liberada uma certa energia espiritual que se orientava diferentemente. Não havia televisão, nem casas noturnas, nem *rock*, mas a via da cultura clássica era muito ampla: os livros eram muito baratos, os concertos também, e no teatro era possível ver, apesar de tudo, as peças de Tchekhov, canonizado pela ortodoxia soviética, o que não era nem um pouco ruim!

Eu me lembro de que, no decorrer de minha visita a Moscou, em 1959, quis ouvir um concerto de órgão, instrumento inexistente na Bulgária. Não havia mais lugares, mas pude comprar um ingresso na entrada da sala. Fiquei então sentado ao lado do homem que me havia vendido o ingresso porque sua mulher havia ficado doente. Conversamos longamente durante o intervalo. Ele era técnico numa fábrica perto de Moscou. Conhecia toda a música clássica, tinha lido todos os grandes escritores, ia aos museus de Moscou ver as coleções de pintura. Não estou certo de poder encontrar muitos personagens desse tipo num concerto em Paris.

Lembro-me também de que, quando as cartas de Kafka a Felice foram traduzidas em búlgaro, as pessoas – de todos os tipos, e não somente os intelectuais – fizeram fila a noite inteira diante de livrarias, para ter certeza de poder comprá-las – como eu fiz por Yves Montand! Ou ainda quando houve uma nova edição das obras de Dostoiévski. Você imagina isso numa cidade ocidental? E não me diga que, se aqui não há filas de espera diante das livrarias, é porque os livreiros franceses são melhores comerciantes!

Você sabe se os criadores búlgaros lamentam o que, de certo ponto de vista, foi para eles uma idade de ouro?

Blaga Dimitrova, a grande poeta búlgara, que havia se tornado uma figura da dissidência antes da queda do regime, contou-me, durante minha última visita a Sófia, que sob o comunismo vendiam-se "somente" 20 mil exemplares de seus livros – tão pouco porque a União dos Escritores a percebia como não conformista e lhe impunha uma tiragem inferior àquela para a qual seria qualificada. Hoje, agora que pode dizer tudo o que quer, dificilmente vendem-se quinhentos exemplares de seus livros, o que a deixa um pouco perplexa. "Diga-me, Tzvetan, foi por isso que lutei durante quarenta anos?", ela me perguntava. "Antes, as pessoas liam minha poesia em vez de jornais; agora, eles leem jornais no lugar de minha poesia." Jornais, ou romances de horror, ou pornografia. De fato, é difícil responder.

O que concluir então? Será preciso se declarar a favor da opressão para que prosperem, em contrapartida, a vida artística e o apetite pela cultura?

Seria uma conclusão bem paradoxal: façamos o elogio da escravidão porque ela promete produzir obras de arte mais belas! Não penso que se deva chegar a isso. Preferencialmente, eu estaria de acordo com Benjamin Constant, que afirmava: mesmo que a escravidão tenha contribuído para o desenvolvimento da cultura grega, preferimos ter menos obras-primas, mas viver livres.[1] Sob o comunismo, a vida do espírito podia ser intensa, mas não durava, os indivíduos eram pervertidos, aniquilados. A usura tomava o primeiro lugar, o desencorajamento e o álcool levavam a melhor. Sem um espaço de liberdade, a criação morre. Nem por isso se deve concluir que apenas a liberdade serve para engendrar obras-primas. A lógica mercantil do rendimento imediato não é propícia ao florescimento espiritual, para empregar um eufemismo. Ela leva, por exemplo, à explosão da pornografia, avesso da liberdade de expressão, que na democracia se torna liberdade de cultivar a misoginia e de juntar dinheiro fácil. Concluo que um antagonismo potencial separa cultura e democracia e, para retornar ao nosso ponto de partida, que mesmo a oposição entre totalitarismo e democracia não é absoluta.

Superar as oposições

Com você, então, jamais há oposição radical, dois campos que se excluiriam absolutamente. Você trabalha nas intersecções, nos pontos de encontro, nas nuanças, nas "zonas cinzentas", ou até mesmo busca uma terceira via, que reduziria o conflito. Você se reconhece nessa maneira de descrever seu trabalho? E a quais escolas de pensamento, dentre aquelas que você estudou, ela se refere?

---

1 Constant, *De la Religion*, op. cit.

Sou incapaz de fazer o histórico da questão, mas vários nomes me vêm facilmente ao espírito. Aristóteles fazia o elogio da vida média, a igual distância dos dois extremos. Por exemplo, a coragem se opõe ao mesmo tempo à covardia e à temeridade, ao espírito imprudente.

Talvez seja mais interessante a controvérsia que se fixou no decorrer dos séculos na doutrina cristã. A própria ideia de um homem-deus, da encarnação, implica que a oposição entre esses dois termos, o humano e o divino, mesmo sendo mantida, pode ser transcendida. Essa consequência teve dificuldade em se impor e foi combatida por um movimento herético importante, chamado arianismo, que se inspirava em Orígenes, um dos primeiros pais da Igreja, e que negava a natureza divina de Cristo. Essa doutrina queria então manter o caráter estanque da separação entre deuses e homens. No outro extremo, encontramos um pensador cristão como Nicolas de Cusa, teólogo alemão do século XV, um dos precursores imediatos do humanismo na Renascença, com sua ideia da "coincidência dos contrários". Opondo-se a Orígenes, ele acredita que é possível, partindo-se do homem, a elevação até Deus, sem ruptura de continuidade. O absoluto não se confunde com o relativo, mas se passa de um ao outro.

Como você se situa dentro dessa diversidade?

Coloquemos à parte a atitude totalitária, essa escolha, se ouso dizer, "heterocida", e que é também aquela de todos os maniqueístas: o bem está de um lado, o mal de outro, então podemos fazer desaparecer os portadores do mal. Afastemos também a escolha inversa, a da desconstrução generalizada de todas as oposições, em que tudo se equivale. No que resta, podemos identificar várias formas de pensamento, no âmago dos quais reconhecemos a diferença, sem torná-la absoluta. Para começar, a recusa dos extremos, à maneira de Aristóteles: é a moderação, no sentido comum do termo. No plano político, isso equivale a favorecer o centro.

Você estaria fazendo o elogio de um centro frouxo? Estar no centro não é uma forma de sempre ter razão?

O centro é forçosamente frouxo, eu sei... Para alguém como eu, cuja visão do mundo político foi estruturada pela experiência totalitária, o termo importante é o de "democracia". Ser democrata de esquerda ou de direita é secundário, a escolha depende das circunstâncias. Também acho que, num país que conhece a alternância, não pertencer institucionalmente nem à esquerda, nem à direita, contribui para sua liberdade: você não vota automaticamente em função das indicações de seu partido ou de uma longa tradição, mas escolhe a cada vez, segundo a situação. É claro que isso não impede que você possa se enganar e lamentar *a posteriori* sua escolha.

Mas o centrismo político tem também um inconveniente: justamente porque ele suprime a alternância no interior da escolha democrática, visto que representa o denominador comum da esquerda e da direita; a única oposição continua a ser então o extremismo antidemocrático, que sai do embate fortalecido. A coabitação à francesa sofre do mesmo risco: a esquerda e a direita são ambas associadas ao poder, a contestação se encarna nos movimentos não governamentais, extraparlamentares. A possibilidade de uma alternância democrática é preferível. Uma democracia sã possui uma esquerda e uma direita claramente identificáveis, mas que pertencem, ambas, ao espaço republicano. Essa oposição é possível, pois os diferentes valores democráticos, sem serem propriamente incompatíveis, não vão no mesmo sentido. Por exemplo, liberdade e igualdade são necessárias à democracia, mas não podem ser favorecidas simultaneamente. O mesmo ocorre com a necessidade de continuidade e a de mudança, ou ainda da preferência pela unidade ou pela pluralidade. Cada um desses termos é necessário para temperar os excessos do outro: eis ao que poderia servir a alternância da esquerda e da direita no poder.

Então, esta é primeira forma de oposição suave: preferência pelo caminho do meio, a moderação e a temperança: pelo centrismo consensual! E a segunda?

Sei que o consenso não tem boa reputação, mas lembro aqui que os extremos são sempre duros! A segunda forma é a presença inevitável do bem no mal, e reciprocamente. Essa constatação – e insisto nela – não anula a oposição, aqui, entre o bem e o mal: ela nega sua repartição exclusiva e, assim fazendo, nos torna sensíveis às consequências perversas das boas intenções, assim como aos traços de humanidade entre aqueles cujo projeto de conjunto condenamos. Isso faz com que, em *Uma tragédia francesa*, uma vez que aprovei a Resistência e condenei a colaboração, eu possa me interrogar sobre as virtudes de *maquisards* e de milicianos particulares. Ou que possa refletir sobre as consequências negativas de uma atitude tão generosa quanto a de Las Casas, dado que ele funda a exigência de igualdade na afirmação da identidade e praticamente encoraja a colonização e a assimilação.

Primo Levi ilustrou frequentemente essa segunda forma de oposição não exclusiva. Mesmo que só haja um exemplo contrário, ele dizia, é preciso lembrá-lo a fim de romper o estereótipo. Obedeço a esse preceito, e se devesse examinar meu próprio estilo para descobrir o pensamento nas próprias formas de expressão, como tento fazê-lo para a pintura, observaria em mim a grande frequência da conjunção "mesmo que".

Nesse tipo de oposição, escolhe-se seu campo "mesmo que", então permanece algo de irreconciliável entre as duas posições. Contudo, às vezes você não é levado a anular a contradição, a tomar em conjunto os contrários, a buscar fazê-los coexistir, recusando a escolha?

É o caso mais interessante, em que falarei não de "coincidência dos contrários", como Nicolas de Cusa, mas antes de contiguidade dos contrários. A oposição se mantém, mas não existem mais o positivo e o negativo, o bem e o mal; eles são agora dois termos complementares, igualmente necessários. Como o masculino e o feminino (mesmo que eu tenha um fraco pelos "valores femininos" – características sociais e não sexuais, evidentemente. Ou como a luz e a obscuridade, o dia e a noite. Ou ainda, de modo mais prosaico, como a cidade e o campo, a cultura e a natureza. Recuso-me – e decerto não sou o único – a precisar escolher entre esses dois termos: amo apaixonadamente os dois, ambos também me cansam, então quando posso, pratico a alternância. Fico feliz nas igrejas italianas e nas "catedrais de pinheiros" dos parques naturais americanos, amo a agitação da cidade e o silêncio do campo... Nesse contexto, não se poderia esquecer a oposição do espiritual e do material, já mencionada. Ao mesmo tempo, porque os dois termos se alimentam mutuamente, e porque por vezes eles são inextricavelmente ligados. A relação entre pais e crianças ilustra com frequência esse entrelaçamento inextricável.

E onde você posiciona outra noção que lhe é cara, a do cotidiano? Às vezes você a opõe ao heroico, outras vezes à vida do espírito. Para você, é uma oposição na "coincidência" ou na "contiguidade" dos contrários? Em outras palavras, você opta pelo valor do cotidiano, da vida material, "mesmo que" admita também a da vida espiritual, ou preconiza tomar igualmente as duas, até negar aquilo que as opõe?

Deixarei de lado aqui o sentido moral da oposição, do qual já falamos. No que diz respeito ao seu sentido estético, é ainda uma contiguidade dos contrários, mas com uma particularidade. A poesia não se confunde com a linguagem cotidiana; apesar disso, também não se opõe a ela, dado que também é feita de palavras e de frases. Ela nasce das potencialidades da linguagem, porém enaltecidas pela intervenção do poeta. O ritmo, as figuras e os tropos, o pensamento, tudo isso está na linguagem cotidiana. Não se trata então de negar o valor desta, mas, preferencialmente, de passar de um estado diluído para um estado concentrado, de uma densidade fraca para uma densidade forte.

A tradição ocidental mantém uma separação estanque entre arte e não arte – apesar de não questionar, como na época contemporânea, a própria ideia de arte. Acho mais fecunda a concepção que ocorreu no Oriente durante séculos, segundo a qual todo gesto pode ser engrandecido até se tornar arte. Arte de compor um buquê. De fechar um pacote. De beber chá. De arranjar musgos num jardim. Ou mesmo de observar o florescer das cerejeiras. A arte não está então nem suprimida, nem oposta, ao gesto cotidiano, mas é exatamente esse gesto levado à perfeição – um movimento acessível a todos. Tal concepção torna ilegítimo o desprezo manifestado por artistas profissionais pelas pessoas ordinárias, que não sabem produzir obras. Creio – contrariamente ao que Julien Benda defende, em seu célebre libelo *A traição dos intelectuais* – que, ao guardar o contato com a vida cotidiana, artistas e pensadores enriquecem sua criação.

Você defendeu o que chamou de "virtudes femininas", que correspondem aos valores do mundo privado: o amor, a amizade, o cuidado com seus próximos, a atenção dispensada aos gestos cotidianos, à vida material. Você não teme que o século vindouro lhe dê razão demais, que sejamos inteiramente invadidos pela esfera privada e que o lugar público se descubra vazio?

Aí ainda está uma "contiguidade dos contrários". Os valores femininos, excetuando-se a maternidade, foram negligenciados e ignorados durante séculos; um pouco de insistência na direção oposta não fará mal. Contudo, não se trata de substituir uns pelos outros, pois temos necessidade dos dois. Lembre-se, os "salvadores" são mais eficazes quando agem em dupla, em casal, juntando os valores masculinos e femininos. Se a tendência do século que começa é valorizar somente o mundo privado, é preciso resistir a ela.

No fundo, em cada coisa, você não deixa de fazer o elogio da moderação. Mas, para você, a moderação não tem também suas imperfeições, seus efeitos perversos, seus limites?

Montesquieu, que a louvava, já observava um primeiro inconveniente: trata-se do fato de que, como em qualquer posição central, recebem-se golpes da esquerda e da direita. Ele comparava o destino das pessoas moderadas àqueles que "habitam o segundo andar das casas e que são incomodados pelo ruído do andar de cima e pela fumaça do andar de baixo"...[2] Tal foi seu próprio destino, mas também o de outros humanistas, como Rousseau, considerado pelos "filósofos" como religioso demais, e como demasiado ateu pelos clérigos. Ou ainda Benjamin Constant, que para alguns não foi suficientemente revolucionário, e, para outros, não foi suficientemente conservador. Essa não é necessariamente uma posição confortável.

Penso em outros inconvenientes. Em primeiro lugar, eu me pergunto se a moderação não está condenada a permanecer uma petição de princípio, se ela não corre o risco de levar a um excesso de prudência, a uma incapacidade de escolha...

A moderação não se confunde com a indecisão, nem com o que se chama de "abrir os guarda-chuvas", multiplicar as precauções e se cobrir contra todos os riscos. A moderação política consiste em defender o pluralismo e a liberdade de escolha; essa defesa deve ser firme, deve se servir da força contra os extremismos. A defesa da moderação, nesse sentido do termo,

---

2 Montesquieu, *Œuvres complètes*.

nos teria intimado a resistir mais fortemente a Hitler, tanto antes de sua chegada ao poder quanto depois. Os extremistas não poderiam se beneficiar da proteção que concedemos às opiniões dissidentes no quadro do pluralismo. A moderação corresponde então a uma escolha, a uma via. Ela não leva à abstenção, e de forma alguma é pusilânime.

Se podem nos reprovar, a mim ou a outros "moderados", de não intervir suficientemente, a falta não se deve à escolha política, mas ao nosso egoísmo, à nossa estima pelo conforto, à nossa preguiça. As pessoas moderadas – assim como as outras – nem sempre vivem à altura de suas próprias exigências.

Mas não há o perigo de que a moderação leve ao pensamento único, ao ecletismo, à "moção de síntese" – a tudo, menos ao conflito?

O perigo é real. Talvez eu não escape dele sempre, de tanto multiplicar os "mesmo que". Mas não seria mais desculpável se perder nessa via do que se obstinar a ver sempre o mundo em termos de uma guerra implacável: entre classes, entre raças, entre nações, entre sexos – e atualmente, também entre civilizações?

A moderação é razoável e nobre, mas de onde vem então a dificuldade que temos de nos entusiasmar por ela?

Insipidez da moderação: incontestavelmente. Você dispõe então da escolha entre descobrir o atrativo da insipidez, mais uma vez como em certas civilizações orientais, ou então tornar a própria moderação extrema (o único extremismo aceitável), dar-lhe intensidade, levá-la ao êxtase. Cabe a você escolher!

Uma vocação de *passeur*

Eis-nos aqui, no final de nosso percurso, desde a Bulgária até seus "anos de viagem" pelas ciências humanas e sociais. Você tem hoje o sentimento de que a viagem terminou? Em outras palavras, agora que o Wanderer[3] *fez o circuito do conhecimento, que ele vai descansar suas bagagens, o que há nessas bagagens e o que ele quer fazer com isso?*

Ver a própria vida, quando se tem 62 anos, como eu, tem, é claro, algo de angustiante, pois sabe-se que a maior parte dela já passou. O futuro e o condicional são desalojados pelo indicativo passado. É irreversível: mesmo que eu tivesse podido viver em vários lugares, só teria vivido num certo número de endereços. Meus três filhos são os filhos que terei: os seres que mais terão significado durante a maior parte de minha existência, já lhes conheço os nomes, e também os livros que terei escrito e os gestos que terei realizado.

Mas nem por isso a viagem terminou – enfim, eu espero! Conversando com você sobre meu percurso intelectual, constato que suas bifurcações são sempre suscitadas pela surpresa diante dos enigmas das condutas humanas e pela admiração por certos indivíduos. Não tenho a impressão de que essas reações me sejam estranhas. Quero sempre compreender melhor como os homens escolheram viver, pensar, criar, decifrar melhor a assinatura humana, dar sentido a uma experiência da humanidade. E tenho sempre a impressão de que é no livro por vir, aquele no qual trabalho no momento, que conseguirei fazê-lo melhor. Quanto aos indivíduos, continuo – felizmen-

3 Andarilho, nômade, viajante. (N. T.)

te! – a fazer descobertas. Em minha vida privada, é claro, mas também em minha existência profissional, nos encontros que modulam a direção ou o teor de meu trabalho.

Muitas vezes tive a impressão de que os indivíduos o influenciavam até mesmo mais que suas obras, quando como, por exemplo, você falava de Benveniste, ou de Jakobson, ou de Barthes...

O homem e a obra só têm em comum uma intersecção, e não está previamente dito onde reside a melhor parte. Os escritores – eu, inclusive – põem em seus livros aquilo que têm de mais caro, suas mais altas aspirações, os momentos de reflexão mais intensos. Os demais, em geral, não estão à altura, não ganham em ser conhecidos de perto – com suas pequenas mesquinharias, sua mediocridade comum. Apesar disso, o contrário também é verdadeiro, em outro sentido: um indivíduo é sempre mais que o livro do qual ele é o autor; ele tem consigo um rosto, uma faísca de gestos, de entonações, sua presença desperta em você a lembrança de suas experiências comuns – é bem por isso que a troca eletrônica jamais poderá substituir o contato físico. Isso ocorre com meus amigos que escrevem livros, como François Flahault, André Comte-Sponville ou Charlie Williams, mas também é verdade para pessoas como as que você mencionou, um pouco mais distantes, as que vieram antes, e que admirei. Também lhe falei, no mesmo espírito, de Isaïah Berlin ou de Paul Bénichou. Tais encontros continuam a acontecer e me mudam interiormente. Isso também aconteceu com Germaine Tillion, que só conheci em 2000. É uma pessoa que admiro, não só porque dedicou sua vida "à busca do verdadeiro e do justo", segundo o título de seu último livro, mas também porque ela jamais se toma por uma encarnação do bem, não se erige como ministradora de lições – já que nunca perdeu seu olhar malicioso e sua alegria de viver. Ver assim encarnado meu ideal modula minha maneira de pensar o mundo.

Cada vida individual constitui uma figura que se solidifica, mas sem se fixar definitivamente, e que sempre pode ser recolocada em questão. É bem por isso, como diziam os sábios gregos, que o homem só fica sabendo se foi feliz no dia de sua morte: até lá, tudo pode ser transformado, redistribuído, repensado, e os acontecimentos podem adquirir valores diferentes daqueles que ele lhe dava no momento em que ocorreram.

Essa viagem, então, não está terminada. Mas é verdade que eu empregava a expressão "anos de viagem" num sentido mais restrito, como um percurso pelas ciências humanas e sociais, depois de meu aprendizado de filólogo, literato e linguista. Para praticar melhor minha profissão, sentia a necessidade de me familiarizar com as disciplinas que tinham por objeto o homem e suas sociedades. Então imergi sucessivamente na história das ideias e das mentalidades, na antropologia cultural e na teoria psicológica, na ciência política e na filosofia moral, buscando a cada vez o instrumento conceptual apropriado, aquele que me permitisse melhor compreender a matéria que tinha sob os olhos. Constato retrospectivamente, apesar de jamais ter tido o projeto, que passei cerca de vinte anos vagueando assim: esses foram meus *Wanderjahre*.[4] Pude fazê-lo graças à liberdade que me foi concedida pelo CNRS, instituição na qual trabalho. Mais precisamente, que incita os pesquisadores, pela disponibilidade que lhes assegura.

---

4 Anos de viagem (ao exterior), aprendizado itinerante. (N. T.)

Em nossas entrevistas, você criticou amplamente as ciências humanas, mas não será esta etiqueta que lhe convém mais apropriadamente? A de pesquisador em ciências humanas, ou melhor, pesquisador em humanidade(s)?

Critico o que me parece uma deriva pseudocientífica das ciências humanas e sociais atualmente, devido à sua situação administrativa nos países ocidentais. Para justificar os créditos que lhes são atribuídos, mas também para reforçar seu prestígio aos próprios olhos daqueles que as praticam, elas devem se parecer, tanto quanto possível, às ciências "duras", às ciências da natureza.

Ora, sou sensível às diferenças entre elas. Tenho vontade de aproximar as ciências humanas não da física, mas da literatura. De ver a proximidade não somente com os estudos literários, mas com a crítica, com as análises linguísticas, assim como com as próprias obras, poesia ou romances. Um pensamento passa pela literatura, e esse conhecimento do mundo humano que ele expressa nada fica a dever à sociologia. O resultado dessa comunicação atinge melhor seu destinatário do que o faz o discurso da ciência: mesmo que a mensagem seja universal, aqui um indivíduo fala a um outro indivíduo. Se alguém quiser saber com o que se parecia a Rússia soviética, eu lhe diria: leia *O mestre e Margarida*, de Bulgákov, leia *Vida e destino*, de Grossman. No livro *A vida em comum*, lembro a famosa cena de *Em busca do tempo perdido*, em que a filha de Vinteuil e sua amiga são espiadas pelo narrador, para mostrar que Proust dispõe de uma concepção da pessoa muito mais rica do que qualquer psicólogo. O mesmo ocorre para a pintura figurativa, que é também pensamento e conhecimento.

Com a condição de modular assim a marcha das ciências humanas, eu me reconheço em sua definição.

Dessa forma, para usar um vocabulário que lhe é familiar, você não estaria mais próximo do moralista do século XVII e do enciclopedista do século XVIII que do intelectual do século XX?

Será que sou anacrônico a esse ponto? Mesmo que frequentemente eu suspeite de ser a novidade apenas uma pretensa novidade, acredito ter sido formado pelo século XX. Já vimos em que sentido eu era um "moralista" – e não renego essa filiação. No que concerne ao enciclopedismo, eu de fato me reconheço, na medida em que recuso a fragmentação das ciências humanas. Sua mútua ignorância não me parece justificada e tem mesmo resultados nefastos. Para compreender um gesto humano, é preciso recorrer simultaneamente à antropologia, à psicologia, à história, à política, à moral, ao direito. Então, por que isolá-los? Idealmente, o enciclopedismo é o procedimento que conviria a todo pesquisador em ciências humanas. Ele deveria ser a regra, e não a exceção.

Mas atualmente, época em que reinam os experts, *o enciclopedismo não corre o risco de ser taxado de superficial? A curiosidade enciclopédica seria assim uma espécie de versatilidade...*

Compreendo que, vistas de fora, as bifurcações seguidas por meu percurso possam surpreender, e até mesmo desagradar. É uma reprovação que pode me ser feita... mas que poderia ser dissipada se, ao invés de se prender uma vez mais aos métodos de pesquisa, as pessoas se interessassem pela finalidade. No fundo, a matéria de meus estudos me é fornecida pela história moderna do Ocidente, aquela que começa no Renascimento: matéria seguramente vasta, mas, apesar de tudo, identificável. Nessa matéria, prefiro os segmentos que tento analisar mais de perto, porém todos os raios do círculo conduzem ao mesmo centro. Esse centro, objeto de minha pesquisa e de minha reflexão, é a humanidade – apreendida, portanto, a partir de seu passado. O sentido antigo do termo "humanista" me agrada bastante nessa perspectiva, pois implica, ao mesmo tempo, um conhecimento da história (como em nossas "humanidades", disciplina escolar) e uma disposição filosófica.

Dito isso, a reprovação também é justa, sem dúvida. Uma vez que tenha a impressão de ter "compreendido", meu interesse enfraquece, então passo para um tema vizinho ou, em todo caso, para uma outra faceta do mesmo assunto. Outros levam mais longe essa necessidade de compreender, satisfazem-se menos depressa, conservam por mais tempo sua perplexidade salutar diante do objeto a ser estudado. Isso lhes permite aprofundar uma pesquisa mais do que eu sei fazer. Espero que, desse ponto de vista, nossos procedimentos sejam complementares.

À sua maneira, você milita pela não separação das disciplinas ou, em todo caso, você se dedica a estabelecer passarelas entre elas. Você se reconhece nesse papel de passeur*?*

Por desejar que as ciências humanas se comuniquem melhor entre si, devo mesmo assumir o papel! Aliás, eu já o praticava em meus "anos de aprendizagem": antes de procurar converter um discurso em outro, como fiz com a psicanálise, a psicologia, a filosofia, a literatura em *A vida em comum*, ou com os saberes clássicos em *Teorias do símbolo*, eu o assumi pelas línguas. No decorrer de meus primeiros anos em Paris, eu tinha a impressão de que toda minha contribuição consistia em dar a conhecer aos meus colegas franceses aquilo que havia aprendido lendo em alemão, russo ou inglês. De modo geral, eu me reconheço nesse papel de *passeur*, sim.

Você também, jornalista encarregada de "cobrir" os ensaios para uma revista generalista, está condenada a esse papel.

Sim, sou obrigada a ter um olhar "transversal", para usar um termo que está na moda no jargão administrativo! Falo tanto do sociólogo Pierre Bourdieu quanto do filósofo Paul Ricœur, do antropólogo René Girard, do jurista e psicanalista Pierre Legendre, do historiador Alain Corbin, do físico Étienne Klein ou do psiquiatra e etólogo Boris Cyrulnik, quando suas obras não se comunicam e quando por vezes os homens se ignoram ou se detestam. É a liberdade própria dos lugares (ou dos seres?) sem legitimidade acadêmica, como é o caso da imprensa. Aliás, a existência dessas redes paralelas de consagração muito frequentemente instaura problemas na universidade, por vezes com justiça: a imprensa nem sempre valoriza os trabalhos mais válidos aos olhos da disciplina (sobretudo porque as mídias possuem suas leis próprias, amiúde mercantis, que trazem outras limitações a seus critérios de seleção). Ao mesmo tempo, a imprensa é um lugar em que se pode ignorar voluntariamente (e por vezes involuntariamente) as clivagens (de pessoas, de escolas, de disciplinas) que tornam as ciências humanas opacas umas para as outras, e em especial para o público. Aliás, repetidas vezes fico chocada com a ambivalência da maior parte de nossos intelectuais sobre a difusão de seu trabalho para um público amplo: raros são aqueles que realmente se preocupam (escrever claramente, tornar acessível sua pesquisa, equivaleria a uma traição); por outro lado, quase todos sonham em conquistar uma verdadeira "superfície midiática"... daí onde vem, para alguns, o mau humor contra os jornalistas!

Muitas vezes, o vocabulário, o jargão incompreensível e a construção complexa estão aí para delimitar um território, um pouco como os cães, que urinam em torno do seu espaço. A psicanálise inventará um vocabulário que lhe permitirá ser reconhecida entre iniciados, e a sociologia, um outro. Sem falar dos linguistas ou dos economistas... A esse respeito, Benveniste era um belo contraexemplo: ele conseguia ser preciso sem jamais dar a impressão de cair num jargão inútil. Ele se servia, em toda a medida do possível, da língua cotidiana e não lançava mão desse uso terrorista da especialização...

Esse problema da clareza – que, como sei, é para você uma preocupação real – é muito delicado e... eminentemente subjetivo. E não se deveria ir de um extremo ao outro, pois os intelectuais quase sempre têm razão de resistir à demanda de simplificação das mídias. Demanda-se o simples porque se deseja concisão, deseja-se concisão porque se capta melhor o ouvinte-consumidor (o que é, principalmente, o interesse dos anunciantes) e, no fundo, nós (os jornalistas) recusamos toda complexidade do mundo e do pensamento, o que leva a uma atrofia da curiosidade intelectual que, na minha opinião, é o fundamento de nossa profissão. Esses cânones impostos da comunicação são uma forte pressão que se exerce sobre os intelectuais. É a análise crítica adotada por Bourdieu.

Dito isso, é preciso reconhecer que certos intelectuais pegam fundo na obscuridade, efetivamente nas estratégias de poder, mas também porque eles não são apenas dotados para a clareza (é uma qualidade muitíssimo mal distribuída: há também jornalistas pedantes ou confusos!). Em meu trabalho, lido com dois obstáculos opostos: de um lado, acreditar, fascinada, que quanto mais uma obra é de difícil acesso, mais ela é interessante; de outro, decidir que, por ser tão difícil, ela não deve ser muito importante para "nós", sendo que "nós" significa o povo, as pessoas "normais". Os mesmos obstáculos são encontrados no caso inverso, de ensaios ditos de "grande público": a simplicidade pode estar a serviço tanto das ideias banais quanto de análises fulgurantes! Entre as duas, há todo um trabalho de elucidação – muito longo, por vezes diplomaticamente muito delicado – a ser efetuado para, de um livro ilegível, exceto para os especialistas, tirar um artigo interessante para todos, sem com isso sacrificar a riqueza do conteúdo. É mais agradável quando os próprios intelectuais têm esse cuidado, mas, no fundo, é meu trabalho.

Contudo, é verdade que, na maior parte das vezes, os pensamentos mais fortes são também os mais claros... a menos que me pareçam claros porque são fortes. E quando, além de tudo, o autor nele exerce a elegância de uma língua, como o fazem os historiadores (Braudel, Duby... para só citar os que estão mortos), aí ficamos realizados!

Compreendo bem a resistência dos intelectuais de ver seu pensamento reduzido, ou até mesmo transformado, devido às exigências midiáticas. Ela é legítima. Entretanto, em todo tipo de outras circunstâncias, eruditos e filósofos praticam uma escritura opaca, que poderia ser justificada numa concepção de mundo hierárquica, elitista (guardar nossos segredos entre escrivães iniciados), mas não se aderirmos aos princípios do humanismo democrático. Se minha doutrina me diz que é preciso tratar o outro como um sujeito comparável ao sujeito que sou, então nada justifica que eu me reserve uma posição privilegiada por meu discurso, com a ajuda de um vocabulário hiperespecializado ou de uma sintaxe espinhosa. Esse já era, você se lembra, o motivo de minhas reticências em relação a

Lacan: acho que essa maneira de manipular seu interlocutor não é respeitável. Escrever o mais claramente possível é uma de minhas regras de higiene.

Os outros em mim

Apesar da grande diversidade de sua obra, em seus temas e em seus modos, você não deixou de se interessar pela alteridade, de estudar nossa relação com os outros: em que esse tema central o toca de fato? Onde você se situa em tudo isso?

Quando eu era adolescente, ficava inquieto por não possuir nenhuma identidade. Era uma questão que muitas vezes me atormentava. Eu me reprovava por me deixar influenciar demais pelos meus interlocutores, por compartilhar sempre as opiniões do último que me falara com convicção. Eu achava que só existia em relação com os outros: sozinho, não era ninguém, não tinha nenhuma ideia que fosse verdadeiramente minha. Era por demais maleável, camaleão, como se quisesse agradar a todo mundo – e não achava isso realmente... muito viril. Talvez o motivo fosse porque duvidava muito de minha capacidade de agradar: eu era pequeno e magrelo, ridículo com meus óculos (que quebravam a cada vez que jogava futebol ou basquete, o que provocava os suspiros resignados de minha mãe). Sem dúvida, eu queria compensar o que julgava ser minha falta de sedução. Ser ninguém permite ser aceito por todos.

Mais tarde, essa sensação atenuou-se, mas sem desaparecer. Creio que ela é responsável por minhas primeiras escolhas profissionais, principalmente a de me dedicar à crítica literária, ao comentário dos autores. O intérprete de textos é, à sua maneira, um *passeur*, dado que busca aprimorar a comunicação entre escritores e leitores. Dedicando-me à interpretação dos outros, convertia minha enfermidade em vantagem: eu ia entendê-los, colar-me neles, e em seguida falar com suas vozes. Eu falava deles e, ao mesmo tempo, eles falavam de mim, expressavam minhas convicções melhor do que eu sabia fazê-lo.

Em seguida aconteceu a emigração para a França, que me impôs a necessidade de desempenhar os intérpretes ainda de outra maneira, de prestidigitar com as equivalências entre duas culturas. Isso continua no presente: vivo e voto na França, falo e escrevo em francês, e apesar disso uma parte importante de mim continua búlgara, eslava, oriental. Por exemplo, a poesia russa toca-me muito mais que a dos autores franceses, provavelmente porque aprendi o russo quando criança, e o francês, somente quando adulto. O encadeamento das palavras russas, num poema, dá-me a impressão de uma ordem inelutável, que raramente percebo em francês. Como deslocar uma única sílaba quando Pasternak diz:

Ja odin, vsë toner v farisejstve.
Zhizn' prozhit' – ne pole perejti[5]

Ou ainda:

Sil' nej na svete tjaga proch'
I manit strast' k razryvam.[6]

5 Estou sozinho; tudo ao meu redor se afoga na falsidade/ A vida não é uma caminhada pelo campo. (N. T.)

6 O impulso mais forte ainda é fugir/ A paixão convida à separação. (N. T.)

Essa força das palavras não é efeito de um pensamento particularmente profundo, por isso não lhes dou a tradução. Ela provém de um sentimento de absoluta necessidade dessa palavra, com exclusão de qualquer outra. O mesmo ocorre quando Tsvétaeva escreve:

Ty menja ne ljubish' bol'she:
Istina v pjati slovakh.[7]

É como um baixo-relevo em bronze.

Minhas relações com os outros também se ressentem de minhas origens, creio eu. Para ficar num só exemplo, tenho tendência a tocar as pessoas, a pegá-las pelo braço ou a pôr a mão em seus ombros: isso não está entre os hábitos dos franceses, e eles me olham sempre um pouco surpresos.

A despeito disso, tendo explorado a fundo o pensamento francês como nenhum outro intelectual daqui teria a ideia de fazê-lo, de modo tão completo, quase sistemático, não seria você mais francês que os franceses? E, tenho certeza, você é visto como tendo um espírito "cartesiano demais", mesmo que não tenha nascido no vale do Loire!

Sim, esquecem-se de que sou um camponês do Danúbio, quando querem me criticar pelo caráter racional demais de minhas análises...

Tudo isso para dizer que, durante muito tempo, tomei a fórmula "Eu é um outro" como se tivesse sido escrita para mim.

---

7 Você não me ama mais:/ Verdade em cinco palavras. (N. T.)

E atualmente, você não pensa mais que não existe?

Ufa! Fique tranquila: não creio mais nisso. Minha intuição adolescente não era absurda, mas correspondia apenas a um momento da existência. O indivíduo não é alguém já existente que, em seguida, entra em relação com os outros; ao contrário, ele é constituído por essas relações. No entanto, o tempo passa, e a identidade, progressivamente, se forma. Eu poderia evoluir em mil direções, e ocorre que me engajei em uma dentre elas, o que fez com que me tornasse esta pessoa, e não uma outra. É um processo quase alquímico – todos os homens possuem a pedra filosofal: aquela que converte o acaso de um encontro em necessidade de uma vida. Se tal dia, a tal hora, eu não estivesse em tal lugar, jamais teria conhecido minha esposa – sendo que hoje em dia não posso me imaginar nem compreender meu ser sem ela. Sozinho, eu me sinto uma pessoa incompleta, para não dizer enferma, eu vivo na dependência – algo de que não penso em me curar de maneira nenhuma. Que maravilhosa capacidade, não é mesmo? Criar o absoluto a partir do relativo, o eterno a partir do passageiro, o infinito a partir do finito. Descartes dizia: "Não há um homem tão imperfeito que não se possa ter por ele uma amizade muito perfeita".[8] Aí está o milagre, bem como o mistério da espécie humana.

Nem sempre conseguimos chegar a esse milagre, e por vezes se tem a impressão de que nossa vida se dispersa em futilidades. Mas quando conseguimos, temos, ao contrário, o sentimento de uma plenitude. Uma vida bem-sucedida não se mede pela trajetória que fazemos, mas por essa capacidade miraculosa.

---

8 Descartes, *Les Passions de l'âme*. In: *Œuvres et lettres*.

Pouco a pouco, então, tornei-me eu mesmo, a pessoa que lhe fala em nossas entrevistas, e que não tenta mais agradar todo mundo. Um ser único e que, apesar disso, tenho certeza, se parece com tantos outros: quem, atualmente, não é levado a viver sua vida como um *passeur*, como um intermediário, como um ser de transição?

Assim você descreve sua experiência pessoal – como é também a constituição da identidade para cada um de nós –, mas por que ter feito da relação com os outros um objeto de estudo? Será porque, ao falar dos outros, acaba não falando de si, sempre buscando aquilo que se refere a todos? Esse seria um procedimento bastante próximo daquele usado pelo romancista: "Madame Bovary sou eu".

Minha fórmula seria mais o contrário: não me escondo em meus personagens, são mais os outros que encontro em mim. Meu ser único é formado por meus encontros, afetivos e intelectuais, com os outros. É por ter consciência dessa impossibilidade de isolar um eu anterior e exterior ao contato com os outros que busco compreender melhor aquilo que se chama de alteridade. O homem é um ser constitutivamente social, a multiplicidade das culturas e os contatos entre elas são o primeiro traço característico da humanidade.

É um pouco o programa que você anuncia no primeiro parágrafo de A conquista da América*: "Quero lhes falar da descoberta que* eu *fiz do outro. O tema é imenso...". Isso inclui o outro longínquo, diferente de nós, e o outro próximo, meu vizinho, meu amigo, meu irmão.*

Dediquei vários livros a esse tema: *A conquista da América* e *Nós e os outros*, ao outro longínquo. *A vida em comum*, ao outro próximo – ou melhor, à maneira pela qual o *eu* é fabricado pelas suas relações com os outros. No âmago deste último livro, para o qual a reflexão de François Flahault me serviu de ponto de partida, encontra-se o "reconhecimento", aquele que nos é dado (ou não) pelo olhar de outrem. Sem a consciência desse olhar, nunca temos a certeza de existir; ora, todos nós temos a necessidade de ser confirmados em nossa existência. Isso começa muito cedo, nas primeiras semanas de vida do bebê, quando ele não se contenta em olhar o mundo, nele distinguindo pouco a pouco os personagens familiares, mas querendo captar o olhar do outro, querendo olhar o olhar. Não apenas ver, mas ser visto. Essa demanda é universal, e não se deve reduzi-la ao reconhecimento oficial, aquele que se traduz em celebridade ou em honras. E isso não termina jamais: demandamos o olhar dos outros até nosso último dia.

É por essa relação interiorizada com os outros que acedemos a uma espécie de definição do humano. Graças a ela, de fato, o ser humano consegue, se assim posso dizer, descolar-se de si mesmo, tomar consciência de si e ver-se a partir do exterior. Somos humanos porque nossa energia não se esgota na busca de nossos interesses imediatos – alimentar-se, abrigar-se para sobreviver e reproduzir-se –, mas faz nascer em nós aspirações de algo que não somos, leva-nos a questionar sobre nós mesmos e, portanto, também a jamais coincidir plenamente conosco. É graças à consciência que nosso ser finito entra em contato com o infinito, que ele se torna capaz de percorrer todo o passado e todo o futuro, e mesmo a eternidade, que ele pode se situar na imensidão do universo. Ora, a consciência nasce da interiorização do outro, aquele que está ao meu lado:

olham-me, portanto, existo, uma instância em mim toma consciência de mim mesmo.

Minha projeção sobre os outros também me facilitou o trabalho em comum, para um livro ou para uma revista, e essas colaborações foram boas: durante mais de dez anos, com Gérard Genette e, mais pontualmente, com Oswald Ducrot e Georges Baudot, Serge Doubrovsky e Marc Fumaroli, Annick Jacquet e, atualmente, você mesma... Os outros são também todos os livros que me alimentaram e com os quais eu penso. Se não o digo mais é para não ser pedante, e porque prefiro tomar pessoalmente a responsabilidade do que afirmo, em vez de me esconder por trás de referências prestigiosas. Contudo, em nenhum momento esqueço o que devo aos outros.

Deixar o século XX

Em seu livro Memória do mal, tentação do bem, *você fala do totalitarismo como sendo o* acontecimento central, *a* grande inovação política do século. *Você acredita que é isso que se deveria reter e diria que é também o acontecimento central de sua vida?*

Tomo várias precauções antes de formular essa afirmação, pois tenho consciência da parte de arbitrário que ela contém. Primeiramente trata-se bem do mundo político, em seguida do continente europeu; por fim, este que lhe fala é uma pessoa cuja vida dividiu-se entre a Europa do Leste e a Europa do Oeste. Uma vez adotada essa perspectiva, a resposta é sim. O comunismo, o nazismo, a Segunda Guerra Mundial, a Guerra Fria, são acontecimentos que marcaram o destino de todos os europeus no decorrer do século XX, e o meu em particular. Nasci em 1939, o ano em que a guerra começou, e que foi também o do Pacto Germano-Soviético, entre Hitler e Stálin, tão revelador da cumplicidade dos totalitarismos.

Minhas lembranças mais distantes datam do tempo da guerra. Os habitantes de Sófia eram evacuados por causa dos bombardeios anglo-americanos, e nossa família ficou refugiada na casa de campo, num vilarejo perto de Sófia, que hoje em dia está integrado à cidade. Lá também habitavam permanentemente todos os meus tios e tias, primos e primas, mais de vinte pessoas, enquanto a casa era adequada a uma família de quatro membros. A construção tinha colunas de pedra, o que lhe dava um ar sólido, e assim, nas noites em que a sirene anunciava a chegada dos bombardeiros, o resto do vilarejo ia para lá. As pessoas se instalavam diante da casa, como se as colunas de pedra fossem estender a sua proteção – já bem ilusória – sobre elas.

De resto, a "evacuação" só era um princípio: na prática, meus pais iam trabalhar em Sófia todos os dias, pegavam o trem, caminhavam muito tempo, mochilas nas costas, cheias de provisões. Foi assim que minha mãe contraiu tuberculose. E os bombardeios nem sempre aconteciam à noite, depois do retorno de meus pais à nossa casa; por vezes, eles começavam quando meu pai e minha mãe estavam na cidade. Lembro-me de que meu irmão e eu nos dávamos as mãos e contemplávamos, ao longe, a cidade em que eles estavam. Podíamos ver e ouvir as explosões das bombas como se fossem rojões. Estávamos em 1944.

No outono, voltamos para Sófia e o Exército soviético passou pela Bulgária sem dar um único tiro de fuzil. Quando pela primeira vez retornamos à casa de campo, encontramos as portas arrombadas, os móveis roubados ou quebrados, excrementos no meio da sala: os soldados russos haviam passado por lá. Não havia como protestar.

O resultado da guerra, para os búlgaros, foi sucumbir na órbita soviética durante 45 anos. Se não houvesse existido o regime comunista na Bulgária, eu não teria permanecido na França depois de alguns anos de "especialização". Nada posso fazer, meu destino está intimamente ligado a esses grandes acontecimentos: guerra e totalitarismo.

Não obstante, em nossos dias, o conflito Leste-Oeste cessou, e o conflito entre Norte e Sul volta a ocupar a cena, como se o século XX não tivesse sido nada além de um longo parêntese.

O Leste está atualmente a meio caminho entre o Norte e o Sul, se assim podemos dizer... Ele compartilha com o Norte, isto é, a Europa ocidental e a América do Norte, a cultura; com o Sul, a miséria. As chances são grandes de que o Leste venha a se integrar ao Norte daqui a algumas décadas. O Sul, por sua vez, amplia seu atraso. Não é nada surpreendente, na sequência, que os pobres queiram ir ao encontro dos ricos para ganhar mais ou para demandar uma redistribuição das riquezas.

Eu me reconheço em muitas das aspirações daqueles que vêm do Terceiro Mundo, mas não em todas. Recentemente li o livro autobiográfico de meu amigo Edward Said, *Fora do lugar* (como traduzir esse título? Talvez por "Uma pessoa deslocada"; ou... "Um homem despaisado"?)[9] e fiquei chocado, ao

---

9 Março de 2002: o livro acaba de ser publicado em francês pela editora Serpent à Plumes, sob o título *À Contre-Voûte*. (Nota da edição francesa.)

mesmo tempo, pelas inúmeras coincidências e por algumas fortes diferenças em nossos percursos. Ele, nascido palestino em Jerusalém, cresceu no Cairo numa família abastada. Morando atualmente em Nova York, ele é, como eu, um "homem despaisado". Escrevemos também livros muito semelhantes sobre o tema da pluralidade das culturas. A grande diferença é que o comunismo nunca foi um problema para ele, tampouco toda a tensão entre Leste e Oeste. Essa deve parecer, de seu ponto de vista, uma querela interna entre nortistas...

Levando-se em conta também seu conhecimento dos séculos passados, você diria que o século XX terá sido excepcionalmente negro?

O balanço da experiência totalitária, com as duas grandes guerras, das quais ela é indissociável – experiência em parte causada pela Primeira, e a própria causa da Segunda –, é bem pior do que havia acontecido nos séculos passados – que, a despeito de tudo, não tinham sido avaros em desastres. Uma quantidade incalculável de sofrimentos, de humilhações, de frustrações, infligidos sobretudo aos povos da Europa e da Ásia, com consequências sempre presentes entre nós. Um número enorme de mortos – mas não é simplesmente uma questão de números: os novos extermínios são efeito de projetos aparentemente racionais. Um abalo em nossas certezas morais e políticas: como confiar, doravante, na razão, na ciência, nos sonhos de felicidade para todos? Tudo isso torna caducas as teorias do progresso contínuo que prosperavam antigamente: o totalitarismo é uma inovação pior do que aquilo que o precedera.

Todavia, se comparar 1939 e 2001, eu só posso exalar um suspiro de alívio: as visões crepusculares do mundo, aquelas de uma decadência contínua e inexorável, também foram desmentidas pela história. Às vezes, penso com angústia no ano de 1940: Hitler já reinando tranquilamente sobre a maior parte da Europa, Stálin controlando o resto, e os dois ditadores se entendendo maravilhosamente! Só a Inglaterra escapava do domínio de um ou de outro. Se eles se houvessem contentado com essa partilha, isso seria perpetuado, a Inglaterra teria se resignado, os Estados Unidos não teriam entrado na guerra, e a Europa atual talvez fosse ainda dominada pelos herdeiros dos dois ditadores. Mas sua mentalidade de bandidos salteadores não poderia se satisfazer com o pacto, então era inevitável que tentassem se apunhalar pelas costas. Será que devemos dizer: felizmente Hitler atacou a União Soviética, provocando assim sua própria derrota? Mas como dizer "felizmente" quando se sabe que 25 milhões de soviéticos pereceram nessa guerra?

Comparado a 1940, o ano de 2000 é quase o paraíso! Não há mais guerras aqui há quase meio século: para alguém como eu, nascido durante a guerra, já é uma razão para ver a vida em cor-de-rosa. Um enriquecimento espetacular, e não falo somente dos indivíduos: pense em tudo o que chamamos de infraestruturas, ou ainda em todas as formas de seguro social, contra as doenças, os acidentes, o desemprego. Nenhuma ideologia potencialmente mortífera reina sobre o espírito de nossos compatriotas. Creia-me, não sinto nostalgia do ano de 1940 e saúdo com alegria nosso despertar do pesadelo totalitário.

O século XX foi marcado, ao menos na Europa, pelo fenômeno totalitário. Mas hoje em dia, neste início do século XXI, mais de cinquenta anos depois da queda do nazismo, mais de dez anos depois do desmantelamento do Muro e do desmoronamento dos regimes comunistas, você acredita que sua experiência do totalitarismo ainda pode servir? Se conservarmos seu quadro conceptual, não corremos o risco de ser impedidos de decifrar corretamente o presente, produzindo uma "banalização" a mais?

O passado pode servir para educar nosso espírito, mas é necessário se abster de sobrepô-lo ao presente: em si mesmo, ele não explica nada. O mal-estar atual das democracias ocidentais não se enraíza numa tentação totalitária nova; a grande guerra do século XX está verdadeiramente acabada. Ele provém, me parece, de uma ruptura entre dois grupos desiguais da população. De um lado, a maioria, que se sente parte interessada das evoluções atuais: ela é feita de indivíduos que vivem em relativo conforto material, que são mais educados do que no passado e abertos para o exterior, tanto da Europa quanto do mundo. Esses indivíduos se reconhecem ora na esquerda, ora na direita políticas, mas, vendo-os de fora, ficamos impressionados pelo que eles têm em comum.

De outro lado, uma grande minoria, a daqueles deixados à própria sorte. Em geral eles são menos educados, têm empregos mal remunerados ou estão desempregados. A abertura para o exterior lhes dá medo, eles temem a concorrência vinda de fora, sonham com uma volta ao passado, à segurança oferecida pelo enclausuramento. Eles não se reconhecem nas elites dirigentes, decifram mal os discursos dos políticos oficiais, sentem-se mais próximos dos movimentos extremistas e protestatórios, de esquerda e, sobretudo, em nossos dias, de direita. Poderíamos falar de uma oposição entre os movimentos elitistas, de um lado, e populistas, de outro – salvo que, aqui, a "elite" é mais numerosa que o "povo". Os líderes se opõem como os realistas aos demagogos.

O populismo contemporâneo não se parece com aquele que permitiu a Lênin e a Hitler se apossarem do poder, principalmente porque ele não é portador de nenhuma utopia. Em que pese tudo isso, os dois populismos têm em comum um mesmo desprezo pela realidade: prometem resolver todos os nossos problemas, sem se preocupar com o fato de que os remédios propostos são inaplicáveis ou, como para os totalitários do passado, são piores do que o mal.

Entre o momento em que fizemos nossas entrevistas, na primavera e no verão de 2001, e hoje, início de outubro do mesmo ano, enquanto finalizávamos o manuscrito, ocorreu um acontecimento de primeira importância, que chocou todas as imaginações: a destruição das Torres Gêmeas por terroristas em Nova York, em 11 de setembro de 2001. Quando nosso livro for publicado, novas consequências se adicionarão, e não podemos prevê-las. Detenhamo-nos então um pouco sobre o próprio atentado. Você reconhece nisso a emergência de outras ideologias mortíferas, talvez desprovidas do projeto racional que caracterizava o totalitarismo, e nas quais o maniqueísmo atinge a maior violência?

Obra de extremistas islâmicos, os atentados não têm racionalidade e, como os projetos totalitários, procedem de um espírito maniqueísta. A aproximação entre totalitarismo e teocracia não é nova: no passado, empregava-se o termo genérico "ideocracia" para designá-los. Contudo, ao menos no momento, essas agressões ocorrem numa escala muito mais reduzida: não se pode pôr um signo de equivalência entre as dezenas de milhões de vítimas dos totalitarismos e alguns milhares em Nova York e Washington; entre os regimes instalados e os atos isolados.

A racionalidade em questão provavelmente não será a mesma se falarmos dos instigadores, dos executantes ou dos simpatizantes.

As intenções dos instigadores não me parecem originais: como outros atos violentos dessa natureza – por exemplo, os da FNL durante a Guerra da Argélia, ou da UCK, antes do bombardeio da Iugoslávia –, esses atentados visam a exacerbar a oposição entre as duas forças presentes, a provocar uma resposta ainda mais violenta, que reforçaria a solidariedade no interior de seu campo, e eliminaria os neutros, assim como os moderados. Eles se inscrevem então numa lógica familiar: a busca da extensão de seu poder (se o meio foi bem escolhido, é outra questão).

Quanto aos executantes, que se ofereceram em sacrifício, o elemento religioso me parece incontornável. Aceita-se muito mais facilmente morrer caso se esteja convencido de que Deus lhe pede isso e que na sequência desse suicídio se irá diretamente ao Paraíso. De forma diferente dos instigadores, que percebo mais como calculistas, vejo os executantes como fanáticos. Essa atitude nos parece enigmática, mas não é estrangeira a nenhuma tradição, inclusive fora das religiões oficiais: homens sempre estiveram prontos a se sacrificar por um ideal para que o bem advenha. Tendemos a esquecer que, como diriam os autores do século XVIII, as paixões ganham facilmente dos interesses.

Por fim, há os simpatizantes, numerosos no Terceiro Mundo, que de forma nenhuma participaram dos atos terroristas, mas que, ao menos secretamente, os aprovam: eles têm, ao que parece, motivações ainda diferentes. Eles ficam chocados pelo que lhes parece, frequentemente com razão, uma política parcial e arrogante do Ocidente ou, especificamente, dos Estados Unidos, em relação a eles – por exemplo, no conflito israelo-palestino, ou nas medidas de represálias exercidas contra o Iraque, ineficazes para seus governantes e mortíferas para sua população.

Esses três níveis de racionalidade não coincidem entre si. Não se tem certeza, por exemplo, de que os atentados visavam a servir à causa palestina.

Vários dos temas de nossas discussões parecem atualmente fazer um estranho eco a esse acontecimento. Retenhamos em primeiro lugar o mais evidente: a tentação do bem. Para os guerreiros islamistas, é preciso aniquilar o Grande Satã ocidental; para o presidente Bush, é preciso lançar a operação chamada originalmente de "Justiça sem limites", cruzada do Bem contra o Mal. Entre a fraseologia de Bush e as preces de Bin Laden, parece que tocamos ao paroxismo daquilo que você denuncia.

Outra interpretação quer que doravante entremos no "choque das civilizações", tal como o descrevia Samuel Huntington, desde o fim da Guerra do Golfo. O que você pensa dessa análise e da maneira pela qual ela é invocada atualmente?

A tentação do bem pode produzir grandes desgastes; a prova disso realmente é dada hoje em dia, e um maniqueísmo alimenta o outro. Não creio que se trate do combate da liberdade contra a escravidão, ou da verdade contra a mentira: aí estão fórmulas que são usadas em tempo de crise, mas que não devem ser levadas ao pé da letra. A própria palavra "terrorismo" é menos clara do que parece: a FLN argelina era terrorista até o dia em que tomou o poder, e os antigos terroristas se tornaram chefes de Estado respeitados. É claro que isso não muda nada quanto à minha condenação absoluta do atentado de 11 de setembro de 2001.

Nunca soube direito o que são as "civilizações", segundo Huntington. Se são as religiões, a explicação me parece amplamente insuficiente: em primeiro lugar, a imensa maioria dos muçulmanos fica horrorizada pelo terrorismo e o Islã não se reduz, é claro, a esse fanatismo suicida. Em seguida, esses atos têm, com toda certeza, causas diferentes das religiosas: políticas, econômicas. A religião fornece, preferencialmente, uma roupagem cômoda e assegura a firmeza dos comandos suicidas.

Você, que conhece bem a sociedade norte-americana, que ama Nova York, que se sente, como nos dizia, mais próximo do destino americano que do destino búlgaro, como sentiu a destruição de uma parte de Manhattan, e como imagina que a mentalidade americana pode se ver marcada por esse evento?

Nova York, a cidade mais cosmopolita do mundo, me é cara e tenho nela vários amigos (que, felizmente, não estiveram entre as vítimas), então não posso deixar de me sentir tocado, ainda que indiretamente. Mesmo que esteja pronto a criticar a política dos Estados Unidos, escolho sem hesitação a democracia liberal contra o ideal teocrático. A solidariedade não deve ser uma palavra em vão, e os Estados Unidos são nossos aliados: se amanhã meu país – a França – fosse atacado, a ajuda viria dos Estados Unidos e seguramente não do Afeganistão. Mas solidariedade não significa justiça. Ao mesmo tempo eu me digo que, no século XX, inúmeras cidades pelo mundo sofreram bombardeios norte-americanos, e que a grande novidade desses atos terroristas é que eles atingem o território americano, e não que eles matam "civis inocentes" (uma expressão desconcertante, além de tudo: como se, pelo fato de vestir um uniforme militar, os mesmos homens se tornassem culpados). Os habitantes de Belgrado, ou de Bagdá, ou de Hanói, ou de Hiroshima, se sentiam tão inocentes da política de seu governo quanto os habitantes de Nova York do seu; tanto uns como outros vivem a violência que os atinge como uma profunda injustiça.

As consequências desses atos sobre a mentalidade norte-americana (ou europeia) são imprevisíveis. Elas podem ir tanto no sentido de uma melhor escuta e de uma melhor compreensão do outro quanto no de um enclausuramento em si mesmo, de um aumento da certeza de encarnar o bem (dado que os inimigos são tão ferozes), de uma limitação das liberdades individuais. Os Estados Unidos foram vítimas de uma agressão; ora, a consciência de vitimização, assim como o triunfo do herói, em geral não favorece o olhar crítico que se tem sobre si mesmo.

De onde provém esse sentimento tão unânime de que o 11 de Setembro de 2001 marcará o fim – ou o início – de um mundo? Será apenas uma ilusão lírica, uma miopia histórica, ou haverá, na sua opinião, um alcance simbólico desse acontecimento?

O que acho novo e inquietante em nosso mundo não é o desejo de assegurar sua supremacia sobre os outros, nem são as divergências entre civilizações: esses são traços que a história humana conhece bem. Em contrapartida, somos testemunhas de uma nova vulnerabilidade, decorrente dos próprios progressos de nossa sociedade. Progressos tecnológicos, primeiramente, que tornam o acesso às armas de destruição massiva cada vez mais fácil. Antes, somente um Estado – e dos mais poderosos – podia fabricar essas armas (químicas, biológicas e, por que não, nucleares). Hoje em dia, os avanços da técnica tornam sua fabricação acessível (em termos técnicos, mas também financeiros) a grupos particulares. A miniaturização permite transportá-las mais facilmente. Os malfeitores não são mais os Estados; é possível, então, esconder-se sem muito esforço, e escapar de qualquer resposta militar: um indivíduo não tem território. A partir de então, as pessoas ou as organizações privadas podem dispor de tantos meios, ou até mais, que um Estado clássico. A globalização econômica nos dá a mesma lição: em nossos dias, certos indivíduos são capazes de impor suas decisões aos Estados. Aí está o perigo desse novo fenômeno, o interesse particular ganhando do interesse comum, e não na multiplicação dos contatos.

Ao mesmo tempo que o ataque se torna mais fácil, a defesa fica cada vez mais difícil. Não podemos mais renunciar a certos – bons – hábitos que tínhamos: a livre passagem das fronteiras, uma circulação mundial da informação – em particular, da informação científica – e, de forma mais ampla, nosso conforto material cada vez maior, que simultaneamente nos torna menos independentes do ponto de vista econômico. O homem das cavernas quase não tinha nada a perder; mas o que seria de nós sem os medicamentos, a eletricidade, o combustível, os computadores?

Minha inquietude vem então do fato de que nossa civilização engendra ela própria as ameaças mortais que a espreitam. Tínhamos adquirido consciência de algumas delas, as produzidas diretamente pela tecnologia – contaminação nuclear, poluição, aquecimento global... Sabíamos que o homem moderno, diferentemente de seus predecessores, tinha se tornado capaz de destruir o planeta em que habita. Atualmente, são nossos próprios modos de vida – a abertura das fronteiras, a circulação da informação, o acúmulo das riquezas, a necessidade de conforto – que levam a novos perigos.

Retornemos às nossas existências ordinárias, fora do tempo de crise. Será que você, o moderado, o nuançado, tem motivos de revolta em relação às nossas sociedades? Por que você, hoje em dia, aciona o sinal de alarme?

Uma das coisas que chocam quando se lê os relatos dos preparativos do atentado, ou das reações que o seguiram no campo daqueles a que chamamos de terroristas, é a mescla de dois ingredientes que nos parecem incompatíveis: de um lado, um domínio notável da tecnologia, ao pilotar um avião, ao colher e trocar informações pela internet, ou ainda ao saber se deslocar e comunicar sem deixar traços; e, de outro lado, uma fé ingênua nos presságios, nas coincidências e também nas recompensas que os esperam no reino celeste – aquilo que percebemos como superstições. Uma mescla explosiva, é o caso de dizer, entre domínio tecnológico e pensamento mágico. Na sociedade francesa também, até mesmo fora dos momentos dramáticos dos atentados, o que me impressiona e me inquieta é uma combinação paralela de modernidade e de arcaísmo; ou talvez eu devesse dizer – para não bombardear o passado com críticas –, de tecnologia e de barbárie.

Quando falo de tecnologia, penso antes de tudo na invasão da vida cotidiana por aparelhos que não se contentam em facilitar nossas atividades, mas que também as modelam. Não me estendo sobre isso, são temas familiares a todos. É a televisão, que nos transporta imediatamente a milhares de quilômetros de nossas casas, que torna familiares as formas de existência que jamais teríamos a oportunidade de conhecer por nós mesmos, e que borra as fronteiras do real e do virtual. É o computador, e mais ainda a interconexão dos computadores, que tem por efeito o correio eletrônico e a internet, a facilidade de contatos entre os quatro cantos do planeta e a disponibilização de uma informação inesgotável. É o celular, que permite ficar conectado a qualquer hora do dia ou da noite.

Quanto à barbárie, eu a compreendo no sentido da destruição do laço social. Já falamos a respeito do individualismo: o ser humano não nasce no vácuo, mas surge no seio de uma família e de uma comunidade, de uma língua e de uma cultura, que o formam como pessoa – mesmo que ele tenha também a possibilidade de se furtar a essas determinações que sofre. Ora, observamos, em nossas existências ordinárias e cotidianas, uma progressiva erosão do laço social. Não em todos os lugares, não o tempo todo, mas cada vez mais frequentemente. O que choca nos bairros ditos problemáticos, por exemplo, é que as agressões não visam somente a polícia, símbolo da repressão, mas também alguns pobres efeitos do laço social: as instalações comuns, como os elevadores ou os saguões dos prédios, as salas de esporte ou de espetáculo, ou ainda as profissões de utilidade comum, como os bombeiros e os motoristas de ônibus. No lugar das formas múltiplas, bem estabelecidas e diferenciadas do reconhecimento, vem se instaurar a única exigência de "respeito" e de prestígio: aquele que tiver o ar mais ameaçador e o cão mais feroz, os calçados das melhores marcas e os celulares na última moda.

Essa degradação do laço social, tanto no interior da família quanto no interior da sociedade, tem várias causas; mas a explosão tecnológica também contribui para isso. A onipresença da "conexão" tecnológica esconde a ausência de um verdadeiro laço. Quando os bens de consumo desejados são expostos durante todo o tempo na tela de seus equipamentos, você ouve despontar em si mesmo o ressentimento de ser privado deles, e o desejo de tomá-los, por qualquer meio que seja. O borrão entre real e virtual facilita a passagem ao ato. Essa nova barbárie, é claro, se torna particularmente perigosa quando se apropria das novas tecnologias, como nos recentes atentados.

Eis o que me inquieta em nossa sociedade atual. Eu também poderia descrever essa situação, retomando os termos de nossas entrevistas, como um recuo do humanismo em detrimento, ao mesmo tempo, do cientificismo e do individualismo. O que fazer? Aproveitar o fato de que temos a chance de habitar uma sociedade aberta, um mundo pluralista, que nos deixa a escolha, como dizia Rousseau, de aquiescer ou de resistir. Portanto, quando for necessário, resista.

Como é que, mesmo que você tenha se interessado muito pelas ideias políticas, permaneça, de qualquer modo, retirado em relação à política prática? Um resto da herança búlgara? Da mesma forma, apaixonado pelo conhecimento, você não está muito ativo na instituição universitária e deu poucas aulas. Em suma, você é um centrista muito excêntrico!

Sem querer explicar pelas circunstâncias históricas, eu diria que minha vida pessoal, minhas relações com os membros de minha família, com meus amigos, contam enormemente para mim e não desejaria por preço algum sacrificá-los. Proust colocava a arte acima do amor; eu penso exatamente o contrário: a experiência mais intensa que conheço é o maravilhamento diante da pessoa amada. Percebi, aliás, que meu modo de comunicação favorito passava pela escrita, muito mais que pelo ensino oral ou pelo debate público. Não defendo essa escolha, mas é uma questão de temperamento. Stendhal diz em algum lugar que, para ele, a vida ideal consistia em viver em Paris, no quarto andar, escrevendo seus livros.[10] Não penso muito diferente dele e tento me adequar a essa descrição...

Se você adicionar a estas duas "paixões" – a das relações pessoais e a do trabalho solitário que é a escrita – um gosto pela vida material, compreenderá por que não encontro tempo para uma existência mais pública. Mas não exageremos: não sou nem um excêntrico, nem um recluso; somente um "centrista marginal".

Mas então poderíamos dizer que você prefere se dedicar à sua felicidade pessoal a se dedicar à felicidade da humanidade!

Meus livros se dirigem a todos, mesmo que eu não possa esperar que a Terra inteira perceba isso... Sempre tentando aju-

---

10 Stendhal, *Vie de Henry Brulard*. In: *Œuvres complètes*, t.II.

dar os outros, meus leitores, e ainda me preocupo em ajudar a mim mesmo a levar uma vida melhor, mais rica em sentido e em beleza, mais aberta ao absoluto, mais feliz também. O que é uma contribuição, mesmo que minúscula, para a felicidade da humanidade, dado que todos nós fazemos parte dela. O cuidado de si mesmo não será egoísta quando sabemos que o eu não existe sem os outros, separado dos outros. É belo amar a humanidade, mas, para começar, cuidemos dos seres humanos tomados um a um.

Epílogo
Uma vida de passeur

Respondendo à sugestão de Catherine Portevin, engajei-me sem muito pensar nesta aventura: ser questionado em detalhes sobre meu percurso intelectual. Nem sempre foi fácil, ou necessariamente agradável, escrutinar assim minha identidade e buscar minha coerência interior. Agora as páginas aí estão, transcritas e reescritas. O que fizemos, exatamente?

Seria mais fácil eu dizer o que não fizemos. Não escrevemos uma história dos últimos sessenta anos do século XX, nem política, nem mesmo intelectual. Também não produzimos uma verdadeira biografia ou autobiografia: só de passagem evoquei minha vida privada. Não fabricamos o perfeito resumo dos meus 25 livros precedentes. Se quisermos saber o que eles contêm, o que eles afirmam da matéria que neles se encontra estudada, é preciso retomá-los.

O que tentamos fazer foi primeiramente situar esses livros, esses trabalhos, essas paixões, um em relação aos outros. Nossas entrevistas permitiram-me ver cada projeto no contexto dos outros, discernir as grandes articulações, apreender uma certa arquitetura. Além disso, fomos numa direção pouco explorada no que tange ao campo das humanidades, questionando-nos sobre o contexto existencial desses estudos. As ciências apreciam apresentar-se como um saber puro, liberado de qualquer subjetividade. Evocar a vida de um pesquisador é inconveniente, é quase dar provas de mau gosto. Ao contrário, não hesitamos em examinar as motivações pessoais dos raciocínios impessoais.

À medida que avançávamos em nossas entrevistas, nosso projeto tomou um sentido que ignorávamos a princípio: a extensão transformou-se em compreensão. O conteúdo de cada um de meus engajamentos sucessivos, importando em si mesmo e em seu contexto de origem, mostrou contar menos do que a maneira pela qual eles foram conduzidos. Percebi que tinha levado uma vida de *passeur* em mais de uma forma: depois de ter atravessado pessoalmente as fronteiras, tentava facilitar a passagem dos outros. De início fronteiras entre países, línguas, culturas; em seguida, entre territórios de estudo e disciplinas científicas no campo das ciências humanas. Mas fronteiras também entre o banal e o essencial, o cotidiano e o sublime, a vida material e a vida do espírito. Nos debates, aspiro ao papel de mediador. O maniqueísmo e as cortinas de ferro são aquilo de que menos gosto. E é ainda a interpenetração que ilustra este próprio livro, desta vez entre vida e obra.

No entanto, nem por isso explicamos, como o desejava a antiga história literária, a obra pelo homem. De nada serve acumularmos todas as informações, reunirmos todas as circunstâncias, pois isso não basta para produzir mecanicamente um indivíduo e seu pensamento. No que me diz respeito, é claro que muitos dos traços de minha existência e de meu trabalho têm relação direta com a instauração de um regime totalitário na Bulgária, na sequência da Segunda Guerra Mundial. Daí decorre, depois de tudo, minha instalação na França e, portanto, minha vida de "homem despaisado"; daí meu interesse pela filosofia política, pela democracia, pelo humanismo; daí talvez, também, meu gosto pela vida privada, pelo apego às relações entre os seres. Da mesma forma, a família na qual fui educado, os valores que meus pais encarnavam, as pilhas de livros em meio às quais cresci, sem dúvida tudo isso contou em meu encaminhamento e muito certamente me influenciou. Apesar disso, o conjunto não explica nada. Meu irmão, que viveu na mesma família e no mesmo país, é muito diferente de mim: em vez de ser um literato, tornou-se um cientista; ele permaneceu na Bulgária ao invés de emigrar; sua vida organizou-se de uma maneira completamente diferente. Podemos então apreender um contexto, analisar uma situação, evidenciar condições que orientaram uma reviravolta ou outra, mas sem atingir o mistério do destino pessoal, e ainda menos deduzir o pensamento dessas condições. Mais que causa e efeito, vida e obra se apresentam aqui como duas formas de uma mesma intenção. Daí vem o resultado: nem uma biografia, nem uma defesa de teses, mas o diálogo entre elas.

No presente livro, tenho um duplo papel: sou ao mesmo tempo o objeto e um dos sujeitos. Como essa dualidade determinou meu olhar? Produzi uma descrição de minha obra ou uma defesa e uma apologia? É preciso assumir certo grau de complacência assim que se aceita falar de si em público (ou em privado). A única forma possível de modéstia é o silêncio. A grande poeta russa Marina Tsvetaeva, que um dia espero ter a ocasião de estudar, diz em algum lugar: "Quem poderia falar de seus sofrimentos sem ficar entusiasmado, isto é, feliz?".[1] A partir do momento em que se fala de si, desdobra-se. O objeto sofreu, mas o sujeito está feliz, pois está engajado em um ato de criação. Posso assinalar minhas fraquezas, nem por isso me atribuo menos valor: a pessoa-objeto fica diminuída, mas a pessoa-sujeito sai engrandecida. Mesmo que eu ache que se autoelogiar seja infantil, minha autodescrição não saberia ser verdadeiramente crítica; é preciso sabê-lo com antecipação. Outro perigo, outra ilusão de óptica, é que o acaso seja travestido de necessidade. Como qualquer um, ao contar minha vida, eu lhe imponho uma forma, busco uma razão para tudo e esqueço aquilo que perturbaria meu relato. Na realidade, encontramos mais caos do que digo, e nem tudo pode ser explicado. Isso também, ou pelo menos assim espero, o leitor corrigirá.

Tenho a impressão de ter sempre buscado a resposta para uma única questão: como viver? Essa busca tomou o caminho das ciências humanas, da história, da antropologia, do estudo dos textos. Mas, para mim, o conhecimento não é um fim em si, é a via de acesso a um pouquinho mais de sabedoria.

Tzvetan Todorov

1 Tsvetaeva, Rilke e Pasternak, *Correspondance à trois.*

Referências bibliográficas

1. Publicações de Tzvetan Todorov

A. Livros

Littérature et signification. Paris: Larousse, 1967. Traduções: espanhol (1971), japonês (1974), português [Portugal] (1976).

Grammaire du "Décameron". La Haye: Mouton, 1969. Traduções: espanhol (1973), romeno (1975), português (*A gramática do* Decamerão. São Paulo: Perspectiva, 1982).

Introduction à la littérature fantastique. Paris: Seuil, 1970. Traduções: alemão (1972), espanhol (1972 e 1982), romeno (1973), inglês (1973), japonês (1975), português (*Introdução à literatura fantástica*. 4.ed. São Paulo: Perspectiva, 2012), italiano (1977), servo-croata (1987), dinamarquês (1989), grego (1991), árabe (1994), russo (1997).

Poétique de la prose. Paris: Seuil, 1971. Traduções: alemão (1972), inglês (1977), português (*Poética da prosa*. São Paulo: Editora Unesp, 2019), búlgaro (1985), italiano (1989), tcheco (2000).

Dictionnaire encyclopédique des sciences du langage (em coautoria com O. Ducrot). Paris: Seuil, 1972. Traduções: italiano (1972), português

(*Dicionário enciclopédico das ciências da linguagem*. São Paulo: Perspectiva, 2007), espanhol (1974), alemão (1975), japonês (1975), inglês (1979), albanês (1984), servo-croata (1987), grego (1994), búlgaro (2000).

Poétique. Paris: Seuil, 1968 e 1973. Traduções: português [Portugal] (1970 e 1976), italiano (1971), espanhol (1971 e 1975), tcheco (1973 e 2000), alemão (1973), russo (1975), romeno (1975), coreano (1976 e 1981), japonês (1978), inglês (1981), chinês (1983), polonês (1984), malaio (1985), servo-croata (1986), árabe (1988), grego (1989), turco (2001).

Théorie du symbole. Paris: Seuil, 1977. Traduções: português (*Teorias do símbolo*. São Paulo: Editora Unesp, 2014), espanhol (1981), inglês (1982), romeno (1983), italiano (1984), japonês (1987), alemão (1995), russo (1999).

Symbolisme et interprétation. Paris: Seuil, 1978. Traduções: português (*Simbolismo e interpretação*. São Paulo: Editora Unesp, 2014), espanhol (1982 e 1992), inglês (1982), italiano (1986), servo-croata (1986), japonês (1989), sueco (1989).

Les Genres du discours. Paris: Seuil, 1978; retomado parcialmente em "Points" sob o título *La Notion de littérature*, 1987. Traduções: português (*Os gêneros do discurso*. São Paulo: Editora Unesp, 2018), inglês (1990), italiano (1993), espanhol (1996), chinês (2001), japonês (2002).

Mikhail Bakhtine le príncipe dialogique. Paris: Seuil, 1981. Traduções: inglês (1984), coreano (1987), italiano (1990), malaio (1994), japonês (2001), chinês (2001).

La Conquête de l'Amérique. Paris: Seuil, 1982. Traduções: português (*A conquista da América*. 4.ed. São Paulo: Martins Fontes, 2010), inglês (1984), italiano (1984), alemão (1985), japonês (1986), espanhol (1987), árabe (1992), norueguês (1992), búlgaro (1992), romeno (1994), tcheco (1996), polonês (1996), estoniano (2001).

Critique de la critique. Paris: Seuil, 1984. Traduções: português (*Crítica da crítica*. São Paulo: Editora Unesp, 2015), italiano (1986), inglês

(1987), espanhol (1990 e 1991), japonês (1991), grego (1994), chinês (2002).

Frêle Bonheur: essai sur Rousseau. Paris: Hachette, 1985. Traduções: italiano (1987), japonês (1989), espanhol (1990), inglês (2001).

Nous et les Autres. Paris: Seuil, 1989. Traduções: espanhol (1991), italiano (1991), inglês (1993), português (*Nós e os outros*: a reflexão francesa dobre a diversidade humana. Rio de Janeiro: Zahar, 1993), servo-croata (1994), árabe (1988), romeno (1999), japonês (2001).

Les Morales de l'histoire. Paris: Grasset, 1991. Traduções: português [Portugal] (1992), espanhol (1993), japonês (1993), inglês (1995), italiano (1995).

Face à l'extrême. Paris: Seuil, 1991; edição revisada em "Points", 1994. Traduções: português (*Diante do extremo*. São Paulo: Editora Unesp, 2017), italiano (1992), alemão (1993), espanhol (1993), japonês (1994), búlgaro (1994), inglês (1996), romeno (1996), tcheco (2000), macedônio (2000), grego (2002).

Éloge du quotidien: essai sur la peinture hollandaise du XVIIe siècle. Paris: Adam Biro, 1993. Tradução: italiano (2000).

Une Tragédie française. Paris: Seuil, 1995. Traduções: italiano (1995), inglês (1996), português (*Uma tragédia francesa*. Rio de Janeiro: Record, 1997), japonês (1998).

La Vie commune. Paris: Seuil, 1995. Traduções: português (*A vida em comum*: ensaio de antropologia geral. São Paulo: Editora Unesp, 2014) espanhol (1996), catalão (1996), alemão (1996), búlgaro (1998), eslovaco (1998), italiano (1998), japonês (1999), inglês (2001).

Les Abus de la mémoire. Paris: Arléa, 1995. Traduções: inglês (1996), italiano (1998), espanhol (1997), grego (1998).

L'Homme dépaysé. Paris: Seuil, 1996. Traduções: italiano (1997), espanhol (1997), búlgaro (1998), romeno (1999), português (*O homem desenraizado*. Rio de Janeiro: Record, 1999), grego (1999).

Benjamin Constant, la passion démocratique. Paris: Hachette, 1997. Tradução: inglês (1999).

Le Jardin imparfait. Paris: Grasset, 1998. Traduções: espanhol (1999), neerlandês (2001), inglês (2002).

Éloge de l'individu: essai sur la peinture flamande de la Renaissance. Paris: Adam Biro, 2000. Tradução: italiano (2001).

Mémoire du mal, tentation du bien. Paris: Robert Laffont, 2000. Traduções: italiano (2001), búlgaro (2001), espanhol (2002), português (*Memória do mal, tentação do bem*. São Paulo: Arx, 2002).

B. Obras coletivas ou publicadas sob sua direção

Théorie de la littérature: textes des Formalistes russes. Paris: Seuil, 1995; edição revisada em "Points", 2001. Traduções: português (*Teoria da literatura*: textos dos formalistas russos. São Paulo: Editora Unesp, 2013), italiano (1968), espanhol (1970), japonês (1972), coreano (1981), turco (1995), grego (1995).

Recherches sémantiques, Langages, I. Paris: Larousse, 1996. Tradução: espanhol (1978).

Le Vraisemblable, Communications, 11. Paris: Seuil, 1968. Tradução: espanhol (1978).

L'Énonciation, Langages, 17. Paris: Larousse, 1970.

L'Enseignement de la littérature (com Serge Doubrovsky). Paris: Plon, 1971.

French Literary Theory Today: a Reader. Cambridge: Cambridge University Press, 1982.

Récits astèques de la conquête (com Georges Baudot). Paris: Seuil, 1983. Traduções: português (*Relatos astecas da conquista*. São Paulo: Editora Unesp, 2019), italiano (1990), espanhol (1990), japonês (1994).

Goethe, Écrits sur l'art. Paris: Klincksieck, 1983; Paris: Flammarion, 1996 (prefácio: "Goethe sur l'art").

Pensée de Rousseau. Paris: Seuil, 1984.

Le Croisement des cultures, Communications, 43. Paris: Seuil, 1986.

Roman Jakobson, Russie, folie, poésie. Paris: Seuil, 1986. Tradução: italiano (1989).

Au Nom du peuple: témoignages sur les camps communistes. Paris: Éd. de l'Aube, 1992. Tradução: inglês (1999).

Mélanges sur l'œuvre de Paul Bénichou (com Marc Fumaroli). Paris: Gallimard, 1995.

Guerre et paix sous l'Occupation (com Annick Jacquet). Paris: Arléa, 1996.

La Fragilité du bien: le sauvetage des juifs bulgares. Paris: Albin Michel, 1999. Tradução: inglês (2001).

La Rochefoucauld: Maximes, réflexions. lettres. Paris: Hachette, 1999 (prefácio: "L'Homme mis en scène").

Benjamin Constant, De la Religion. Arles: Actes Sud, 1999 (prefácio: "Un Chef-d'œuvre oublié").

Germaine Tillion, À la Recherche du vrai et du juste. Paris: Seuil, 2001 (prefácio: "Une Femme dans le siècle").

2. Referências gerais

ABÉLARD; HELOÏSE. *Correspondance*. Paris: UGE-10/18, 1979.

ARENDT, H. *Eichmann à Jérusalem*. Paris: Gallimard, 1966 [Ed. bras.: *Eichmann em Jerusalém*. São Paulo: Companhia das Letras, 1999].

______. *Vies politiques*. Paris: Gallimard, 1974.

ARON, R. Introduction. In: WEBER, M. *Le Savant et le politique*. Paris: Plon, 1959.

______. *La Tragédie algérienne*. Paris: Plon, 1957.

______. *Le Spectateur engagé*. Paris: Julliard, 1981 [Ed. bras.: *O espectador engajado*. Rio de Janeiro: Nova Fronteira, 1982].

______. *Mémoires*. Paris: Julliard, 1983.

AUERBACH, E. *Mimesis*. Berna: Francke, 1946; em francês: *Mimésis*. Paris: Gallimard, 1968 [Ed. bras.: *Mimesis*. 6.ed. São Paulo: Perspectiva, 2013].

AUSSARESSES, P. *Services spéciaux*. Paris: Perrin, 2001.

BAKHTIN, M. *Esthétique de la création verbale*. Paris: Gallimard, 1984.

BARTHES, R. Alors, la Chine?. In: *Œuvres complètes*. t.II. Paris: Seuil, 1994.

______. *Critique et vérité*. Paris: Seuil, 1966 [Ed. bras.: *Crítica e verdade*. 3.ed. São Paulo: Perspectiva, 2013].

______. *La Chambre claire*. Paris: Gallimard-Seuil, 1980 [Ed. bras.: *A câmara clara*. Rio de Janeiro: Nova Fronteira, 2018].

______. *Le Degré zéro de l'écriture*. Paris: Seuil, 1953.

______. *Mythologies*. Paris: Seuil, 1957.

______. *Plaisir du texte*. Paris: Seuil, 1973 [Ed. bras.: *O prazer do texto*. 6.ed. São Paulo: Perspectiva, 2015].

______. *Recherches sémiologiques, Communications*, 4, 1964.

______. *Roland Barthes*. Paris: Seuil, 1975 [Ed. bras.: *Roland Barthes por Roland Barthes*. Trad. Leyla Perrone-Moisés. São Paulo: Estação Liberdade, 2003].

______. *Sur Racine*. Paris: Seuil, 1963 [Ed. bras.: *Sobre Racine*. São Paulo: WMF Martins Fontes, 2008].

______. *Système de la mode*. Paris: Seuil, 1967 [Ed. bras.: *Sistemas da moda*. São Paulo: WMF Martins Fontes, 2009].

BENDA, J. *La Trahison des clercs*. Paris: Grasset, 1981 [Ed. bras.: *A traição dos intelectuais*. Trad. Paulo Neves. São Paulo: Peixoto Neto, 2007].

BÉNICHOU, P. *Le Sacre de l'écrivain:* essai sur l'avènement d'un pouvoir spirituel laïque dans la France moderne. Paris: Corti, 1973.

______. *Morales du Grand Siècle*. Paris: Gallimard, 1948.

______. *Selon Mallarmé*. Paris: Gallimard, 1995.

BENVENISTE, E. *Problèmes de linguistique générale*. Paris: Gallimard, 1966 [Ed. bras.: *Problemas de linguística geral*. Campinas: Pontes, 2006].

BETTELHEIM, B. *Survivre*. Paris: Robert Laffont, 1979.

BRECHT, B. *Vie de Galilée*. Paris: L'Arche, 1990 [Ed. bras.: *A vida de Galileu*. São Paulo: Abril Cultural, 1977].

BRODSKY, J. Discours à Stockholm. *Lettre Internationale*, 16, 1988.

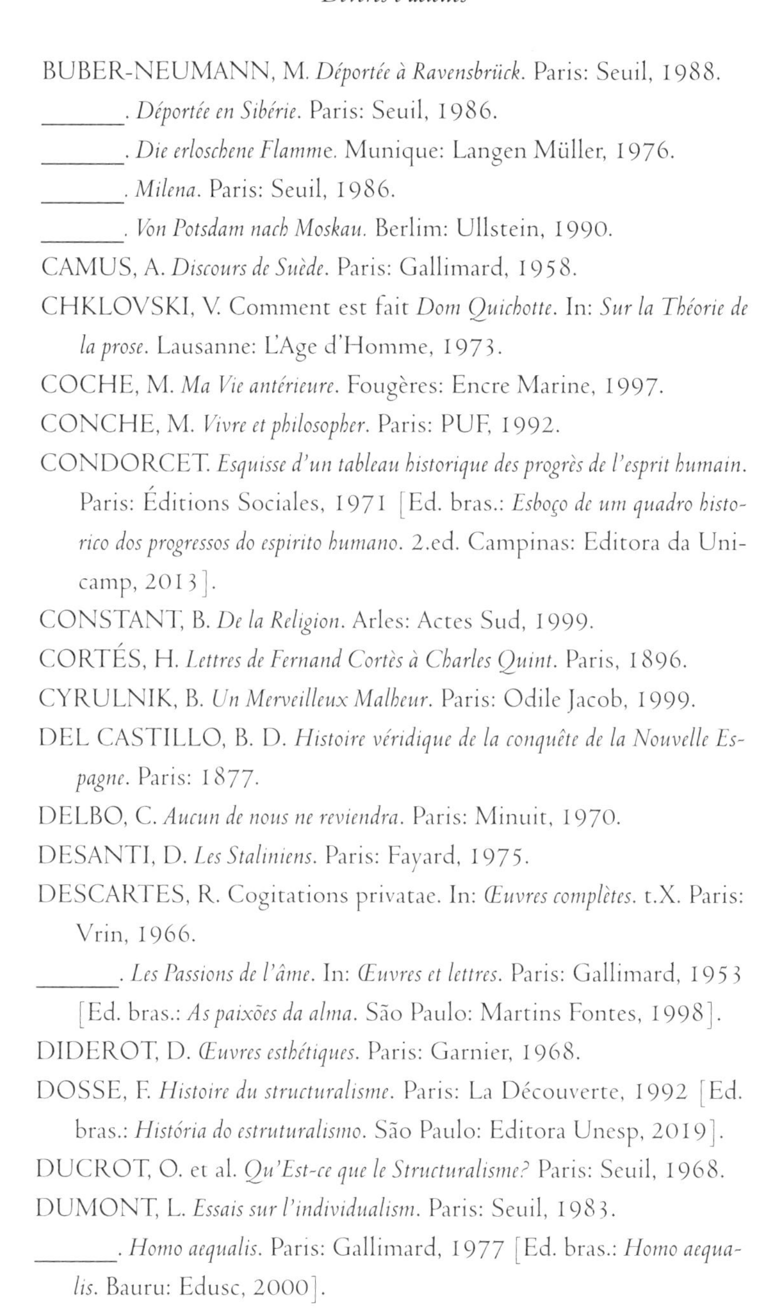

BUBER-NEUMANN, M. *Déportée à Ravensbrück*. Paris: Seuil, 1988.

______. *Déportée en Sibérie*. Paris: Seuil, 1986.

______. *Die erloschene Flamme*. Munique: Langen Müller, 1976.

______. *Milena*. Paris: Seuil, 1986.

______. *Von Potsdam nach Moskau*. Berlim: Ullstein, 1990.

CAMUS, A. *Discours de Suède*. Paris: Gallimard, 1958.

CHKLOVSKI, V. Comment est fait *Dom Quichotte*. In: *Sur la Théorie de la prose*. Lausanne: L'Age d'Homme, 1973.

COCHE, M. *Ma Vie antérieure*. Fougères: Encre Marine, 1997.

CONCHE, M. *Vivre et philosopher*. Paris: PUF, 1992.

CONDORCET. *Esquisse d'un tableau historique des progrès de l'esprit humain*. Paris: Éditions Sociales, 1971 [Ed. bras.: *Esboço de um quadro historico dos progressos do espirito humano*. 2.ed. Campinas: Editora da Unicamp, 2013].

CONSTANT, B. *De la Religion*. Arles: Actes Sud, 1999.

CORTÉS, H. *Lettres de Fernand Cortès à Charles Quint*. Paris, 1896.

CYRULNIK, B. *Un Merveilleux Malheur*. Paris: Odile Jacob, 1999.

DEL CASTILLO, B. D. *Histoire véridique de la conquête de la Nouvelle Espagne*. Paris: 1877.

DELBO, C. *Aucun de nous ne reviendra*. Paris: Minuit, 1970.

DESANTI, D. *Les Staliniens*. Paris: Fayard, 1975.

DESCARTES, R. Cogitations privatae. In: *Œuvres complètes*. t.X. Paris: Vrin, 1966.

______. *Les Passions de l'âme*. In: *Œuvres et lettres*. Paris: Gallimard, 1953 [Ed. bras.: *As paixões da alma*. São Paulo: Martins Fontes, 1998].

DIDEROT, D. *Œuvres esthétiques*. Paris: Garnier, 1968.

DOSSE, F. *Histoire du structuralisme*. Paris: La Découverte, 1992 [Ed. bras.: *História do estruturalismo*. São Paulo: Editora Unesp, 2019].

DUCROT, O. et al. *Qu'Est-ce que le Structuralisme?* Paris: Seuil, 1968.

DUMONT, L. *Essais sur l'individualism*. Paris: Seuil, 1983.

______. *Homo aequalis*. Paris: Gallimard, 1977 [Ed. bras.: *Homo aequalis*. Bauru: Edusc, 2000].

DUMONT, L. *Homo hierarchicus*. Paris: Gallimard, 1966 [Ed. bras.: *Homo hierarchicus:* o sistema de castas e suas implicações. 2.ed. São Paulo: Edusp, 1997].

EDELMAN, M.; KRALL, H. *Mémoires du ghetto de Varsovie*. Paris: Éd. du Scribe, 1983.

EICHENBAUM, B. Comment est fait *Le Manteau*, de Gogol. In: *Théorie de la littérature:* textes des formalistes russes. Paris: Seuil, 2001 [Ed. bras.: *Teoria da literatura:* textos dos formalistas russos. São Paulo: Editora Unesp, 2014].

ERLICH, V. *Russian Formalism*. La Haye: Mouton, 1955.

FERRY, L.; RENAUT, A. *La Pensée* 68: essai sur l'anti-humanisme contemporain. Paris: Gallimard, 1985 [Ed. bras.: *Pensamento 68:* ensaio sobre o anti-humanismo contemporâneo. Trad. Roberto Markenson e Nelci do Nascimento Gonçalves. São Paulo: Ensaio, 1988].

FRANK, J. *Dostoievski*. Arles: Solin-Actes Sud, 1998 [Ed. bras.: *Dostoiévski:* um escritor em seu tempo. Trad. Pedro Maia Soares. São Paulo: Companhia das Letras, 2018].

FREUD, S. *Cinq Psychanalyses*. Paris: PUF, 1966 [Ed. bras.: Cinco lições de psicanálise. In: *Obras completas*. v.XI. Rio de Janeiro: Imago, 1970].

FURET, F. *Le Passé d'une illusion*. Paris: Robert Lafont, 1995.

GARY, R. *Éducation européenne*. Paris: Gallimard, 1956.

______. *La Nuit sera calme*. Paris: Gallimard, 1974.

______. *Le Grand Vestiaire*. Paris: Gallimard, 1985.

______. *Les Cerfs-volants*. Paris: Gallimard, 1980.

______. *Tulipe*. Paris: Gallimard, 1970.

GENETTE, G. *Figures III*. Paris: Seuil, 1972 [Ed. bras.: *Figuras III*. Trad. Ana Alencar. São Paulo: Estação Liberdade, 2017].

GIRARD, R. *Et je vois Satan tomber comme l'éclair*. Paris: Grasset, 1999 [Ed. bras.: *Eu via Satanás cair como um relâmpago*. Rio de Janeiro: Paz & Terra, 2012].

______. *Mensonge romantique et vérité romanesque*. Paris: Grasset, 1961 [Ed. bras.: *Mentira romântica e verdade romanesca*. São Paulo: É Realizações, 2009].

GOLDSCHMIDT, V. *Anthropologie et politique:* les principes du système de Rousseau. Paris: Vrin, 1974.

GROSSMAN, V. *Vie et destin*. Paris-Lausanne: Julliard-L'Âge d'Homme, 1983 [Ed. bras.: *Vida e destino*. Rio de Janeiro: Alfaguara, 2014].

HAVEL, V. *Essais politiques*. Paris: Calmann-Lévy, 1989.

______. Moi Aussi, Je Me Sens Albanais. *Le Monde*, Paris, 29 abr. 1999.

HILLESUM, E. *Lettres de Westerbork*. Paris: Seuil, 1988.

______. *Une Vie bouleversée*. Paris: Seuil, 1985.

HUNTIGTON, S. *Le Choc des civilisations*. Paris: Odile Jacob, 1997.

JAKOBSON, R. *Essais de linguistique générale*. Paris: Minuit, 1963 [Ed. bras.: *Curso de linguística geral*. São Paulo: Cultrix, 1969].

______. *Questions de poétique*. Paris: Seuil, 1973 (inclui o estudo sobre "Les chats", de Baudelaire).

______. *Une Vie dans le langage*. Paris: Minuit, 1984.

______. *Russie, folie, poésie*. Paris: Seuil, 1986.

JAMES, H. *La Bête dans la jungle*. Paris: Critérion, 1991.

______. Le Coin plaisant. In: *Nouvelles*. Paris: Aubier-Flammarion, 1969.

JETCHEV, T. Le Mythe d'Ulysse. *Lettre Internationale*, 10, 1986.

KAYSER, W. *Das sprachliche Kunstwerk*. Berna: Francke, 1948.

KOESTLER, A. *Le Zéro et l'infini*. Paris: Calmann-Lévy, 1945.

KUNDERA, M. *L'Art du roman*. Gallimard, 1986 [Ed. bras.: *A arte do romance*. São Paulo : Companhia da Letras, 2016].

LEON-PORTILLA, M. *Le Crépuscule des aztèques*. Paris: Tournai, 1965.

LEVI, P. *Les Naufragés et les rescapés*. Paris: Gallimard, 1989 [Ed. bras.: *Os afogados e os sobreviventes*. Trad. Luís Sérgio Henriques. Rio de Janeiro: Paz & Terra, 2016].

______. *Maintenant ou jamais*. Paris: Julliard, 1983; Paris: Éditions 10/18, 2002 [Ed. bras.: *Se não agora, quando?* Trad. Nilson Moulin. São Paulo: Companhia das Letras, 1999].

LÉVI-STRAUSS, C. *Anthropologie structurale*. Paris: Plon, 1958 [Ed. bras.: *Antropologia estrutural*. São Paulo: Ubu, 2017].

______. *La Pensée sauvage*. Paris: Plon, 1958 [Ed. bras.: *O pensamento selvagem*. 12.ed. São Paulo: Papirus, 1990].

______. *Le Regard éloigné*. Paris: Plon, 1983.

______. *Tristes Tropiques*. Paris: Plon, 1955 [Ed. bras.: *Tristes trópicos*. São Paulo: Companhia das Letras, 1996].

LINGENS-REINER, E. *Prisioners of Fear*. Londres: V. Gollancz, 1948.

LONDON, A. *L'Aveu*. Paris: Gallimard, 1968.

MALLARMÉ, S. Le Livre, instrument spirituel. In: *Œuvres complètes*. Paris: Gallimard, 1984.

MONTAIGNE, M. *Essais*. Paris: PUF-Quadrige, 1992 [Ed. bras.: *Ensaios*. São Paulo: Editora 34, 2016].

MONTESQUIEU. Lettres persannes. In: *Œuvres complètes*. Paris: Seuil, 1974.

______. *Œuvres complètes:* Lettres. t.III. Paris: Nagel, 1955.

NADEAU, M. *Grâces leur soient rendues*. Paris: Albin Michel, 1990.

NISSIM, G. *L'uomo che fermò Hitler*. Milão: Mondadori, 1998.

PACHET, P. *Adieu*. Belfort: Circé, 2001.

PASCAL, B. *Les Pensées*. Paris: Garnier, 1966.

PAXTON, R. Before St-Amand Was liberated. *Times Literary Supplement*, Londres, 2 maio 1997.

PAZ, O. *Le Labyrinthe de la solitude*. Paris: Gallimard, 1972 [Ed. bras.: *O labirinto da solidão*. São Paulo: Cosac & Naify, 2015].

PENNAC, D. *Comme un Roman*. Paris: Gallimard, 1992 [Ed. bras.: *Como um romance*. Rio de Janeiro: Rocco, 1993].

PICARD, R. *Nouvelle Critique ou nouvelle imposture?*. Paris: J.-J. Pauvert, 1965.

PORTEVIN, C. Encombrante Mémoire. *Télérama*, Paris, n.2658, 23 dez. 2000.

RAWICZ, P. *Bloc-Notes d'un contre-révolutionnaire, ou La Gueule de bois*. Paris: Gallimard, 1969.

RENAN, E. *Dialogues philosophiques*. In: *Œuvres complètes*. t.I. Paris: Calmann-Lévy, 1947.

RICŒUR, P. *La Mémoire, l'histoire, l'oubli*. Paris: Seuil, 2000 [Ed. bras.: *A memória, a história, o esquecimento*. Campinas: Editora da Unicamp, 2018].

ROUSSEAU, J.-J. *Correspondence complète*. t.IV. Genebra-Oxford: Institut Voltaire-Voltaire Fondation, 1965-1995.

______. Discours sur l'origine de l'inégalité. In: *Œuvres complètes*. t.III. Paris: Gallimard, 1964.

______. *Émile*. In: *Œuvres complètes*. t.IV. Paris: Gallimard, 1969 [Ed. bras.: *Emílio* ou *Da educação*. São Paulo, Martins Fontes, 2014].

ROUSSET, D.; ROSENTHAL, G.; BERNARD, T. *Pour la Vérité sur les camps concentrationnaires*. Paris: Ramsay, 1990.

SAID, E. *Out of Place*. Nova York: Knopf, 1999 [Ed. bras.: *Fora do lugar*. São Paulo: Companhia das Letras, 2004].

SANTAYANA, G. *The Life of Reason*. Nova York: Scribner's, 1922.

SAUSSURE, F. *Cours de linguistique générale*. Paris: Payot, 1962 [Ed. bras.: *Curso de linguística geral*. 27.ed. São Paulo: Cultrix, 2012].

SCHOPENHAUER, A. *Essai sur le livre arbitre*. Paris: Rivages, 1992.

SOLJENITSYNE, A. *L'Archipel du Goulag*. Paris: Seuil, 1974 [Ed. bras.: *O Arquipélago Gulag*. São Paulo: Carambaia (no prelo)].

SPITZER, L. *Stilsudien*. 2.ed. Munique: M. Hueber, 1961; em francês: *Études de style*. Paris: Gallimard, 1970 (seleção).

STENDHAL. *Courrier anglais*. t.V. Paris: Le Divan, 1936.

______. *Vie de Henry Brulard*. In: *Œuvres complètes*. t.II. Paris: Gallimard, 1982.

TILLION, G. *À la Recherche du vrai et du juste*. Paris: Seuil, 2001.

______. *Ravensbrück*. Paris: Seuil, 1988.

TOCQUEVILLE, A. *De la Colonie en Algérie*. Bruxelas: Complexe, 1988.

______. *De la Démocratie en Amérique*. Paris: Garnier-Flammarion, 1981 [Ed. bras.: *A democracia na América*. 3.ed. São Paulo: Martins Fontes, 2014].

TSVETAEVA, M.; RILKE, R. M.; PASTERNAK, B. *Correspondance à trois*. Paris: Gallimard, 1983.

VAZOV, I. *Sous le Joug*. Paris: Publications Orientales de France, 1976.

WATT, I. *Myths of Modern Individualism*. Cambridge: Cambridge University Press, 1996 [Ed. bras.: *Mitos do individualismo moderno*: Fausto, Dom Quixote, Dom Juan, Robinson Crusoé. Rio de Janeiro: Zahar, 1997].

______. *The Rise of the Novel*. Londres: Chatto & Windus, 1957. Tradução do capítulo 1: "Réalisme et forme romanesque", *Poétique*, 16, 1973; retomado em R. Barthes et al., *Littérature et réalité*. Paris: Seuil, 1982 [Ed. bras.: *A ascensão do romance*. São Paulo: Companhia de Bolso, 2010].

WEBER, M. *Le Savant et le politique*. Paris: Plon, 1959.

WEIL, S. *L'Enracinement*. Paris: Gallimard, 1977.

ZWEIG, S. *Le Monde d'hier*. Paris: Belfond, 1982 [Ed. bras.: Autobiografia: o mundo de ontem. Trad. Kristina Michahelles. Pref. e posf. Alberto Dines. Rio de Janeiro: Zahar, 2014].

Título original: *Devoirs et délices – Une vie de passeur. Entretiens avec Catherine Portevin*

Cet ouvrage, publié dans le cadre du Programme d'Aide à la Publication 2019 Carlos Drummond de Andrade de l'Institut Français du Brésil, bénéficie du soutien du Ministère de l'Europe et des Affaires Étrangères
Este livro, publicado no âmbito do Programa de Apoio à Publicação 2019 Carlos Drummond de Andrade do Instituto Francês do Brasil, contou com o apoio do Ministério francês da Europa e das Relações Exteriores.

Dados Internacionais de Catalogação na Publicação (CIP) de acordo com ISBD
Elaborado por Vagner Rodolfo da Silva – CRB-8/9410

T639d
Todorov, Tzvetan
Deveres e deleites: uma vida de *passeur* – entrevistas com Catherine Portevin / Tzvetan Todorov; traduzido por Nícia Adan Bonatti. – São Paulo: Editora Unesp: Imprensa Oficial do Estado de São Paulo, 2019.
Tradução de: *Devoirs et délices: une vie de passeur – entretiens avec Catherine Portevin*
Inclui bibliografia.
ISBN: 978-85-393-0789-0 (Editora Unesp)
ISBN: 978-85-401-0171-5 (Imprensa Oficial)
1. Autobiografia. 2. Entrevista. 3. Todorov, Tzvetan. 4. Século XX. I. Bonatti, Nícia Adan. II. Título.

2019-1478 CDD 920
CDU 929

Impresso no Brasil, 2019

Imprensa Oficial do Estado de São Paulo
Rua da Mooca, 1921
03103-902 – São Paulo – SP
SAC 0800-0123-401
www.imprensaoficial.com.br

Fundação Editora da Unesp (FEU)
Praça da Sé, 108
01001-900 – São Paulo – SP
Tel.: (0xx11) 3242-7171
Fax: (0xx11) 3242-7172
www.editoraunesp.com.br
www.livrariaunesp.com.br
atendimento.editora@unesp.br

Equipe de realização
Edição de texto
Richard Sanches (Copidesque)
Fábio Fujita (Revisão)
Capa
Estúdio Bogari
Editoração eletrônica
Eduardo Seiji Seki
Assistência editorial
Alberto Bononi

COORDENAÇÃO EDITORIAL
CECÍLIA SCHARLACH

EDIÇÃO
ANDRESSA VERONESI

ASSISTÊNCIA EDITORIAL
FRANCISCO ALVES DA SILVA

IMPRESSÃO E ACABAMENTO
IMPRENSA OFICIAL DO ESTADO
DE SÃO PAULO – IMESP

Sobre o livro | **Formato** 14 x 21 cm **Mancha** 23 x 44 paicas **Tipologia** Venetian 301 12,5/16 **Papel** Off-white 80 g/m² (miolo) Cartão Supremo 250 g/m² (capa) 1ª edição Editora Unesp e Imprensa Oficial do Estado de São Paulo: 2019

GOVERNO DO ESTADO DE SÃO PAULO

GOVERNADOR
JOÃO DORIA

VICE-GOVERNADOR
RODRIGO GARCIA

IMPRENSA OFICIAL DO ESTADO DE SÃO PAULO

DIRETOR-PRESIDENTE
NOURIVAL PANTANO JÚNIOR